改訂版

解説
中小企業等協同組合会計基準

全国中小企業団体中央会 編

第一法規

改訂版の発行について

　本書は、発行から5年近くが経過し、幸いなことに多くの読者に活用されてきたが、その間、各種税法をはじめ中小企業等協同組合法及び関係政省令の改正が行われた。

　全面的な見直しも検討したが、長らく絶版して読者に不便をかけることとなることから、このたびは、必要最小限の改訂を施し、版を重ねることとした。

　改訂に当たり、ご指導ご協力を頂いた坂本税務会計事務所の坂本一公税理士、坂本一朗税理士の両先生に深く感謝申し上げる。

　平成28年8月

全国中小企業団体中央会

はじめに

　組合会計の第一期が終わり、組合会計の第二期が始まった。

　組合会計基準は、昭和27年（1952年）「組合経理基準」として制定され、以来7回の改訂を行い、平成13年（2001年）会計ビックバンに伴う改訂を契機として「中小企業等協同組合会計基準」と改訂した。

　この50年間を、組合会計の第一期「企業会計原則準拠時代」と考えることができる。

　平成18年5月の会社計算規則の改正を受けて、平成19年4月に中小企業等協同組合法（中協法）が改正され、省令（中小企業等協同組合法施行規則）に組合会計の詳細な規則が規定された。

　組合会計基準は、平成19年7月に、中協法、同施行規則に基づいた組合会計として改訂された。

　すなわち、第7回改訂までは、中協法のわずかな会計に関する規定と、企業会計原則を基本とした会計基準として運営してきたが、第8回改訂は詳細な法律に基づいての会計基準になった。

　平成19年7月の第8回改訂は、前述のように、新たに制定された中協法施行規則の規定に基づいて改訂したのであるから、これまでと異なり中協法施行規則に規定された会計処理を遵守する義務が生じていることに留意する必要がある。

　組合会計基準は複雑であり、中協法施行規則に規定されなかった部分もある。

　中協法施行規則第71条には、「会計慣行のしん酌」として「一般に公正妥当と認められる企業会計の基準その他の会計慣行をしん酌しなければならない。」と規定し、第7回改訂までの「中小企業等協同組合会計基準」を、組合会計の慣行として、そのしん酌を認めている。

　すなわち、組合会計基準は、第7回改訂までの会計基準を第一期と考えると、第一期会計基準のうち、法制化された基本部分と、法制化され

なかったが、会計慣行のしん酌規定により、引き継がれた部分が一体になって、第8回改訂組合会計基準になったということになる。

　法制化された基本部分は、中協法・中団法（中小企業団体の組織に関する法律）・商店街振興組合法の各施行規則に規定された会計処理であり、主として勘定科目、事業報告書、決算関係書類の様式について規定されている。

──（第一期）──	＝	──（第二期）──
経理基準の制定から第7回改訂会計基準までの内容	法制化された基本部分会計慣行のしん酌規定により引き継がれた部分	第二期は、第8回改訂会計基準から始まる。

　本書は、このような変遷を経て制定された「中小企業等協同組合会計基準」について、制定並びに改訂の経緯から、組合会計における各勘定科目の解説、決算関係書類及び予算関係書類の作成方法から、消費税等の経理までを解説している。また、講習会等で実際にあった実務上の質疑応答についても登載した。本書は、組合会計の実務において必携の書といえるであろう。

　本書の利用に当たっては、既刊の『中小企業等協同組合会計基準』も併読してご活用いただきたい。

　本書が、組合会計の実務に当たっての参考資料として、ご活用いただければ幸甚である。

平成23年12月

全国中小企業団体中央会

凡　例

　本文中に引用した法令名等は、正式名称又は以下の略称を用いて、条名は数字のみで引用した（例えば、中協法41Ⅲ①は、中小企業等共同組合法第41条第3項第1号の意味）。

【略語】	【正式名称】
中協法	中小企業等協同組合法（昭和24年法律第181号）
中協法施行令	中小企業等協同組合法施行令（昭和33年政令第43号）
中協法施行規則	中小企業等協同組合法施行規則（平成20年内閣府、財務省、厚生労働省、農林水産省、経済産業省、国土交通省、環境省令第1号）
中団法	中小企業団体の組織に関する法律（昭和32年法律第185号）
中団法施行令	中小企業団体の組織に関する法律施行令（昭和32年法律第185号）
中団法施行規則	中小企業団体の組織に関する法律施行規則（平成19年財務省、厚生労働省、農林水産省、経済産業省、国土交通省令第1号）
法基通	法人税基本通達
消基通	消費税法基本通達
組合会計基準	中小企業等協同組合会計基準
定款参考例	全国中小企業団体中央会が策定した定款参考例
中協法逐条解説	「第二次改訂版　中小企業等協同組合法逐条解説」（第一法規㈱平成28年刊）

目　次

解説　中小企業等協同組合会計基準

目　　次

改訂版の発行について
は じ め に
凡　　例

Ⅰ　組合会計基準の制定と改訂 …………………………………………1
　1．組合会計基準の制定 …………………………………………………3
　　1－1　組合会計基準の必要性 ………………………………………3
　　1－2　制定の目的 ……………………………………………………3
　2．制定当初の組合会計基準（経理基準）……………………………4
　　2－1　実務的指導書 …………………………………………………4
　　2－2　制定当初の組合会計基準（経理基準）の内容 ……………5
　　2－3　勘定科目表 ……………………………………………………5
　　2－4　帳　　簿 ………………………………………………………6
　　2－5　財 務 諸 表 ………………………………………………………6
　　2－6　会 計 管 理 ………………………………………………………6
　3．組合特有の会計処理 …………………………………………………6
　　3－1　剰余金の配当 …………………………………………………6
　　3－2　持分の計算と加入金 …………………………………………7
　　3－3　勘定科目の明瞭性 ……………………………………………8
　　3－4　事業別会計の必要性 …………………………………………9
　4．第7回改訂（表題を会計基準に変更）……………………………9
　　4－1　第7回（平成13年）会計基準改訂の項目 …………………9
　　4－2　会計基準改訂の関連図 ………………………………………10
　　4－3　個別会計基準の内容 …………………………………………11

目　　次

　　4－4　勘定科目の追加……………………………………………14

Ⅱ　第8回改訂　中協法施行規則改正による改訂 …………………19

　1．中協法施行規則の改正内容………………………………………21
　　1－1　中協法施行規則改正の経過………………………………21
　　1－2　中協法施行規則の会計関係規定（第71条～第170条）……23
　　1－3　中団法施行規則の会計関係規定…………………………24
　　1－4　共済事業について規定の整備が行われた………………24
　2．中協法施行規則と会社計算規則との違い………………………25
　　2－1　中協法施行規則と会社計算規則との違い………………25
　　2－2　会社法にない決算関係書類………………………………27
　　2－3　中協法施行規則では規定されなかったが、共済事業の
　　　　　勘定科目を追加…………………………………………27
　3．勘定科目表…………………………………………………………27
　　3－1　勘定科目の設定……………………………………………27
　　3－2　勘定科目の分類……………………………………………29
　　3－3　一般科目表…………………………………………………29
　4．組合会計基準の第8回改訂内容…………………………………59
　　4－1　監事の監査…………………………………………………59
　　4－2　規則に規定された決算関係書類様式への変更…………61
　　4－3　財産目録の改正……………………………………………61
　　4－4　貸借対照表の改正…………………………………………63
　　4－5　損益計算書の改正…………………………………………66
　　4－6　事業別損益計算書の改正…………………………………68
　　4－7　剰余金処分案の改正………………………………………70
　　4－8　損失処理案の改正…………………………………………72
　　4－9　規則に規定されていなかったその他の決算関係書類……72
　　4－10　事業報告書の内容変更……………………………………73
　　4－11　監査報告書の表題と内容変更、及び監事の責任………73

目　次

  4 － 12　脱退者持分払戻計算書……………………………………74
  4 － 13　注　記　表………………………………………………………75
  4 － 14　共済関係科目の掲示…………………………………………75
  4 － 15　組合会計基準に、監査制度の章を設けた………………76
  4 － 16　主要科目等の説明その 1 ……………………………………76
  4 － 17　主要科目等の説明その 2 ……………………………………79
  4 － 18　業務関連の改正…………………………………………………82

 Ⅲ　勘 定 科 目 ……………………………………………………………85

 1．資 産 勘 定………………………………………………………………87
  1 － 1 　現金及び預金(1)　現金………………………………………87
  1 － 2 　現金及び預金(2)　預金………………………………………88
  1 － 3 　受 取 手 形………………………………………………………89
  1 － 4 　売 　掛 　金……………………………………………………91
  1 － 5 　売買目的有価証券及び短期有価証券………………………93
  1 － 6 　未収金・未収賦課金……………………………………………94
  1 － 7 　未収消費税等………………………………………………………96
  1 － 8 　未 収 収 益…………………………………………………………96
  1 － 9 　貸 　付 　金……………………………………………………98
  1 － 10　商　　　　品………………………………………………………101
  1 － 11　貯 　蔵 　品……………………………………………………103
  1 － 12　立 　替 　金……………………………………………………103
  1 － 13　前 　渡 　金……………………………………………………104
  1 － 14　仮 　払 　金……………………………………………………104
  1 － 15　仮払消費税等………………………………………………………105
  1 － 16　前 払 費 用…………………………………………………………105
  1 － 17　貸倒引当金……………………………………………………………107
  1 － 18　繰延税金資産・長期繰延税金資産……………………………109
  1 － 19　有形固定資産………………………………………………………112

目　　次

1 − 20　建物及び暖房、照明、通風等の付属設備(1)　建物 ……114
1 − 21　建物及び暖房、照明、通風等の付属設備(2)
　　　　建物付属設備 ………………………………………………115
1 − 22　構　築　物 ……………………………………………………116
1 − 23　機械及び装置並びにホイスト、コンベヤー、起重機等
　　　　の搬送設備、その他付属設備 ……………………………116
1 − 24　鉄道車両、自動車、その他の陸上運搬具、車両運搬具 …116
1 − 25　工　　　具 ……………………………………………………116
1 − 26　器　具　備　品 ………………………………………………117
1 − 27　土　　　地 ……………………………………………………117
1 − 28　建設仮勘定 ……………………………………………………119
1 − 29　減価償却累計額 ………………………………………………119
1 − 30　借地権（地上権を含む）……………………………………121
1 − 31　借家（借室）権 ………………………………………………121
1 − 32　電話加入権 ……………………………………………………122
1 − 33　特　許　権 ……………………………………………………122
1 − 34　商　標　権 ……………………………………………………123
1 − 35　ソフトウェア …………………………………………………123
1 − 36　差入保証金・差入敷金 ………………………………………124
1 − 37　長期前払費用 …………………………………………………125
1 − 38　外部出資金・子会社出資金・長期保有有価証券等 ………126
1 − 39　特定引当資産 …………………………………………………127
1 − 40　繰延資産 ………………………………………………………128
1 − 41　創　立　費 ……………………………………………………128
1 − 42　開　業　費 ……………………………………………………129
1 − 43　開　発　費 ……………………………………………………129
1 − 44　施設負担金 ……………………………………………………130
1 − 45　繰延消費税額等 ………………………………………………130
2．負債勘定 …………………………………………………………………131

v

目　次

　　2－1　支払手形 …………………………………………131
　　2－2　買　掛　金 ………………………………………131
　　2－3　短期借入金 ………………………………………132
　　2－4　転貸借入金 ………………………………………132
　　2－5　未　払　金 ………………………………………133
　　2－6　未払消費税等 ……………………………………135
　　2－7　未　払　費　用 …………………………………135
　　2－8　前　受　金 ………………………………………136
　　2－9　預　り　金 ………………………………………137
　　2－10　前　受　収　益 …………………………………139
　　2－11　仮受賦課金 ………………………………………141
　　2－12　仮　受　金 ………………………………………144
　　2－13　仮受消費税等 ……………………………………145
　　2－14　賞与引当金 ………………………………………146
　　2－15　未払法人税等 ……………………………………146
　　2－16　長期借入金 ………………………………………148
　　2－17　都道府県等借入金 ………………………………149
　　2－18　組合員長期借入金 ………………………………149
　　2－19　長期未払金 ………………………………………150
　　2－20　退職給与引当金 …………………………………151
　　2－21　職員退職給与の定款規定の改正 ………………153
　3．純　資　産 ……………………………………………155
　　3－1　出　資　金 ………………………………………155
　　3－2　未払込出資金 ……………………………………155
　　3－3　資本剰余金 ………………………………………155
　　3－4　出資金、未払込出資金、資本剰余金 …………155
　　3－5　利益準備金 ………………………………………180
　　3－6　教育情報費用繰越金 ……………………………181
　　3－7　組合積立金 ………………………………………183

3－8　特別積立金 …………………………………………183
　　3－9　役員退職給与積立金 …………………………………187
　　3－10　○○周年記念事業積立金 …………………………187
　　3－11　会館建設積立金 ………………………………………188
　　3－12　未処分剰余金又は未処理損失金 …………………189
　　3－13　加算式持分計算法 …………………………………189
4．収益勘定 ………………………………………………………192
　　4－1　売　上　高 ……………………………………………192
　　4－2　受取購買手数料 ………………………………………193
　　4－3　受取販売手数料 ………………………………………194
　　4－4　受取受注手数料 ………………………………………195
　　4－5　受取斡旋手数料 ………………………………………198
　　4－6　受取貸付利息、受取貸付手数料 …………………199
　　4－7　受取保証料 ……………………………………………200
　　4－8　受取加工料 ……………………………………………201
　　4－9　受取運送料 ……………………………………………201
　　4－10　受取検査料 ……………………………………………201
　　4－11　受取保管料 ……………………………………………202
　　4－12　受取施設利用料 ………………………………………202
　　4－13　受取試験料・試験開発負担金収入 ………………203
　　4－14　広告宣伝収入 …………………………………………203
　　4－15　受取事務手数料 ………………………………………204
　　4－16　団体保険等・保険業務代理・代行事業収益 ……204
　　4－17　教育情報事業賦課金収入 …………………………207
　　4－18　賦課金収入 ……………………………………………209
　　4－19　仮受賦課金戻入れ ……………………………………213
　　4－20　仮受賦課金繰入れ ……………………………………213
　　4－21　特別賦課金収入 ………………………………………214
　　4－22　参加料収入 ……………………………………………215

vii

目　次

4 - 23　負担金収入 …………………………………………216
4 - 24　事業外受取利息 ………………………………………218
4 - 25　事業外受取外部出資配当金 …………………………219
4 - 26　事業経費補助金収入 …………………………………220
4 - 27　協賛金収入 ……………………………………………220
4 - 28　加入手数料収入 ………………………………………221
4 - 29　為 替 差 益 ……………………………………………222
4 - 30　過怠金収入 ……………………………………………222
4 - 31　雑　収　入 ……………………………………………222
4 - 32　賞与引当金戻入れ、退職給与引当金戻入れ、貸倒引当
　　　　金戻入れ ………………………………………………223
4 - 33　固定資産売却益 ………………………………………224
4 - 34　教育情報費用繰越金取崩し …………………………225
4 - 35　未払法人税等戻入れ …………………………………225
4 - 36　役員退職給与積立金取崩し …………………………226
4 - 37　○○周年記念事業積立金取崩し ……………………226
4 - 38　特別積立金取崩し ……………………………………227

5．費 用 勘 定 ……………………………………………………228
　5 - 1　事 業 費 用 ……………………………………………228
　5 - 2　製造（加工）原価 ……………………………………229
　5 - 3　売 上 原 価 ……………………………………………229
　5 - 4　仕　入　高 ……………………………………………231
　5 - 5　購買事業費、販売事業費 ……………………………232
　5 - 6　受注事業費 ……………………………………………232
　5 - 7　金融事業費、転貸支払利息 …………………………233
　5 - 8　生産・加工事業費 ……………………………………233
　5 - 9　運送事業費 ……………………………………………234
　5 - 10　事務代行事業費、試験研究（分析）事業費、検査事業
　　　　費 ………………………………………………………234

目　次

5－11	保管事業費、施設利用事業費	235
5－12	広告宣伝事業費	235
5－13	○○周年記念事業費	236
5－14	福利厚生事業費、支払団体保険料	237
5－15	教育情報事業費、研究開発事業費	238
5－16	団体協約締結事業費、協定事業費	239
5－17	一般管理費	240
5－18	役員報酬	240
5－19	職員給料手当、賞与、雑給	241
5－20	賞与引当金繰入れ、退職給与引当金繰入れ	241
5－21	福利厚生費	242
5－22	退職共済掛金、中小企業倒産防止共済掛金	243
5－23	教育研究費、新聞図書費	243
5－24	旅費交通費、通信費	244
5－25	器具備品費、消耗品費、事務用品費、印刷費	245
5－26	会議費	246
5－27	交際費、関係団体負担金	249
5－28	支払保険料	251
5－29	支払手数料	251
5－30	賃借料、修繕費	252
5－31	水道光熱費	253
5－32	車両費	253
5－33	コンピュータ関係費	254
5－34	租税公課、消費税等	255
5－35	減価償却費、借家権償却、施設負担金償却	256
5－36	雑費	259
5－37	事業外支払利息	259
5－38	退職給与金	260
5－39	為替差損	260

目　次

　　5－40　創立費償却 …………………………………260
　　5－41　開業費償却、貸倒損失、雑損失、貸倒引当金繰入れ…261
　　5－42　固定資産売却損、固定資産除却損 ……………262
　　5－43　減損損失 …………………………………263
　　5－44　役員退職金 …………………………………264
　　5－45　法人税等 …………………………………265
　6．一般科目表注記 …………………………………265
　　6－1　商品勘定 …………………………………265
　　6－2　圧縮記帳 …………………………………267
　　6－3　リース事業関係科目 ………………………269
　　6－4　特定損失に備える引当金 …………………276
　7．特殊科目 …………………………………………277
　　7－1　生産加工に関する費用の科目 ……………277
　　7－2　原材料費 …………………………………277
　　7－3　外注費 ……………………………………278
　　7－4　労務費 ……………………………………279
　　7－5　製造（加工）費用 …………………………280
　　7－6　建設業に関する科目 ………………………281
　　7－7　商品券発行に関する科目 …………………285
　　7－8　チケット発行に関する科目 ………………287
　　7－9　サービス券発行 ……………………………288
　　7－10　商店街組合に関する科目 …………………293
　　7－11　手形に関する科目 …………………………296
　　7－12　保証事業に関する科目 ……………………299
　　7－13　共済事業に関する科目 ……………………300

Ⅳ　決算関係書類 ………………………………………307

　1．決算 ………………………………………………309
　　1－1　決算の法的根拠（中協法）…………………309

| 1 - 2 | 決算諸手続 …………………………………………314
| 1 - 3 | 決算整理項目 ………………………………………315
| 1 - 4 | 精算表作成モデル …………………………………317
| 2．事業報告書 ……………………………………………334
| 2 - 1 | 事業報告書の内容 …………………………………334
| 2 - 2 | 事業報告書の記載方法 ……………………………336
| 2 - 3 | 事業報告書の記載例 ………………………………341
| 3．財 産 目 録 …………………………………………344
| 3 - 1 | 組合会計の財産目録 ………………………………344
| 3 - 2 | 財産目録作成モデル（税抜経理方式）……………350
| 3 - 3 | 財産目録と内訳明細表の取扱い …………………352
| 4．貸借対照表 ……………………………………………354
| 4 - 1 | 組合会計の貸借対照表 ……………………………354
| 4 - 2 | 貸借対照表作成モデル（税抜経理方式）…………357
| 5．損益計算書 ……………………………………………359
| 5 - 1 | 組合会計の損益計算書 ……………………………359
| 5 - 2 | 事業間接費の取扱い ………………………………361
| 5 - 3 | 損益計算書作成モデル（税込経理方式）…………364
| 5 - 4 | 事業別損益計算書作成モデル（税抜経理方式）…366
| 6．剰余金処分案又は損失処理案 ………………………368
| 6 - 1 | 組合会計の剰余金処分案の積立て ………………368
| 6 - 2 | 配 当 金 ……………………………………………370
| 6 - 3 | 中協法の剰余金処分案又は損失処理案に関する規定 …372
| 6 - 4 | 剰余金処分案と特別積立金の定款規定 …………373
| 6 - 5 | 損失処理案 …………………………………………375
| 6 - 6 | 剰余金処分案作成モデル（税抜経理方式）………376
| 6 - 7 | 脱退者持分払戻計算書の作り方 …………………377
| 6 - 8 | 脱退者持分払戻計算書作成モデル（税抜経理方式）……378
| 6 - 9 | 持分変動計算書 ……………………………………379

目　次

7．事業報告書、決算関係書類の提出と監査 …………………379
　7－1　監事の監査 ………………………………………379
　7－2　監査報告書 ………………………………………383
8．非出資商工組合の決算関係書類 ……………………………386
　8－1　非出資商工組合についての中団法の規定 ………386
　8－2　非出資商工組合の特色 ……………………………387
　8－3　決算関係書類の記載例 ……………………………388
9．個別キャッシュ・フロー計算書 ……………………………394
　9－1　直接法による個別キャッシュ・フロー計算書の作成
　　　　（記載例）………………………………………………394
　9－2　キャッシュ・フロー計算書間接法記載例 ………398
　9－3　キャッシュ・フロー計算書精算表記載例 ………400

Ⅴ　予算関係書類 …………………………………………………405

1．組合管理会計について ………………………………………407
　1－1　財務会計と管理会計 ………………………………407
　1－2　収支予算の変遷 ……………………………………407
2．中協法の予算関係書類 ………………………………………408
　2－1　収支予算 ……………………………………………408
　2－2　損益予算 ……………………………………………408
　2－3　資金計画表 …………………………………………409
3．収支予算の作り方 ……………………………………………409
　3－1　収支予算（様式1）…………………………………409
　3－2　収支予算作成上の留意事項 ………………………413
　3－3　予算実績対比 ………………………………………413
　3－4　必要利益 ……………………………………………415
　3－5　予備費 ………………………………………………416
　3－6　収支予算の変更 ……………………………………416
4．資金計画 ………………………………………………………417

目　　次

　　4 - 1　資金計画表 …………………………………………417
　　4 - 2　収支予算と資金計画表の関係 ……………………418
　　4 - 3　収支予算の編成 ……………………………………419
　　4 - 4　収支予算の年間管理方法 …………………………420

Ⅵ　消費税等の経理 ……………………………………………425

　1．税込経理方式、税抜経理方式 ………………………………427
　　1 - 1　経理方式の選択 ……………………………………427
　　1 - 2　税込経理方式 ………………………………………428
　　1 - 3　税抜経理方式 ………………………………………428
　　1 - 4　税込経理方式と税抜経理方式の併用 …………………430
　　1 - 5　控除対象外消費税額等 ……………………………430
　　1 - 6　課税売上割合の算定 ………………………………431
　　1 - 7　不課税取引がある場合の計算例 …………………434
　　1 - 8　補助金収入（消費税不課税、消基通5 - 2 - 15）………436
　2．税込経理方式の決算 …………………………………………438
　　2 - 1　決 算 手 続 …………………………………………438
　　2 - 2　税込経理方式による消費税額等の計算モデル …………439
　　2 - 3　剰余金処分案作成モデル …………………………442
　　2 - 4　利用分量配当の消費税の計算モデル ……………443
　3．税抜経理方式の決算 …………………………………………445
　　3 - 1　決 算 手 続 …………………………………………445
　　3 - 2　税抜経理方式による消費税額等の計算モデル …………445
　　3 - 3　第2次決算整理仕訳 ………………………………449
　　3 - 4　剰余金処分案作成モデル（税抜経理方式）……………450
　　3 - 5　利用分量配当の消費税の計算モデル ……………451
　4．高度化施設の消費税等 ………………………………………455
　　4 - 1　組合員用施設土地の消費税等 ……………………455
　　4 - 2　組合員用施設建物の消費税等 ……………………456

xiii

目　次

　　　4 - 3　共同施設土地の消費税等 ……………………………………458
　　　4 - 4　共同施設建物の消費税等 ……………………………………459
　　　4 - 5　道路舗装の消費税等 …………………………………………459
　　　4 - 6　組合と組合員の経理 …………………………………………461
　　　4 - 7　中小企業総合事業団の取扱い ………………………………466
　　　4 - 8　簡易課税制度の概要 …………………………………………466
　　　4 - 9　簡易課税における事業区分の例示 …………………………467
　　　4 -10　みなし課税仕入の計算例 ……………………………………468

Ⅶ　質 疑 応 答 …………………………………………………………471

Ⅷ　税務申告書への利用分量配当の記載方法 ………………491

Ⅸ　復興特別所得税の源泉徴収のあらまし
　　（平成25年1月以降の源泉徴収）………………………………501

I
組合会計基準の制定と改訂

1．組合会計基準の制定

1－1　組合会計基準の必要性

　中小企業組合は、組合員の経済的地位の向上を図るために、設立された組合である。

　組合員の経済的地位の向上を図るための組合事業としては、組合が直接経済活動を行うことにより組合員に貢献する方法と、組合が側面から援助することにより組合員に利益を得させる方法とがあり、どちらに対しても組合活動への組合員の期待は大きいといえる。

　組合活動の原動力は組合の財政であり、組合員の事業の利用度である。

　財政基盤が弱体では組合活動が危ぶまれ、利用度が低くては組合事業は低調になってしまう。

　組合の財政状態を堅実に維持することは、理事の責務であり、組合員も強く望むところである。

　組合活動の根源になる財政状態を明瞭に表示し、経営成績を適確に把握することは必要なことであり、会計によってこれらの要求を満たすことができる。

　組合会計に対するこのような要望にこたえるため、昭和27年に「中小企業等協同組合経理基準」（以下「組合会計基準」という。）が制定された。

1－2　制定の目的

　制定当初の組合会計基準（経理基準）は、そのはしがきに制定の目的を、次のように述べている。

　「中小企業等協同組合（以下「組合」という。）は、中小企業等協同組合法（以下「中協法」という。）第40条の規定に基づいて財務諸表（財産目録、貸借対照表、損益計算書および剰余金処分案または損失処理

案）を作成し、主たる事務所に備えておかなければならないことになっている。しかるに、その作成については、何等の基準も示していないために、組合のうちには、これら財務諸表の不完全なものがすくなくない。

この基準は、組合の消長を支配するといわれている組合経理の重要性にかんがみ、組合経理を適正にすることによって、組合運営の合理化をはかり、もって、組合の経済性を向上させることを目的としたものであって、おおむね、どの組合にも適合するように定められたものである。

しかしながら、この基準は一応の原則を示すものであって、組合の種類、事業の内容、規模等によって、その経理の内容も、当然異なるものであるから、それぞれの組合の実情にしたがって、この基準を適応させることが望ましい。

この基準の策定に当たっては、企業会計原則並びに財務諸表準則に、組合の実情が許す範囲において、できるだけ準拠させることに止めた。

すなわち、組合事業は、一般企業のそれとは性質を異にするために、特殊な経理を必要とするほか、組合における会計経理に対する認識能力等を考慮したためにほかならない。

なお、この基準は、主として事業協同組合（連合会を含む）を対象として策定したものであるが、企業組合の経理についても準拠しうるものである。」

2．制定当初の組合会計基準（経理基準）

2－1　実務的指導書

組合会計基準（経理基準）は、企業会計原則や財務諸表準則に準拠しつつ、組合としての特殊性を考慮して作成されたことが述べられており、会計基準が、組合の能力を考えたうえでの実務的指導書としての役割を持つことを明らかにしている。

2－2　制定当初の組合会計基準（経理基準）の内容

制定当初の組合会計基準（経理基準）の内容は次のようになっており、現行会計基準の原形になっている。

第1章　勘定科目表
第2章　帳　　簿
　第1節　帳簿の種類
　第2節　帳簿の体裁
　第3節　帳簿の組織
　第4節　帳簿の様式
第3章　財　務　諸　表
　第1節　財　産　目　録
　第2節　貸借対照表
　第3節　損益計算書
　第4節　剰余金処分案及び損失処理案
第4章　会　計　管　理
　第1節　内部統制組織
　第2節　一般的管理
　第3節　そ　の　他

2－3　勘定科目表

勘定科目表は、大分類、中分類、小分類、細節に区分して主要勘定科目の説明が行われている。

特に目立つ箇所としては、次のようなものがある。
① 退職給与引当預金が細節科目になっている。
② 未収供給品、供給高、未払買取品などの表現が行われている。
③ 負債の部に、補助金の中分類がある。
④ 出資金勘定は、資本の部に属する科目として用いている。
⑤ 未払込出資金が、資産の部に含められている。
⑥ 教育情報費用繰越金は、資本の部に属している。

⑦　賦課金収入が、事業外収入に属している。
⑧　偶発債務の項目がある。

2－4　帳　簿

帳簿には、組合の経理能力を考慮し、指導的目的のため54種類の帳簿についての説明をし、また、39種類の帳簿の様式を示して帳簿記入の方法、帳簿組織の考え方など詳細な説明がなされている。

2－5　財務諸表

財務諸表には、財産目録、貸借対照表、損益計算書がそれぞれ1様式ずつ示され、損益計算書には、まだ事業別損益計算の考え方は導入されていなかった。

2－6　会計管理

会計管理は、内部統制組織、一般的管理及びその他の事項について、留意すべき事項を述べている。内部統制組織については、その後、字句について修正されただけで内容は変わっていない。

一般的管理については、主として不動産と持分について述べられており、当時からそれらのことに組合の関心が深かったことを物語っている。その他の事項には、事業報告書、試算表、収支予算書、製造原価報告書が入っており、様式と説明が行われている。

3．組合特有の会計処理

3－1　剰余金の配当

組合は、出資配当と利用分量配当などを行うことができる。

出資配当は、年10％を超えない範囲内で払込済出資額に応じて行う。

利用分量配当は売上割戻しの性格を有する配当で、売上割戻しが事業年度中に割戻しを行うのに対して、利用分量配当は事業年度終了後に実

施する点が異なるが、いずれも手数料の取り過ぎた分を組合員に割戻しする点では同一内容である。

利用分量配当が手数料の割戻しであるとすれば、組合員から受け入れた手数料の中から割り戻すのが原則である。したがって、員外者から得た利益又は組合自営事業の利益の部分については、利用分量配当を行うことはできない。

組合員から受け入れた手数料と、その事業のために費やした費用を算出し、利益が生じている場合に限り利用分量配当は認められる。

3－2　持分の計算と加入金

(1) 持分計算方法

組合員は、組合に対して脱退又は清算確定時に払い戻してもらえる持分を有している。

持分の計算方法には、代表的なものとして加算式と改算式の2つの方法がある。

① 加　算　式

加算式は、毎事業年度ごとにその期の損益をその期の組合員に割り振り加算する方法であるが、計算が繁雑なため、行っている組合は少ない。加算式は、過去の剰余金をすべて組合員に配分し、組合員ごとの持分額を算出しているので、脱退時にはその持分額を払い戻せばよく、また、新規加入者には過去の剰余金の配分はないので、加入金を徴収する必要はないことから、パソコン等の普及を考えれば、より積極的な活用が期待される。

② 改　算　式

改算式は、事業年度末あるいは清算終了時の組合財産を出資口数で按分する方法で、加算式に比べて計算が簡単なため、多くの組合で採用されている。

③ 新・加算式

新・加算式は協同組合の理論と合致する加算式の考え方を変えず

に事務量の軽減を図ることを目的に考えた計算方法である。

(2) 脱退者に払い戻す持分

　清算結了時の組合財産は、すべての財産が換価されているために組合財産の計算を正確に計算できる。しかし、中途脱退する組合員に対して払い戻す持分の額は、対象になる組合財産を時価で評価し、計算した金額とされている。

　脱退者に対し払い戻す持分の限度については、定款で定めることになっており、通常、次の3つの方法がある。

① 持分全部を払い戻す方法
② 簿価財産を限度として払い戻す方法
③ 出資額を限度として払い戻す方法

(3) 加　入　金

　脱退者に対して出資額以上の持分を払い戻す組合では、新規加入者から持分額に相当する額を払い込んでもらう必要がある。その場合に出資額を超える払込金を加入金といい、出資1口についての払込額を総会で定めることになっている。

　加入金は、資本剰余金のうちの資本準備金として取り扱われている。

3－3　勘定科目の明瞭性

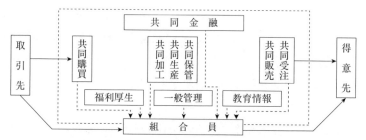

　組合会計の勘定科目は、組合の多様な事業活動の取引を処理するため、組合特有の勘定科目を使用することが多い。

　会計基準では勘定科目の重要性を考え、そのために勘定科目設定の原則を設けて、秩序ある勘定科目の設定を望んでいる。

3−4　事業別会計の必要性

　組合は、数種類の事業を行うことが多く、事業ごとに利用する組合員が異なっている。

　組合会計には、組合員の要望に沿った報告を行う義務がある。

　組合員の要望が、自己が利用している事業の結果が利益であるのか損失であるのかを知ることにあるならば、事業別に損益計算をする必要が生じる。

　特に、高度な経済事業を行う組合の場合は、その事業の必要資金を調達したり、その事業が損失であるときは、手数料の引上げ、損失てん補資金の負担など、その事業を利用する組合員が、多大な負担をすることになるので、組合員の関心はより大きくなる。

　このため、組合は事業別会計を行い、事業費をはじめ事業外損益及び特別損益に属する科目を事業別損益計算書に、事業別に集計し、事業別の事業利益を表示することが要請される。

4．第7回改訂（表題を会計基準に変更）

4−1　第7回（平成13年）会計基準改訂の項目

(1)　表題を会計基準に変更。
(2)　金融商品に係る会計基準により、有価証券、割引手形、裏書譲渡手形、手形割引貸付金、貸倒引当金を改訂。
(3)　決算関係書類の様式について、時価会計関係、税効果会計関係、退職給付関係を追加。
(4)　非出資商工組合の決算関係書類、予算関係書類の様式を追加。
(5)　個別会計基準を設け、取扱いを定めた。
　① 時 価 会 計
　② キャッシュ・フロー計算書
　③ 事業税、各種引当金（退職給付会計を含む）
　④ ソフトウェア会計基準

Ⅰ　組合会計基準の制定と改訂

　　⑤　税効果会計
　　⑥　連 結 決 算
　　⑦　持 分 会 計
(6)　国庫補助金等の圧縮記帳について、剰余金処分による圧縮積立金を追加。
(7)　リース取引による貸手側、借手側の勘定科目を追加。

4－2　会計基準改訂の関連図

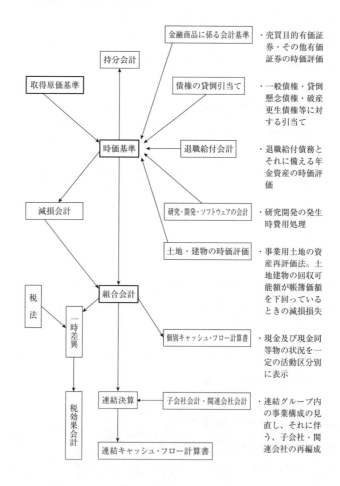

4－3　個別会計基準の内容

(1) 時 価 会 計

　取得原価基準で作成された貸借対照表は、現実の価値を表していないという指摘がなされたため、この取得原価主義の問題点を修正するため時価会計が導入された。

　第7回の組合会計基準の改訂の中心は時価会計であることから、時価会計について説明する。

　昭和44年最高裁判所の判決により、組合脱退者の持分払戻しは、協同組合の事業の継続を前提とし、なるべく有利にこれを一括譲渡する場合の価額、すなわち時価により評価した組合財産によって算定されることになった。

　旧経理基準は、第3回改訂（昭和46年）に際して、財産目録を時価基準で作成することを検討したが、当時、時価会計が行われていなかったことから、財産目録は取得原価基準にて作成し、別に脱退者への持分払戻しに際して、時価評価正味財産の計算書を作成することにしてきた。

　今回、「中小企業等協同組合会計基準」として、新たな会計基準を作成するに当たり、時価会計による処理を検討し、改訂した。

　有価証券については、組合として売買目的有価証券を取得することはできないので、満期保有目的の債券、関係先出資金、その他有価証券の3科目を掲載した。このうち、その他有価証券については、期末に時価評価を行い、評価差額は税効果会計を適用したうえ原則として全部資本直入法で処理する。

　土地の時価会計は次のように行う。

① 土地評価額が帳簿価額を下回る場合は、次のいずれかの方法により行う。

　a　土地について評価減を行う。

　b　取得原価基準により作成された財産目録の注記に、時価評価正味財産の価額を記載する。脱退者持分払戻しに際しては、時

価評価正味財産から持分額を算定する。
② 土地評価額が帳簿価額を上回る場合は、次のいずれかの方法により行う。
　　a 土地の評価差額のうち繰延税金負債を控除した金額を、評価差額金として、資本の部に属する剰余金又は欠損金の区分に表示する。
　　b 取得原価基準により財産目録を作成し、別に脱退者への持分払戻しに際して、時価評価財産目録を作成し、時価評価正味財産から持分額を算定する。
　　　時価評価財産目録は、税効果会計を行い、繰延税金負債を計上し、時価評価正味財産を求める。
建物の時価会計は次のように行う。
① 有形固定資産、無形固定資産、繰延資産は一定の償却を行い、法人税法に定める償却限度額以下の金額を償却した場合には、その不足額を償却不足額として計算する。
② 建物等の時価評価額が帳簿価額を下回ったときには、減損損失を処理する減損会計を行うことが求められており、回収可能価額により評価することになるが、回収可能価額を算出する事務手続のうえから、組合の選択により、回収可能価額によらず、時価評価額によることは差し支えない。
　建物等の償却を正常に行っている場合には償却後の帳簿価額を当該資産の時価相当額とするが、建物等の償却に償却不足額がある場合には帳簿価額から償却不足の累計額を控除した価額を当該資産の時価相当額とする。

(2) 退職給付会計

退職給付会計が導入され、職員の退職金要支給に相当する金額を、退職給与引当金と退職共済掛金等により準備することが求められるようになった。

退職給付会計の状況は、財産目録に退職給与規程に基づく退職金期

末要支給額と、それに対応する退職給与引当金及び退職共済掛金等の状況を注記する。

(3) 財産目録

財産目録については、時価会計が導入されたことから、財産目録の様式を時価基準により示すべきであるが、当分の間、従来どおりの取得原価基準による財産目録の様式を示すことにした。

財産目録の様式には、ソフトウェアと税効果会計勘定科目を追加し、注記として時価評価による組合正味財産の価額と時価評価方法を記載することを加えた。

(4) 税効果会計

組合会計を時価基準により行うようになると、税法との差異が大きくなり、税効果会計を行う項目が多くなる。

税効果会計は、例えば、退職給与引当金を期末要支給額の100％を引き当てた場合、税法では認められないので、引当金繰入額は損金不算入になる。この金額に実効税率を乗じて計算した法人税等調整額を繰延税金資産として計上する会計である。

繰延税金資産は、将来課税所得が発生することが見込めるなど、回収可能性があると判断できる組合だけが、貸借対照表の資産の部に計上することが認められる。

(5) 連結決算

協同組合の連結子会社は合算し、関連会社は持分法を適用して連結決算し、親会社である協同組合が当該集団の財政状態及び経営成績を総合的に報告することが求められるようになった。

(6) キャッシュ・フロー計算書

キャッシュ・フロー計算書は、資金（現金、当座預金、普通預金、通知預金、3か月以内の定期預金）の収入・支出の動きを表した収支計算書で、事業活動によるキャッシュ・フロー、設備等活動によるキャッシュ・フロー、財務活動によるキャッシュ・フローの3つに区分して表示する。

Ⅰ　組合会計基準の制定と改訂

　　キャッシュ・フロー計算書は、随時組合の必要に応じて作成するが、中間決算、年度決算など決算書類作成時に併せて作成する。

　　キャッシュ・フロー計算書は、組合会計の状況を報告するため作成するものであるから、組合業務の執行方針を定める理事会へ提出する。

(7)　事業税の表示、貸倒引当金・賞与引当金の計上、ソフトウェアの資産計上、持分会計についての基準が示された。

4－4　勘定科目の追加

(1)　金融商品に係る会計基準（平成11年１月22日　企業会計審議会）、金融商品会計に関する実務指針（平成12年１月31日　日本公認会計士協会）、銀行業における金融商品会計基準適用に関する当面の会計上及び監査上の取扱い（平成12年２月15日　日本公認会計士協会）により改訂された勘定科目として次の勘定科目がある。

　①　有　価　証　券

　　　金融商品会計基準では有価証券を、売買目的有価証券、満期保有目的の債券、子会社株式及び関連会社株式、その他有価証券に分類し、売買目的有価証券は時価をもって貸借対照表価額とし評価差額は当期の損益として処理する、満期保有目的の債券は取得原価又は償却原価法に基づいて算定した価額を貸借対照表価額とする、子会社株式及び関連会社株式は取得原価をもって貸借対照表価額とする、その他有価証券は時価をもって貸借対照表価額とし評価差額は洗替方式に基づき資本の部（評価益の差額は資本の部に、評価損の差額は当期の損失とする方法を選択する。）に計上することになっている。

　　　組合会計では、売買目的有価証券は時価の変動により利益を得ることを目的として取得するものであるから、組合事業としてはもとより組合資金の運用方法としても適当でないものと考え、「商品有価証券」勘定は設けなかった。

4．第7回改訂（表題を会計基準に変更）

　　また、組合会計では、関係団体に対する出資、関係会社に対する株式は、固定資産に属する「関係先出資金」勘定で処理していることから、有価証券勘定に入れなかった。
　　この結果、有価証券勘定では、満期保有目的債券とその他有価証券を細節科目として記載した。
　　外貨建有価証券として記載してある外貨建保有社債等については、外貨建取引等会計基準（最終改正平成11年10月22日　企業会計審議会）により、決算時の為替相場による円換算額を付するとした。
　　次に、満期保有目的債券を、債券金額より低い価額又は高い価額で取得した場合において、取得価額と債券金額との差額の性格が金利の調整と認められるときは、償却原価法に基づいて債券価額を算定するが、償却原価法の処理方法として利息の合理的な期間配分を目的とする利息法と簡便法である定額法がある。組合会計では重要性の判断から定額法でよいものと思われる。
② 　割引手形、手形割引貸付金について、金融商品会計に関する実務指針による改正を行った（「Ⅲ　7－11　手形に関する科目、7－12　保証事業に関する科目」（296頁～299頁）参照）。
(2) **個別会計基準に基づく勘定科目**
　① 　時価評価を用いた財務諸表関係
　　　　資　産　有価証券　　　　　　　満期保有目的債券　新設
　　　　〃　　　〃　　　　　　　　　　その他有価証券　　新設
　　　　資　本　評価差額金　　　　　　有価証券評価差額金　新設
　　　　〃　　　〃　　　　　　　　　　土地評価差額金　　新設
　　　　収　益　事業外受取利息　　　　償却原価法の加減額の説明追加
　　　　費　用　評価額　　　　　　　　有価証券評価損　　新設
　　　　〃　　　〃　　　　　　　　　　土地・建物評価額　新設
　② 　事業税の表示と各種引当金の取扱関係
　　　　負　債　未払法人税等　　　　　事業税の説明追加

I　組合会計基準の制定と改訂

負　債	退職給与引当金		退職給付引当金の説明追加、退職給付引当金は定款規定の退職給与引当金を含む
収　益	退職給与引当金戻入れ		退職給付引当金戻入れの説明追加
費　用	退職給与引当金繰入れ		退職給付引当金繰入れの説明追加
費　用	退職給付費用		退職共済掛金から変更した説明追加
〃	法人税等充当額		事業税の説明追加
資　産	債権償却特別勘定		削除
収　益	債権償却特別勘定戻入れ		削除
費　用	債権償却特別勘定繰入れ		削除

③　ソフトウェアに関する会計処理関係

資　産	ソフトウェア	繰延資産から無形固定資産に変更
〃	商　品	ソフトウェアに説明追加
〃	製　品	ソフトウェアに説明追加
〃	仕掛品	ソフトウェアに説明追加
費　用	研究開発事業費	組合員対象　新設
〃	研究開発費	組合管理用　新設
資　産	試験研究費	削除
費　用	試験研究費償却	削除

④　税効果会計関係

資　産	繰延税金資産	新設
〃	長期繰延税金資産	新設
負　債	繰延税金負債	新設
〃	長期繰延税金負債	新設
資　本	過年度税効果調整額	新設
費　用	法人税等充当額　法人税等調整額	新設

⑤　持分会計

4．第7回改訂（表題を会計基準に変更）

　　資　本　評価差額金　　　　　　脱退者持分払戻勘定　新設

⑥　注 記 関 係

　国庫補助金、保険差益、買換資産について圧縮記帳のほか、剰余金処分による圧縮積立金としての処理を追加した。

　特別償却費のほか、剰余金処分による特別償却準備金としての処理を追加した。

　中小企業構造改善準備金、中小企業知識融合開発準備金、下請中小企業振興準備金、製品保証等引当金は、税法の廃止に伴い削除した。

　なお、圧縮積立金を脱退者への持分払戻額に含ませる組合は、定款第14条を「組合員が脱退したときは、当該事業年度末の決算貸借対照表における出資金、法定準備金、特別積立金、圧縮積立金、繰越損益金及び当期利益剰余金のうち本組合に留保した金額、（以下省略）」というように、圧縮積立金を定款規定に入れるようにする。

　圧縮積立金を脱退者への持分払戻額に含ませない組合は、定款第14条を、持分全部を払い戻す方法ではなく、圧縮積立金を含まない簿価財産を限度として払い戻す方法、又は出資額限度で払い戻す方法で規定するようにする。

　ただし、出資限度の定款であっても、多額の欠損金があるため出資金以下の払戻額になるときは、圧縮積立金は欠損金を減少させることにより持分払戻額に含まれることになるので、圧縮積立金を持分払戻額に含ませないように規定することはできない。

Ⅱ
第8回改訂
中協法施行規則改正による改訂

1．中協法施行規則の改正内容

1－1　中協法施行規則改正の経過
(1)　関　連　図

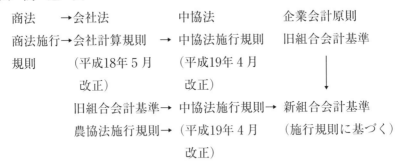

(2)　改　正　経　過

　　会社法が平成17年に公布され、続いて会社計算規則が平成18年に公布された。

　　中小企業等協同組合法（以下「中協法」という。）も、「会社法の施行に伴う関係法律の整備等に関する法律」により改正され、平成18年5月1日から施行されたが、中協法により規定された会計規定は少なく、詳細は主務省令で定めるとされてきた。そして、平成19年4月、中協法施行規則及び中団法施行規則が公布され、その内容が明らかになった。

　　中協法の会計規定は、昭和24年の中協法成立以後、改正はなく、実に57年ぶりの大改正である。

　　中小企業等協同組合会計基準（以下「組合会計基準」という。）は、企業会計原則に準拠しつつ、時代の変化に即応して、これまで7回の改訂を行ってきた。

　　第7回までの改訂は、法律に規定がない時代の改訂であったが、第8回の改訂は、法律に基づいての改訂であることが異なっている。

　　このため、本書に示した項目のうち、法律で規定されている項目に

Ⅱ 第8回改訂 中協法施行規則改正による改訂

ついては該当条文を記載した。

(3) 決算関係書類

中協法第40条第2項により、各事業年度において作成する決算関係書類は、「財産目録、貸借対照表、損益計算書、剰余金処分案又は損失処理案」と定められている。会社法にない「財産目録」「剰余金処分案又は損失処理案」の作成が定められていることに、留意しなければならない。

(4) 正確な会計帳簿

中協法第41条第1項には、「組合は、主務省令で定めるところにより、適時に、正確な会計帳簿を作成しなければならない。」と定められ、正確な会計帳簿の内容について、中協法施行規則第128条に、「法第41条第1項の規定により組合が作成すべき会計帳簿に付すべき資産、負債及び純資産の価額その他の会計帳簿の作成に関する事項については、この節（注 第7節 会計帳簿）の定めるところによる。」として、資産、負債、純資産の内容について定めている。

(5) しん酌規定

中協法施行規則第71条には、「この章（注 第5章管理・第3節決算関係書類・第4節事業報告書・第5節決算関係書類及び事業報告書の監査・第6節決算関係書類及び事業報告書の組合員又は会員への提供及び決算関係書類の承認の特則に関する要件・第7節会計帳簿）及び第179条から第182条（注 清算関係の規定）までの用語の解釈及び規定の適用に関しては、一般に公正妥当と認められる企業会計の基準その他の会計の慣行をしん酌しなければならない。」として、しん酌規定が設けられている。

中協法施行規則第71条の「その他の会計の慣行」の中に、組合会計基準も含まれるので、旧組合会計基準の解釈を適用することができることになった。

(6) 会社計算規則が骨格

中協法施行規則の改正内容は、会社計算規則の骨格に、組合会計基

準の肉付きを加えたものになったということができる。

　その一番顕著な例が損益計算書の様式で、会社計算規則の「売上高－売上原価＝売上総利益金額」を、中協法施行規則第98条は「事業収益＋賦課金等収入－事業費用＝事業総利益金額」として売上高を事業収益と賦課金等収入に区分し、売上原価を事業費用に変更し、組合会計の用語を用いながら、会社計算規則の区分に従った箇所である。

　この変更により、従来の損益計算書の様式より、今回の損益計算書の様式の方がわかりよいとの意見がある。

1－2　中協法施行規則の会計関係規定（第71条～第170条）

第5章　管理
　第3節　決算関係書類
　　第1款　総則（第71条―第74条）
　　第2款　会計監査人監査組合の連結決算関係書類（第75条―第81条）
　　第3款　財産目録（第82条）
　　第4款　貸借対照表（第83条―第95条）
　　第5款　損益計算書（第96条―第105条）
　　第6款　剰余金処分案又は損失処理案（第106条―第108条）
　第4節　事業報告書（第109条―第113条）
　第5節　決算関係書類及び事業報告書の監査
　　第1款　通則（第114条）
　　第2款　会計監査人監査組合以外の組合又は中央会における監査（第115条―第117条）
　　第3款　会計監査人監査組合における監査（第118条―第123条）
　第6節　決算関係書類等及び事業報告書の組合員又は会員への提供及び決算関係書類等の承認の特則に関する要件
　　第1款　決算関係書類等の組合員又は会員への提供（第124条・第125条）

　　　　第2款　決算関係書類等の承認の特則に関する要件（第126条）
　　　　第3款　事業報告書の組合員又は会員への提供（第127条）
　　第7節　会計帳簿
　　　　第1款　総則（第128条）
　　　　第2款　資産及び負債の評価（第129条・第130条）
　　　　第3款　純資産（第131条・第132条）
　　第8節　総会の招集手続等（第133条―第140条）
　　第9節　信用協同組合等の事業の譲渡等（第141条・第142条）
　　第10節　余裕金運用の制限（第143条）
　　第11節　共済事業を行う組合の経理等（第144条―第170条）

1－3　中団法施行規則の会計関係規定

　非出資商工組合については、次の規定のほかは、中協法施行規則と同じである。

　中団法施行規則第23条第1項第3号括弧書で「出資商工組合以外の商工組合等（以下「非出資商工組合等」という。）にあっては、正味資産とする。」と規定し、貸借対照表の純資産を、「正味資産」としている。

1－4　共済事業について規定の整備が行われた

(1)　共済事業の定義は、中協法第9条の2第7項に、「組合員その他の共済契約者から共済掛金の支払を受け、共済事故の発生に関し、共済金を交付する事業であつて、共済金額その他の事項に照らして組合員その他の共済契約者の保護を確保することが必要なものとして主務省令で定めるものをいう。」と規定されている。

(2)　同条第6項には、保険会社の業務の代理又は保険募集の事務代行を行う事業が規定され、共済事業とは、区別されている。

(3)　通称、団体保険については、特に規定が設けられていないので、従来と同様、中協法第9条の2第1項第3号福利厚生事業の1つとして行うことになる。

(4) 組合会計基準では、共済事業について特殊科目の区分に共済関係科目として掲示し、保険会社の業務の代理又は保険募集事務の代行と、団体保険の業務取扱いを「団体保険等・保険業務代理・代行事業」として一般科目表に掲示した。

　その後、平成21年8月18日、組合会計基準作成委員の打合せにより一部科目の追加が協議され改訂案として承認された。改訂案については、「Ⅲ　4－16　団体保険等・保険業務代理・代行事業収益」(201頁) に記載する。

2. 中協法施行規則と会社計算規則との違い

2－1　中協法施行規則と会社計算規則との違い

　中協法施行規則と会社計算規則との違いは、次の○印のとおりである。

区　分	中協法施行規則	会社計算規則
貸借対照表資産の部	流動資産 固定資産 　有形固定資産 　無形固定資産 ○　外部出資その他の資産 繰延資産	流動資産 固定資産 　有形固定資産 　無形固定資産 　投資その他の資産 繰延資産
貸借対照表負債の部	流動負債 固定負債	流動負債 固定負債
貸借対照表純資産の部	○組合員資本 ○　出資金 ○　未払込出資金 　資本剰余金 　　資本準備金 　　その他資本剰余金 　利益剰余金 　　利益準備金 　　その他利益剰余金	株主資本 　資本金 　新株式申込証拠金 　資本剰余金 　　資本準備金 　　その他資本剰余金 　利益剰余金 　　利益準備金 　　その他利益剰余金

Ⅱ 第8回改訂　中協法施行規則改正による改訂

区　分	中協法施行規則	会社計算規則
	○　教育情報費用繰越金	
	○　組合積立金	自己株式
	○　　特別積立金	自己株式申込証拠金
	○　　　当期未処分剰余金	
	評価・換価差額等	評価・換価差額等
	その他有価証券評価差額金	その他有価証券評価差額金
	○　その他評価・換算差額	土地再評価差額金
	○　脱退者持分払戻勘定	
損益計算書	○　事業収益	売上高
	○　賦課金等収入	
	○　事業費用	売上原価
損益計算書事業総損益金額	○　一般管理費	販売費及び一般管理費
損益計算書事業損益金額	○　事業外収益	営業外収益
	○　事業外費用	営業外費用
損益計算書経常損益金額	特別利益	特別利益
	特別損失	特別損失
損益計算書税引前当期純損益金額	税等	税等
損益計算書当期純損益金額		
剰余金処分案	○　当期未処分剰余金又は当期未処理損失金	株主資本等変動計算書等
	○　組合積立金取崩額	
	○　剰余金処分額	
	○　次期繰越剰余金	
損失処理案	○　当期未処理損失金損失てん補取崩額	株主資本等変動計算書等
	○　次期繰越損失金	
脱退者持分払戻計算書	○　脱退者持分払戻額	株主資本等変動計算書等

26

2－2　会社法にない決算関係書類

(1)　中協法には、会社法にない「財産目録」「剰余金処分案又は損失処理案」が規定されている。したがって、財産目録、剰余金処分案又は損失処理案が、決算関係書類として添付されていないと中協法に従っていないことになる。

(2)　財産目録は、「資産の内容」を記載し、次いで「負債の内容」を記載して、その差額を「正味資産」として表示する。

2－3　中協法施行規則では規定されなかったが、共済事業の勘定科目を追加

(1)　共済事業関係科目

　　共済掛金、再共済収入、再共済金、再共済返戻金、共済金戻入、共済金、解約返戻金、その他返戻金、満期返戻金、再共済料、再共済金、代理所手数料、集金手数料、受託業務手数料、委託業務経費、支払準備金、責任準備金、異常危険準備金、払戻積立金、未収共済掛金、代理所貸、代理所借、再共済貸、再共済借

(2)　その他の科目

　　外部売掛金、外部前渡金、売買目的有価証券、外部買掛金、外部売上高、団体保険料収入、団体保険金収入、団体保険配当金収入、受取保険代理手数料、受取保険代行手数料、支払団体保険料、支払団体保険金、支払団体保険配当金、団体保険業務費、保険業務代理費、保険事務代行費

3．勘定科目表

3－1　勘定科目の設定

(1)　勘定科目は、会計処理の基になるものであるから、組合で実施する事業の種類や事業の規模によって、これを設定しなければならない。

(2)　勘定科目の設定に当たっては、次の諸点に留意することが必要であ

る。
① その名称が、内容を明瞭に表示するものをつけなければならない。
② 異なった性質のものを、同一の科目に混入しないようにすること。
③ 一度設定した勘定科目は、みだりに変更しないこと。
(3) 中協法施行規則で規定されている勘定科目名
① 中協法施行規則第85条：現金及び預金、受取手形、売掛金、売買目的有価証券、商品、製品、副産物及び作業くず、半製品、原料及び材料、仕掛品及び半成工事、消耗品、消耗工具、器具及び備品その他の貯蔵品、前渡金、前払費用、未収収益、貸付金、繰延税金資産、建物及び暖房・照明・通風等の付属設備、構築物、機械及び装置並びにホイスト・コンベヤー・起重機、船舶及び水上運搬具、鉄道車両・自動車その他の陸上運搬具、工具、器具及び備品、土地、建設仮勘定、特許権、借地権、商標権、実用新案権、意匠権、鉱業権、漁業権、ソフトウェア、外部出資、長期保有有価証券、長期前払費用　等
② 中協法施行規則第86条：支払手形、買掛金、前受金、引当金（短期性）、転貸借入金、短期借入金、未払金、預り金、未払法人税、未払費用、前受収益、仮受賦課金、繰延税金負債、長期借入金、引当金（長期性）　等
③ 中協法施行規則第88条：出資金、未払込出資金、資本準備金、利益準備金、教育情報費用繰越金　等
④ 中協法施行規則第97条：売上高、受取手数料、受取施設利用料、受取貸付利息、受取保管料、受取検査料、賦課金収入、参加料収入、負担金収入、売上原価、販売費、購買費、生産・加工費、運送費、転貸支払利息、人件費、業務費、諸税負担金、受取利息、受取出資配当金、支払利息、創立費償却、寄付金、固定資産売却益、補助金収入、前期損益修正益、固定資産売却損、固定資産圧縮損、減損損失、災害損失、前期損益修正損

3－2　勘定科目の分類

(1) 勘定科目は、簿記会計の概念である、「資産」「負債」「純資産」「収益」「費用」の5つに分類し、これを大分類としている。

中協法施行規則は、次のように区分しているので、大分類の次に「区分」という分類を設けた。

中協法施行規則第84条は、貸借対照表を次に掲げる部に区分して表示しなければならないとして、「一　資産」「二　負債」「三　純資産」に区分し、第85条で流動資産、固定資産、繰延資産に、第86条で流動負債、固定負債に、第88条で組合員資本、評価・換価差額等に区分し、さらに出資金、未払込出資金、資本剰余金、利益剰余金に区分している。

中協法施行規則第97条は、損益計算書等を、次に掲げる項目に区分して表示しなければならないとして、「一　事業収益」「二　賦課金等収入」「三　事業費用」「四　一般管理費」「五　事業外収益」「六　事業外費用」「七　特別利益」「八　特別損失」に区分している。

(2) 中分類は、「区分」の次の分類として、固定資産の区分に、有形固定資産、無形固定資産、外部出資その他の資産を、資本剰余金の区分に、資本準備金、その他の資本剰余金を、利益剰余金の区分に、利益準備金、その他の利益剰余金を、更にその他の利益剰余金の区分に、教育情報費用繰越金、組合積立金を分類した。

(3) 小分類は、通常、勘定科目として使用する科目である。小分類科目では包括すぎる場合は細分類科目を使用する。

3－3　一般科目表

勘定科目の一覧は、次頁以降を参照。

Ⅱ 第8回改訂 中協法施行規則改正による改訂

大分類 ─ 資産

区分	中分類	小分類	細分類	説明
Ⅰ 流動資産	1 現金及び預金	(1)現金	①小口現金	通貨及び受入小切手、郵便為替証書、郵便振替貯金払出証書等を処理する。
			②外国通貨	外国通貨は、決算時の為替相場による円換算額を付する。
		(2)預金		金融機関に対する預金(信託預金を含む。)、積金、郵便貯金及び郵便振替貯金を処理する。決算日の翌日から1年を超えて期限が到来する預金は原則として外部出資・その他の資産で処理する。
			①当座預金	必要により金融機関別に表示する。
			②普通預金	必要により金融機関別に表示する。
			③振替貯金	必要により金融機関別に表示する。
			④通知預金	必要により金融機関別に表示する。
			⑤定期預金	必要により金融機関別に表示する。
			⑥定期積金	必要により金融機関別に表示する。
			⑦外貨預金	外貨建の預金を処理する。外貨預金は原則として決算時の為替相場により決算時の為替相場による円換算額を付する。長期の外貨預金は原則として、外部出資・その他の資産で処理する。
	2 受取手形			金融事業以外の通常の事業取引によって取得

3．勘定科目表

区分	中分類	小分類	細分類	説明
		3　売掛金	(1)組合員売掛金	した手形を処理する。（手形を割り引いたり裏書譲渡をした場合は、割引手形勘定か手形裏書義務等の偶発債務勘定を設ける。）土地、設備等に対する受取手形は事業外受取手形で処理する。
				組合員に対する売上代金の未収金を処理する。
			(2)外部売掛金	組合員以外の得意先に対する売上代金を処理する。
			(3)未収手数料	売掛金として計上しなかった各種受取手数料の未収金を処理する。
		4　売買目的有価証券及び短期有価証券	(1)売買目的有価証券	時価の変動により利益を得ることを目的として保有する有価証券を処理する。
			(2)満期保有目的有価証券	1年以内に満期の到来する満期保有目的の債券で商工債券、国債、地方債等がこの勘定に含み、割引債券の所得税はこの所得税は法人税から控除するか還付を受ける。
			(3)その他有価証券	売買目的有価証券、満期保有目的有価証券以外の短期有価証券で1年以内に満期の到来する有価証券を処理する。
			(4)外貨建有価証券	外貨建の有価証券を処理する。外貨建保有有価証券等については、決算時の為替相場による円償券等については、決算時の為替相場による円

Ⅱ 第8回改訂　中協法施行規則改正による改訂

区分	中分類	小分類	細分類	説明
		5　商品		換算額を付する。販売の目的をもって他から購入した商品の棚卸高を処理する。
		6　製品		販売の目的をもって組合が生産した製品の棚卸高を処理する。
		7　半製品		半製品として独立して販売される製品の棚卸高を処理する。
		8　原料及び材料		共同生産加工等に要する原材料の棚卸高を処理する。ただし、原料は原料、材料は材料として処理することができる。
		9　仕掛品及び半成工事		仕掛中の製品の棚卸高及び半成工事の棚卸高を処理する。
		10　貯蔵品		未使用の消耗品、消耗器具等のうち、重要性のあるものを処理する。
		11　前渡金		一時的に支出した商品、材料、外注費等の前渡金を処理する。なお、有形固定資産購入の場合の前渡金は、建設仮勘定とする。
			(1)組合員前渡金	前渡金のうち組合員に対するものを処理する。
			(2)外部前渡金	前渡金のうち組合員以外に対するものを処理する。
		12　前払費用		一定の契約に従い、継続して役務の提供を受ける。

3．勘定科目表

区分	中分類	小分類	細分類	説明
				ける場合、未だ提供されていない役務に対し支払われた対価のうち事業年度の末日後1年内に費用となるものが明らかな前払いの費用で、重要性のあるものを処理する。
			(1)未経過支払利息	金融事業の支払利息等のうち、次期に属する部分を処理する。
	13 未収収益			一定の契約に従い、継続して役務の提供を行う場合、既に提供した役務に対してまだその対価の支払いを受けていないもので、重要性のあるものを処理する。
			(1)未収貸付利息	金融事業の貸付利息のうち、未だ支払いを受けていないものを処理する。
	14 貸付金			組合員に対する貸付金を処理する。
			(1)証書貸付金	借用証書による貸付金を処理する。
			(2)手形貸付金	約束手形又は為替手形を借用証書の代わりとする貸付金を処理する。
			(3)手形割引貸付金	組合員の受取手形を譲渡担保とした組合員への貸付金を処理する。
	15 繰延税金資産			将来減算一時差異に係る税金の額で、短期間に解消するものを処理する。
	16 その他の短期の資産			通常の取引に基づいて発生した未収金、売掛金及び未収賦課金、未収消費税等以外のもの並びに通常の取引以外の取引により発生し
			(1)未収金	

Ⅱ 第8回改訂 中協法施行規則改正による改訂

区分	中分類	小分類	細分類	説明
				た未収金で、1年以内に回収されるものを処理する。
			(2)立替金	一時的な立替払を処理する。
			(3)仮払金	帰属する科目又は金額の未定な支払金を処理する。金額及び科目が確定次第、正当な科目に振り替える。
			(4)仮払消費税等	税抜経理方式において課税仕入高に係る消費税等を処理する。
			(5)未収賦課金	賦課金の未収金を処理する。
			(6)未収消費税等	還付消費税等の未収金を処理する。
		17 貸倒引当金		流動資産に属する金銭債権に対する取立不能見込額を処理する。貸倒引当金は、対象とする金銭債権が属する項目に対する控除項目として表示する。ただし、流動資産の控除項目として一括して表示することもできる。貸倒引当金の繰入は、差額補充法によるものとする。法人税法上の原則は洗替法であるが、差額補充法によることも認められている。なお、戻入益が生じた場合は、特別利益に計上する。
Ⅱ 固定資産	i 有形固定資産			耐用年数1年以上で相当額以上の資本的支出を処理する。ただし、有形固定資産の取得価

3．勘定科目表

区分	中分類	小分類	細分類	説明
		1 建物及び暖房、照明、通風等の付属設備	(1)建物	額は、使用開始にいたるまでに直接要したすべての費用を含むが、登録免許税、不動産取得税は除くことができる。事務所、作業所、倉庫、工場、店舗等を処理する。
			(2)建物附属設備	建物に附属する設備を処理する。
		2 構築物		土地に定着する土木設備又は工作物を処理する。
		3 機械及び装置並びにホイスト、コンベヤー、起重機等の搬送設備その他の付属設備	(1)機械装置	機械設備等を処理する。
		4 船舶及び水上運搬具		
		5 鉄道車両、自動車その他の陸上運搬具	(1)車両運搬具	自動車その他の陸上車両運搬具を処理する。
		6 工具、器具及び備品	(1)工具、器具、備品	耐用年数1年以上で相当額以上の工具・器具及び什器備品並びに容器等を処理する。
		7 土地		土地代金、仲介手数料、整地費等を処理する。

35

Ⅱ 第8回改訂 中協法施行規則改正による改訂

区分	中分類	小分類	細分類	説明
		8 建設仮勘定		有形固定資産を建設するために充当した費用を処理する勘定で、建設が完了したときは、それぞれの勘定に振り替える。有形固定資産購入のための勘定は、この勘定で処理するが、必要により土地代前渡金、土地手付金、機械前渡金等適当な科目を設けることができる。
		9 減価償却累計額		有形固定資産に対する減価償却を間接法によって処理した場合に計上された費用配分額で、有形固定資産の各勘定ごと又は一括して控除する形式で表示する。 ※減損会計を適用する場合、有形固定資産の減損損失累計額の表示方法は、当該各資産から減損損失累計額を控除した残額のみを記載する形式（直接法）を原則とするが、減損損失累計額を独立表示して控除する形式又は減価償却累計額と合算して控除する形式（間接法）も認められている。なお、減損損失累計額を減価償却累計額に合算する場合、減損損失累計額が含まれている旨を注記する。
ⅱ 無形固定資産		1 特許権		特許法に基づき与えられる権利の取得金額を処理する。

3. 勘定科目表

区分	中分類	小分類	細分類	説明
		2 借地権（地上権を含む）		借地した場合に支払った権利金及び仲介手数料等を処理する。
		3 商標権		商標法に基づき与えられる権利の取得金額を処理する。
		4 実用新案権		
		5 意匠権		
		6 鉱業権（入漁権を含む）		
		7 漁業権		
		8 ソフトウェア		組合員への利用供給及び組合利用のソフトウェアを処理する。
		9 その他の無形固定資産	(1)借家（借室）権	借家又は借室した場合に支払った礼金及び仲介手数料等を処理する。
			(2)電話加入権	電話加入権の取得金額を処理する。
Ⅲ	外部出資金その他の資産	1 外部出資金		関係先に対する出資金を処理する。 なお、出資金はそれぞれの関係先の名称を付して表示することができる。
			(1)連合会出資金	系統連合会に対する出資金を処理する。
			(2)関係先出資金	関係団体、関係会社に対する出資金等を処理する。
		2 子会社出資金		組合の子会社に対する出資金を処理する。
		3 長期保有有価証券	(1)満期保有目的有価証券	決算日後1年を超えて満期となる債権で商工債券、国債、地方債権等を処理する。

37

Ⅱ 第8回改訂 中協法施行規則改正による改訂

区分	中分類	小分類	細分類	説明
			(2)商工中金株式	商工中金の株式を処理する。
			(3)その他有価証券	短期有価証券、外部出資金、子会社出資金及び上記の満期保有目的有価証券及び商工中金株式以外の有価証券を処理する。
		4 差入保証金・敷金		借家又は借室した場合に支払った保証金・敷金を処理する。
		5 長期前払費用		前払費用のうち、決算日後1年を超えた後に費用となる保険料や支払利息、賃借料等を処理する。
			(1)未経過保険料	
			(2)未経過支払利息	
			(3)未経過賃借料	
		6 長期繰延税金資産		将来減算一時差異に係る税の額で、解消するのが長期間にわたるものを処理する。
		7 組合員用施設未収入金		組合員用に譲渡した施設の未収金を処理する。
		8 特定引当資産		共済事業を実施する場合の責任準備金や退職金の支払いに充てるための特定の資産を表示する。信託預金、定期積金等その資産の性質を示す科目をもって示し、特定の引当資産である旨を脚注に表示することができる。
		9 その他の資産		その他の資産であって、外部出資その他の資産に属するもの又はその他の資産であって流

3．勘定科目表

区分	中分類	小分類	細分類	説明
		10 貸倒引当金	(1)長期貸付金 (2)保険積立金	動資産、有形固定資産、無形固定資産又は繰延資産に属しないものを処理する。 外部出資その他の資産の部に属する金銭債権に対する取立不能見込額を処理する。貸倒引当金の繰入れは、差額補充法によるものとする。法人税法上の原則は洗替法であるが、差額補充法によることも認められている。なお、戻入益が生じた場合は、特別利益に計上する。
Ⅲ 繰延資産		1 繰延資産	(1)創立費 (2)開業費 (3)開発費	繰延資産は支払時に全額償却すべきであるが、繰り延べる場合は、できるだけ早期に償却するものとする。 1年以上にわたって繰延べされた創立費を処理する。 事業開始までに要した費用で1年以上にわたって繰延べされた費用を処理する。 新たな技術若しくは資源の開発、市場の開拓のために特別に支出した費用を処理する。
		2 施設負担金		組合が便益を受ける公共的施設又は共同的施設の設置、改良のために支出した費用を処理する。

39

Ⅱ 第8回改訂　中協法施行規則改正による改訂

大分類　二　負債

区分	中分類	小分類	細分類	説明
Ⅰ 流動負債		1 支払手形		通常の取引に基づいて発行した手形を処理する。ただし、土地、設備等に対する支払手形は、事業外支払手形で処理する。仕入代金の未払金を処理する。
		2 買掛金	(1)組合員買掛金 (2)外部買掛金	商品、製品等事業代金の前受額を処理する。
		3 前受金	(1)組合員前受金 (2)前受○○金	
		4 転貸借入金	(1)商工中金転貸借入金 (2)○○銀行転貸借入金	金融事業の借入金を処理する。金融事業の借入金は返済期間1年を超える場合も流動負債に属する当科目で処理する。
		5 短期借入金	(1)商工中金短期借入金 (2)○○銀行短期借入金	金融事業以外の借入金のうち、返済期間1年以内の借入金を処理する。

3．勘定科目表

区分	中分類	小分類	細分類	説明
		6 未払金	(1)未払○○金	確定した債務で買掛金及び未払費用以外の未払金を処理する。
			(2)未払配当金	出資配当金、利用分量配当金の未払を処理する。
			(3)未払持分	事業年度末までに脱退した者の出資金に相当する持分の未払等を処理する。
		7 預り金	(1)組合員預り金	組合員からの預り金を処理する。なお、特別の用途で預かったものについては、出資預り金（できるだけ期末までに出資金に振り替えるよう整理すること。）等その名称を付した預り金科目で表示する。
			(2)役職員預り金	源泉所得税、社会保険料等役職員からの預り金等を処理する。
		8 未払法人税等		事業年度終了時に納税義務が成立する法人税、住民税、事業税等の未納額を処理する。
		9 未払消費税等		期末における消費税等の未納額を処理する。
		10 未払費用		一定の契約に従い継続して役務の提供を受ける場合、既に提供された役務に対してその対価の支払いが終わらないもので、当該事業年度に属する借入利息、支払利息、期末までに支払いが終わっていないものを処理する。
			(1)未払支払利息	金融事業等の借入利息、支払利息に属するもので、期末までに支払いが終わっていないものを処理する。

Ⅱ 第8回改訂　中協法施行規則改正による改訂

区分	中分類	小分類	細分類	説明
		11 前受収益	(2)未払○○料	一定の契約に従い継続して役務の提供を行う場合、未だ提供していない役務に対し支払いを受けた対価のうち、重要性のあるものを処理する。
			(1)前受貸付利息	
			(2)前受手数料	
		12 仮受賦課金		教育情報事業に充てるための賦課金で、他の賦課金と区別して徴収しており、かつ、事業が翌年度に繰り越されるものを処理する。
		13 繰延税金負債		将来加算一時差異に係る税金の額で短期間に解消するものを処理する。
		14 賞与引当金		職員に対する賞与引当金を処理する。
		15 引当金(短期)		短期の負債性引当金を処理する。
		16 その他短期負債	(1)仮受金	帰属すべき勘定又は金額の確定しないものを処理する。金額及び科目が確定次第、正当な科目に振り替える。
			(2)仮受消費税等	税抜経理方式において、課税売上高に係る消費税等の仮受額を処理する。
			(3)仮受保険料	保険料の仮受額を処理する。
			(4)仮受保険金	保険金の仮受額を処理する。
Ⅱ 固定負債	1 長期借入金			返済期間1年を超える借入金を処理する。な

3．勘定科目表

区分	中分類	小分類	細分類	説明
				お、金融機関別に表示することができる。
		2 都道府県等借入金		高度化資金貸付等、都道府県、市町村からの借入金を処理する。
		3 組合員長期借入金		組合員からの長期借入金を処理する。
		4 長期未払金		支払期限が決算日後1年を超えて到来するものの（長期の割賦未払金等）を処理する。
		5 引当金（長期）		長期の負債性引当金（修繕引当金等）を処理する。
		6 長期繰延税金負債		将来加算一時差異に係る税金の額であって解消するまでの期間が長期に亘るものを処理する。
		7 退職給与引当金		退職給与規程に基づき計算された職員の退職給与要支給額を処理する。組合から直接給付される退職給付と年金制度から給付される退職給付について包括的に処理する場合は退職給付引当金とする。

大分類　三　純資産

区分	中分類	小分類	細分類	説明
I 組合員資本 出資金 未払込出資	i 出資金	1 出資金		出資総額を処理する。

43

Ⅱ　第8回改訂　中協法施行規則改正による改訂

区分	中分類		小分類		細分類	説明
資本剰余金	ⅲ	未払込出資金	1	未払込出資金		払込済の出資金を処理する。未払込出資金を処理し、出資金の控除項目として表示する。
	ⅰ	資本準備金	1	加入金		新組合員から徴収した加入金（定款規定を出資限度に変更する以前に徴収した加入金を含む。）を処理する。
			2	増口金		増口をした場合において加入金に準じて徴収したものを処理する。
	ⅱ	その他資本剰余金	1	出資金減少差益		出資金の減少によって生じた差益を処理する。
利益剰余金	ⅰ	利益準備金				法によって当期純利益額（繰越損失金がある場合には、これをてん補した後の金額）の1/10以上を積み立てるときの準備金を処理する。
	ⅱ	その他利益剰余金	1	教育情報費用繰越金		法及び定款の規定による法定繰越金を処理する。
			2	組合積立金	(1)特別積立金	定款の規定による積立金を処理する。
					(2)○周年記念事業積立金	記念事業に充てるため、剰余金処分により積み立てる任意積立金を処理する。
					(3)役員退職給与積立金	役員の退職給与に充てるため、剰余処分により積み立てる任意積立金を処理する。
					(4)○○積立金	剰余金処分により積み立てるその他の任意積立金を処理する。

3．勘定科目表

区分	中分類	小分類	細分類	説明
		3 当期未処分剰余金又は当期未処理損失金	(1)当期純利益金額又は当期純損失金額 (2)前期繰越剰余金又は前期繰越損失金	当期純利益金額又は当期純損失金額を処理する。 前期からの繰越利益又は繰越損失を処理する。
II 評価・換算差額等		1 その他有価証券評価差額金		その他有価証券の評価差益、評価差損の合計額を処理する。
		2 その他評価・換算差額	(1)脱退者持分払戻勘定	持分の全部を払い戻す定款規定に基づいて脱退者への持分の払戻しを行う場合に持分払戻しにより生じた差額を処理する。

大分類 四 収益

区分	中分類	小分類	細分類	説明
I 事業収益	i 販売事業収益	1 売上高	(1)組合員売上高 (2)外部売上高	組合員に対する売上高の総額を処理する。 組合員以外の得意先について徴収した売上高の総額を処理する。
		2 受取販売手数料		共同販売事業について徴収した手数料を処理する。
		3 広告宣伝収入		共同販売事業について徴収した広告料を処理する。
		4 受取出品料		共同販売事業について徴収した出品料を処理する。
	ii 購買事業収益	1 売上高	(1)組合員売上高 (2)外部売上高	組合員に対する売上高の総額を処理する。 組合員以外の外部に対する売上高の総額を処理する。

45

Ⅱ 第8回改訂 中協法施行規則改正による改訂

区分	中分類	小分類	細分類	説明
		2 受取購買手数料		共同購買事業について徴収した手数料を処理する。
	ⅲ 金融事業収益	1 受取貸付利息		資金の貸付によって徴収した利息を処理する。
		2 受取貸付手数料		共同金融事業によって徴収した手数料を処理する。
		3 受取保証料		債務の保証によって徴収した保証料を処理する。
	ⅳ 生産・加工事業収益	1 売上高	(1)組合員売上高 (2)外部売上高	組合員に対する売上高の総額を処理する。 組合員以外の外部に対する売上高を処理する。
		2 受取加工料		共同加工事業によって徴収した加工手数料を処理する。
		3 受取受注手数料		共同生産事業によって徴収した手数料を処理する。
	ⅴ 施設事業収益	1 受取施設利用料		共同施設利用提供事業によって徴収した手数料を処理する。
		2 施設負担金収入		共同施設の維持管理費、償却費、借入金の利子等組合の費用を組合員に割当して徴収する場合の負担金を処理する。なお、償却費と借入金利子については、それぞれ独立して表示してもよい。

3．勘定科目表

区分	中分類	小分類	細分類	説明
		3 減価償却負担金収入		
		4 利子負担金収入		
	vi 保管・運送事業収益	1 受取保管料		共同保管事業によって徴収した保管料を処理する。
		2 受取運送料		共同運送事業によって徴収した運送料を処理する。
	vii 検査・試験・開発事業収益	1 受取検査料		共同検査事業によって徴収した検査料を処理する。
		2 受取試験料		共同試験事業によって徴収した試験料を処理する。
		3 試験開発負担金収入		共同開発事業によって徴収した負担金を処理する。
	viii 教育情報事業収益	1 教育情報事業賦課金収入		法律の規定に基づき教育情報事業に充てるため賦課した賦課金を処理する。
		2 仮受賦課金繰入・戻入		間接法により仮受賦課金を処理する場合に収益からの控除（繰入）と収益への戻入を処理する。
		3 教育情報費用繰越金取崩		剰余金処分で繰り越された法定繰越金を処理する。
		4 教育事業参加料収入		講習会、研修会等に参加する組合員から徴収する参加料を処理する。

Ⅱ 第8回改訂 中協法施行規則改正による改訂

区分	中分類	小分類	細分類	説明
	ix 福利厚生事業収益	1 福利厚生事業参加料収入		慰安親睦会等厚生事業に参加する組合員から徴収した参加料を処理する。
	x 保険業務代理・代行事業収益	1 団体保険料収入		組合員から納入された保険料を処理する。
		2 団体保険金収入		保険会社等から受け取った保険金を処理する。
		3 団体保険配当金収入		保険会社等から受け取った配当金を処理する。
		4 受取事務手数料		保険会社等から受け取った事務手数料を処理する。
	xi ○周年記念事業収益	1 記念事業参加料収入	(1)参加料収入	参加者からの参加料を処理する。
		2 記念事業積立金取崩		剰余金処分で積み立てた○周年記念事業積立金の取崩金を処理する。
		3 記念事業雑収入	(1)祝金収入	祝金等を処理する。
Ⅱ 賦課金等収入		1 賦課金収入 (平等割)		法律の規定に基づき非経済事業費に充てるために賦課した賦課金で、組合員に対して平等に賦課する賦課金及び一般管理費に充てるために賦課した賦課金を処理する。
		2 賦課金収入 (差等割)		法律の規定に基づき非経済事業費に充てるために賦課した賦課金で、組合員に対して差等割で賦課した賦課金及び一般管理費に充てるために賦課した賦課金を処理する。

3．勘定科目表

区分	中分類	小分類	細分類	説明
		3　特別賦課金収入		法律の規定に基づき特別の目的で徴収した賦課金を処理する。
		4　参加料収入		特定の事業に参加する組合員から徴収した参加料を処理する。目的を表示した科目とすることができる。
		5　負担金収入		賦課金及び参加料以外の負担金を処理する。
Ⅲ　事業外収益		1　事業外受取利息		特定事業以外で受け取る預金及び債権等の利息を処理する。償却原価法による加減額は受取利息として処理する。
		2　事業外受取配当金		特定事業以外で受け取る関係先出資金等の配当金を処理する。
		3　為替差益		外貨建金銭債権債務等によって生じた換算差益を処理する。
		4　協賛金収入・賛助金収入		組合員以外から受け入れた協賛金、賛助金、協力会費等を処理する。目的を表示した科目とすることができる。
		5　加入手数料収入		新組合員の加入に際して徴収した手数料を処理する。
		6　事業経費補助金収入		組合事業経費に充てるために都道府県、市町村又は組合員以外より補助を受けた補助金を処理する。 なお、事業収益として処理することができる。
		7　過怠金収入		過怠金収入を処理する。

II 第8回改訂　中協法施行規則改正による改訂

区分	中分類	小分類	細分類	説明
		8 雑収入・還付消費税等		各科目に属さない収入並びに税込経理方式の場合における還付消費税等の差益を処理する。
IV 特別利益		1 固定資産売却益		固定資産の売却代金と簿価との差益を処理する。
		2 補助金（施設）収入		国、都道府県、市町村等からの補助金（施設建設のための補助金を含む）を処理する。
		3 貸倒引当金戻入		差額補充法により戻入額が生じた場合の貸倒引当金戻入額を処理する。
		4 未払法人税等戻入		未払法人税等残高の戻入を処理する。
		5 前期損益修正益		過年度に属する収益及び費用又は損失の訂正により当期に利益として認識されたものを処理する。
		6 特別積立金取崩		剰余金処分で積み立てた特別積立金を費用支出のために取り崩したとき特別利益で処理する。出資配当支払いのための取崩は剰余金処分で処理する。

大分類　五　費用

区分	中分類	小分類	細分類	説明
I 事業費用	i 販売事業費	1 売上原価	(1)期首棚卸高	期首の棚卸金額を処理する。
			(2)当期仕入高	当期中の組合員等からの仕入高の総額を処理する。

3．勘定科目表

区分	中分類	小分類	細分類	説明
ii	購買事業費	2 販売費	(3)期末棚卸高 (1)広告宣伝費 (2)手形売却損	期末の棚卸金額を処理する。 販売事業についての広告宣伝費を処理する。 受取手形を金融機関等に譲渡したとき、手形額面から控除された金利相当額を処理する。
		1 売上原価	(1)期首棚卸高 (2)当期中仕入高 (3)期末棚卸高	期首の棚卸金額を処理する。 当期中の仕入高の総額を処理する。 期末の棚卸金額を処理する。
		2 購買費	(1)手形売却損	受取手形を金融機関等に譲渡したとき、手形額面から控除された金利相当額を処理する。
iii	金融事業費	1 貸付支払利息 2 金融費	(1)担保設定料 (2)調査費	金融機関への支払利息を処理する。 担保設定に係る諸費用を処理する。 貸付に関する調査費用を処理する。
iv	生産・加工事業費	1 売上原価	(1)期首棚卸高 (2)当期製品製造原価 (3)期末棚卸高	期首の棚卸金額を処理する。 製造業関係科目参照 期末の棚卸金額を処理する。
		2 生産・加工費		売上原価以外の共同生産・加工事業に係る直接費用を処理する。
v	施設事業費	1 施設減価償却費 2 施設借入支払利息 3 施設費		共同施設に係る減価償却費を処理する。 施設に係る金融機関への支払利息を処理する。 共同施設利用事業に要した直接費用を処理する。

Ⅱ 第8回改訂 中協法施行規則改正による改訂

区分	中分類		小分類	説明
	ⅵ 保管・運送事業費	1	保管費	共同保管事業に要した直接費用を処理する。
		2	運送費	共同運送事業に要した直接費用を処理する。
	ⅶ 検査・試験・開発事業費	1	検査費	共同検査事業に要した直接費用を処理する。
		2	試験研究費	共同試験研究(分析)事業に要した直接費用を処理する。
		3	開発費	研究(新しい知識の発見を目的とした計画的な調査及び探求。)及び開発(新しい製品・サービス・生産方法(以下「製品等」という。)についての計画若しくは既存の製品等の計画若しくは設計又は研究の成果の知識を著しく改良するための計画若しくは設計を著しく、研究の成果を具現化すること。)に要した事業費(ソフトウェアとして処理した額を除く。)を処理する。
	ⅷ 教育情報事業費	1	講習会費	講習会、研修会等に要した費用を処理する。
		2	視察費	視察研修に要した費用を処理する。
		3	情報提供費	組合機関紙その他情報の提供に要した費用を処理する。
	ⅸ 福利厚生事業費	1	親睦会費	組合員に対する慰安親睦会等厚生事業に要した直接費用を処理する。
		2	慶弔費	組合員に対する慶弔費用を処理する。
	ⅹ 保険業務代理・代行事業費	1	支払団体保険料	保険会社等に支払う保険事業に係る保険料を処理する。

3．勘定科目表

区分	中分類	小分類	細分類	説明
		2 支払団体保険金		保険事業に係る契約に基づき組合員に対して支払った保険金を処理する。
		3 支払団体保険配当金		保険会社等から受け取った配当金につき組合員に支払った配当金を処理する。
		4 保険業務費		保険事業に要した直接費用を処理する。
	xi ○周年記念事業費	1 記念式典費		記念式典等の開催に要した費用を処理する。
		2 記念誌出版物費		記念誌等の出版に要した費用を処理する。
		3 記念祝賀会費		記念祝賀会の開催に要した費用を処理する。
II 一般管理費	i 人件費	1 役員報酬		総会又は定款で定められた範囲内で支給される理事、監事に対する報酬を処理する。
		2 職員給料		職員に対して支給した給料・賞与を処理する。
		3 福利厚生費	(1)法定福利費	専従役職員に対する法定福利費を処理する。
			(2)厚生費	役職員に対する法定福利費以外の福利厚生費を処理する。
		4 退職金		職員の退職に際して支払われた金額を処理する。
		5 退職金共済掛金		退職金共済掛金若しくは退職年金掛金その他の退職給付金を処理する。
		6 退職給与引当金繰入		職員の退職給与引当金への繰入を処理する。退職給付引当金の繰入を処理する場合は退職給付引当金繰入とする。

Ⅱ 第8回改訂 中協法施行規則改正による改訂

区分	中分類	小分類	細分類	説明
		7 退職給与引当金戻入		退職金の支払いに伴う退職給付引当金の戻入を処理する。退職給付引当金戻入とする。なお、退職金の控除項目として表示する。
		8 役員退職金		役員の退職に際して支払われた金額を処理する。
		9 役員退職給与積立金取崩		剰余金処分で積み立てた役員退職給与積立金の取崩を処理する。なお、役員退職金の控除項目として表示する。
	ⅱ 業務費	1 教育研究費		組合役職員に対する教育研究等のために要した費用を処理する。
		2 研究開発費		研究及び開発に要した費用(ソフトウェアとして処理した額を除く。)を処理する。
		3 新聞図書費		新聞、図書、資料等の購入に要した費用を処理する。
		4 旅費交通費		旅費、交通費に要した費用を処理する。
		5 通信費		通信、電話等に要した費用を処理する。
		6 会議費	(1)総会費 (2)理事会費 (3)部・委員会費 (4)支部会議費	総会、理事会、委員会等の開催諸費用を処理する。

3．勘定科目表

区分	中分類	小分類	細分類	説明
		7　消耗品費		消耗品に要した費用等を処理する。
		8　事務用品費		事務に要した文具費等を処理する。
		9　印刷費		事業費に属さない印刷に要した費用を処理する。
		10　器具備品費		相当額未満の工具、器具、備品等で税法上損金になるものを処理する。一括償却資産を処理することができる。
		11　支払手数料		委託した業務に要した手数料を処理する。
		12　関係団体負担金		中小企業団体中央会等関係団体に対する会費を処理する。
		13　交際費		接待交際に要する費用を処理する。
		14　賃貸料	(1)支払家賃 (2)支払リース料 (3)駐車料	事業費に属さない借室料を処理する。 借家料又は借室料を処理する。 リース料を処理する。 月極の駐車料等を処理する。
		15　支払保険料		火災保険、損害保険、自動車保険及び役職員の生命保険等に要した保険料で税務上損金になるもの並びに倒産防止共済掛金を処理する。
		16　水道光熱費		水道、電気、ガス、暖房等に要した費用を処理する。
		17　修繕費		事業費に属さない修繕に要した費用を処理する。

55

Ⅱ 第8回改訂 中協法施行規則改正による改訂

区分	中分類	小分類	細分類	説明
		18 車両費		車両に関する費用を処理する。ただし、車両燃料費として燃料費だけを計上することができる。
		19 コンピュータ関係費		当期分コンピュータリース料、プログラム費償却、コンピュータ操作に要する費用及びコンピュータ導入に要する費用を処理する。
		20 償却費	(1)減価償却費 (2)借家(室)権の償却 (3)施設負担金償却 (4)特別償却費	事業費に属さない減価償却費を処理する。 借家(室)権の償却額を処理する。 施設負担金の償却額を処理する。 普通の減価償却限度額以上に税法上損金に認められた償却額を処理する。なお、事業費として処理することができる。
	ⅲ 諸税負担金	21 雑費		他の科目に属さない少額の費用を処理する。
		1 租税公課		事業費に属さない固定資産税、自動車税、収入印紙税、不動産取得税、自動車重量税、登録免許税、事業所税等を処理する。
		2 消費税等		税抜経理方式の場合における控除対象外消費税等又は税込経理方式の場合における納付すべき消費税等を処理する。
Ⅲ 事業外費用		1 事業外支払利息		特定事業以外の借入金に対する支払利息を処理する。特定事業の支払利息は、それぞれの事業直接費として処理する。
		2 手形売却損		受取手形を金融機関等に譲渡したとき、手形

区分	中分類	小分類	細分類	説明
		3 為替差損		額面から控除された金利相当額を処理する。外貨建金銭債権・債務等によって生ずる換算差損を処理する。
		4 寄付金		公共団体等に対する寄付金を処理する。
		5 創立費償却		創立費の償却額を処理する。
		6 繰延消費税等償却		繰延消費税等の償却額を処理する。
		7 貸倒引当金繰入		事業上の債権に係るものは事業費用、事業外の債権に係るものは事業外費用として処理する。
		8 貸倒損失		事業上の債権に係るものは事業費用、事業外の債権に係るものは事業外費用として処理する。
		9 雑損失		他の科目に属さない雑損失を処理する。
IV 特別損失		1 固定資産売却損		固定資産の売却代金と簿価の差損を処理する。
		2 固定資産除却損		固定資産の除却損を処理する。
		3 固定資産圧縮損		国庫補助金、保険差益、買換資産の譲渡益、収用等の圧縮記帳による固定資産圧縮損を処理する。
		4 災害損失		災害により臨時に生じた損失を処理する。
		5 前期損益修正		当期以前の負担に帰すべき支出又は損失で当

Ⅱ 第8回改訂　中協法施行規則改正による改訂

区分	中分類	小分類	細分類	説明
		損 6 減損損失		期に損失として認識されたものを処理する。 減損会計を適用して所有資産について計上した損失額を処理する。
Ⅴ 税等		1 法人税等		当期の負担に属する法人税額、住民税額、事業税額を処理する。ただし、前期以前の追徴税額等については、別科目を設けることができる。
		2 法人税等調整額		税効果会計による当期の法人税等調整額を処理する。

(注)
1 この科目表では、商品 (取扱品) 取引は、売上、仕入、繰越商品の3分割法を採用したが、商品取引が比較的多い組合にあっては、次の科目を使用してもよい。
　「売上値引」及び「戻り高」
　「仕入値引」及び「戻し高」
　また、損益勘定を売上原価との差益をもって表示する必要のない施設補助金は、共同購買 (販売) 事業総利益とし、手数料をもってする場合は、受取購買 (販売) 手数料とする。
2 国、都道府県、市町村から受けた返還の必要のない施設補助金は、損益計算書の特別損失の部 (損益計算書の特別損益の部) を用いて資産の取得価額を直接減額する。施設補助金の全部分は算入しない。
3 圧縮記帳が認められる保険差益は、固定資産圧縮損勘定 (損益計算書の特別損失の部) を用いて代替資産の取得価額から直接減額する。当該保険差益について、固定資産圧縮損を用いた場合は、脱退者への持分払戻額に、当該保険差益部分は算入しない。
4 圧縮記帳が認められる買換資産の譲渡益は、固定資産圧縮損勘定 (損益計算書の特別損失の部) を用いて、買換資産の取得価額から直接減額する。当該譲渡益について、固定資産圧縮損を用いた場合は、脱退者への持分払戻額に、当該譲渡益部分は算入しない。
5 上記2〜4の処理をした場合には、その旨を貸借対照表に注記する。
6 税法上損金に認められた特別償却費は、取得資産の取得価額から直接減額する。

58

4．組合会計基準の第8回改訂内容

4－1　監事の監査

(1) 事業報告書と決算関係書類の分離（中協法40Ⅱ）

① 中協法第40条第2項により決算関係書類と事業報告書が分離した。

② 監事は、理事の職務の執行を監査する（中協法36の3Ⅱ）。

　組合員の総数が第35条第6項の政令で定める基準を超えない組合は、第2項の規定にかかわらず、その監事の監査の範囲を会計に関するものに限定する旨を定款で定めることができる（同Ⅳ）。

　法第9条の2第7項の政令で定める基準は、…（中略）…1,000人であることとする（中協法施行令6）。

③ 監事が原則として業務監査と会計監査を行うことになったので、監事が会計監査のみを行うには、定款の規定に監事の権限を会計監査に限定することが必要になった。このため、事業報告書の監査は、業務監査権限のある監事が行うことになった。

　監査権限限定組合（監事の監査の範囲が会計に関するものに限定されている組合）の監事は、事業報告書についての監査は行わないが、会計監査の関連で事業内容について質問することが従来と同じにできる。

④ 業務・会計監査を行う組合の定款例

　「監事は、理事の職務の執行を監査する。

　2　監事は、いつでも、理事及び参事、会計主任その他の職員に対して事業に関する報告を求め、又は本組合の業務及び財産の状況を調査することができる。」

⑤ 会計監査のみを行う組合の定款例

　「監事は、いつでも、会計の帳簿及び書類の閲覧若しくは謄写をし、又は理事及び参事、会計主任その他の職員に対して会計に関す

Ⅱ　第8回改訂　中協法施行規則改正による改訂

　　　る報告を求めることができる。
　　　2　監事は、その職務を行うため特に必要あるときは、本組合の業務及び財産の状況を調査することができる。」
(2)　監査報告書の監査方法の概要の記載例
　①　業務・会計監査を行う組合の記載例
　　　「決算関係書類及び事業報告書の監査のため、会計に関する帳簿、書類を閲覧し、計算書類について検討を加え、必要な実査、立会、照合及び報告の聴取、理事会議事録の閲覧、重要な事業の経過報告の聴取その他通常とるべき必要な方法を用いて調査した。」
　②　会計監査のみを行う組合の記載例
　　　「決算関係書類監査のため、会計に関する帳簿書類を閲覧し、計算書類について検討を加え、必要な実査、立会、照合及び報告の聴取その他通常とるべき必要な方法を用いて調査した。」
　③　なお記載例は、通常の監査の場合の記載例であるから、監査方法により、記載内容が異なっても差し支えない。
　　　監事の監査報告書については、中協法第36条の3第2項に、「主務省令で定めるところにより、監査報告を作成しなければならない。」と規定されている。
　　　中協法施行規則第62条には、意思疎通を図る対象者・監事の調査の対象・監査の範囲が限定されている監事の調査の範囲が規定されているが、監査報告の内容についての記載がされていないので、会社計算規則第122条を参考にすると、「監査の方法及びその方法・計算関係書類が当該株式会社の財産及び損益の状況をすべての点において適正に表示しているかどうかの意見・監査のため必要な調査ができなかったときは、その旨及びその理由」が示されている。
(3)　業務・会計監査を行う監事は、事業報告書・決算関係書類についての意見を、会計監査を行う監事は、決算関係書類についての意見を、「監査報告書」に記載する。
(4)　上記のほか、「4－11　監査報告書の表題と内容変更、及び監事の

責任」(73頁)を参照のこと。

4－2 規則に規定された決算関係書類様式への変更

(1) 会社法にない決算関係書類

① 中協法には、会社法にない「財産目録」「剰余金処分案又は損失処理案」が規定されている。したがって、財産目録、剰余金処分案又は損失処理案が決算関係書類として添付されていないと中協法に従っていないことになる。

② 財産目録は「資産の内容」を記載し、次いで「負債の内容」を記載して、その差額を「正味資産」として表示する。

③ 会社計算規則では、「利益処分案」がなくなり、株主資本の項目の増減内容を明らかにするため、「株主資本等変動計算書等」を作成することになったが、中協法では、従来どおり「剰余金処分案又は損失処理案」を作成することになっている。

(2) 法人税申告書への記載方法

① 会社法に利益処分案がなくなったことから、法人税申告書別表5の1の様式が変更され、剰余金処分を記載する欄がなくなった。

このため、利用分量配当金の記載方法について疑義が生じたので、全国中小企業団体中央会から国税庁に文書照会を行い平成19年5月16日付けで了解を得ている。

② 記載例は、税務申告書記載例(491頁以降)に掲示した。

4－3 財産目録の改正

① 中協法施行規則第82条の規定には、資産・負債・正味資産の区分が規定されているだけであるので、資産の評価については、同施行規則第129条、負債の評価については、同施行規則第130条により評価した金額で、財産目録を作成することになる。

② 中協法施行規則第129条第1項には、資産について会計帳簿にその取得価額を付すことが定められているので、取得原価基準で作成する

Ⅱ 第8回改訂　中協法施行規則改正による改訂

財産目録になった。
③　財産目録には、最高裁判決の処分換価価額による正味資産の金額は表示されないため、脱退者への持分払戻額の算定基礎になる、最高裁判決の処分換価価額による正味資産の金額は、財産目録の注記で行うことにした。
④　資産の評価（中協法施行規則129）、負債の評価（同130）の主な項目としては次のとおりである。
　　イ　資産の評価基準は、原則として取得原価基準である（同129Ⅰ）。
　　ロ　償却資産については、相当の償却をしなければならない（同129Ⅱ）。
　　ハ　時価が著しく低い資産で、回復すると認められないものは評価減をする（同129Ⅲ①）。
　　ニ　減損が生じた資産・減損を認識すべき資産は、相当の減額をする（同129Ⅲ②）。
　　ホ　取立不能債権については貸倒引当金の引当てをしなければならない（同129Ⅳ）。
　　ヘ　満期保有目的債券について償却原価法の適用をすることができる（同129Ⅴ）。
　　ト　売買目的有価証券・その他有価証券の時価評価をすることができる（同129Ⅵ②）。
　　チ　負債の評価基準は、原則として債務の額面額である（同130Ⅰ）。
　　リ　退職給付引当金の要支給額の引当てを計上することができる（同130Ⅱ①イ）。
⑤　財産目録の様式は、差引正味財産を正味資産に改正し、正味資産の部とした（中協法施行規則82Ⅱ）。

4．組合会計基準の第8回改訂内容

財産目録

一	資産の部	×××××
二	負債の部	×××××
三	正味資産の部	××××

　時価評価（処分換価価額）による組合正味資産の注記は従来どおりに行う。

4－4　貸借対照表の改正

① 　貸借対照表の様式を、中協法施行規則第84条から第95条までの規定により定めた。
　「資産の部」「負債の部」には大きな改正はなかったが、「資本の部」は「純資産の部」に変わり、純資産の部をさらに「組合員資本の部」と「評価・換算差額等」に区分したので様式が大きく変わった。

② 　組合員資本の部は、出資金、未払込出資金、資本剰余金、利益剰余金に区分するが、未払込出資金は、中協法第29条第2項が適用される設立時に発生する科目で、設立時に実施していなければ、その後は生じないので、未払込出資金のない組合は「未払込出資金」の区分を設けなくてよい。

③ 　評価・換算差額等には、土地の再評価に関する法律が協同組合には適用されなかったために（信用組合連合会には適用された。）、土地再評価差額金は発生しないので、その他有価証券を所有している場合に生ずる期末時価との差額を処理する「その他有価証券評価差額金」を表示する。

④ 　次に、評価・換算差額には、土地評価益を加算して算出した脱退者持分払戻額のうち、出資金の部分を超える額が、純資産中の資本剰余金、利益剰余金の合計額を超える場合に生じる差額は、「脱退者持分払戻勘定」で処理する。

Ⅱ　第８回改訂　中協法施行規則改正による改訂

　計算例を次に示す。外部流失（出資配当）がない場合の計算モデルとしては、次のケースが考えられる。

	組合全体	内脱退者分
出資金	1,000	100
資本剰余金	10	1
利益剰余金	10	1
土地評価益	300	30
繰延税金負債	△100	△10
計	1,220	122

〈仕訳１〉　剰余金の簿価を先に取り崩す方法

（借）出資金	100	（貸）未払持分	122
資本剰余金	10		
利益剰余金	10		
脱退者持分払戻勘定	2		

みなし配当は12になる。

〈仕訳２〉　按分簿価により取り崩す方法

（借）出資金	100	（貸）未払持分	122
資本剰余金	1		
利益剰余金	1		
脱退者持分払戻勘定	20		

みなし配当は21になる。

⑤　中協法施行規則第88条第8項には、当期未処分剰余金（又は当期未処理損失金）に、当期剰余金又は当期損失金を付記するように定めている。

　組合会計基準は、当期未処分剰余金（又は当期未処理損失金）の内訳として、脱退者持分払戻しがない場合について、前期剰余金処分案（又は損失処理案）に記載してある次期繰越剰余金（又は次期繰越損失金）と、当期純利益金額（又は当期純損失金額）の2つだけを表示して、規則の当期剰余金又は当期損失金の付記に変えている。

4．組合会計基準の第8回改訂内容

A表　当期未処分剰余金

当期純利益金額	100	
前期繰越剰余金	70	← 前期剰余金処分案の次期繰越剰余金
当期未処分剰余金計	170	

　剰余金処分後に支出した脱退者への持分払戻額がある組合は、脱退者への持分払戻額支払後の繰越剰余金（又は繰越損失金）と当期純利益金額（又は当期純損失金額）を記載することになる。

　また、脱退者持分払戻額が、繰越剰余金額より多い場合は他の利益剰余金からの払戻しを行うことになるが、未処分剰余金の表示には、繰越剰余金からの脱退者持分払戻額の減少だけを考慮する。

B表　当期未処分剰余金

当期純利益金額	100	
前期繰越剰余金	50	← A表後に脱退者持分払戻額20の支出があったので、繰越剰余金は50になった。
当期未処分剰余金計	150	

⑥　貸借対照表の科目は小分類科目を主として使用するが、細分類科目を用いてもよい。

貸借対照表　純資産の部の様式例

（三　純資産の部）

Ⅰ　組合員資本
　ⅰ　出資金　　　　　　　　　　　　　　　　　　××××
　ⅱ　資本剰余金
　　　1　資本準備金
　　　　(1)　加入金　　　　　　　　　　　×××
　　　　(2)　増口金　　　　　　　　　　　×××　　　××××
　　　2　その他資本剰余金
　　　　(1)　出資金減少差益　　　　　　　　　　　×××
　ⅲ　利益剰余金
　　　1　利益準備金
　　　2　その他の利益剰余金

Ⅱ　第8回改訂　中協法施行規則改正による改訂

```
      (1)  教育情報費用繰越金                          ×××
      (2)  組合積立金
           ①  特別積立金                    ×××
           ②  ○周年記念事業積立金            ×××
           ③  役員退職給与積立金             ×××      ××××
      (3)  当期未処分剰余金
           ①  当期純利益金額                ×××
           ②  前期繰越剰余金                ×××      ××××
      その他利益剰余金計                                ××××
      利益剰余金計                                    ××××
      組合員資本計                                    ××××
Ⅱ   評価・換算差額等
    1  その他有価証券評価差額金                        ×××
    2  その他評価差額等
      (1)  脱退者持分払戻勘定                         ×××
      評価・換算差額等計                                ××××
      純資産合計                                     ×××××
```

4－5　損益計算書の改正

①　様式を中協法施行規則第97条から第105条までの規定により定めた。

　従来の事業間接費及び一般管理費の区分から、事業間接費の表示が削除されたので、一般管理費だけの区分になった。

　したがって、一般管理費の区分に事業間接費が含まれているときは、期末に、各事業費への事業間接費振替額を記載し、控除して、一般管理費の表示にする。

　ただし、一般管理費の額より賦課金の額が少なく、さらに事業間接費が小額で重要でない場合は、一般管理費に含めて表示して差し支えない。

　中協法第12条について、『中協法逐条解説』には、「非経済事業又は一般管理に必要な費用は、これを経費として組合員に賦課し、組合全体としての運営を行わなければならない」と記載されている。

4．組合会計基準の第8回改訂内容

　この解説には特に事業間接費には触れられていないが、従来、事業間接費を含めた一般管理費を、賦課金で賄っている組合も多いものと思われる。

（A表）事業間接費を含めた一般管理費を、賦課金で賄っているケース

経済事業費	1,735	経済事業収益	1,745	→事業利益10
事業間接費	40	賦課金収入	100	
非経済事業及び一般管理費	70			
合　計	1,845	合　計	1,845	

（B表）事業間接費を含めた事業費を、事業収益で賄えないケース

経済事業費	1,775	経済事業収益	1,745	→事業損失△30
非経済事業及び一般管理費	70	賦課金収入	100	
合　計	1,845	合　計	1,845	

　今後、事業間接費を事業費に振り替えた場合、振り替えた事業の事業費が増加するので、事業費を賄うため手数料額を増額し、その分賦課金を減額することを行わなければならない。

　該当事業の手数料額を増額し、同額従来の賦課金額を減額したとしても消費税の取扱いが「不課税」から「課税」に変わるので消費税納税額が増加する。

　これは、手数料額を増額しないで賦課金のまま徴収したとしても、賦課金についての消費税法基本通達5－5－3注1「同業者団体、組合等がその団体としての通常の業務運営のために経常的に要する費用をその構成員に分担させ、その団体の存立を図るというようないわゆる通常会費については、資産譲渡の対価に該当しないものとして取り扱って差し支えない。」に該当する通常会費に該当するかが問題になる。

　賦課金として徴収しても、実質は手数料であるとして消費税課税に取り扱われることも考えられる。

　事業間接費振替後の一般管理費の額より、徴収する賦課金の額が多額な場合は手数料の金額、賦課金の金額と賦課基準を検討する必要が

② 一般管理費の表示例

〈パターン1〉 経済事業を行わない組合

```
（一般管理費の部）
Ⅵ　一般管理費　　1　人件費　　　　　60
　　　　　　　　　2　業務費　　　　　30
　　　　　　　　　3　諸税負担金　　　10
　　　　　　　　一般管理費　　合計　100
```

〈パターン2〉 経済事業を行っている組合で、事業間接費を事業費へ振り替えている組合

```
（一般管理費の部）
Ⅵ　一般管理費　　1　人件費　　　　　60
　　　　　　　　　2　業務費　　　　　30
　　　　　　　　　3　諸税負担金　　　10
　　　　　　　　　4　A事業費へ振替　△20
　　　　　　　　　　B事業費へ振替　△10
　　　　　　　　一般管理費　　合計　 70
```

4－6　事業別損益計算書の改正

① 利用分量配当を行う組合は、利用分量配当の対象になる事業の事業利益金額がいくらであるのかを示す必要がある。このために、費用配賦表により事業間接費を計算、配賦し、事業利益金額を表示した事業別損益計算書を作成する。

② 一般管理費の表示例

4．組合会計基準の第8回改訂内容

〈パターン1〉 利用分量配当を行う組合

費用配賦表

科目	金額	配賦基準	一般管理費	A事業	B事業
人件費	60	××	42	12	6
業務費	30	××	21	6	3
諸税負担金	10	××	7	2	1
合計	100		70	20	10

```
（一般管理費の部）
Ⅵ　一般管理費　　人件費　　　　　　　　42
　　　　　　　　　業務費　　　　　　　　21
　　　　　　　　　諸税負担金　　　　　　 7
　　　　　　　　　一般管理費　合計　　　70
```

〈パターン2〉 内訳表で事業利益を算出している組合

事業別内訳表

科目	A事業	B事業	管理	合計
事業収益	1,000	800		1,800
賦課金等収入			60	60
事業直接費	950	795		1,745
事業間接費	20	10	70	100
事業利益	30	△5	△10	15

```
（一般管理費の部）
Ⅵ　一般管理費（事業間接費を含む。）
　　　　人件費　　　　　　　　　　　　　　60
　　　　業務費　　　　　　　　　　　　　　30
　　　　諸税負担金　　　　　　　　　　　　10
　　　　一般管理費（事業間接費を含む。）合計　100
```

4-7　剰余金処分案の改正

① 　様式を中協法施行規則第107条により定めた。

　剰余金処分案に計上する組合積立金取崩額は、組合積立金のうち積立目的のある積立金を除外するので、取崩可能な積立金としては、特別積立金のうち出資金額を超える部分が考えられる。

　特別積立金については、定款で規定されている。中小企業組合定款参考例第58条第2項には、「前項の積立金（注　特別積立金）は、損失のてん補に充てるものとする。ただし、出資総額に相当する金額を超える部分については、損失がない場合に限り、総会の議決により損失のてん補以外の支出に充てることができる。」と規定されている。

　未処理損失金を補う形での特別積立金取崩は、定款規定上では、原則である「損失のてん補」か、特例の「損失のてん補以外の支出」かの疑問が生ずる。

〈ケース1〉　出資金　1,000　　特別積立金　1,500の場合

	剰余金処分案	
Ⅰ	当期未処理損失金	△　100
Ⅱ	組合積立金取崩額	
1	特別積立金取崩額	101
Ⅲ	剰余金処分額	0
Ⅳ	次期繰越剰余金	1

〈ケース2〉　出資金　1,000　　特別積立金　1,000の場合

	損失処理案	
Ⅰ	当期未処理損失金	△　100
Ⅱ	損失てん補取崩額	100
Ⅲ	次期繰越損失金	0

中協法施行規則第106条第3項では、当期未処理損失金額と組合積立金取崩額の合計額が零以下である場合は、損失処理案になると定めているので、定款規定上は原則の処理になる。

当期未処理損失金額と組合積立金取崩額の合計額が1円以上あり、その1円を次期へ繰り越す場合は、『中小企業等協同組合会計基準』での「規則の剰余金の処分がある場合には、次期に繰り越す場合も含まれる」との解釈から、未処理損失金を組合積立金取崩しで補う部分も、定款規定上は特例の処理になる。

② その他、特別積立金取崩しを行うケースとしては、出資金額を超える特別積立金のうちからする、他の目的積立金への振替処分、出資配当金への支出処分に充てるケースが考えられる。

ただ、毎年出資配当している組合が、今期純損失になったために未処理損失になったが、特別積立金が多額にあるので特別積立金取崩しを行い、未処理損失金をうめ、さらに出資配当金を支出するケースを剰余金処分としてできるかについては、定款規定上の制約がある。出資配当の定款規定が、「特別積立金を取り崩して配当できる」という規定になっていなければ配当をすることはできない。

また、多額にある特別積立金を取り崩して、未処理損失金をうめ、さらに新たに新規事業準備のための積立金に積み替えるケースも剰余金処分案になる。

〈ケース1の場合〉

剰余金処分案		
Ⅰ 当期未処理損失金	△	100
Ⅱ 組合積立金取崩額		
1 特別積立金取崩額		500
Ⅲ 剰余金処分額		
1 新事業開発積立金		400
Ⅳ 次期繰越剰余金		0

4－8　損失処理案の改正

① 様式を中協法施行規則第108条により定めた。

損失てん補取崩額を中協法施行規則では、組合積立金・利益準備金・資本剰余金と規定しているので、負債から移した教育情報費用繰越金が入らないことになる。しかし、教育情報費用繰越金は損失が生じる財政状況のときには、既に戻り入れられ、残高はないと思われる。資本剰余金には、資本準備金と出資金減少差益がある。

```
              損失処理案
Ⅰ  当期未処理損失金      △  1,000
Ⅱ  損失てん補取崩額
    1  組合積立金取崩額
        ①  特別積立金取崩額         100
    2  利益準備金取崩額             100
    3  資本剰余金取崩額
        ①  加入金                  300
        ②  出資金減少差益          500
Ⅲ  次期繰越損失金
```

4－9　規則に規定されていなかったその他の決算関係書類

① 費用配賦表

費用配賦表を作成したときは、損益計算書一般管理費の部に、費用配賦表合計金額を記載し、科目別金額の記載を省略しても差し支えない。

② 製造原価報告書

改正なし。

4－10　事業報告書の内容変更

① 概況欄がなくなったので、従来の概況は、事業活動の概況に関する事項の「組合及び組合員をめぐる経済・経営状況欄」に記載する。
② 資金実績表は、資金計画表に対する実績表である。
　資金計画表は、収支予算書に入らない「増資」「借入金」「留保利益」「減価償却費」等の資金調達と、「固定資産投資額」「借入金返済額」「差引運転資金の増減」等の資金運用を計画したものである。
　したがって、設備投資のない年度の資金実績表は「今期中の増資額」「今期中の減資額」「今期中の新規借入額」「今期中の借入返済額」「減価償却実施額」「留保利益（当期純利益金額－配当金支出）」等を記載する。
　また、設備投資のある年度の資金実績表は「固定資産投資実績」「増資実績」「設備資金借入額」等も、併せて記載する。
③ 直前3事業年度の財産及び損益の状況の項目は、「資産合計」「純資産合計」「事業収益合計」「当期純利益金額」以外に組合員に報告したい項目があれば、それを記載し組合の状況を示すようにする。
　事業別の事業収益、事業費用を記載し、事業別の推移表を従来から作成していた組合もあるので、組合にあった様式（図表も可）を用いてもよい。

4－11　監査報告書の表題と内容変更、及び監事の責任

① 監査意見書が監査報告書に変わった。
② 監査資料は特定理事から特定監事に提出する。したがって、従来剰余金処分案の下に記載してあった、組合理事長名の決算関係書類提出書は、理事会の承認を受けた決算関係書類を、監事に監査してもらうためのものであったので削除した。
③ 監査報告書ができれば特定監事から特定理事へ提出する。
④ 組合員数1,000人以下の組合は監事の監査権限を会計に関するものに限定することができる。

Ⅱ 第8回改訂 中協法施行規則改正による改訂

　　　中協法第36条の3第4項には「監事の監査の範囲を会計に関するものに限定する旨を定款に定めることができる。」と規定されている。

　　　なお、同条第5項（会社法389Ⅲ準用）に規定する主務省令（中協法施行規則64）で、決算関係書類及びこれに準じるものに限定している。

⑤　監査報告書の記載内容について、事実と異なる虚偽の記載をしたときは、中協法第38条の3第2項により（中協法第40条第2項の決算関係書類の重要な事項について虚偽の記載をしたときに該当する。）、第三者に生じた損害を賠償する責任を負うことになる。なお、同条但書には、「その者が当該行為をすることについて注意を怠らなかつたことを証明したときは、この限りでない。」と規定されている。

⑥　監事の組合に対する責任は、中協法第38条の2第4項により「総組合員の同意がなければ、免除することができない」という規定と同条第5項に「善意でかつ重大な過失がないとき」、賠償責任を負う額の減額についての規定がある。

⑦　監事の責任は、民法第167条第1項により、10年の時効により消滅する。

⑧　理事会に出席した監事は、中協法第36条の7第1項により、理事会議事録に署名又は記名押印をしなければならない。

　　　この場合、監事が述べた意見が記載されず、また誤って記載されているときは、自己の責任に影響することもあるので、議事録の訂正を求める必要がある。

⑨　組合会計基準「第7章第7節監査制度の改正について」も参照。

4－12　脱退者持分払戻計算書

①　剰余金処分案に、脱退者持分払戻額を表示できなくなったため、新しく持分計算方法と、持分額の処理を含めた計算書を定めた。

　　　脱退者へ、持分全部（時価評価による組合正味資産から算出した持分）を払い戻す組合と出資額限度で払い戻す組合で、時価評価による

組合正味資産が出資金額未満になる組合が作成する。
② 払戻持分の対象になる金額は、脱退年度末の貸借対照表・組合員資本合計から、剰余金処分案の出資配当・利用分量配当の支出額を控除し、脱退年度末に未払持分に振り替えた出資金を加算して求める。このとき最高裁の判例による土地の時価評価益があれば加算し、その評価益に対する税効果会計を行い、繰延税金負債の額を控除して求める。
③ ②により払戻持分対象金額合計を、期末出資口数と脱退者口数の対象出資口数で割って、払戻持分1口の金額を求める。
④ 払戻持分のうち、利益剰余金部分については、みなし配当として、20％の源泉税が課税されるので、控除して払い戻す。源泉税は組合から税務署に納付する。
⑤ 脱退者持分払戻しの仕訳
脱退年度末

（借）出資金	×××	（貸）未払持分	×××

通常総会後

（借）加入金	×××	（貸）未払持分	×××
（借）前期繰越剰余金	×××	（貸）未払持分	×××
		預り金	×××

4－13 注記表

組合会計基準では、注記表として、注記事項をまとめて例示したが、従来どおり、財産目録・貸借対照表・損益計算書ごとに注記してよい。

4－14 共済関係科目の掲示

中協法第58条の2に、共済事業の会計区分について、「共済事業を行う組合は、共済事業に係る会計を他の事業に係る会計と区分して経理しなければならない。」と規定されているが、決算書様式は示されなかったので勘定科目だけを掲示した。

その他、中協法第57条の5で「余裕金運用の制限」及び中協法第58条の3で「共済事業に係る会計の他の会計への資金運用等の禁止」が規定されているので、責任準備金などの支払資金に充てる資産を特定するため、「特定引当資産」勘定を設けた。

共済事業の貸借対照表のイメージ

一　資産の部		二　負債の部	
現金及び預金	×××	支払準備金	×××
有価証券	×××	責任準備金	×××
特定引当資産	×××	（内異常危険準備金）	（×××）

4－15　組合会計基準に、監査制度の章を設けた

組合監査の強化を図る方法を示すため、監査制度についての基準を組合会計基準に詳細に示した。本書では省略する。

4－16　主要科目等の説明その1

(1) 現金及び預金

　様式例には、貸借対照表は小分類の現金及び預金の計を、財産目録は、細分類の科目金額を内訳として記載した。

　なお、財産目録に組合所有の個別金融機関ごとの預金口座名や金額は、会計監事への監査提出書類に記載してあれば、財産目録へは、預金の種類ごとの口数及びその総額を記載すればよい。

(2) 売掛金

　中協法施行規則第85条第3項第1号ハに、売掛金は、通常の取引に基づいて発生した事業上の未収金と規定されたので、小分類科目として「売掛金」勘定を設けた。

　細分類科目として、商品代を含む売上金の未収金を「組合員売掛金・外部売掛金」とし、商品代を含まない手数料を「未収手数料」と

して掲記した。「未収○○手数料」でも差し支えない。

(3) 受 取 手 形

中協法施行規則第85条第3項第1号ロに、通常の取引に基づいて発生した手形債権と規定されているので、販売・購買・生産・加工・保管・運送等の取引によって取得した手形を処理する。

(4) 貸 付 金

中協法施行規則第85条第3項第1号カに、組合員に対する事業資金の貸付を行うための貸付と規定されている。

組合員外（子会社・関連会社）に対する貸付は、「その他の資産」に科目名を明記して計上する。

(5) 売買目的有価証券

期末に時価評価をし、評価損益は損益計算書に計上する（法人税法第61条に該当するものは益金損金にする規定もある。）。

中協法施行規則第143条第5号により証券取引所に上場されている株式で、事業所管大臣の指定する株式への余裕資金の運用が認められているが、短期売買目的で株式を取得することは少ないと考えられる。

(6) 満期保有目的債券

償却原価法を適用する。

〈仕訳例〉

既発の商工債券、国債、地方債の額面1万円を9,400円で取得した。この債券は、満期（あと3年）まで所有する意図をもって保有するものである。なお、取得価格と債券額面金額との差額はすべて金利の調整部分である。債券の金利調整差額は、簡便法である定額法により、期末に、当期の月数按分相当額を債権の帳簿価額に加算する。

取得日

| （借）満期保有目的債券 | 9,400 | （貸）預金 | 9,400 |

決算日

| （借）満期保有目的債券 | 50 | （貸）事業外受取利息 | 50 |

$$(10,000 - 9,400) \div 36 \times 3 = 50$$

債券額面金額より高く買っているときは、決算日の仕訳は反対になる。

(7) 商工中金株式

　商工中金への出資金は、金融事業の必要から保有する場合には「外部出資」に、金融事業から離れて資金運用の1つとして保有する場合には、長期保有有価証券の細分類科目「商工中金株式」になる。

　商工中金出資に時価が発生するようになると期末時価評価を行うこととなる。時価評価には、「その他有価証券評価差額金」の処理が生じるので留意しなければならない。

(8) 預り金

　中協法施行規則第86条第2項第1号トに、通常の取引に関連して発生する預り金で短期のものと規定されており、長期のものは中協法施行規則第86条第2項第2号ニのその他の負債であって流動負債に属しないもので処理することになる。したがって、「組合員預り金」として、短期のものについて掲示したが、長期のものは「組合員長期預り金」で処理する。

　なお、中協法第112条に「組合の役員がいかなる名義をもつてするを問わず、組合の事業の範囲外において、貸付けをし、手形の割引をし、若しくは預金若しくは定期預金の受入れをし、又は投機取引のために組合の財産を処分したときは、3年以下の懲役又は100万円以下の罰金に処する。」と規定されており、昭和37年の中小企業庁質疑応答に「単に増資するために増資額に達するまで経理を区分して日掛又は月掛の方法により組合が受け入れることは差し支えないが、これに対し組合員に金利を支払うことは預金の受け入れとなると解する。」と回答されているので、組合員預り金に利子を付けてはならない。

(9) 仮受保険料・仮受保険金

　中協法第9条の2第6項に定める保険業務代理・代行により組合員から受け取った保険料・保険会社から受け取った保険金の仮受額を処

理する。損益取引として処理するときは、「団体保険料収入」「支払団体保険料」「団体保険金収入」「支払団体保険金」で処理する。

4－17 主要科目等の説明その2

(1) 教育情報費用繰越金

従来負債に属するとしてきたが、今回純資産の部に移した。

純資産の部・組合員資本のうち利益剰余金に区分されるその他の利益剰余金に属する小分類科目「教育情報費用繰越金」とした。

さらに、取崩しは任意に行うように改正した。

(2) 教育情報事業収益・費用を、事業収益・費用の区分へ

教育情報事業収益を、中協法施行規則第97条第1項第1号の事業収益の区分に設け、「教育情報事業賦課金収入」「仮受賦課金繰入・戻入」「教育情報費用繰越金取崩」を賦課金等収入の区分から移した。教育情報事業賦課金は対価性がある取引として、消費税は課税売上になる。

(3) 賦課金等収入

中協法施行規則97条第1項第2号により、中協法第12条第1項（経費の賦課）又は第13条（使用料及び手数料）に基づき徴収したものと規定している。これは、規則が賦課金・使用料・手数料について規定しているためで、事業収益に属する賦課金・使用料・手数料は事業収益に区分する。

消費税の取扱いで、賦課金の対価性が判定困難な場合は、「経費の賦課及び徴収方法」に組合と組合員間の協議により定めた、課税対象外か課税対象かの別を記載し、組合員へ通知をする。

(4) 組合積立金

組合積立金が小分類科目になり、その下に「特別積立金」「○周年記念事業積立金」「役員退職給与積立金」などが細分類科目になった。

Ⅱ　第8回改訂　中協法施行規則改正による改訂

```
　　　　　ⅳ　利益剰余金
　　　　　　1　利益準備金
　　　　　　2　その他の利益剰余金
　　　　　　（1）　教育情報費用繰越金
　　　　　　（2）　組合積立金
　　　　　　　①　特別積立金
　　　　　　　②　○周年記念事業積立金
　　　　　　　③　役員退職給与積立金
　　　　　　（3）　当期未処分剰余金
　　　　　　　①　当期純利益金額
　　　　　　　②　前期繰越剰余金
```

(5)　貸倒引当金繰入れ・戻入れ

　　中協法施行規則第104条により、繰入れは事業費用か事業外費用に、戻入れは特別利益で処理するよう規定されたので、従来の洗替法から差額補充法に変更した。貸倒れが発生したときは貸倒引当金から控除し、貸倒引当金を超える額は貸倒損失とする。

(6)　特別積立金取崩し

　　定款規定により出資金を超える特別積立金は、総会の議決により支出に充てることができる。例えば、総会で承認された商品開発事業に充てる支出のため、特別積立金を取り崩した場合は、商品開発事業収益に、「特別積立金取崩」を表示する。「出資配当に充てるための取崩し」「剰余金処分案での取崩し」は該当科目で説明する。

(7)　人件費・業務費・諸税負担金

　　人件費は、中協法施行規則第97条第5項に規定された区分で、役員報酬・職員給与・退職金・福利厚生費・退職給与引当金繰入れ・戻入れ・退職共済掛金・役員退職給与積立金取崩を表示する。

　　業務費は、中協法施行規則第97条第5項に規定された区分で、人件

費、諸税負担金以外の費用を表示する。

諸税負担金は、中協法施行規則第97条第5項に規定された区分で、租税公課・消費税等を表示する。

(8) 減損損失

中協法施行規則第97条第9項に規定された科目で、組合会計基準第5章個別会計基準第6節が適用される資産について、減損額を損益計算書に計上し、(税務上は損金不算入)資産から控除して表示する。

〈例1〉

減価償却資産について、過去に減価償却不足があるが、対象組合資産の経済的残存使用年数以内に、組合員が負担を予約している額を含めた、割引前将来キャッシュ・フローの総額が、該当減価償却資産の帳簿価格を上回るときは、減損資産に該当しない。

〈例2〉

土地について、市場価格が帳簿価格から50％以上下落した場合に、該当土地から得られると推定される、今後20年間の割引前将来キャッシュ・フローの総額が市場価格より少ない場合は、減損資産に該当する。

(9) 施設補助金の圧縮記帳

固定資産圧縮損を資産の取得価額から直接減額する。

施設補助金は、施設を組合事業に利用させる目的で交付されるものである。その施設補助金が、脱退者の持分払戻額に含まれることは、施設補助金の目的に沿わないものと思われる。

脱退者への払戻持分に、施設補助金部分を含ませないようにするためには、圧縮記帳の会計処理の他に、定款の脱退者への持分払戻規定を、「組合財産を時価評価する持分全額払戻方法」から「簿価財産を限度に払い戻す方法」にする必要がある。組合財産の簿価で持分を計算するために圧縮記帳処理が必要になる。

Ⅱ 第8回改訂 中協法施行規則改正による改訂

4−18 業務関連の改正

(1) 利用分量配当の損金算入規定の改正(法人税法60の2)

〈改正前〉 協同組合等が各事業年度において支出する次に掲げる金額は、当該事業年の所得の計算上、損金の額に算入する。(以下略)

〈改正後〉 協同組合等が各事業年度の決算の確定の時にその支出すべき旨を決議する次に掲げる金額は、当該事業年度の所得の計算上、損金の額に算入する。(以下略)

以上のように、法人税申告書別表4・別表5の1の様式改正に際して、改正前と同様に損金算入ができるよう法律が改正されている。

別表への記載方法について疑義があったため、全国中小企業団体中央会から、国税庁課税部法人税課・審理課宛に照会を行い、平成19年5月16日付で了解を得ている。

記載例は、491頁以降に掲示した。

(2) 個別会計基準 持分会計の一部訂正

出資金の会計(2)加入の説明から、「個人営業が法人組織になる、法人が解散して個人営業になる。」を、削除した。

個人営業が法人組織になる場合は、個人営業者が脱退し、新たに法人としての加入になるので、個人営業者が所有する組合出資金は、組合定款規定による持分払戻しを行うことになる。

元個人営業者が廃業後も組合出資金を所有していた場合は、持分払戻請求権としての証票を所有していることになるので、新設した法人組織が、組合員資格を取得した後に、元個人営業者から持分払戻請求権を譲り受け、その後、組合に、持分払戻請求権を組合出資金の取得資金に充当してもらう手続が必要になる。

(3) 慶 弔 規 定

中協法施行規則第5条は、「法第9条の2第7項の組合員その他の共済契約者の保護を確保することが必要なものとして主務省令で定めるものは、一の被共済者当たりの共済金額が10万円を超える共済契約の締結を行う事業とする。」としている。

4．組合会計基準の第8回改訂内容

〈参考〉

『解説　新しい中小企業組合制度の概要』45頁より抜粋。

「規制対象となる共済事業であるかどうかは組合員（1被共済者）に支払われる共済金額が10万円を超えるか否かで判断されます。この場合の10万円超の適用は、複数の共済契約がある場合には、それぞれの契約ごとに判断されます。したがって、実施事業の名称が共済事業でなく、例えば慶弔見舞金等の給付であっても、金額的に共済事業の範疇に入る場合は、共済事業とみなされ、規制の対象となることには、給付金額（共済金額）10万円以下に引き下げるか、保険会社の保険に切り替えることが必要です。」

Ⅲ
勘定科目

1. 資産勘定

1－1　現金及び預金(1)　現金

> 通貨及び受入小切手・郵便為替証書、郵便振替貯金払出証書等を処理する。
> 外国通貨を処理する。
> 外国通貨は、決算時の為替相場による円換算額を付する。

(1) 現金として処理するものには、通貨と受入小切手などの貨幣代替物とがある。

　貨幣代替物については、受入れの日に預入れを行うことにより現金処理をせず預金勘定で処理する方法を行うことがあるが、預入れを行わずに手許にある貨幣代替物については、必ず現金勘定で処理しなければならない。

取引　小切手を受け入れたとき

(借) 現金	100,000	(貸) 相手勘定	100,000

取引　小切手を預金へ預け入れたとき

(借) 預金	100,000	(貸) 現金	100,000

(2) 実際現金残高と帳簿残高が不一致のときは、現金過不足勘定で処理する。

取引　実際現金残高が多いとき

(借) 現金	5,000	(貸) 現金過不足	5,000

取引　実際現金残高が少ないとき

(借) 現金過不足	4,000	(貸) 現金	4,000

(3) 外国通貨は、外国通貨を取得したときに処理する。

　外国通貨は為替相場の変動による影響を受けるため、為替差損益が発生する。

Ⅲ　勘定科目

　　外貨建取引等会計処理基準は、外国通貨について次のように定めている。

　　「外国通貨については、決算時の為替相場による円換算額を付する。」

1－2　現金及び預金⑵　預金

> 　　金融機関に対する預金（信託預金を含む。）、積金、郵便貯金及び郵便振替貯金を処理する。決算日の翌日から起算して1年を超えて期限が到来する預金は、原則として外部出資・その他の資産で処理する。
>
> 　　外貨預金、外貨建の預金を処理する。
>
> 　　外貨預金は、原則として決算時の為替相場による円換算額を付する。長期の外貨預金は、原則として、外部出資・その他の資産で処理する。

⑴　預金として処理するものは、会計基準に例示した預金のほか、すべての預金、積金、貯金を含める。

　　預金については次のような取扱いを行う。

①　信託預金については、金銭信託を処理する。有価証券とされている証券投資信託については、有価証券として処理する。

②　預金に満期日の定めがある場合、決算日の翌日から1年を超えて支払期限が到来する預金は、外部出資・その他の資産として処理してもよいが、重要性に乏しい場合は、1年を超える預金を流動資産として処理しても差し支えない。

③　共済事業を実施する場合の責任準備金や退職給与引当資産としての特定預金は、外部出資・その他の資産に属する預金として区別することになっているが、これは預金目的に沿った区分であって、退職給与のために積み立てている預金は、期限に関係なく外部出資そ

の他の資産として表示する。

　特定の事業のために積み立てている預金、例えば構造改善事業の納付金を積み立てている特定預金、会館建設のために積み立てている特定預金など長期保有が明確な預金については、外部出資その他の資産として表示する。

(2) 預金の名義は組合理事長又は会計担当理事名にする。

　預金の積立てを組合名義で行う場合に、組合名義の預金でありながら、積立金を出した組合員の預金として、組合宛にきた預金利子を、組合員の預金利子として処理することがあるがこれは誤りである。

　組合名義の預金であれば、預金利子は組合の収益になり、その後、組合員へ契約で定めた内容による利子を支払うことになる。

(3) 外貨預金は、円で購入した外国通貨を預け入れる場合、輸出代金を外国通貨で受領して預け入れる場合等のとき処理する。

　外貨預金は、為替相場の変動による影響を受けるため、為替差損益が発生する。

　外貨建取引等会計処理基準は、外貨預金について次のように定めている。

　「外貨建金銭債権債務（外貨預金を含む。以下同じ。）については、決算時の為替相場による円換算額を付する。

　外貨建長期金銭債権債務については、取得時又は発生時の為替相場による円換算額を付する。

　本邦通貨による保証約款又は為替予約が付されていることにより、決済時における円貨額が確定している外貨建金銭債権債務については当該円貨額を付する。」

1－3　受取手形

　金融事業以外の通常の事業取引によって取得した手形を処理する（手形を割り引いたり裏書譲渡をした場合は、割引手形勘定か手形

裏書義務等の偶発債務勘定を設ける。)。土地、設備等に対する受取手形は事業外受取手形で処理する。

(1) 受取手形として処理するものについては、2つの条件が設けられている。

　1つは金融事業以外の取引によって取得した手形であることで、金融事業の手形は貸付金として処理することから除かれている。

　もう1つは土地、設備など組合の固定資産を売却した時に取得した手形以外のものであるとされ、固定資産売却代の手形は事業外受取手形として処理されることになった。

　この結果、受取手形として処理するものは、共同購買事業、共同販売事業、共同加工事業などの商品、製品の代価又は加工料として受け取った手形に限られることになった。

　受取手形については、満期の取立て、他への裏書譲渡、金融機関での割引が行われる。

　裏書譲渡、割引の場合は組合に裏書義務があり、偶発債務の表示が要請される。

取引　手形を受け取った。

| （借）受取手形 | 3,000,000 | （貸）売掛金 | 3,000,000 |

取引　手形が期日になり、取り立てられた。

| （借）預金 | 1,000,000 | （貸）受取手形 | 1,000,000 |

```
                  割　引
              (手形金額－割引料)
┌──────┐ ──────────────→ ┌────┐ ──商品売上──→ ┌────┐ ──商品売上──→ ┌────┐
│商工中金│                    │組合│              │組合員│              │取引先│
│      │ ←────商業手形────  │    │ ←──商業手形── │    │ ←──商業手形── │    │
└──────┘                    └────┘              └────┘              └────┘
```

取引　手形を銀行で割り引いた。

（借）預金	950,000	（貸）受取手形	1,000,000
○○事業手形売却損	50,000		
（借）割引手形見返	1,000,000	（貸）割引手形	1,000,000

取引 手形を仕入先へ裏書譲渡した。

（借）買掛金	1,000,000	（貸）受取手形	1,000,000
（借）裏書義務見返	1,000,000	（貸）受取手形	1,000,000

取引 割引した手形と裏書譲渡した手形が決済された。

（借）割引手形	1,000,000	（貸）割引手形見返	1,000,000
（借）裏書義務	1,000,000	（貸）裏書義務見返	1,000,000

(2) 消費税の取扱いは次のようになる。

① 手形の取得は、仕入税額控除の対象にならない。

② 手形の割引は、割引きを依頼した側に手形（支払手段）の譲渡があったものとして非課税売上になるが（消基通6－2－3）、課税売上割合を計算する分母の資産の譲渡等には、手形の割引額は含めない（消費税法施行令48Ⅱ①）。

③ 手形を割り引いた側は、その割引料は非課税売上になる（消費税法施行令10Ⅲ⑦）。

1－4 売 掛 金

> 組合員売掛金　組合員に対する売上代金の未収金を処理する。
> 外部売掛金　組合員以外の得意先に対する売上代金の未収金を処理する。
> 未収手数料　売掛金として計上しなかった各種受取手数料の未収金を処理する。

(1) 売掛金については員外利用の規制が直接及ばないので、組合員売掛金、外部売掛金として区別する必要はないが、共同購買事業などで員外者の売掛金が多額な場合や、組合員と員外者との取引条件が異なる場合などは、組合の実状を組合員に理解させるために組合員売掛金、外部売掛金の区別を行うことが望ましい。

共同購買事業で員外利用がなく、また共同販売事業で卸・小売商な

どの取引先（員外者）だけに販売するような場合は、特に組合員売掛金、外部売掛金とせず「売掛金」で処理して差し支えない。

　売掛金として処理するものについて、組合会計基準では売上代金の未収金と説明されているだけであるが、共同購買事業、共同販売事業の商品、製品などの売上代金の未収金ばかりでなく、共同受注事業の工事代の未収金、共同加工事業の加工料の未収金などを売掛金として処理しても差し支えない。

取引　共同購買事業で商品を仕入れる。

（借）当期仕入	2,700,000	（貸）外部買掛金	2,916,000
仮払消費税	216,000		

取引　商品を組合員に販売する、分記法。

（借）組合員売掛金	3,240,000	（貸）組合員売上	2,700,000
		受取購買手数料	300,000
		仮受消費税	240,000

取引　商品を組合員に販売する、総記法。

（借）組合員売掛金	3,240,000	（貸）組合員売上	3,000,000
		仮受消費税	240,000

(2)　各種受取手数料の未収金を売掛金として処理しなかった場合は、「その他の短期の資産」である未収金と区別するため、未収手数料として処理し、売掛金の区分に表示する。

(3)　消費税の取扱いは、売掛金を取得しても、仕入税額控除の対象にならない。売掛金を他に譲渡した場合は、その譲渡対価は非課税売上になる。

　消費税法施行令第48条第2項第2号に該当する売上は、課税売上割合を計算する分母の資産の譲渡等には含めない。

(4)　課税売上について売掛金とする場合には、売掛金の中に消費税部分が含まれることになるが、消費税を含めた売掛金が得意先に対するものであるから、消費税部分の金額を含めて、貸倒引当金の繰入対象になる。

1．資産勘定

1－5　売買目的有価証券及び短期有価証券

(1) 売買目的有価証券　時価の変動により利益を得ることを目的として保有する有価証券に処理する。
(2) 満期保有目的債券　1年以内に満期の到来する満期保有目的債券で、商工債券、国債、地方債等を処理する。割引債券の所得税はこの勘定に含め、償還を受けた時、この所得税は法人税から控除するか還付を受ける。
(3) その他有価証券　売買目的有価証券、満期保有目的債券以外の短期有価証券で1年以内に満期の到来する有価証券を処理する。
(4) 外貨建有価証券　外貨建の有価証券を処理する。外貨建保有社債等については、決算時の為替相場による円換算額を付する。

(1) 商工債券には、利子を後日受け取る「利付債券」と額面を割り引いた額で購入し額面金額で償還を受ける「割引債券」がある。

　商工債券を購入したときは、購入代価（額面金額でない）により処理をする。

　利付債券については、利払時に受け取る利子から所得税が源泉徴収されるが、割引債券の場合は、割引債券の払込額のうちに所得税部分が含まれている。割引債券の所得税は償還された事業年度の組合の法人税から控除するか還付を受けることになる。

取引　利付債券　¥100,000を購入した。

(借) 有価証券	100,000	(貸) 現金	100,000

取引　利子　¥3,650を受け取った。

(借) 現金	2,910	(貸) 受取利息	3,650
租税公課（国税）	558		
租税公課（地方税）	182		

93

Ⅲ　勘定科目

取引	割引債券 ￥100,000を税込払込額　￥95,080で購入した。			
（借）有価証券	95,080	（貸）現金		95,080

取引	償還期日が到来したので券面金額を受け取った。			
（借）現金	100,000	（貸）有価証券		95,080
租税公課（国税）	1,080	受取利息		6,000

（注）　割引債券の払込額に含まれている所得税部分は、割引債券購入時の計算書に記載してもらい、帳簿に記録しておくと、償還時の仕訳に便利である。

(2)　組合会計では、売買目的有価証券は時価の変動により利益を得ることを目的として取得するものであるから、組合事業としてはもとより、組合資金の運用方法としても適当でないものと考え、売買目的有価証券勘定は設けなかったが、中協法施行規則第143条第5号に、証券取引所に上場されている株式（事業所管大臣の指定するものに限る。）その他が規定されているので、組合会計基準に勘定科目を設けることにした。

(3)　外貨建有価証券は、外貨建保有社債その他の債券を処理する。
　　外貨建取引等会計処理基準により、満期保有目的の外貨建債券及びその他有価証券については、決算時の為替相場により、円換算した額を付する。

(4)　消費税の取扱いは、有価証券の譲渡は非課税とされているので、有価証券の取得は、仕入税額控除の対象にならない。
　　有価証券の取得に際して支払う購入手数料及び名義書換料は、仕入税額控除の対象になる。

1－6　未収金・未収賦課金

未収金　通常の取引に基づいて発生した未収金で、売掛金及び未収賦課金・未収消費税等以外のもの並びに通常の取引以外の取引により発生した未収金で、1年以内に回収されるもの

> を処理する。
> 未収賦課金　賦課金の未収金を処理する

(1)　未収金として処理するものは、売掛金及び未収収益以外のものであるから、細節科目として例示されている未収賦課金、未収手数料のほかにも固定資産売却代の未収金などがある。

(2)　未収手数料として処理するものは、売掛金として処理しなかったもののうち、一定の契約による継続した役務提供以外の契約に基づいた事業上の未収手数料である。例えば、受取受注手数料・受取斡旋手数料・受取加工料・受取運送料・受取検査料・受取保管料・受取試験研究手数料・広告宣伝収入・受取事務代行手数料などの未収金がある。

(3)　未収賦課金は、第4回改訂で、未収収益から未収金へ変更になった。これは未収収益を役務対価の未収に限定したためで、賦課金は組合の費用を組合員が負担するためのものであり、役務提供契約とはいえないからである。

　未収賦課金について問題が起こる場合は、回収不能賦課金の処理である。

　回収不能の賦課金が発生するのは脱退の場合が多い。法定脱退（中協法19）の場合は、脱退の原因が発生した月までの賦課金の支払義務、自由脱退（中協法18）の場合は、事業年度末までの賦課金についての支払義務があるとされている。脱退者の中には賦課金を納めずに脱退してしまう者があり、この場合は、通常総会後、払い戻す持分額から未収賦課金を相殺することが行われているが、払い戻す持分額より未収賦課金が多いことがあり、残った未収賦課金は回収不能になることがある。このような場合は、事業年度末までにあらかじめ回収不能になることが見込まれる部分については減額の決定を理事会で行い、本人に通知をして回収可能額だけを未収賦課金として計上することが組合財政を堅実にするうえから必要なことである。

取引　未収賦課金を計上する。

Ⅲ　勘定科目

|(借)　未収賦課金|10,000|(貸)　賦課金収入|10,000|

　　取引　未収賦課金が入金された。

|(借)　現金|10,000|(貸)　未収賦課金|10,000|

(4)　固定資産売却代の未収金は、組合の使用資金である固定資産を売却し、その代価が未収になったものを処理する。

　　取引　機械（簿価 ¥500,000）を消費税込¥300,000で売却することになり、代金は来月から毎月¥100,000ずつ支払う約束である。

|(借)　未収金|300,000|(貸)　機械装置|500,000|
|　　　固定資産売却損|227,272|　　　仮受消費税|27,272|

(5)　消費税の取扱いは、未収金を取得しても、仕入税額控除の対象にならない。

1－7　未収消費税等

> 還付消費税等の未収金を処理する。

　消費税の経理処理について税抜経理方式を適用している場合に、課税期間に係る消費税が還付を受けることになったとき、当該還付を受ける消費税額は未収消費税として計上する。

　消費税の経理処理について税込経理方式を適用している場合の、還付を受ける消費税は、申告書を提出した日の属する事業年度に雑収入として処理するか、還付を受ける消費税額を未収消費税として計上するか選択することができる。

1－8　未　収　収　益

> 一定の契約に従い、継続して役務の提供を行う場合、既に提供した役務の対価に対していまだその対価の支払を受けていないもので、重要性のあるものを処理する。

1．資産勘定

> 未収貸付利息　金融事業の貸付利息のうち、いまだ対価の支払を受けていないものを処理する。

(1) 未収収益として処理するものは、一定の契約による継続した役務提供によるものであるから、細節科目として例示されている未収貸付利息のほか未収受取利息などがある。

　未収収益は、重要性のあるものを計上することにした。

　重要性があるか乏しいかは組合の実状により判断するわけであるが、事業上の収益については未収収益を原則として計上すべきであり、事業外収益の項目については未収収益を計上しない場合が多いものと考えられる。

(2) 未収貸付利息として処理するものは、金融事業の貸付利息が未収になっている場合で、事業年度末までの分を計上する。

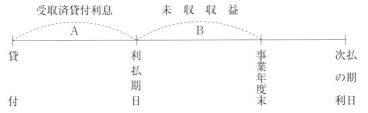

　上図Aの部分は、通常は事業年度末までに支払を受けているが、もし未収になっている場合にはBの部分と合わせて未収収益に計上してもよく、また、Aの部分は未収金として処理し、Bの部分を未収収益にしてもよい。

(3) 預金の受取利息については、事業上の収益として計上される場合と事業外の収益として計上される場合がある。

　預金の受取利息を事業上の収益として計上する場合は、特定の事業のために区別した預金を保有し、その預金の利子を事業遂行上の収益として予定し、事業費の支出を行っているような場合である。

　このような預金の未収収益は金額が多額であり、また事業収益として見込んでいるのであるから、重要性のあるものと考えられる（法基

Ⅲ　勘定科目

通2－1－24)。

　事業外収益として計上する預金の受取利息は、特定事業の収益として処理されなかった受取利息である。

　事業外収益としての受取利息は、通常、重要性の乏しいものとして取り扱われることが多く、重要性の乏しいものについては未収収益を計上しなくてもよいことになっている。

取引　期末に貸付利息の未収を計上する。

|(借) 未収収益 | 100,000 | (貸) 受取貸付利息 | 100,000 |

取引　翌期に再振替えをする。

|(借) 受取貸付利息 | 100,000 | (貸) 未収収益 | 100,000 |

(4) 消費税の取扱いは、未収収益を計上しても仕入税額控除の対象にならない。

1－9　貸　付　金

> 　組合員に対する貸付金を処理する。
> 証書貸付金　借用証書による貸付金を処理する。
> 手形貸付金　約束手形又は為替手形を借用証書の代わりとしてする貸付金を処理する。
> 手形割引貸付金　組合員の受取手形を譲渡担保とした組合員への貸付金を処理する。

(1) 組合会計において「貸付金」は、金融事業における組合員への貸付の場合にだけ使用されることになっており（金融事業で員外貸付を行うことはないので、組合員に対する貸付金に限定している。）、組合専従役職員に対して、組合の事業としてでない福利的性格の貸付をするときは「役職員貸付金」として明瞭に区別しなければならない。

　貸付の種類としては証書貸付・手形貸付・手形割引貸付の方法があり、利払の方法としては利息先取り・利息後取りの方法がある。

(2) 証書貸付は金銭消費貸借契約書又は借用証書による貸付で、利息後取りの方法にて分割返済をする。また、証書貸付であっても回収の手段として手形を受け取ることがあるが、この手形は仕訳をしない。

取引 証書貸付 ¥2,000,000を行い、組合の貸付手数料（契約書作成料）¥21,600は貸付の際に差し引いた。利子後取り。消費税課税。

（借）証書貸付金	2,000,000	（貸）当座預金	1,978,400
		受取貸付手数料	20,000
		仮受消費税	1,600

取引 組合員から回収元利金が、組合の預金へ振り込まれた。

（借）当座預金	130,000	（貸）証書貸付金	100,000
		受取貸付利息	30,000

(3) 手形貸付は、組合員振出しの約束手形又は組合員引受けの為替手形を借用証書の代わりとしてする貸付で、手形金額から利息を先取りする。

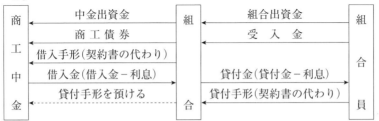

取引 手形貸付 ¥2,000,000を行い、貸付利息と貸付手数料を差し引いた。手数料は、貸付金額×日数×手数料率である。消費税非課税。

Ⅲ　勘定科目

第1法

（借）手形貸付金	2,000,000	（貸）当座預金	1,906,500
		受取貸付利息	85,000
		受取貸付手数料	8,500

第2法

（借）手形貸付金	2,000,000	（貸）当座預金	1,906,500
		受取貸付利息	93,500

(4) 手形割引貸付は、組合員が他との取引で受け取った手形を割り引いた形で貸し付けることである。

　金融機関では「手形割引」として、手形金額から割引料を差し引いて、手形を買い入れることを表しているが、組合の金融事業では、手形割引とは考えずに貸付の一形態としてとらえることにした。

　したがって、組合会計では「手形割引」を使わず「手形割引貸付金」で処理することにした。

取引　商業手形　¥4,500,000の割引貸付を行い、貸付利息と貸付手数料を差し引いた。手数料は貸付金額×日数×手数料率である。消費税非課税。

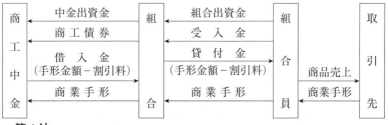

第1法

（借）手形割引貸付金	4,500,000	（貸）当座預金	4,399,900
		受取貸付利息	91,000
		受取貸付手数料	9,100

第2法

（借）手形割引貸付金	4,500,000	（貸）当座預金	4,399,900
		受取貸付利息	100,100

(5) 貸付金の中には、貸借対照表日の翌日から1年を超えるものもあるが、金融事業の活動の中で正常な回収が行われている貸付金は、営業循環基準を適用して、流動資産に属する貸付金として処理することにした。
(6) 消費税の取扱いは、貸付金を取得しても、仕入税額控除の対象にならない。

1-10　商　　品

製品、半製品、原材料、仕掛品、副産物は省略する。

> 販売の目的をもって他から購入した商品の棚卸高を処理する。

(1) 共同購買事業の場合は仕入先から商品を購入し、共同販売事業の場合は組合員から商品を購入するが、どちらも商品を相手先へ直送するときは組合には在庫品が生じない。
　組合に倉庫があって、見込仕入を行う場合に在庫品が生じ、決算のときに棚卸高の処理が必要になる。
　会計基準における「商品」は「繰越商品」として用いられており、商品の棚卸高を処理する際に使われている。
　したがって、仕訳に使用する勘定科目は「繰越商品」とし、貸借対照表には「商品」として表示する。
(2) 決算時の棚卸高の処理方法には「仕入」で売上原価を算出する方法と「売上原価」で売上原価を算出する方法とが代表的なものとしてあり、前者を商品勘定3分割法（純額法と総額法）といい、後者を商品勘定4分割法（売上原価勘定を用いる4分割法）という。

Ⅲ　勘定科目

棚卸商品集計表
平成A年3月31日

品名	数量	単価	評価額	保管場所
甲	3	1,000	3,000	倉庫上段
○○○	××	××	×××××	
計			60,000	
減失甲	1	1,000	1,000	
合計			61,000	

　評価単価は、税込経理方式のときは消費税込の単価を、税抜経理方式のときは消費税抜の単価を記入する。

　次の科目残高を用いて仕訳をする。

　当月売上高　¥1,067,000　当期仕入高　¥1,000,000

　期首商品棚卸高　¥30,000

　期末商品棚卸高（帳簿）　¥61,000（実地）　¥60,000

商品勘定3分割法（総額法）

（借）仕入	30,000	（貸）繰越商品	30,000
（借）繰越商品	61,000	（貸）仕入	61,000
（借）棚卸減耗費	1,000	（貸）繰越商品	1,000
（借）損益	969,000	（貸）仕入	969,000
（借）損益	1,000	（貸）棚卸減耗費	1,000
（借）売上	1,067,000	（貸）損益	1,067,000

商品勘定4分割法（売上原価勘定）

（借）売上原価	30,000	（貸）繰越商品	30,000
（借）売上原価	1,000,000	（貸）仕入	1,000,000
（借）繰越商品	61,000	（貸）売上原価	61,000
（借）棚卸減耗費	1,000	（貸）繰越商品	1,000
（借）損益	969,000	（貸）売上原価	969,000
（借）損益	1,000	（貸）棚卸減耗費	1,000
（借）売上	1,067,000	（貸）損益	1,067,000

1．資産勘定

1－11　貯　蔵　品

> 未使用の消耗品、消耗器具等のうち、重要性のあるものを処理する。

(1) 消耗品や消耗器具は、購入時に資産として処理し、使用するものだけを費用に振り替える方法と、購入時に全額を費用として処理し、決算のとき未使用の分だけ貯蔵品に振り替える方法とがある。

　組合会計基準では、処理の簡便さから後者の方法を行うことにし、さらに未使用の消耗品、消耗器具などのうち、重要性のあるものだけを貯蔵品として計上し、重要性の乏しいものについては計上しなくてもよいことにした。

　重要性があるか乏しいかは、組合の実状により判断すればよいのであるが、事業直接費に属するものや一般管理費に属するもののうち、金額の多額なものは重要性があるものとして考えられる。

(2) 評価単価は、税込経理方式のときは消費税込の単価を、税抜経理方式のときは消費税抜の単価を記入する。

1－12　立　替　金

> 一時的な立替払を処理する。

(1) 立替払をする相手先には、組合員、役員、職員の場合があるが、組合員に対する立替払は事業上の立替払が多いので、事業の名称を付けた立替金にするか、組合員立替金として表示する。

　役員、職員に対する立替払は、一時的に生じるものであるから、なるべく早く回収するようにし、もし回収が長期になる見込みのものは、役職員貸付金として処理する。

(2) 消費税の取扱いは、立替金を支出しただけでは仕入税額控除の対象

にならない。

　立替金を回収したときも課税の対象にならない。

1−13　前渡金

> 　一時的に支出した商品、材料、外注費等の前渡金を処理する。なお、有形固定資産購入の場合の前渡金は、建設仮勘定とする。

(1)　前渡金として処理するものは、商品・材料の仕入、外注費など事業費の前渡金があり、前渡しの相手先としては組合員と員外者がある。

　組合員に前渡しする場合としては、共同販売事業で組合員から仕入れる商品代の前渡しと共同受注事業で組合員へ外注費の前渡しをする場合とがあり「組合員前渡金」として処理する。

　前渡金は、商品の受入れ又は外注した役務の給付を受入れ、あるいは建設工事完了により引渡しを受け入れたことにより、それぞれの事業費に振り替える。

　土地、建物、機械などの有形固定資産を購入した場合の前渡金は、有形固定資産に属する建設仮勘定で処理する。

(2)　消費税等の取扱いは、前渡金を支出しただけでは仕入税額控除の対象とはならず、前渡金の目的物の引渡し、又は役務の提供を受けたときに、仕入税額控除の対象になる。

1−14　仮払金

> 　帰属する科目又は金額の未定な支払金を処理する。金額及び科目が確定次第正当な科目に振り替える。

　仮払金は、福利厚生事業としてレクリエーションを行う場合に概算金を持参して出発したり、消耗品を購入に行くとき概算金を渡すなど、金

額が確定しないため一時的に支出する概算金を処理する。

　仮払金は金額が確定し、帰属する科目が確定したら、直ちに振替えをして未整理にならないようにしなければならない。

1－15　仮払消費税等

> 税抜経理方式において、課税仕入高に係る消費税等を処理する。

　消費税等の経理処理について税抜経理処理を適用している場合に、消費税等相当額を仕入、費用、資産の取得価額から区分して、仮払消費税等として処理する。

　税抜経理処理は、原則として取引の都度行うのであるが、その経理処理を事業年度終了のときにおいて一括して行うことができる。

　免税組合及び非課税売上のみの組合は、税抜経理処理を適用することができない。

　仮払消費税等は、事業年度末において、仮受消費税等、当該課税期間に係る納付すべき消費税額等又は還付を受ける消費税額等と精算をする。

① 納付消費税等があるとき

（借）仮受消費税等	1,000	（貸）仮払消費税等	800
租税公課	50	未払消費税等	250

② 還付消費税があるとき

（借）仮受消費税等	1,000	（貸）仮払消費税等	1,100
未収消費税等	70		
租税公課	30		

1－16　前払費用

> 一定の契約に従い、継続して役務の提供を受ける場合いまだ提供

> されていない役務に対して支払われた対価のうち、事業年度の末日後1年内に費用となることが明らかな前払の費用で、重要性のあるものを処理する。

(1) 前払費用として処理するものについて、組合会計基準は重要性のあるものだけを計上することにして、重要性の乏しいものについては計上を省略できることにした。

　重要性のあるものとしては、金融事業の支払利息・施設利用事業の賃借料・共済事業の支払保険料などあるが、このほかにも事業上の費用について未経過分が生じる場合には重要性のあるものが多いので、前払費用に計上しなければならない。

　重要性の乏しいものとしては、事務所の賃借料・損害保険料・事業外の支払利息など一般管理費や事業外費用に属するものであり、これらについては重要性の乏しい場合、前払費用としての計上を省略することが認められている。

(2) 前払費用の会計処理としては、支出時に前払費用として処理する方法と、支出時に費用として処理する方法とがある。

　金融事業支払利息を例にする。

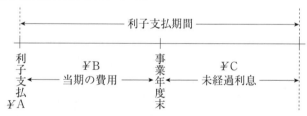

① 支出時に前払費用として処理する方法

取引 支出したとき

| （借）前払費用 | A | （貸）転貸借入金 | ××× |
| 　　　当座預金 | ××× | | |

取引 期末に振り替えるとき

| （借）転貸支払利息 | B | （貸）前払費用 | B |

② 支出時に費用として処理する方法

取引 支出したとき

| (借) 転貸支払利息 | A | (貸) 転貸借入金 | ××× |
| 当座預金 | ××× | | |

取引 期末に振り替えるとき

| (借) 前払費用 | C | (貸) 転貸支払利息 | C |

取引 翌期に再振替えをするとき

| (借) 転貸支払利息 | C | (貸) 前払費用 | C |

(3) 前払費用でその支払った日から1年以内に提供を受ける役務(利子、保険料等を除く。)に係るものを支払った場合、消費税の取扱いは次のようになる。

① 前払費用に計上した場合は、前払費用の目的である役務の提供を受けたときに、仕入税額控除の対象になる。

② 継続適用を条件として前払費用として計上せず、支払った課税期間において、仕入税額控除の対象とすることができる。

1-17 貸倒引当金

> 流動資産に属する金銭債権に対する取立不能見込額を処理する。
> 貸倒引当金は、対象とする金銭債権が属する項目に対する控除項目として表示する。ただし、流動資産の控除項目として一括して表示することもできる。
> 貸倒引当金の繰入れは、差額補充法によるものとする。法人税法上の原則は洗替法であるが、差額補充法によることも認められている。なお、戻入益が生じた場合は、特別利益に計上する。

(1) 貸倒引当金は、事業年度末の売掛金、貸付金などの債権に対する取立不能額を見積もるわけであるが、実務上は税法上認められる額を、貸倒引当金として計上することが多い。

Ⅲ　勘定科目

　　貸倒引当金は、第4回改訂において、負債の区分から資産の区分へ移した。これは資産である債権から控除する性格の引当金であることから改正したものである。
(2)　貸倒引当金の会計処理は、事業年度末に貸倒引当金の戻入れを行い新たに当期末貸倒見積額を繰り入れる洗替法と、前期末貸倒見積額と当期末貸倒見積額の差額を処理する補充法とがあるが、中協法施行規則第104条により差額補充法で処理するよう定められた。

取引　A期末に貸倒見積額を¥50,000計上した。

| (借) | 貸倒引当金繰入 | 50,000 | (貸) | 貸倒引当金 | 50,000 |

取引　翌B期末の貸倒見積額が¥40,000のとき

| (借) | 貸倒引当金 | 10,000 | (貸) | 貸倒引当金戻入 | 10,000 |

取引　B期末の貸倒見積額が¥70,000のとき

| (借) | 貸倒引当金繰入 | 20,000 | (貸) | 貸倒引当金 | 20,000 |

　貸倒発生時の処理としては、貸倒額を貸倒引当金から取り崩し、不足額を貸倒損として処理する。

取引　B期において消費税課税商品の売掛金の貸倒れが発生した。なお、B期末の貸倒見積額は¥70,000である。

(借)	貸倒引当金	50,000	(貸)	売掛金	103,000
	貸倒損	50,000			
	仮受消費税	3,000			
(借)	貸倒引当金繰入	70,000	(貸)	貸倒引当金	70,000

①　貸借対照表への表示

貸借対照表　A期末

〔資産の部〕		〔負債の部〕
流動資産		
売掛金	5,000,000	
貸倒引当金	△50,000	

②　損益計算書への表示（貸倒れがあった場合）

翌期の損益計算書

〔事業費用の部〕 又は 〔事業外費用の部〕	
貸倒引当金繰入	70,000
貸倒損	50,000

③ 損益計算書への表示（貸倒引当金戻入の場合）

翌期の損益計算書

	〔特別利益の部〕	
	貸倒引当金戻入	10,000

1-18 繰延税金資産・長期繰延税金資産

> 将来減算・加算一時差異に係る税金の額で、解消する期間により短期、長期に区分する。
> 繰延税金資産及び長期繰延税金資産は、将来減算一時差異が解消されるときに、課税所得を減少させ、税金負担額を軽減することができると認められる範囲内が限度である。

(1) 税効果会計の目的

　税効果会計は、組合会計上の資産又は負債の額と課税所得計算上の資産又は負債の額に相違がある場合において、法人税等の額を適切に期間配分することにより、法人税等を控除する前の当期利益と法人税等を合理的に対応することを目的とする手続である。

　このため、法人税等については、一時差異に係る税金の額を適切な会計期間に配分し、計上しなければならない。

(2) 一時差異

　一時差異とは、貸借対照表に計上されている資産及び負債の金額と課税所得計算上の資産及び負債の金額との差額をいう。

① 一時差異とは、例えば、次のような場合に生ずる。

収益又は費用の帰属年度が相違する場合

資産の評価替えにより生じた評価差額が直接資本の部に計上され、かつ、課税所得の計算に含まれていない場合

② 一時差異には、当該一時差異が解消する時にその期の課税所得を減額する効果を持つ「将来減算一時差異」と、当該一時差異が解消するときにその期の課税所得を増額する効果を持つ「将来加算一時差異」とがある。

③ 将来の課税所得と相殺可能な繰越損失等については、一時差異と同様に取り扱うものとする。

(3) 繰延税金資産及び繰延税金負債等の計上方法

① 一時差異等に係る税金の額は、将来の会計期間において回収又は支払が見込まれない税金の額を除き、繰延税金資産又は繰延税金負債として計上しなければならない。繰延税金資産については、将来の回収の見込みについて毎期見直しを行わなければならない。

② 繰延税金資産又は繰延税金負債の金額は、回収又は支払が行われると見込まれる期の税率に基づいて計算するものとする。

③ 繰延税金資産と繰延税金負債の差額を期首と期末で比較した増減額は、当期に納付すべき法人税等の調整額として計上しなければならない。

ただし、資産の評価替えにより生じた評価差額が直接資本の部に計上される場合には、当該評価差額に係る繰延税金資産又は繰延税金負債を当該評価差額から控除して計上するものとする。

(4) 繰延税金資産及び繰延税金負債等の表示方法

① 繰延税金資産及び繰延税金負債は、これらに関連した資産・負債の分類に基づいて、繰延税金資産については流動資産又はその他の資産として、繰延税金負債については流動負債又は固定負債として表示しなければならない。ただし、特定の資産・負債に関連しない繰越欠損金等に係る繰延税金資産については、翌期に解消される見

込みの一時差異等に係るものは流動資産として、それ以外の一時差異等に係るものはその他の資産として表示しなければならない。
② 流動資産に属する繰延税金資産と流動負債に属する繰延税金負債がある場合及びその他の資産に属する繰延税金資産と固定負債に属する繰延税金負債がある場合には、それぞれ相殺して表示するものとする。
③ 当期の法人税等として納付すべき額及び法人税等調整額は、法人税等を控除する前の当期利益から控除する形式により、それぞれに区分して表示しなければならない。

(5) 組合会計上の回収可能性

　税効果会計における繰延税金資産は、将来減算一時差異が解消されるときに、課税所得を減少させ、税金負担額を軽減することができると認められる範囲内でのみ計上が認められる。

　すなわち、将来減算一時差異が解消するときに課税所得が発生しなければ、課税所得を減少させることはできないのであるから、回収可能性がないものとして繰延税金資産を計上することはできない。

　協同組合には、「収支の均衡」を目標として運営するという考え方が強く、このため回収可能性の判断に重要な要素である「目標利益」をつくることには強い反対意見がある。

　しかし、高度化資金などの借入金返済計画に留保利益からの借入金返済を予定するときには、組合に利益が生じるように組合員が負担する手数料・負担金の額を定めることになるので、目標利益の考え方が必要になる。

　また、ごく一部の組合ではあるが安定的な収益があり、将来も利益計上が見込める組合もある。

　繰延税金資産は、将来課税所得が発生することが見込めるなど、回収可能性があると判断できる組合だけが、貸借対照表の資産の部に計上することが認められる。

Ⅲ　勘定科目

損益計算書

〔費用の部〕		〔収益の部〕
税引前当期純利益金額	×××	
法人税等	×××	
法人税等調整額	×××	
当期純利益金額	×××	

貸借対照表

〔資産の部〕		〔負債の部〕	
流動資産		流動負債	
繰延税金資産	×××	繰延税金負債	×××
固定資産		固定負債	
長期繰延税金資産	×××	長期繰延税金負債	×××

剰余金処分案

Ⅰ　当期未処分剰余金
　1　当期純利益金額　　　　　　　×××
　2　前期繰越剰余金　　　　　　　×××
　3　過年度税効果調整額　　　　　×××　　　　×××
Ⅱ　剰余金処分額

1－19　有形固定資産

> 耐用年数1年以上で相当額以上の資本的支出を処理する。ただし、有形固定資産の取得価額は、使用開始に至るまでに直接要したすべての費用を含むが、登録免許税、不動産取得税を除くことができる。

(1) 有形固定資産に属するものとしては、建物・建物付属設備・構築物・機械装置・車両運搬具・工具・器具備品・土地・建設仮勘定などがあり、これら有形固定資産は共通して次のような取扱いが行われる。

① 耐用年数1年以上のものであること。

　工具、器具備品などのなかに、使用可能期間が過去の使用状態から1年未満であることがわかっているものがある場合は、固定資産として処理せず「器具備品費」「消耗品費」「事務用品費」などの科目で処理する。

② 相当額以上のものであること。

　組合会計基準では、相当額というものを具体的な金額で明示しなかったが、税法上の取扱いに合わせて処理すればよい。

　税法では、平成元年4月1日以降取得する固定資産からは、1個又は1組の価額が20万円未満のものは損金経理が認められていたので20万円以上のものを固定資産として処理していたが、平成10年4月1日以後に開始する事業年度からは、10万円未満のものを損金経理したときは、損金算入することに改正され（法人税法施行令133）、10万円以上20万円未満のものについて一括償却資産の損金算入の規定ができた。法人税申告書に別表十六の六を添付する（法人税法施行令133の2Ⅰ・Ⅻ）。

　中小企業者等に該当する法人又は農業協同組合等（出資金1億円以上の商店街振興組合、同連合会を除く。）で、青色申告書を提出する法人が、平成15年4月1日から平成22年3月31日までの間に取得し、事業の用に供した減価償却資産で、その取得価額が30万円未満のものを（当額事業年度における小額減価償却資産の取得価額の合計額が年300万円以下の金額）損金経理をしたときは、損金の額に算入できる規定が新設された（措法67の5）。

　なお、この10万円、20万円、30万円の判定は、税抜経理方式を行っているときは消費税を含めない金額により、税込経理方式を行っているときは消費税を含めた金額により行う。

③ 取得価額には、登録免許税・不動産取得税を加えなくてよい。

　取得価額には、購入代金に引取費用などの直接付随費用と使用開始に至るまでの直接費用を加えることになっているが、有形固定資

Ⅲ 勘定科目

産取得時に課税される登録免許税・不動産取得税・自動車取得税などは、税法上取得時の損金として認められていることから、取得価額に含めなくてもよい。

引取費用などの付随費用としては、購入手数料・運送費・荷役費・据付費・試運転費・運送保険料などがあり原則として取得価額に含めることになっている。

固定資産を自家建設する場合は、製造原価を計算し、それに使用開始に至るまでの直接費用を加えて取得価額を算出する。

会計基準では固定資産の取得に要する借入資本の利子について触れなかったが、借入資本の利子を取得原価に算入することは原則として行わない。

固定資産を割賦条件で購入した場合に、割賦期間の利子分が明らかに区別されているときは、利子分を固定資産の取得原価に算入せず前払費用として処理することができる。

(2) 消費税の取扱いは次のようになる。

建物・建物付属設備・構築物・機械装置・車両運搬具・工具・器具備品を取得したときの消費税は、仕入税額控除の対象になる。

これらの資産の取得価額に算入された付随費用のうち、購入手数料・運送費・荷役費・据付費・試運転費の支出は仕入税額控除の対象とすることができるが、運送保険料・登録免許税などの租税公課・借入金等の利子は仕入税額控除の対象にならない。

１－20　建物及び暖房、照明、通風等の付属設備(1)　建物

事務所、作業所、倉庫、工場、店舗等を処理する。

(1) 建物として処理するものを、会計基準では用途別に上記のように例示している。

組合が所有する建物は、組合又は組合員が利用するためのものであ

り、組合員以外への賃借を目的とする建物を所有することはあまりないので、会計基準では建物を組合自体が使用する建物、組合員が利用する建物、組合員へ譲渡を予定する建物などの使用目的により区別していない。

建物に付属する設備については「建物」に含めて処理することがあるが、これは、建物付属設備も建物としての機能を果たすため必要なものだからである。

会計基準では、建物付属設備が建物と区別した科目として示されているが、建物の総額しかわからないときは建物本体と建物付属設備を区別することなく処理して差し支えない。

(2) 消費税の取扱いは、「1-19 有形固定資産」(112頁)参照。

1-21 建物及び暖房、照明、通風等の付属設備(2) 建物付属設備

建物に付属する設備を処理する。

(1) 建物付属設備として処理するものは、電気設備・給排水衛生ガス設備・冷暖房通風ボイラー設備・昇降機設備・消火排煙災害報知設備・特殊ドアー設備などである。

建物付属設備の特徴としては、建物本体に固着するものであり移動して転用することは少ない。

組合が建物を賃借した時、組合の使用目的に沿うように改造した場合には「造作」で処理し、建物及び建物付属設備に準じた取扱いをする。

(2) 消費税の取扱いは、「1-19 有形固定資産」(112頁)参照。

Ⅲ　勘定科目

1−22　構　築　物

> 土地に定着する土木設備又は工作物を処理する。

⑴　構築物として処理するものは、橋・岸壁・さん橋・軌道・貯水池・煙突・鉄塔・鉄柱・広告塔・庭園・舗装路面・へい・焼却炉などがある。

⑵　消費税の取扱いは、「1−19　有形固定資産」（112頁）参照。

1−23　機械及び装置並びにホイスト、コンベヤー、起重機等の搬送設備、その他の付属設備

⑴　機械装置として処理するものは各種の機械、各種の装置のほかに、ホイスト・コンベヤー・起重機などの搬送設備がある。

⑵　消費税の取扱いは、「1−19　有形固定資産」（112頁）参照。

1−24　鉄道車両、自動車、その他の陸上運搬具、車両運搬具

⑴　車両運搬具として処理するものは、自動車・オートバイ・三輪車・フォークリフト・トロッコ・タンク車・トラック・ミキサー車・レッカー車・放送宣伝車・移動無線車などがある。

⑵　消費税の取扱いは、「1−19　有形固定資産」（112頁）参照。

1−25　工　　　具

⑴　工具として処理するものは、測定工具・検査工具・活具・取付工具・型・切削工具・打抜工具などがある。

　　器具備品と合わせて「工具器具備品」として処理してもよい。

　　工具については、耐用年数1年以上のもので相当金額以上のものを処理するように考慮しなければならない。

　（注）　相当金額以上とは、法人税法では通常1単位として取引されるその単位（工具については1個、1組又は1揃い）ごとに取得価

額10万円未満のものは損金算入が認められているから、現在のところ10万円以上の工具と考えればよいであろう。
(2) 消費税の取扱いは、「1-19 有形固定資産」(112頁)参照。

1-26 器具備品

(1) 器具備品として処理するものは、試験機器、測定機器・机・椅子・キャビネット・応接セット・陳列だな・陳列ケース・テープレコーダー・冷暖房用機器・冷蔵庫・電子計算機・複写機・計算機・タイムレコーダー・放送用設備・映写機・看板・金庫・映画フィルム・スライド・磁気テープなどがある。

工具と合わせて「工具器具備品」として処理してもよい。

器具備品についても、耐用年数1年以上のもので相当金額以上のものを処理するよう考慮しなければならない。

相当金額以上についての考え方は工具の場合と同じである。
(2) 消費税の取扱いは、「1-19 有形固定資産」(112頁)参照。

1-27 土　　地

> 土地代金、仲介手数料、整地費等を処理する。

(1) 土地として処理するものは、事務所・倉庫・工場・宿舎などの敷地、その他組合が事業目的を達成するために所有する土地を処理する。

組合が所有する土地は、使用目的により、組合自体が使用する土地、組合員に利用させる土地、組合員に譲渡を予定する土地、使用方法が未定の土地の4つに区別できる。

組合自体が使用する土地とは、事務所・倉庫・工場・宿舎などの敷地に多くみられ、組合員が何らかの方法で直接、間接に利用する土地である。

組合員に利用させる土地とは、駐車場・置場のように施設利用事業などとして組合員に利用させる土地であり、組合の土地所有・目的からすると、組合自体が使用する場合と同一のものに属する。

　組合員に譲渡を予定する土地とは、団地組合などのように、組合が購入した土地を整地、分割して、組合員に譲渡することを予定した土地である。

　使用方法が未定の土地とは、組合が使用するか組合員に譲渡するかの目的が未定の状態で購入する土地で、このような時に借入資本で土地を取得すると借入資本の利子を支払うことが困難になることがある。

(2)　組合会計基準では、土地を使用目的のうえから区別して処理することになっていないので、上記の場合いずれも「土地」で処理してよい。

　組合員に譲渡を予定する土地については、組合自体の事業に使用しないということから「有形固定資産」ではなく「その他の固定資産」に属させるべきではないかとの考えもあるが、団地組合が組合員に譲渡する土地も広義の組合事業になることから、土地を区別して処理しなくてもよいものと考える。

(3)　土地の取得価額は、土地購入代金、購入手数料など購入についての直接付随費用・土地の測量・地盛り・地ならし・埋立などの整地に要した費用、土地を利用するために行った防壁・上水道・下水道・石垣積みなどの費用を加えたものである。

(4)　消費税の取扱いは次のようになる。

　①　土地の取得は、仕入税額控除の対象にならない。

　②　土地の取得に当たり不動産業者に支払う仲介手数料は、仕入税額控除の対象になる。

　③　土地の造成に当たり造成業者に支払う造成費は、仕入税額控除の対象になる。

1．資産勘定

1－28　建設仮勘定

> 有形固定資産を建設するために充当した費用を処理する勘定で、建設が完了したときは、それぞれの勘定に振り替える。有形固定資産購入の前渡金は、この勘定で処理するが、必要により別に土地代前渡金、土地予約金、機械前渡金等適当な科目を設けることができる。

(1)　建設仮勘定は、建設中途にある有形固定資産を処理するための勘定であり、建設のために支出した手付金・前渡金・資材部品の購入代価・労務費・経費などを処理し、建設完了時には「建物」「構築物」「機械装置」などの勘定に振り替えられるものである。

　　有形固定資産購入のための前渡金は、組合使用目的資産を購入するための前渡金であり、商品などの販売目的資産購入のための前渡金とは異なるため、「建設仮勘定」で処理することにした。ただ、建設仮勘定は建物、構築物などの建設中の場合にだけ使用したいという意見もあるので、「土地代前渡金」「土地予約金」「機械前渡金」などの科目を使用することができることにした。

(2)　消費税の取扱いは、建設工事等の目的物の一部につき引渡しを受けた場合には、その引渡しを受けたときに仕入税額控除を行うことができるが、その目的物の全部の引渡しを受けたときに仕入税額控除を行うこともできる。

1－29　減価償却累計額

> 有形固定資産に対する減価償却を間接法によって処理した場合に計上された費用配分額で、有形固定資産の各勘定ごと又は一括して控除する形式で表示する。
> ※　減損会計を適用する場合、有形固定資産の減損損失累計額の

表示方法は、当該各資産の金額から減損損失累計額を控除した残額のみを記載する形式（直接法）を原則とするが、減損損失累計額を独立表示して控除する形式又は減価償却累計額と合算して控除する形式（間接法）も認められている。なお、減損損失累計額を減価償却累計額に合算して表示する場合は、減損損失累計額が含まれている旨を注記する。

有形固定資産のうち、建物、建物付帯設備、構築物、機械装置、車両運搬具、工具、器具備品などについては、減価償却をしなければならない。

減価償却の記帳方法としては直接法と間接法の2つがあり、減価償却累計額は間接法の場合に使用する。

旧減価償却引当金は、第4回改訂において、負債の区分から資産の区分へ移した。これは、有形固定資産から控除する性格の引当金であるとする当時の解釈から改正したものである。

昭和57年4月の企業会計原則の修正により、減価償却引当金は、貸借対照表へは減価償却累計額と表示することになった。

減価償却を直接資産から控除する直接法で仕訳すれば、減価償却累計額は生じない。

取引 建物取得価額 ¥5,000,000（減価償却累計額¥460,000）
¥390,000の減価償却を直接法で仕訳する。

| （借）減価償却費 | 390,000 | （貸）建物 | 390,000 |

取引 同上（間接法）

| （借）減価償却費 | 390,000 | （貸）建物減価償却累計額 | 390,000 |

貸借対照表

1．有形固定資産
　建　　物　　　　　5,000,000
　減価償却累計額　　△790,000　　4,210,000

1．資産勘定

財 産 目 録

1．有形固定資産
建物　　　　　　　　取得価額　　　償却累計額
事務所○○棟延○○㎡　5,000,000　　790,000　　　4,210,000

1－30　借地権（地上権を含む）

> 借地した場合に支払った権利金及び仲介手数料等を処理する。

(1) 借地権として処理するものは、土地の賃貸契約に際して支払った権利金・賃貸期間満了時に支払う更新料・仲介手数料のほか、賃借した土地の改良のための地盛り・地ならし・埋立の整地をした費用などが含まれる。

(2) 消費税の取扱いは次のようになる。
　① 借地権の取得（権利金の支払）は、仕入税額控除の対象にならない。
　② 仲介手数料、造成費は、仕入税額控除の対象になる。

1－31　借家（借室）権

> 借家又は借室した場合に支払った礼金及び仲介手数料等を処理する。

(1) 建物を賃借するために支払った対価・礼金などは、借家の場合には「借家権」として、借室の場合には「借室権」として処理する。仲介手数料は「賃借料」として処理してもよい。

　取引　借家権　¥600,000を支払った。

（借）借家権	600,000	（貸）当座預金	648,000
仮払消費税	48,000		

Ⅲ　勘定科目

取引　決算に際して借家権を6か月分¥60,000償却した。

（借）借家権償却　　　　60,000　（貸）借家権　　　　　　60,000

(2) 消費税の取扱いは、仕入税額控除の対象になる。

1-32　電話加入権

> 電話加入権の取得金額を処理する。

　総務省の情報通信審議会は、平成16年10月19日に電話加入者がＮＴＴに支払う施設設置負担金の廃止を容認する内容の答申を提出した。
　ＮＴＴはこれを受けて、同年11月5日付で現行72,000円（税込75,600円）施設設置負担金を平成17年3月1日から36,000円（税込38,880円）に値下げした。完全廃止に至っていないので、現在、評価減はできない。

1-33　特　許　権

> 特許法に基づき与えられる権利の取得価額を処理する。

(1) 特許法に基づき登録することによって与えられる権利を処理する。
　なお、他の者が有する特許権について使用権を取得した場合も含めて処理する。
　実用新案法に基づき与えられる権利は、「実用新案権」勘定で処理する。
(2) 消費税の取扱いは、仕入税額控除の対象になる。

1－34　商　標　権

> 商標法に基づき与えられる権利の取得金額を処理する。

(1) 商標法に基づき登録することによって与えられる権利を処理する。なお、他の者が有する商標権について使用権を取得した場合も含めて処理する。

意匠法に基づき与えられる権利は、「意匠権」勘定で処理する。
(2) 消費税の取扱いは、仕入税額控除の対象になる。

1－35　ソフトウェア

> 組合員への利用供給及び組合利用のソフトウェアを処理する。

(1) ソフトウェアとは

ソフトウェアとは、その機能により、基本ソフトウェアとアプリケーション・ソフトウェアの2つに分類されるが、組合会計基準でいうソフトウェアは、コンピュータに一定の仕事を行わせるためのプログラム及びシステム仕様書、フローチャートなどの関連文書を含む。
(2) 資産計上の基準

企業会計においては、将来の収益獲得又は費用削減が確実である場合は、資産に計上する。ただし、税法上は将来の収益獲得又は費用削減にならないことが明らかなもののみが資産に計上しなくともよいとなっており、会計上と税務上の資産計上の判断が異なっている。すなわち、収益獲得又は費用削減が不明である場合、会計上は研究費として費用処理するが、税務上は損金処理ができないため、その差異を申告調整により処理することになる。
(3) 取　得　価　額

① 購入したソフトウェア

Ⅲ　勘定科目

　　購入対価（引取運賃、運送保険料、購入手数料、関税その他そのソフトウェアの購入のために要した費用がある場合には、その費用の額を加算した金額）に、そのソフトウェアを事業の用に供するために直接要した費用の額を加算した金額
　② 自己が制作したソフトウェア
　　自己の制作に係るソフトウェアの取得価額は、そのソフトウェアの制作のために要した原材料、労務費及び経費の額に、ソフトウェアを事業の用に供するために直接要した費用の額を加算した額。この場合、その取得価額は適正な原価計算に基づき算定することになるが、法人が、原価の集計、配賦等について合理的であると認められる方法を継続して計算している場合も認める。
(4) バージョンアップ費用
　　バージョンアップは大きく次の2種類に分かれる。
　① 大部分を作り直す大幅なバージョンアップ
　② 既存の機能を追加する、又は操作性を向上させるなど、それほど大幅でないバージョンアップ
　　①の場合、設計をはじめからやり直すなど著しい改良に該当するバージョンアップと考えられる。したがって、将来において収益獲得又は費用削減が確実でない場合は研究開発費として費用にし、確実になったと判断された以降の費用は資産に計上することになる。
　　②のバージョンアップは、ソフトウェアの価値を高めるため、バージョンアップに要した費用は資本的支出として資産に計上し、完成しているソフトウェアの未償却残高と合算した金額を資産に計上する。

1－36　差入保証金・差入敷金

借家又は借室した場合に支払った保証金・敷金を処理する。

(1) 差入敷金は、借家などの賃貸借契約に基づいて支払われる敷金を処

理する。敷金は契約保証金の一種として取り扱われているため「差入保証金」として処理されることもある。
(2) 消費税の取扱いは、仕入税額控除の対象にならない。
(3) 差入保証金が発生する場合としては、次のようなものがある。
  ① 入札の保証として差し入れる保証金
  ② 取引契約のための保証金
  ③ 仕入先から受け取った仕入割戻金を積み立てた保証金
  ④ 借家などの賃貸借契約に基づく保証金

　入札のための保証金は、入札に参加するための保証金であるから、入札が確定すれば返還されるか取得代金へ充当されるので短期間のものが多い。したがって流動資産に属する「差入保証金」としても差し支えない。
　取引契約のための保証金は、契約に違反した場合に備えるため取引先からの要求により差し入れる保証金で、代理店契約の営業保証金などがある。
　仕入先から受け取る仕入割戻金を積み立てた保証金は、営業保証金の一種であるが、組合から支出せずに仕入先からの仕入割戻金を積み立て、保証金にすることが多い。

(4) 消費税の取扱いは次のようになる。
  ① 差入保証金は一種の預け金であるから仕入税額控除の対象にならない。
  ② 建物等の賃貸借契約を締結する際に貸主に差し入れる保証金のうち、後日返還されない部分の金額は、仕入税額控除の対象になる。

1－37　長期前払費用

前払費用のうち、決算日後1年を超えた後に費用となる保険料や支払利息、貸借料等を処理する。
未経過保険料、未経過支払利息、未経過賃借料等

Ⅲ　勘定科目

(1) 長期前払費用になるような支出は、1年以上の賃借料や保険料などを先払したときに発生する。

　　土地、機械、自動車、コンピュータなどを長期リースしたとき、分割支払期間に合わせて手形を振り出すことがある。

　　この手形金額については、まだ貨幣の支出が行われておらず、かつ、支払義務が確定しているわけではないので、長期前払費用とはいえないが、手形金額に合わせた仕訳をするため長期前払費用として処理してもよい。

(2) 消費税の取扱いは次のようになる。

① 1年以上の賃借料などを支出しただけでは仕入税額控除の対象にならず、前払費用の目的である役務の提供を受けたときに、仕入税額控除の対象になる。

② 1年以上の利子又は保険料は、支出したときも、前払費用の目的である役務の提供を受けたときも、仕入税額控除の対象にならない。

1－38　外部出資金・子会社出資金・長期保有有価証券等

外部出資金	関係先に対する出資金を処理する。なお、出資金はそれぞれの関係先の名称を付して表示することができる。
商工中金株式	商工中金に対する株式を処理する。
連合会出資金	系統連合会に対する出資金を処理する。
関係先出資金	関係団体、関係会社等に対する出資金等を処理する。
子会社出資金	組合の子会社に対する出資金を処理する。
長期保有有価証券	満期保有目的有価証券、商工中金株式その他有価証券をまとめた科目名である。
満期保有目的有価証券	決算日後1年を超えて満期となる債権で商

　　　　　　　　　工債券、国債、地方債権等を処理する。
　商工中金株式　商工中金の株式を処理する。
　その他有価証券　短期有価証券、外部出資金、子会社出資金及び上
　　　　　　　　　記の満期保有目的有価証券及び商工中金株式以外
　　　　　　　　　の有価証券を処理する。

(1) 外部出資金では商工中金・信用金庫・信用組合・協同組合連合会・商工組合連合会などへの出資金を処理する。

　取引　商工中金への出資金￥1,000,000を民営化したので株式に振り替えた。

　（借）商工中金株式　1,000,000　（貸）商工中金出資金　1,000,000

(2) 出資行為は不課税取引になるが、持分の取得及び持分の譲渡は非課税取引になる。

1－39　持定引当資産

　　共済事業を実施する場合の責任準備金や退職金の支払に充てるための特定の資産を表示する。信託預金、定期積金等その性質を示す科目をもって示し、特定の引当資産である旨を脚注に表示することができる。

　中協法施行規則第145条に規定されている責任準備金の支払に充てるための特定の資産と、法律により積立てを義務付けられているものではないが、退職金の支払準備の特定資産として区分表示することにした。
　なお、〇〇引当信託預金・〇〇引当定期預金として処理することができる。

Ⅲ　勘定科目

財 産 目 録

ⅲ　外部出資
　　その他の資産
　　　○○引当資産　信託預金○○信託銀行○○支店　　500,000
　　　　　　　　　　定期預金○○銀行○○支店　　　　600,000　1,100,000

1－40　繰 延 資 産

> 繰延資産は支出等に全額償却すべきであるが、繰り延べる場合は、できるだけ早期に償却するものとする。

繰延資産は収益効果が将来に及ぶことから、資産として計上することを認められているが、組合の財政状態を健全化するうえから早期に償却することが望まれる。

1－41　創 立 費

> １年以上にわたって繰り延べされる創立費を処理する。

(1)　創立費は、組合の設立に要した費用として組合が負担する額を創立総会で定めることになっており、その範囲内での支出が認められている。
　　会計基準では、１年以上にわたって繰り延べる場合に創立費として処理することにしたので、支出時に費用として処理する場合は、該当する費用科目で処理する。

取引　組合の設立に要した印刷費、会議費￥300,000を支払った。

（借）創立費	300,000	（貸）現金	324,000
仮払消費税	24,000		

取引　決算に際して創立費を￥100,000償却した。

（借）創立費償却	100,000	（貸）創立費	100,000

(2) 消費税等の取扱いは、消費税等が課税されない費用を除いて、仕入税額控除の対象になる。

1－42 開　業　費

> 事業開始までに費やした費用で、1年以上にわたって繰延べされる費用を処置する。

(1) 会計基準では、開業費の内容については説明をしていないが、組合設立後、事業開始に至るまでに要した費用のうち、特別な支出を開業費とするようにし、経常的な支出はその期の費用として処理する。
　　会計基準では、1年以上にわたって繰延べされた費用を開業費として処理することにしたので、支出時に費用として処理する場合は、該当する費用科目で処理する。
(2) 消費税等の取扱いは、消費税等が課税されない費用を用いて、仕入税額控除の対象になる。

1－43 開　発　費

> 新たな技術若しくは資源の開発、市場の開拓のために特別支出する費用を処理する。

(1) 開発費は、新技術の採用、資源の開発、市場の開拓のために特別に支出した費用をいい、経常費の性格をもつ費用は含まない。
(2) 消費税の取扱いは、消費税が課税されない費用を除いて、仕入税額控除の対象になる。

Ⅲ　勘定科目

1－44　施設負担金

> 組合が便益を受ける公共的施設又は共同的施設の設置、改良のために支出する費用を処理する。

(1) 施設負担金は、公共団体に対して負担する場合と組合が関係する団体に対して負担する場合とがあり、いずれも組合がその施設を長期にわたって利用することを目的としている。

施設負担金の会計処理は、支出時に施設負担金として処理し、期末に当期償却分だけを費用に振り替える。

取引　連合会会館の建設負担金　¥360,000を支払った。

（借）施設負担金	360,000	（貸）当座預金	360,000

取引　決算に際して施設負担金8か月分　¥24,000を償却。

（借）施設負担金償却	24,000	（貸）施設負担金	24,000

(2) 消費税の取扱いは、原則として仕入税額控除の対象になる。

ただし、組合が便益を受ける公共的施設又は共同的施設の設置、改良のための費用で、公共的施設又は共同的施設を有する国、地方公共団体又は同業者団体等において、資産の譲渡等の対価に該当しないとしているものについては、仕入税額控除の対象にならない（消基通11－2－8）。

1－45　繰延消費税額等

> 資産に係る控除対象外消費税額等のうち、繰延べをした金額を処理する。

消費税等を税抜経理方式で経理している場合における仕入税額控除ができない課税仕入れ等に係る消費税額等（控除対象外消費税額）のうち、資産に係る控除対象外消費税額等は、法人税法の規定（法人税法施

行令第139条の4）により損金算入の方法が定められている。

　課税売上割合が80％未満のとき生じた資産に係る控除対象外消費税額等のうち、棚卸資産以外の資産の購入に充てられたもので、個々の金額が20万円以上のものは、繰延消費税額等で処理する。

2．負　債　勘　定

2－1　支　払　手　形

> 　通常の取引に基づいて発行した手形を処理する。ただし、土地、設備等に対する支払手形は、事業外支払手形で処理する。

　支払手形として処理するものについては、2つの枠が設けられている。

　1つは、金融事業以外の取引により振り出した手形であることで、金融事業で振り出した手形は借入金として処理することから除かれている。

　もう1つは、土地、設備など組合が使用する固定資産を購入したとき振り出した事業外支払手形として処理する。

　この結果、支払手形として処理するものは、共同購買事業、共同販売事業、共同加工事業などの商品又は材料の代価又は加工料として支払った手形に限られる。

　取引　商品代の支払として、約束手形¥2,000,000を振り出した。

（借）買掛金　　　　　2,000,000　（貸）支払手形　　　　2,000,000

2－2　買　掛　金

> 　仕入代金の未払金を処理する。

Ⅲ　勘定科目

　買掛金については、員外利用の規制は直接及ばないので、組合員と員外者の買掛金を特に区別する必要はないが「組合員買掛金」「外部買掛金」の科目を用いても差し支えない。
　買掛金として処理するものについて、会計基準では仕入代金の未払金と説明されているだけであるが、共同購買事業、共同販売事業の商品・製品などの仕入代金の未払金ばかりでなく共同受注事業、共同加工事業の外注費の未払金などを含めても差し支えない。

2－3　短期借入金

> 　金融事業以外の借入金のうち、返済期間1年以内の借入金を処理する。

　組合会計における借入金は、金融事業における借入金と金融事業以外の借入金に区別することができる。
　金融事業以外の借入金は、組合の財政状態を明瞭に表示するうえから、1年基準（貸借対照表日の翌日から起算して1年を超える期限のあるものは長期借入金）により短期借入金、長期借入金の区別を行う必要がある。

取引　期間10か月の手形借入を行った。

（借）当座預金	930,000	（貸）短期借入金	1,000,000
事業外支払利息	70,000		

2－4　転貸借入金

> 　金融事業の借入金を処理する。金融事業の借入金は返済期間1年を超える場合も、流動負債に属する転貸借入金で処理する。

　金融事業の借入金は、組合員への転貸のためのものであるから、借入

期間の長短により区分表示するより貸付金の表示に合わせるほうが適切であると考えられるので、借入期間に関係なく流動負債に属させる。

このように、金融事業の借入金には長期返済の借入金が含まれることになるので、金融事業の借入金を「転貸借入金」とし、短期借入金と区別して処理する。

取引 組合員への長期転貸資金の借入れを申し込んでいたところ借入れを受けた。利子後払。

| (借) 当座預金 | 2,000,000 | (貸) 転貸借入金 | 2,000,000 |

取引 借入元利金が決済された。

| (借) 転貸借入金 | 100,000 | (貸) 当座預金 | 130,000 |
| 転貸支払利息 | 30,000 | | |

取引 手形借入￥2,000,000を行い利子を差し引かれて￥1,915,000が振り込まれた。

| (借) 当座預金 | 1,915,000 | (貸) 転貸借入金 | 2,000,000 |
| 転貸支払利息 | 85,000 | | |

取引 商業手形￥4,500,000を再割引し利子を差し引かれて￥4,409,000が振り込まれた。

| (借) 当座預金 | 4,409,000 | (貸) 転貸借入金 | 4,500,000 |
| 転貸支払利息 | 91,000 | | |

2-5 未払金

> 確定した債務で買掛金及び未払費用以外の未払金を処理する。
> 未払租税公課　納期限を経過した租税公課を処理する。
> 未払配当金　出資配当金、利用分量配当金の未払を処理する。
> 未払持分　事業年度末までに脱退した者の出資金に相当する持分の未払等を処理する。

(1) 未払金として処理するものは、買掛金及び未払費用以外のものであ

るから、細節科目として例示されている未払租税公課、未払配当金、未払持分のほかにも固定資産購入代価の未払金や買掛金として処理しなかった事業上の未払金及び一般管理費の未払金などがある。

費用の未払金は債務の確定している次のようなものを処理する。

① 費用に係る債務が成立

② 納付すべき原因となる事実が発生

③ 金額を合理的に算定（法基通2－2－12）

(2) 未払租税公課として処理するものは、納期限を経過した租税公課であるから、納期の到来した固定資産税、自動車税などのほかに前期までの法人税などで未払になっているものも含まれる。

(3) 未払配当金として処理するものは、剰余金処分により確定した出資配当金、利用分量配当金、従事分量配当金などの未払金である。

(4) 未払持分として処理するものは、脱退者の持分の未払金であるが、持分計算の特殊性から事業年度末の会計処理と剰余金処分確定後の会計処理とに分かれる。

(5) 固定資産購入代価の未払金は、固定資産を購入しその代価が未払であるものを処理する。手形払の場合は事業外支払手形で処理する。

取引 機械を手形20回払で購入した。

（借）機械装置	2,000,000	（貸）事業外支払手形	2,160,000
仮払消費税	160,000		

取引 手形が決済された。

（借）事業外支払手形	108,000	（貸）当座預金	108,000

(6) 事業上の未払金として処理するものは、買掛金として処理しなかったもののうち、一定の契約による継続した役務提供以外の契約による未払金であるから、受注事業・加工事業・運送事業・検査事業・試験研究事業・広告宣伝事業・事務代行事業・福利厚生事業・教育情報事業・団体協約締結事業・協定事業などの事業費に主として発生する。

なお、会計基準では事業上の未払金について細節科目を例示しなかったが「未払外注費」「未払手数料」などの科目を使用して差し支

えない。

　また、事業上の未払金について組合員、員外者の区別を例示しなかったが、必要に応じて「組合員未払金」「外部未払金」の科目を用いても差し支えない。

2－6　未払消費税等

> 期末における消費税等の未納額を処理する。

　消費税等の経理処理について税抜経理方式を適用している場合に、課税期間に係る消費税等を納付すべきことになったとき、当該納付すべき消費税額等は未払消費税等として計上する。
　消費税等の経理処理について税込経理方式を適用している場合に、納付すべき消費税等は、申告書を提出した日の属する事業年度に租税公課として処理するか、納付すべき消費税額等を未払消費税として計上するか選択することができる。

2－7　未払費用

> 　一定の契約に従い、継続して役務の提供を受ける場合、既に提供された役務に対していまだその対価の支払が終わらないもので、重要性のあるものを処理する。
> 　未払支払利息　金融事業の借入利息のうち、当該事業年度に属する支払利息で期末までに支払が終わらないものを処理する。

(1)　未払費用として処理するものは、一定の契約による継続した役務提供によるものであるから、細節科目として例示されている未払支払利息のほか、未払給料・未払社会保険料など重要性のあるものを未払費用として計上する。

重要性があるか乏しいかは組合の実状により判断するわけであるが、事業上の直接費用については未払費用を原則として計上すべきであり、事業外費用については未払費用を計上しないでよい場合が多いものと考えられる。

(2) 未払支払利息として処理するものは、金融事業などの支払利息が未払になっている場合である。

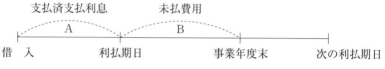

　上図のAの部分は、通常は事業年度末までに支払を行っているが、もし未払になっている場合にはBの部分と合わせて未払費用を計上してもよく、また、Aの部分は未払金として処理し、Bの部分だけ未払費用にしてもよい。

(3) 未払費用の会計処理は、事業年度末に計上し、翌期首に再振替えをする。

取引 期末に転貸支払利息の未払を計上する。

(借) 転貸支払利息	100,000	(貸) 未払費用	100,000

取引 翌期首に再振替えをする。

(借) 未払費用	100,000	(貸) 転貸支払利息	100,000

2－8　前　受　金

> 商品、製品等事業代金の前受金を処理する。

(1) 前受金として処理するものは、商品・製品の売上や受注工事代など事業収益の前受金であり、前受けの相手先としては組合員と員外者がある。

　組合員からの前受けは、共同購買事業の商品代・共同加工事業の加工料・経済事業の手数料・講習会レクリエーションの参加料・賦課金

などの前受金がある。

会計基準には「組合員前受金」の例示を行っているが、そのほかにも「外部前受金」「組合員前受手数料」「前受参加料」「前受賦課金」などの科目を使用しても差し支えない。

(2) 前受金は、商品の納入、外注された役務の給付、建設工事完了による引渡し、講習会やレクリエーションの実施、賦課金を負担すべき期間の到来などによりそれぞれの収益へ振り替えられる。

取引 賦課金を前受けしたとき

(借) 現金	100,000	(貸) 前受金又は前受賦課金	100,000

取引 賦課期日が到来したとき

(借) 前受金又は前受賦課金	100,000	(貸) 賦課金収入	100,000

前受賦課金と仮受賦課金の違いは、賦課金を負担すべき期間が未到来のものであるか、既に到来したものであるかの違いである。

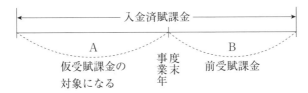

したがってAの部分の賦課金は、仮受賦課金の対象になるもの（定められた条件に合わないと仮受賦課金にならない。）であって、Aの部分を前受賦課金として処理することは誤りである。

(3) 消費税の取扱いは、課税資産の譲渡等に係る前受金が、現実に売上が発生して振り替えられるときに、課税の対象になる。

2-9 預り金

組合員預り金	組合員からの預り金を処理する。なお、特別の用途で預ったものについては、出資預り金（できるだけ期末までに出資金に振り替えるよう整理すること。）等その名称を付した預り金科目で表示する。

Ⅲ　勘定科目

> 役職員預り金　源泉所得税、社会保険料等役職員の預り金を処理する。

(1)　預り金は、組合員からのもの、役職員からのもの、その他員外者などからのものに区別されるが、員外者などから預ることはないので、会計基準では、組合員、役職員の場合についてだけ説明をした。
　　組合員から預り金を受け入れる場合としては、金融事業において貸付金に対する保証金的なものとしての預り金と、会館建設などのため将来増資する予定の預り金がある。
(2)　金融事業における預り金は、組合では金融機関から借入れを行う場合に出資金・定期預金・商工債券などを持つことがあるが、この資金を組合員からの預り金で賄うということが行われている。
(3)　増資目的の預り金は、増資するまで経理を区別して受入れを行い、目標額に達したら増口の手続を行い出資金に振り替える。
　　会計基準では、増口の手続を事業年度末までには行うようにし、出資1口の金額に満たない金額だけを組合員預り金の残高として次期へ繰り越すことを指示している。
(4)　役職員預り金は、給与を支給する際、控除する源泉所得税、社会保険料の本人負担分を処理する。
(5)　中協法第112条では預金の受入れが禁止されており、「出資の受入れ、預り金及び金利等の取締りに関する法律」第2条では、業としての預り金をしてはならないと定められている。
　　金融事業における預り金も増資目的の預り金も、ともにその本来の性質からはずれて預金の受入れなど、法律に違反することのないよう取扱いに注意しなければならない。ことに預り金に対して利子を支払う場合に預金の受入れとみられることがある旨中小企業庁から回答が出されているので、十分注意する必要がある。

〈昭和37年　中小企業庁　質疑に対する回答〉
「1．組合が「組合員に対する事業資金の貸付（手形の割引を含む）」

の事業を行うために必要な資金を増資の名目で受け入れ、出資金として貸し付けることは貸付金が回収不能となった場合等において増資をするために預け入れている組合員に不測の迷惑を及ぼすおそれがあり、ひいては増資の目的を達成しえないこととなるので適当でない。しかし単に増資するために増資額に達するまで経理を区分して日掛又は月掛の方法により組合が受け入れることは差し支えないが、これに対し組合員に金利を支払うことは預金の受入れとなると解する。

法第9条の2第1項第2号の規定の趣旨は、組合員に対する事業資金の貸付事業と組合員に貸し付けるための事業資金の借入れを認めているのであり、組合がその行う共同加工施設の設置等の共同事業のために資金を借り入れる場合は本号に規定する資金の借入れには該当せず、その附帯事業として当然認容されるものであり、本号はあくまでも組合員の事業資金の貸付けのために必要な資金の借入事業を認めているのである。

また、その借入先を特定しているものではなく、その必要な資金を銀行その他の金融機関に限らず、組合員からも借り入れることは差し支えないが、広く組合員から反復継続して借り入れることによって実質的に預金の受入れになることまでも認められるものではない。

2. 組合員に貸し付けるべき資金の借入事業は組合員に対する事業資金の貸付事業と併せてのみ行うことができ、また意味があるわけであるが、貸付事業の円滑なる遂行を図るためには必ずしも貸付先及びその借入需要資金が確定して初めてその貸付事業資金を借り入れる必要はなく、あらかじめ貸付事業資金を借り入れておいて組合員の借入れの申込みの都度貸し付けることは差し支えないと解する。」

2-10 前受収益

　一定の契約に従い、継続して役務の提供を行う場合、いまだ提供していない役務に対し支払を受けた対価のうち、重要性のあるもの

Ⅲ 勘定科目

を処理する。

(1) 前受収益として処理するものについて、会計基準では重要性のあるものだけを計上することにし、重要性の乏しいものについては計上を省略できることにした。

　重要性のあるものとしては、金融事業の貸付利息、施設利用事業の利用料、共済事業の共済掛金などがあるが、このほかの事業上の収益について未経過分が生じ、かつ、重要性があると認められる場合は、前受収益として処理することになる。

　重要性の乏しいものとしては、職員用宿舎の受取家賃、職員貸付金の貸付利息などで事業外収益に属するものであり、これらについては前受収益へ計上しないことが認められている。

(2) 前受収益の会計処理としては、収入時に前受収益として処理する方法と、収入時に収益として処理する方法とがある。

　金融事業の受取貸付利息を例にする。

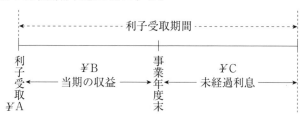

① 収入時に前受収益として処理する方法

取引 収入時に

(借)貸付金	×××	(貸)前受収益	A
		当座預金	×××

取引 期末に振り替えるとき

(借)前受利益	B	(貸)受取貸付利息	B

② 収入時に収益として処理する方法

取引 収入時に

(借) 貸付金	×××	(貸) 受取貸付利息	A
		当座預金	×××

取引 期末に振り替えるとき

(借) 受取貸付利息	C	(貸) 前受収益	C

取引 翌期首に再振替えをするとき

(借) 前受収益	C	(貸) 受取貸付利息	C

2－11 仮受賦課金

> 教育情報事業に充てるための賦課金で、賦課の際他の賦課金と区別して徴収しており、かつ、事業が翌年度に繰り越されたことに伴い翌期に繰り越されるものを処理する。

(1) 仮受賦課金の取扱いは法人税基本通達に定められており、昭和44年の基本通達改正の際に現行の解釈に改正され、教育情報事業に充てる賦課金以外は対象にならなくなった。

　すなわち、改正前は賦課金の剰余が少額であれば仮受経理が認められていたのであるが、改正後は教育情報事業に充てるための賦課金であることが前提条件になり、さらに事業が翌年度に繰り越される場合に限り仮受経理が認められるようになった。

　仮受賦課金の会計処理には、直接法と間接法とがある。

① 消費税込経理方式

　ア　賦課金入金時

(借) 現金	525,000	(貸) 教育情報事業賦課金収入	525,000

　イ　消費税抜きの金額を仮受賦課金にする。

直接法

期末に

(借) 教育情報事業賦課金収入	100,000	(貸) 仮受賦課金	100,000

翌期首に

Ⅲ　勘定科目

| (借) 仮受賦課金 | 100,000 | (貸) 教育情報事業仮受賦課金 | 100,000 |

間接法

期末に

| (借) 仮受賦課金繰入 | 100,000 | (貸) 仮受賦課金 | 100,000 |

翌期首に

| (借) 仮受賦課金 | 100,000 | (貸) 仮受賦課金戻入 | 100,000 |

② 消費税抜経理方式

ア　賦課金入金時

| (借) 現金 | 540,000 | (貸) 教育情報事業賦課金収入 | 500,000 |
| | | 仮受消費税 | 40,000 |

イ　消費税抜きの金額を仮受賦課金にする。

直接法

期末に

| (借) 教育情報事業賦課金収入 | 100,000 | (貸) 仮受賦課金 | 100,000 |

翌期首に

| (借) 仮受賦課金 | 100,000 | (貸) 教育情報事業賦課金収入 | 100,000 |

間接法

期末に

| (借) 仮受賦課金繰入 | 100,000 | (貸) 仮受賦課金 | 100,000 |

翌期首に

| (借) 仮受賦課金 | 100,000 | (貸) 仮受賦課金繰入 | 100,000 |

(2) 教育情報事業は通常、収支予算書にその計画を計上する。

当初の収支予算書	
（教育情報事業費）	（教育情報賦課金収入）
1,000,000	1,000,000

　ところが、予定どおり事業が進まず、¥100,000の事業が翌事業年度に繰り越されたときは、法人税基本通達14－2－9により、仮受賦課金にすることができる。

仮受賦課金処理後の損益計算書

(教育情報事業費)	(教育情報賦課金収入)
900,000	1,000,000
	(仮受賦課金繰入)
	△100,000

この場合、翌年度は、仮受賦課金戻入を行わなければならない。

翌年度の損益計算書

(教育情報事業費)	(仮受賦課金戻入)
1,100,000	100,000
	(教育情報賦課金収入)
	1,000,000

(3) 法人税基本通達14－2－9

14－2－9　協同組合等が、組合員に対し教育事業又は指導事業の経費の支出に充てるために賦課金を賦課した場合において、その賦課の目的となつた事業の全部又は一部が翌事業年度（その事業年度が連結事業年度に該当する場合には、当該連結事業年度。以下14－2－9において同じ。）に繰り越されたため当該賦課金につき剰余が生じたときにおいても、その剰余の額の全部又は一部をその目的に従って翌事業年度中に支出することが確実であるため、その支出することが確実であると認められる部分の金額を当該事業年度において仮受金等として経理したときは、これを認める。（昭55直法2－15、平15課法2－7改正）

〈全国中央会からの照会についてこの国税庁直税部審査課からの回答（昭和45年3月）〉

Ⅰ　法人税基本通達14－2－9は、表現は改められているが、従来の取扱いを変更したものではない。

Ⅱ　対象事業は、教育事業、指導事業に限られ、経済的な賦課事業は含まれない。

Ⅲ　仮受経理の認められる賦課金は、教育事業、指導事業に充てるた

Ⅲ　勘定科目

めの賦課金で、賦課の際、他の賦課金と区分して徴収しているものに限られ、賦課の際これを区分せず一括徴収し、事後に区分したものは、仮受経理の対象とはならない。

Ⅳ　特別の賦課金の剰余について仮受経理を認める趣旨は、特別の事業が計画どおり進捗しなかった等のために剰余金が生じた場合に、当該賦課金は、事業の進捗に伴って当然支出すべきものであり、また剰余金を生じた場合には、翌期において、賦課金を、それだけ調整すべきものであるから、その間仮受経理を認めるということである。

〈全国中央会から各県中央会への通知　昭和45年4月13日〉

「1．仮受経理の対象となる賦課金は教育事業・指導事業に充てるための賦課金と区分して徴収されるものに限られるので徴収後においても両者が混同されることのないよう事業別収支予算及び事業別損益計算を行うように指導して下さい。この場合共通費を教育事業・指導事業に配賦することはそれが合理性をもって行われる限り可能です。

なお、教育事業・指導事業に充てるために徴収される賦課金と他の事業に充てるために徴収される賦課金とを区分して徴収するということは組合において区分して徴収することで足り、組合員個々にかかる賦課金について区分して徴収する必要はありません。

2．仮受賦課金が次年度に繰越される場合には、次年度の経費の賦課徴収において当該金額を控除した金額を徴収するよう指導して下さい。

3．教育事業・指導事業の内容については協同組合等の関係法律に定める当該事業をいい、概ね所管行政庁の解釈によるものとします。」

2－12　仮　受　金

帰属すべき勘定又は金額の確定しないものを処理する。金額及び

> 科目が確定次第、正当な科目に振り替える。

　仮受金は、組合員などからの振込金の内容が不明の場合に、勘定科目、金額が確定するまでの一時的処理をする科目である。

　借受金は金額が確定し、帰属する科目が確定したら、直ちに振替えをして未整理にならないようにしなければならない。

2－13　仮受消費税等

> 税抜経理方式において、課税売上高に係る消費税等を処理する。

　消費税等の経理処理について税抜経理処理を適用している場合に、消費税等相当額を売上から区分して、仮受消費税等として処理する。

　税抜経理処理は、原則として取引の都度行うのであるが、その経理処理を事業年度終了のときにおいて一括して行うことができる。

　免税組合又は非課税売上のみの組合は、税抜経理処理を適用することができない。

　仮受消費税等は、事業年度末において、仮払消費税等、当該課税期間に係る納付すべき消費税額等は還付を受ける消費税額等と精算をする。

①　納付消費税等があるとき

（借）仮受消費税等	1,000	（貸）仮払消費税等	800
		未払消費税等	150
		雑収入	50

②　還付消費税等があるとき

（借）仮受消費税等	1,000	（貸）仮払消費税等	1,100
未収消費税等	100	雑収入	0

Ⅲ　勘定科目

2－14　賞与引当金

> 職員に対する賞与引当金を処理する。

　賞与引当金は、今期分として見込まれる賞与の引当額を処理する。
　賞与引当金の会計処理は、事業年度末に行う処理と賞与支給時に行う処理とがありそれぞれに2つの方法がある。
　事業年度末の処理としては、前期末賞与引当額の戻入れを行い新たに今期末賞与引当額の繰入れを行う洗替法と、前期末賞与引当額と今期賞与引当額の差額を処理する補充法とがある。
　賞与支給時の処理としては、賞与支給額を賞与引当金から取り崩す方法と賞与支給額は賞与として処理する方法がある。

2－15　未払法人税等

> 事業年度終了時に納税義務が成立する法人税、住民税、事業税等を処理する。

(1)　組合は従来、剰余金処分で納税引当金を引き当てる方法で行ってきたが、第3回改訂の際、損益計算書において法人税等の充当を行うよう改正した。
　　さらに第6回改訂に際して、法人税等は事業年度終了時に納税義務が成立するため、その額を当該事業年度の未払金として計上することにした。
　　しかし、通常その額は概算によっている場合が多いため、未払租税公課と区別し、未払法人税等として処理する。
　　また、旧定款の組合は、定款中の剰余金処分の規定により納税引当金を引き当てることになっているため、定款を改正する必要がある。
　　「全国中央会　定款参考規定例

利益剰余金に対する課税額の処理については、全国中央会作成の中小企業等協同組合経理基準において、剰余金の処分（改正前の方法）によらず、損益計算書の損失の部において処理するよう改訂した。したがって、改訂後の経理基準の方法をとる組合にあっては、「利益剰余金及び繰越金」を規定する事業協同組合定款例第56条（他の組合はこれに類する規定）の規定より「並びに納税引当金」又は「及び納税引当金」の字句を削除して規定すること。」

〈新定款の組合〉

法人税、住民税、事業税等の充当を損益計算書で行う場合

期末に

（借）法人税等　　　350,000　（貸）未払法人税等　　350,000

税金を納めるとき

（借）未払法人税等　341,300　（貸）当座預金　　　341,300

(2) 法人税等充当額に事業税を含めることに改正した。

ただ、法人税等充当額に事業税を含めなかった場合は、事業税を納税したとき「租税公課」で処理することになる。

したがって、翌期の収支予算に事業税納付額を計上しなければならない。

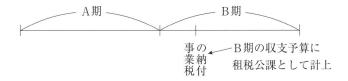

もしA期の所得が多く、そのため事業税が多額になった場合に、B期の収支予算の支出が多くなり、B期の収入が余計必要になることに留意する。

Ⅲ　勘定科目

損益計算書への表示

損益計算書　自Ａ至Ｂ

〔費用の部〕		〔収益の部〕
税引前当期純利益金額	200,000	
法人税等	60,000	
当期純利益金額	140,000	

2－16　長期借入金

> 返済期間1年を超える借入金を処理する。なお、金融機関別に表示することができる。

　長期借入金は、金融事業以外の借入金で貸借対照表日の翌日から起算して1年を超える期限の借入金を処理する。

　長期借入金の会計処理は、借入れ、返済とも長期借入金勘定で行い、事業年度末に、1年以内に期限の到来する部分を短期借入金へ振り替える方法と、期末において勘定の振替記入は行わず表示上の区分にとどめる方法とがある。

　また、1年以内に期限の到来する部分が重要性の乏しいものであるときは、長期借入金に含めて表示してもよいことになっている。

長期の借入金をしたとき

(借) 当座預金	×××	(貸) 長期借入金	×××

返済をしたとき

(借) 長期借入金	×××	(貸) 当座預金	×××
事業外（○○事業）支払利息	×××		

期末に

(借) 長期借入金	×××	(貸) 短期借入金	×××

2－17　都道府県等借入金

> 高度化資金貸付等、都道府県、市町村からの借入金を処理する。

　長期借入金と処理は同じであるが、借入先が公共団体であるため長期借入金とは区別し、都借入金・道借入金・府借入金・県借入金・市借入金・町借入金・村借入金・事業団借入金などの科目で処理することにした。

　都道府県等借入金については、返済期限が長期のものが多いことから、固定負債に属させることにした。

　会計基準には短期の都道府県等借入金については何ら説明されていないが、1年以内に期限の到来する借入金が多額であり、重要性があると認められるときは、流動負債として区分表示しなければならない。

　このとき、短期借入金に含めて表示をするか都道府県短期借入金として表示をするかは、組合の実状により定めればよいのであるが、短期借入金に含めて処理しても差し支えない。

2－18　組合員長期借入金

> 組合員からの長期借入金を処理する。

　組合員長期借入金は、組合が使用する固定資産の設備資金などに必要な借入金を処理するためのものであるが、金融事業から借入れを行う場合に出資金・定期預金・商工債券などを持つことがあり、組合はこの資金を組合員から「預り金」ではなく「借入金」として借り入れることがある。

　この借入金は、組合員が金融事業を利用している間、借入れを続けていることが多いので、会計基準では長期借入金として掲示することにした。

Ⅲ　勘定科目

　組合員からの借入金については、消費貸借契約又は金融事業規約により借入利子が支払われることがあるが、借入金の受入方法、借入利子の支払方法とも、中協法などの法律に違反しないよう注意しなければならない。

　このような性格の借入金に対して商工中金の出資配当金及び債券利息相当額の利息を支払うことは可能である。要するに、借入金の目的、使途、運用、支払利息などを明らかにした規約を設定し、これに基づいて運営をすることが適当である。

　なお、これら組合員からの資金を借入金勘定とするか預り金勘定とするかは実務上問題となるところであるが、借入金勘定として処理することが適当である。その理由は、預り金に利息を支払うことは「出資の受入れ、預り金及び金利等の取締りに関する法律」からみて好ましくなく、かつ、預り金は一時、短期的に預かった資金を処理する勘定であり、これを他に運用したり、出入れや長期に滞留するようなものを処理するのは適当でないからである。

2－19　長期未払金

> 支払期限が決算日後1年を超えて到来するもの（長期の割賦未払金等）を処理する。

　長期未払金として処理するものは、貸借対照表日の翌日から起算して1年を超える期限の未払金であるから、固定資産購入代価の未払金が対象になり、その他の未払金は少ないものと思われる。

　固定資産購入代価の長期未払金は、固定資産を購入し、その代金が長期延払であるものを処理する。

　長期未払金の会計処理は、購入、支払とも長期未払金勘定で行い、事業年度末に1年以内に期限の到来する部分を未払金に振り替える方法と、期末において勘定の振替記入は行わず、表示上の区分にとどめる方

法とがある。

　また、1年以内に期限の到来する部分が重要性の乏しいものであるときは、長期未払金に含めて表示してもよいことになっている。

　固定資産の購入代価に延払期間中の利子を含めて手形を振り出したときは、手形金額に合わせた処理を行うことにした。

2－20　退職給与引当金

> 　退職給与規程に基づき計算された、職員の退職金要支給額を処理する。組合から直接給付される退職給付と年金制度から給付される退職給付について包括的に処理する場合は退職給付引当金とする。

　退職給与引当金は、退職給与規程に基づき、期末ごとに、職員の退職金要支給額を計算し、当期増加額を処理する。

　したがって、定款規定により退職給与引当金を引き当てていた組合は、できるだけ早く、退職給与規程をつくり、規程に基づいて引き当てるようにしないと、負債に属する退職給与引当金としては処理することができない。

　次に、退職給与引当金として引き当てる金額について、職員の退職金要支給額とした。

　職員の退職金要支給額とは、期末時点で在職する職員全員が一時に退職するものとして、支給する退職金額の合計額である。

　また、会計基準では、退職給与引当金残高に見合うように退職給与引当資産の積立てを求めている。退職金共済契約により掛金を払い込んでいる場合は、勤労者退職金共済機構等から退職金が支払われるので必要はないが、退職給与引当金の引当ての場合は、退職給与引当資産の積立てが求められる。

　退職給与引当金の会計処理としては、事業年度末に行う処理と退職金支給時に行う処理があり、次のように行われる。

Ⅲ　勘定科目

　事業年度末の処理としては、今期発生分の退職給与引当金を繰り入れる。

　退職金支給時の処理としては、退職金支給額を退職給与引当金から取り崩す方法と退職金支給額は退職金として処理する方法があり、会計基準では後の方法で行うことにした。

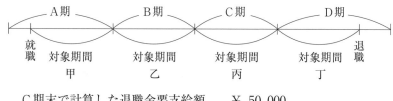

C期末で計算した退職金要支給額	¥ 50,000
D期末で計算した退職金要支給額	¥120,000
C期中に増加した要支給額	¥ 70,000

C期末の仕訳

C期中に増加した退職給与金の要支給額¥70,000を退職給与引当金として計上した。

(借)	退職給与引当金繰入	70,000	(貸)	退職給与引当金	70,000

退職時の仕訳

甲から丁までの期間の退職給与金として¥150,000を支給した。退職金に対する源泉所得税はかからなかった。

第1法

(借)	退職給与引当金	120,000	(貸)	現金	150,000
	退職給与金	30,000			

第2法

(借)	退職給与金	150,000	(貸)	現金	150,000
(借)	退職給与引当金	120,000	(貸)	退職給与引当金戻入	120,000

2．負債勘定

貸借対照表への表示

貸借対照表　D現在

〔資産の部〕	〔負債の部〕	
	固定負債	
	退職給与引当金	120,000

損益計算書への表示（第2法）

損益計算書　自D至E

〔費用の部〕		〔収益の部〕
人件費、一般管理費		
退職給与引当金繰入	××××	
退職給与金	150,000	
退職給与引当金戻入	△120,000	

2-21　職員退職給与の定款規定の改正

(1) 定款規定（事業協同組合）の改正経過

昭和59年以前の模範定款例

　　第59条　本組合は、事業年度末ごとに、職員退職給与引当金として、職員給与総額の何分の何以上を計上する。

昭和59年改正の模範定款例

　　第58条　本組合は、事業年度ごとに、職員退職給与規程に基づき、職員給与総額の何分の何以上を職員退職給与のために引き当てるものとする。

平成3年6月中小企業庁指導部長から通達された模範定款例

模範定款例（事業協同組合）

　　第58条　本組合は、事業年度ごとに、職員退職給与に充てるため、退職給与規程に基づき退職給与引当金を引き当てるものとする。

(2) 平成3年の改正要旨

　現行定款例では、職員退職給与総額の一定割合を職員退職給与引当金に当然に引き当てる旨を定めているように読めるため、引当金累積

Ⅲ　勘定科目

額が適切な水準を超えてもなお引当てを行っている例があること、むしろ引当ての方法については各組合の実情に応じて定めることが適切であることなどから、具体的引当額を組合の規程に委ねることとし、規定の改訂を行った。

(3) 引当方法

① 定款例の改正により、職員退職給与規程を設け、規程に基づいて、職員退職給与引当金の引当て、又は、職員共済契約による掛金の払込みを行うことが求められることになった。

　職員退職給与規程のない組合は、職員退職給与規程を制定しなければいけないわけで、改正前と大きく変わったところである。

② 会計基準では、退職給与引当金に見合うように退職給与引当資産の積立てを求めている。退職金共済契約により掛金を払い込んでいる場合は、中小企業退職金共済事業団から退職金が支払われるので退職給与引当資産の積立ては必要ないが、退職給与引当金を引き当てる場合は、退職金の支払に充てるため、退職給与引当資産の積立てが必要になる。

③ 模範定款例の「職員退職給与に充てるため、退職給与規程に基づき退職給与引当金を引き当てるものとする。」の解釈は、退職給与引当金繰入れのほか、退職金共済契約の掛金払込みも含むものとされている。

　したがって、模範定款例の規定であっても退職給与引当金のほかに退職金共済契約の掛金の払込みも、この規定のみでできることになる。

3．純資産

3－1　出資金

出資総額を処理する。
払込済出資金を処理する。

3－2　未払込出資金

未払込出資金を処理し、出資金の控除項目として表示する。

3－3　資本剰余金

資本準備金
加入金　新組合員から徴収した加入金（定款規定を出資限度に変更する以前に徴収した加入金を含む。）を処理する。
増口金　増口をした場合において加入金に準じて徴収したものを処理する。
その他の資本剰余金
出資金減少差益　出資金の減少によって生じた差益を処理する。

3－4　出資金、未払込出資金、資本剰余金

出資金、未払込出資金、資本剰余金をまとめて、次に説明をする。
(1)　設　　立
　①　出資金だけを払い込み、加入金は徴収しない。

Ⅲ 勘定科目

② 出資払込みには、次の3つの形がある。

ア 金銭で出資払込みがあったとき

(借) 現金　　　　1,000,000　 (貸) 出資金　　　　1,000,000

イ 現物で出資払込みがあったとき

(借) 現金　　　　　 50,000　 (貸) 出資金　　　　1,000,000
　　 建物　　　　　350,000
　　 土地　　　　　600,000

ウ 分割して出資払込みがあったとき

(借) 現金　　　　　250,000　 (貸) 出資金　　　　1,000,000
　　 未払込出資金　750,000

(2) 加　　入

① 原　始　加　入

ア 出資金¥100,000の払込みがあったとき

(借) 現金　　　　　100,000　 (貸) 出資金　　　　　100,000

イ 出資金¥100,000と加入手数料¥3,240の払込みがあったとき

(借) 現金　　　　　103,240　 (貸) 出資金　　　　　100,000
　　　　　　　　　　　　　　　　　 加入手数料収入　　 3,000
　　　　　　　　　　　　　　　　　 仮受消費税　　　　　 240

ウ 出資金¥100,000と加入金¥20,000の払込みがあったとき

(借) 現金　　　　　120,000　 (貸) 出資金　　　　　100,000
　　　　　　　　　　　　　　　　　 資本準備金
　　　　　　　　　　　　　　　　　 （加入金）　　　　　20,000

② 譲　渡　加　入

ア 譲渡加入は次のとおり行われる。

　ⅰ 脱退者の持分を譲り受けて加入する。

　ⅱ 組合員の持分の一部を譲り受けて加入する。

イ 加入者は、譲渡加入でも、加入については、組合の承認を受ける必要がある。

ウ 加入手数料は徴収するが、加入金は徴収しない。

　　出資金については仕訳をしないので、加入手数料¥3,150だけ

3．純資産

の仕訳になる。

（借）現金	3,240	（貸）加入手数料収入	3,000
		仮受消費税	240

③ 相 続 加 入
　ア　他の相続人の同意書をつけて、加入の申出をする。
　イ　加入金は徴収しない。加入手数料も徴収しない。
　　　出資金については仕訳をしない。
④ 組織、代表者の変更
　ア　特例有限会社と株式会社との間の組織変更等があったとき。
　イ　社長が交替したとき行う。
　ウ　ア、イの場合は、組合員が変わるのでなく、組合員の組織、代表者が変わるのであるから、変更事項の届を受けて、組合員名簿を訂正すればよい。
　エ　手数料は徴収しないことが多い。しかし、少額の事務手数料を徴収してもよい。
⑤ 組合員の仕訳
　ア　出資金¥100,000を払い込んだとき

（借）組合出資金	100,000	（貸）現金	100,000

　イ　出資金¥100,000と加入手数料¥3,240を払い込んだとき

（借）組合出資金	100,000	（貸）現金	103,240
雑費	3,000		
仮払消費税	240		

　ウ　出資金¥100,000と加入金¥20,000を払い込んだとき

（借）組合出資金	120,000	（貸）現金	120,000

　エ　脱退者から出資金¥100,000を¥110,000で譲り受けて組合へ加入し、加入手数料¥3,240は組合へ払い込んだとき

（借）組合出資金	110,000	（貸）現金	110,000
（借）雑費	3,000	（貸）現金	3,240
仮払消費税	240		

Ⅲ　勘定科目

(3) 実質的増資（増口）

① 増資（増口）の仕訳

ア　増資するため第1回積立金¥20,000の払込みがあったとき

| （借）現金 | 20,000 | （貸）出資預り金 | 20,000 |

イ　積立て10回が完了し、¥200,000を出資払込みに充てたとき

| （借）出資預り金 | 200,000 | （貸）出資金 | 200,000 |

ウ　増資¥200,000の払込みがあったとき

| （借）現金 | 200,000 | （貸）出資金 | 200,000 |

エ　出資金¥200,000と増口金¥40,000の払込みがあったとき

| （借）現金 | 240,000 | （貸）出資金 | 200,000 |
| | | 資本準備金（増口金） | 40,000 |

② 組合員の仕訳

ア　増資積立第1回¥20,000を払い込んだとき

| （借）組合預け金 | 20,000 | （貸）現金 | 20,000 |

イ　積立て10回が完了し、¥200,000を出資払込みに充てたとき

| （借）組合出資金 | 200,000 | （貸）組合預け金 | 200,000 |

ウ　増資¥200,000を払い込んだとき

| （借）組合出資金 | 200,000 | （貸）現金 | 200,000 |

エ　出資金¥200,000と増口金¥40,000を払い込んだとき

| （借）組合出資金 | 240,000 | （貸）現金 | 240,000 |

(4) 形式的増資

株式会社の場合は、会社法第448条で準備金から、同法第450条で剰余金からそれぞれ資本金に組み入れることにより増資をすることが認められているが、中協法では認められていない。これに代わる方法として加算式の持分算定の規定への変更がある。

(5) 脱　　退

① 脱退の方法

ア　法定脱退（中協法19）

ⅰ　組合員としての資格喪失

3．純資産

　　　　ⅱ　死亡又は解散
　　　　ⅲ　除名
　　　　ⅳ　公正取引委員会の排除措置
　　　　ⅴ　持分の全部喪失
　　イ　自由脱退（中協法18）
　　　90日前までに予告して、事業年度の終わりに脱退することができる。したがって、事業年度末までは賦課金を支払う義務があると同時に、組合員としての権利もある。事業年度末の脱退であるから、事業年度末に有効な定款により脱退者の持分計算が行われる。
② 脱退の手続
　　ア　組合員が、脱退予告書（自由脱退）、脱退届（法定脱退）を組合へ提出する。
　　イ　組合は、脱退承認を書面をもって通告する。
　　ウ　組合名簿より抹消する。
　　エ　脱退した組合員は、持分払戻請求を行う。
　　オ　通常総会後、持分払戻しを行う。
③ 脱退者への持分払戻し
　　ア　中協法第20条により、定款の定めによって、脱退者は持分の全部又は一部の払戻しを請求することができる。
　　イ　持分は、脱退した事業年度末の組合財産によって定める。
④ 譲渡脱退
　　ア　自分の持分を、他の者に譲渡する。
　　イ　譲渡する価格は、譲渡人と譲受人との間で決める。
　　ウ　自由脱退でも、法定脱退でも行える。
　　エ　組合の出資額の減少にはならない。
⑤ 行方不明組合員の整理
〈昭和44年　全国中央会　質疑に対する回答〉
「出資を整理するには、当該組合員が組合を脱退することが前提となり、ご照会の場合の行方不明組合員については資格喪失による脱退か、

Ⅲ　勘定科目

又は除名による強制脱退が考えられる。具体的事情が不明で判断し兼ねる点があるが、もし行方不明と同時に事業を廃止しているのであれば、資格喪失として処理することが可能と解する。この場合、組合員たる資格が喪失したことを理事会において確認した旨を議事録にとどめると同時に、内容証明郵便をもって持分払戻請求権の発生した旨の通知をなすことが適当と考える。除名の場合は、当該組合員に除名の理由（例えば中協法19Ⅱ①～③のうちいずれか）を付して、その旨を当該組合員に通知しなければならないが、届出住所宛に発すれば足りる。なお、除名が確定した場合は、資格喪失の場合と同様の通知をするのが適当である。

　以上の手続により、当該組合員に持分払戻請求権が発生するが、その請求権は2年間で時効により消滅するので、時効まで未払金として処理し、時効成立を待ってこれを取崩処理するのが適当と考える。」

(6)　除　　　名

①　中協法第19条第2項に該当するときは除名することができる。

②　除名の手続

　ア　除名することを理事会で決め、除名を審議する総会を招集する。

　イ　除名予告書を、総会の10日前までに除名対象者に、除名理由と、総会において弁明の機会を与えることを通知する。

　ウ　除名予告書は、組合員の届出住所（組合員名簿の住所）に、内容証明により行う。

　エ　除名対象者は、総会における、その議案については特別利害関係人となるが、議決権の行使が認められることになった。

　オ　総会では、特別議決（過半数出席し、その議決権の3分の2以上）で行う。

　カ　除名決定通知を行う。

③　除名者の持分払戻し

　ア　定款例では、脱退による持分払戻額の半額になっている。

　イ　しかし、除名にするようなときは、債権があり、持分払戻額を半額にすると、それだけ貸倒損が多くなるので、半額にせず、持

3．純資産

分払戻額を債権に充当する方法が行われている。
(7) 脱退者の持分払戻方法
　① 定　款　例
　　ア　持分の計算方法
　　　a　改算式（定款参考例1）
　　　b　加算式（　〃　2）
　　　c　新・加算式（　〃　3）

改算式（定款参考例1）

第24条　組合員の持分は、本組合の正味財産につき、その出資口数に応じて算定する。
2　持分の算定に当たっては、何円未満のは数は切り捨てるものとする。

加算式（定款参考例2）

（持分）
第24条　組合員の持分は、次の基準により算定する。
　(1)　出資金については、各組合員の出資額により算定する。
　(2)　資本準備金については、各組合員の出資額により事業年度末ごとに算定加算する。
　(3)　法定利益準備金、特別積立金及びその他の積立金については、各組合員が本組合の事業を利用した分量に応じて、事業年度末ごとに算定加算する。
　(4)　繰越利益又は繰越損失については、各組合員の出資額により算定する。
　(5)　土地等の評価損益については、各組合員の出資額により事業年度末ごとに算定し加算又は減算する。
2　準備金又は積立金により損失のてん補をしたときは、その損失をてん補した科目の金額において有する各組合員の持分の割合に

応じてそのてん補分を算定し、その持分を減算する。第58条第2項ただし書の規定又は総会の決議により、特別積立金又その他の積立金を損失のてん補以外の支出に充てた場合も同様である。
3 本組合の財産が、出資額より減少したときの持分は、各組合員の出資額により算定する。
4 持分の算定に当たっては、○○円未満のは数は切り捨てるものとする。
　　（注）分割払込制をとる組合にあっては、「出資金」又は「出資額」とあるのは「払込済出資金」又は「払込済出資額」と書き替えること。
　　（注）　土地等の評価は、時価評価とし、その評価方法については、あらかじめ規約等で定めておくこと。

新・加算式（定款参考例3）

第24条　組合員の持分は、次の基準により算定する。
　(1)　出資金については、各組合員の出資額に応じて算定する。
　(2)　利益剰余金に属する科目（土地等の評価差額金・繰越利益又は繰越損失を除く。）の金額については、各組合員の出資額又は、組合の事業を利用した分量に応じて毎事業年度の持分増加減少額を算定し、利益剰余金に属する勘定科目中の1口座を定めて分配する。
　(3)　脱退による持分払戻しの際の、土地等の評価差額金については各組合員の出資額により算定する。ただし、持分払戻し金額は、貸借対照表の組合員資本合計額を、総出資口数で割った金額を限度とする。
　(4)　繰越利益、繰越損失については、各組合員の出資額により算定する。

3．純資産

新加算式持分計算法

記載例　　組合員　加入状況　　甲組合員　設立時加入
　　　　　　　　　　　　　　　乙組合員　設立時加入
　　　　　　　　　　　　　　　丙組合員　第3期加入

決算書（組合資本関係）

	第1期					第2期					第3期				
	貸借対照表（組合資本）	剰余金処分案	土地評価益等	確定組合持分		貸借対照表（組合資本）	剰余金処分案	土地評価益等	確定組合持分		貸借対照表（組合資本）	剰余金処分案	土地評価益等	確定組合持分	
出資金	20,000			20,000		20,000			20,000		30,000			30,000	
資本準備金	0			0		0			0		0			0	
利益準備金	0	1,000		1,000		1,000	1,000		2,000		2,000	1,000		3,000	
教育情報費用繰越金	0	500		500		500	500		1,000		1,000	500		1,500	
特別積立金	0	1,000		1,000		1,000	1,000		2,000		2,000	1,000		3,000	
当期純利益	10,000	-10,000		0		10,000	-10,000		0		10,000	-10,000		0	
繰越利益金額	0	500		500		500	500		1,000		1,000	500		1,500	
土地評価益			800	800				1,200	1,200				1,800	1,800	
	30,000	-7,000	800	23,800		33,000	-7,000	1,200	27,200		46,000	-7,000	1,800	40,800	
出資配当		2,000					2,000					3,000			
事業分量配当		5,000					5,000					4,000			

利用年度

	第1期				第2期				第3期			
	計	甲組合員	乙組合員	丙組合員	計	甲組合員	乙組合員	丙組合員	計	甲組合員	乙組合員	丙組合員
事業収入	1,000,000	700,000	300,000		1,000,000	600,000	400,000		1,200,000	600,000	300,000	300,000

配当金

	第1期				第2期				第3期			
	計	甲組合員	乙組合員	丙組合員	計	甲組合員	乙組合員	丙組合員	計	甲組合員	乙組合員	丙組合員
出資配当	2,000	1,000	1,000		2,000	1,000	1,000		3,000	1,000	1,000	1,000
事業分量配当	5,000	3,500	1,500		5,000	3,000	2,000		4,000	2,000	1,000	1,000
計	7,000	4,500	2,500		7,000	4,000	3,000		7,000	3,000	2,000	2,000

Ⅲ 勘定科目

持分台帳 新加算式 出資割り

第1期

	組合持分			甲組合員持分（出資割合50%）			乙組合員持分（出資割合50%）		
	期首	増減	期末	期首	増減	期末	期首	増減	期末
出資金	20,000	0	20,000	10,000	0	10,000	10,000	0	10,000
資本準備金	0	0	0	0	0	0	0	0	0
利益剰余金	0	3,800	3,800	0	1,900	1,900	0	1,900	1,900
計	20,000	3,800	23,800	10,000	1,900	11,900	10,000	1,900	11,900

持分台帳 新加算式 出資額割り

第2期

	組合持分			甲組合員持分（出資割合50%）			乙組合員持分（出資割合50%）		
	期首	増減	期末	期首	増減	期末	期首	増減	期末
出資金	20,000	0	20,000	10,000	0	10,000	10,000	0	10,000
資本準備金	0	0	0	0	0	0	0	0	0
利益剰余金	3,800	3,400	7,200	1,900	1,700	3,600	1,900	1,700	3,600
計	23,800	3,400	27,200	11,900	1,700	13,600	11,900	1,700	13,600

持分台帳 新加算式 出資額割り

第3期

	組合持分			甲組合員持分（出資割合33%）			乙組合員持分（出資割合33%）			丙組合員持分（出資割合33%）		
	期首	増減	期末	期首	増減	期末	期首	増減	期末	期首	増減	期末
出資金	20,000	10,000	30,000	10,000	0	10,000	10,000	0	10,000	0	10,000	10,000
資本準備金	0	0	0	0	0	0	0	0	0	0	0	0
利益剰余金	7,200	3,600	10,800	3,600	1,198	4,798	3,600	1,198	4,798	0	1,198	1,198
計	27,200	13,600	40,800	13,600	1,198	14,798	13,600	1,198	14,798	0	11,198	11,198

第1期の組合員の持分計算は省略できる。

イ　脱退者の持分払戻額の限度
　　　a　持分全部を払い戻す方法（定款参考例1）
　　　b　簿価財産を限度として払い戻す方法（定款参考例2）
　　　c　出資額を限度として払い戻す方法（定款参考例3）

持分全部（定款参考例1）

> 第14条　組合員が脱退したときは、その持分の全額を払い戻すものとする。ただし、除名による場合は、その半額とする。

簿価財産（定款参考例2）

> 第14条　組合員が、脱退したときは、当該事業年度末の決算貸借対照表における組合員資本のうち、本組合に留保した金額（以下本条において「払戻対象金額」という。）（本組合の財産が、払戻対象金額より減少したときは、当該払戻対象金額から、当該減少額を減額した金額）につき、その出資口数に応じて算定した金額を限度として払い戻すものとする。ただし、除名による場合は、その半額とする。

出資限度（定款参考例3）

> 第14条　組合員が脱退したときは、組合員の本組合に対する出資額（本組合の財産が出資の総額より減少したときは、当該出資額から、当該減少額を、各組合員の出資額に応じて減額した額）を限度として持分を払い戻すものとする。ただし、除名による場合はその半額とする。

②　脱退者に対し払い戻す持分の対象になる組合財産の額
　ア　持分全部の場合

Ⅲ　勘定科目

$$\begin{array}{l}貸借対照表\\の純資産\end{array} + \begin{array}{l}土地等の\\評価益\end{array} - 繰延資産 - \begin{array}{l}剰余金処分\\の流出額\end{array}$$

＝脱退者持分払戻額の対象になる組合財産の額

　剰余金処分の流出額とは、出資配当金、利用分量配当金とする。

イ　簿価財産による場合

$$\begin{array}{l}貸借対照表の\\組合員資本\end{array} - \begin{array}{l}剰余金処分\\の流出額\end{array} = \begin{array}{l}脱退者持分払戻しの対象\\になる組合財産の額\end{array}$$

ウ　出資限度による場合

　　a　出資金より組合財産が多いときは出資金

　　b　出資金より組合財産が少ないときは組合財産の額

3．純資産

(8) 簿価財産で脱退者へ持分を払い戻す場合の会計処理

(第1表)

貸 借 対 照 表
平成B年3月31日

資	流動資産	19,050	負債	流動負債		14,400
				（未払法人税等）		(5,000)
				（未払持分）		(1,000)
				（その他）		(8,400)
				固定負債		20,000
				計		34,400
	固定資産	30,000	純資産	出資金		9,000
	（土地）	(5,000)		加入金		1,000
	（その他）	(25,000)		利益準備金		400
				教育情報費用繰越金		100
	繰延資産	950		組合積立金		800
	（創立費）	(400)		（特別積立金）		(500)
	（開業費）	(550)		（役員退職給与積立金）		(100)
産				（○○周年記念事業積立金）		(70)
				（会館建設積立金）		(130)
				当期未処分利益		4,300
				（繰越利益）		(1,300)
				（当期利益）		(3,000)
				計		15,600
資産合計		50,000	負債及び純資産合計			50,000

(第2表)

財 産 目 録
平成B年3月31日

流 動 資 産	19,050
固 定 資 産	30,000
繰 延 資 産	950
資 産 合 計	50,000
流 動 負 債	14,400
固 定 負 債	20,000
負 債 合 計	34,400
差引正味資産	15,600

Ⅲ 勘定科目

(第3表)

剰 余 金 処 分 案
平成A年4月1日から
平成B年3月31日まで

Ⅰ	当期未処分剰余金		
	1．当期純利益金額	3,000	
	2．前期繰越剰余金	<u>1,300</u>	4,300
Ⅱ	剰余金処分額		
	1．利益準備金	300	
	2．教育情報費用繰越金	150	
	3．組合積立金		
	特別積立金	300	
	役員退職給与積立金	100	
	○○周年記念事業積立金	70	
	会館建設積立金	<u>130</u>	600
	4．出資配当金	1,000	
	5．利用分量配当金	<u>850</u>	<u>2,900</u>
Ⅲ	次期繰越剰余金		1,400

(第4表)

脱退者持分払戻計算書

Ⅰ	払戻持分の対象になる金額			
	1．貸借対照表の	出　資　金	9,000	
		加　入　金	1,000	
		利益準備金	400	
		教育情報費用繰越金	100	
		<u>組合積立金</u>	<u>800</u>	11,300
	2．剰余金処分の	利益準備金	300	
		教育情報費用繰越金	150	
		特別積立金	300	
		役員退職給与積立金	100	
		○○周年記念事業積立金	70	
		会館建設積立金	130	

3．純資産

| | 脱退者持分払戻前の繰越利益 | 1,400 | 2,450 |

3．既に未払持分に振り替えた脱退者の出資　　　　　　　　1,000
4．払戻持分対象金額　　　　　　　　　　　　　　　　　　14,750

Ⅱ　脱退者持分

$$払戻持分対象金額\ 14,750 \times \frac{脱退者出資口数 1}{期末出資口数 9 + 脱退者出資口数 1}$$
$$= 1,475$$

Ⅲ　脱退者持分の内訳

1．資本準備金（加入金、減資差益等）の部分

　　　　貸借対照表の加入金　$1,000 \times \frac{1}{10} = 100$

　　又は、脱退者本人拠出の加入金がわかるときは、その金額を用いてもよい。

2．利益剰余金（利益準備金、組合積立金等）の部分

第1法　剰余金処分後の利益準備金　　　　　　　　　$700 \times \frac{1}{10} = 70$

　　　〃　　　教育情報費用繰越金　　　　　　　　　$250 \times \frac{1}{10} = 25$

　　　〃　　　特別積立金　　　　　　　　　　　　　$800 \times \frac{1}{10} = 80$

　　　〃　　　役員退職給与積立金　　　　　　　　　$200 \times \frac{1}{10} = 20$

　　　〃　　　○○周年記念事業積立金　　　　　　　$140 \times \frac{1}{10} = 14$

　　　〃　　　会館建設積立金　　　　　　　　　　　$260 \times \frac{1}{10} = 26$

　　　〃　　　繰越利益　　　　　　　　　　　　　$1,400 \times \frac{1}{10} = 140$

第2法

　脱退者持分　1,475 − 出資金の部分　1,000 − 資本準備金の部分　100
　＝利益剰余金の部分　375

　利益剰余金の部分の取崩しは、次の順序が考えられる。

　　① 繰越利益
　　② 別途積立金のように目的のない任意積立金、又は特別積立金のうち、出資総額に相当する金額を超える部分

Ⅲ　勘定科目

　　　③　役員退職給与積立金・○○周年記念事業積立金・会館建設積立金などの目的のある任意積立金
　　　④　特別積立金のうち、出資総額に相当する金額以下の部分
　　　⑤　利益準備金

① 組合の仕訳
　ア　事業年度末に脱退者の出資金だけを未払持分に振り替える。

| (借) 出資金 | 1,000 | (貸) 未払持分 | 1,000 |

　イ　通常総会後、出資金以外の部分の持分を未払持分に振り替える。

第1法

(借) 資本準備金	100	(貸) 未払持分	475
利益準備金	70		
教育情報費用繰越金	25		
特別積立金	80		
役員退職給与積立金	20		
○○周年記念事業積立金	14		
会館建設積立金	26		
繰越利益	140		

第2法

| (借) 資本準備金 | 100 | (貸) 未払持分 | 475 |
| 繰越利益 | 375 | | |

　ウ　持分支払のときは、利益剰余金の部分に対して、みなし配当源泉税20.42％を差し引いて支払う。

| (借) 未払持分 | 1,475 | (貸) 現金 | 1,399 |
| | | 預り金 | 76 |

　エ　みなし配当源泉税納付のとき

| (借) 預り金 | 76 | (貸) 現金 | 76 |

② 脱退者の仕訳
　　組合から脱退者払戻持分¥1,475（出資金の部分¥1,000、資本準

備金の部分¥100、利益剰余金の部分¥375）を受け取ったとき、脱退者の仕訳は次のようになる。

ア　組合加入時に出資金¥1,000と加入金¥100を払い込んでいた場合

（借）現金	1,399	（貸）組合出資金	1,100
租税公課	76	受取配当金	375

イ　組合加入時に出資金¥1,000を払い込んでいた場合

（借）現金	1,399	（貸）組合出資金	1,000
租税公課	76	受取配当金	375
		雑収入	100

ウ　組合加入時に出資金¥1,000と加入金¥70を払い込んでいた場合

（借）現金	1,399	（貸）組合出資金	1,070
租税公課	76	受取配当金	375
		雑収入	30

エ　組合加入時に出資金¥1,000と加入金¥200を払い込んでいた場合

（借）現金	1,399	（貸）組合出資金	1,200
租税公課	76	受取配当金	375
雑損失	100		

オ　組合加入時に出資金¥1,000と加入金¥500を払い込んでいた場合

（借）現金	1,399	（貸）組合出資金	1,500
租税公課	76	受取配当金	375
雑損失	400		

Ⅲ 勘定科目

(9) 持分全部を脱退者へ払い戻す場合の会計処理

(第5表)

時価評価用財産目録
平成B年3月31日

摘　　　要	帳簿価額	時価評価額
流動資産	19,050	19,050
固定資産	30,000	454,568
（土　　地）	(5,000)	(429,568)
（そ の 他）	(25,000)	(25,000)
繰延資産	950	0
（創 立 費）	(400)	(0)
（開 業 費）	(550)	(0)
資産合計	50,000	473,618
流動負債	14,400	14,400
（未払法人税等）	(5,000)	(5,000)
（未払持分）	(1,000)	(1,000)
（そ の 他）	(8,400)	(8,400)
固定負債	20,000	20,000
繰延税金負債	0	124,568
負債合計	34,400	158,968
差引正味財産	15,600	314,650
剰余金処分による流出なし	0	0
未払持分に振り替えた出資金	1,000	1,000
持分計算対象額	16,600	315,650
繰延税金負債は土地評価益424,568×29.34％である。		

(第6表)

持　分　計　算　表

Ⅰ　払戻持分の対象になる金額	
1．貸借対照表の自己資本	15,600
2．時価評価により増加した正味財産	299,050
3．既に未払持分に振り替えた脱退者の出資	1,000
4．剰余金処分による流出予定	

3．純資産

	出資配当、利用分量配当は、脱退者の持分払戻しが多額になるため行わない	
5．払戻持分対象金額		315,650

Ⅱ 脱 退 者 持 分

払戻持分対象金額 $315,650 \times \dfrac{\text{脱退者出資口数1}}{\text{期末出資口数9＋脱退者出資口数1}}$

　　　　　　　$=31,565$

Ⅲ 脱退者持分の内訳

1．資本準備金（加入金、減資差益等）の部分

　　　貸借対照表の加入金 $1,000 \times \dfrac{1}{10} = 100$

　又は、脱退者本人拠出の加入金がわかるときは、その金額を用いてもよい。

2．利益剰余金（利益準備金、組合積立金等）の部分

脱退者持分		31,565	
内出資金の部分		1,000	
内加入金の部分		100	
差引利益剰余金の部分			30,465
次の順序で取り崩すことにした。			
①	繰越剰余金	3,550	
②	役員退職給与積立金	100	
③	○○周年記念事業積立金	70	
④	会館建設積立金	130	
⑤	特別積立金	800	
⑥	教育情報費用繰越金	250	
⑦	利益準備金	700	5,600
差引不足額、脱退者持分払戻勘定振替			24,865

Ⅳ 脱退者持分払戻勘定の処理

1．貸借対照表　純資産の部にマイナス勘定として、表示する。

2．次期以後において利益が生じたときは、剰余金処分案で補てんする。

Ⅲ　勘定科目

(第7表)

剰　余　金　処　分　案
平成A年4月1日から
平成B年3月31日まで

Ⅰ　当期未処分剰余金		
1．当期純利益金額	3,000	
2．前期繰越剰余金	<u>1,300</u>	4,300
Ⅱ　剰余金処分		
1．利益準備金	300	
2．教育情報費用繰越金	150	
3．特別積立金	<u>300</u>	<u>750</u>
Ⅲ　次期繰越剰余金		<u>3,550</u>

①　組合の仕訳

　ア　事業年度末に脱退者の出資金だけを未払持分に振り替える。

(借) 出資金	1,000	(貸) 未払持分	1,000

　イ　通常総会後、出資金以外の部分の持分を未払持分に振り替える。

(借)	未処分剰余金	750	(貸)	利益準備金	300
				教育情報費用繰越金	150
				特別積立金	300
(借)	役員退職給与積立金	100	(貸)	未払持分	30,465
	○○周年記念事業積立金	70			
	会館建設積立金	130			
	特別積立金	800			
	教育情報費用繰越金	250			
	利益準備金	700			
	繰越剰余金	3,550			
	脱退者持分払戻勘定	24,865			
(借)	資本準備金	100	(貸)	未払持分	100

　ウ　持分支払のときは、利益剰余金の部分に対して、みなし配当源泉税20.42％を差し引いて支払う。

174

3．純資産

（借）未払持分	31,565	（貸）現金	25,472
		預り金	6,093

エ　みなし配当源泉税納付のとき

（借）預り金	6,093	（貸）現金	6,093

② 脱退者の仕訳

　　組合から脱退者払戻持分¥31,565（出資金の部分¥1,000、資本準備金の部分¥100、利益剰余金の部分¥30,465）を受け取ったとき脱退者の仕訳は次のようになる。

　ア　組合加入時に出資金¥1,000と加入金¥100を払い込んでいた場合

（借）現金	25,345	（貸）組合出資金	1,100
租税公課	6,220	受取配当金	30,465

　イ　組合加入時に出資金¥1,000を払い込んでいた場合

（借）現金	25,345	（貸）組合出資金	1,000
租税公課	6,220	受取配当金	30,465
		雑収入	100

（第8表）

貸借対照表

資産		負債・資本	
流動資産	19,000	流動負債	8,800
		（未払持分）	(800)
		（その他）	(8,000)
		固定負債	21,000
固定資産	17,000	計	29,800
		出資金	9,000
		資本準備金	200
		利益準備金	50
		特別積立金	50
		当期未処理損失	△2,100
繰延資産	1,000	計	7,200
資産合計	37,000	負債及び資本合計	37,000

Ⅲ　勘定科目

（第9表）

損　失　処　理　案

Ⅰ	当期未処理損失		2,100
Ⅱ	損失てん補取崩額		
	特別積立金	50	
	利益準備金	50	100
Ⅲ	次期繰越損失		2,000

（第10表）

持　分　計　算　表

Ⅰ　持分計算の対象になる金額	
貸借対照表の自己資本	7,200
既に未払持分に振り替えた脱退者の出資金	800
計	8,000
Ⅱ　脱退者持分 $\qquad$ 持分計算の対象になる金額 $8,000 \times \dfrac{\text{脱退者分出資口数1}}{\text{出資総口数10}} = 800$	

(10) 出資額以下の持分を払い戻す場合の会計処理

　ア　事業年度末に脱退者の出資金を未払持分に振り替える。この場合持分が出資金を下回ることがわかっていても、一応出資金を未払持分に振り替えておく。

（借）出資金	1,000	（貸）未払持分	1,000

　イ　通常総会後、持分額が確定してから出資金と持分額との差額を、未払持分から減資差益へ振り替える。

（借）未払持分	××	（貸）資本準備金出資金減少差益	××

　ウ　持分支払のとき

（借）未払持分	1,000	（貸）現金	800
		減資差益	200

(11) 出資1口の金額の減少の仕訳

　①　中協法第56条第1項・第2項、第57条により行う。

　②　出資金￥1,000,000　未処理損失￥900,000のとき1口￥1,000の

出資を1口￥100とする。

(借) 出資金　　　　　900,000　　(貸) 資本準備金出資金減少差益　　900,000

⑿　出資口数の減少

①　中協法第23条により行う。

②　出資口数減少の経理処理

脱退の場合と同じように処理する。

⒀　出資金の記帳と事業報告書の記載

①　総勘定元帳の記帳

総 勘 定 元 帳
出　資　金

A年月日		摘要	丁数	借方	貸方	借又貸	残高
4	1	前期繰越			1,000,000	貸	1,000,000
5	10	甲組合員加入			10,000		
9	15	乙組合員加入			20,000		
B 3	31	丙組合員脱退		10,000		貸	1,020,000

組合員数及び出資口数の異動

種別	前年度末現在		本年度増加		本年度減少		口数変更		本年度末現在	
出資口数別	組合員数	出資口数	組合員数	出資口数	組合員数	出資口数	組合員数	出資口数	組合員数	出資口数
10口	10	100	2	20	2	20			10	100
20口	20	400	1	20					21	420
30口	10	300							10	300
50口	4	200							4	200
合計	44	1,000	3	※40	2	※20			45	1,020

※　合計には譲渡加入、脱退も含まれるため、総勘定元帳の出資金とはその分だけ合わない。

②　出資金について注意すること。

ア　組合員の加入、脱退の多い場合は、何時の間にか、正確な組合員が把握できなくなることがある。その都度整理する必要がある。

Ⅲ　勘定科目

　　イ　組合員数及び出資口数の異動表は、組合名簿から作成すること。

⑭　加入金、増口金、加入手数料の会計処理

　中協法第15条によれば、定款に加入金を徴収することを定めた場合に、加入金が徴収できることになっている。

　加入金の性格としては、持分調整金として徴収するものがあるとされている。

　持分調整金であるから、改算式持分算定の場合に徴収し、加算式持分算定の場合には徴収しない。

　また、脱退者へ出資額限度による払戻しを行う場合も、脱退者へ出資金以上の持分を払い戻さないことから、加入金は徴収しないことになっている。

　また、加入金のなかに持分調整金と、加入事務手数料の要素があるとされている。

　会計では、資本取引と損益取引とは区別することになっている（企業会計原則三）ので、持分調整金は資本取引として処理し、加入事務手数料は損益取引として処理することになる。

　中協法でいう広義の加入金には、加入事務手数料が含まれているが、会計では、加入事務費用と対応する収益として加入事務手数料を処理する。

　このため、組合会計基準では、持分調整金としての狭義の加入金を資本準備金とし、加入事務手数料の部分は事業外収益の加入手数料収入として処理する。

　狭義の加入金は、持分調整金として払い込ませるのであるから、加入金額は前期末の持分を基にして、出資１口当たりの額を算定する。

　加入手数料は、加入事務費用を賄うためのものであるから、出資口数に関係なく、加入者１人当たりの額を算定する。次に項目を分けて説明する。

3．純資産

① 加入金をとる場合
　ア　持分全部の方法で改算式の場合
　イ　簿価財産の方法で改算式の場合
② 加入金をとらない場合
　ア　持分全部の方法で加算式、新・加算式の場合
　イ　簿価財産の方法で加算式、新・加算式の場合
　ウ　出資限度の方法で改算式、加算式、新・加算式の場合
③ 加入金の額
　ア　出資1口についていくらと決めること。
　イ　持分調整金として徴収すること。
　ウ　加入者1人につきいくらと決めることは間違っている。
④ 組合の会計処理
　ア　資本準備金の中の加入金になる。
　イ　税務上、資本積立金額になり課税されない。
⑤ 組合員の会計処理
　ア　協同組合出資金の取得価額になる。
　イ　税務上、損金にならない。
⑥ 増口金
　ア　増口金とは、増資の際、持分調整金として払い込まれるものであり、加入のときの加入金に相当するものである。
　イ　増口金は、加入金と同じように処理する。
⑦ 加入手数料
　ア　加入者が、加入に当たって手数料として払い込むものである。
　イ　加入手数料は、加入に当たっての手数料であるから、加入者は費用として損金経理（ただし、20万円以上の加入手数料を支払った組合員は加入手数料を繰延資産として処理し、5年で償却する。）できる。組合は加入手数料収入として、収益に計上する。
　ウ　手数料であるから、出資口数に関係なく加入者1人についていくらと定め少額なものである。

Ⅲ　勘定科目

3－5　利益準備金

> 法によって当期利益（繰越損失がある場合には、これをてん補した後の金額）の10分の1以上を積み立てるときの準備金を処理する。

　利益準備金は、中協法第58条第1項に定める準備金を処理するもので、中協法の規定による積立てであるから、これに違反した場合には罰則が適用されることになっている。

　利益準備金は、第5回改訂で、当期利益（繰越損失がある場合には、これをてん補した後の金額）の10分の1以上を積み立てるように改正された。

　組合は、共同経営体として取引の主体となる関係上、その財政的基礎の安定を図ることはきわめて必要なことであるので、法においては、共同経営体としての組合の健全な発展と、組合員及び債権者の利益を保護するために、不測の損失に備えて、毎事業年度の剰余金の一部の積立てを強制している。これを法定準備金という。この準備金の積立ての基礎となる毎事業年度の剰余金とは、毎事業年度末決算において総益金から総損金を控除した金額である。したがって、たとえ剰余金が少額であっても、必ず積み立てることを要し、これに違反したときは、組合の理事及び監事は、20万円以下の過料に処せられる。（中協法115Ⅰ㉕）

　利益準備金は、損失のてん補に充てる以外は取り崩してはならないことになっているが（中協法58Ⅲ）、脱退者への持分払戻しのためには取崩しが認められている。

〈昭和35年　全国中央会　質疑に対する回答〉

「中協法第58条第3項、または組合定款でいう取崩禁止規定は、組合員及び第三者保護のため資本の自由処分を禁止する規定であり、持分の払戻しは法律に定められた資本の処分であるので、持分の払戻しのための取り崩しは法律の禁止規定に該当するものでなく、取崩しは可能と解

3．純資産

する。」

3－6　教育情報費用繰越金

> 法及び定款の規定による法定繰越金を処理する。

(1)　教育情報費用繰越金は、中協法及び定款に規定されている繰越金であり「法定繰越金」のことである。

　教育情報費用繰越金は、剰余金処分により繰り越されるが、その性格が翌期の費用に備えるためのものであるから、会計基準では従来特定引当金に属させていた。第5回改訂では、特定引当金の部を削除したため、負債に準じて負債の部に表示してきた。

　今回（平成19年）、教育情報費用繰越金は、中協法第58条第4項により翌期以降の教育情報事業に備えるため繰り越すことは強制してあるが、翌期に教育情報事業のために取り崩すことを任意に行えるように改正した。このため、従来負債の部の勘定科目として取り扱ってきたが、純資産の部の利益剰余金に属する法定繰越金に変更した。

(2)　教育情報費用繰越金の会計処理は、事業年度末に行われる処理と剰余金処分確定時に行われる処理とがある。

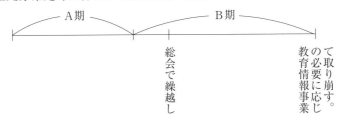

Ⅲ 勘定科目

A期剰余金処分案

Ⅰ 当期未処分剰余金
　　当期純利益金額　　　140,000
Ⅱ 剰余金処分額
　　教育情報費用繰越金　　7,000

剰余金処分確定時の処理としては、教育情報費用繰越金として積立てを行う。

A期の剰余金処分確定のときの仕訳

（借）未処分剰余金	7,000	（貸）教育情報費用繰越金	7,000

期中に教育情報活動を行い費用を支出したときは、教育情報事業費で処理する。

講習会費として会場費・資料費を支払ったときの仕訳

（借）教育情報事業費	100,000	（貸）預金	108,000
仮払消費税等	8,000		

事業年度末の処理としては、教育情報費用繰越金として積み立ててある金額の取崩しが必要であれば取崩しを行う。

B期末に教育情報費用繰越金を取り崩したときの仕訳

（借）教育情報費用繰越金	7,000	（貸）教育情報費用繰越金取崩	7,000

B期損益計算書

〔事業費用の部〕		〔事業収益の部〕	
Ⅲ　教育情報事業費		Ⅲ　教育情報事業収入	
講習会費	100,000	教育情報事業賦課金収入	93,000
		教育情報費用繰越金取崩	7,000

(3) 従来、事業年度末の貸借対照表、財産目録には教育情報費用繰越金は表示されないとしてきたが、今回（平成19年）、教育情報費用繰越金が純資産の部への表示に改訂されたので、教育情報事業の費用に充てるために取り崩すまでは、残高を翌期に繰り越すことができるようになった。

3－7　組合積立金

　組合積立金は、特別積立金、役員退職給与積立金、○○周年記念事業積立金、会館建設積立金などが属する中分類科目として第5回改訂で新設した。

3－8　特別積立金

> 定款の規定による積立金を処理する。

(1)　特別積立金は、中協法に定められたものではなく、定款で規定している積立金である。

　　特別積立金は、定款の規定により損失のてん補に充てることになっているが、それ以外では持分の払戻しのための取崩し以外は取り崩せないとの解釈が行われていた。第5回改訂に際して、中小企業庁指導部組織課長からの回答（昭和59年3月）及び中小企業庁指導部からの定款例改正の通達（昭和60年5月）により、特別積立金が出資総額に相当する金額を超えた場合、その超えた部分について損失がない場合に限り、総会の議決により損失のてん補以外の支出に充てることができることになった。

　　また、特別積立金は、従前、上限なく毎期利益の10％積み立てることになっていたが、平成27年10月1日の定款参考例の改訂により、出資金額を上限とし、それを超える積立は任意としている。

　〈定款規定（事業協同組合）〉

> 第58条　本組合は、出資総額に達するまでは、当期純利益金額の10分の1以上を特別積立金として積み立てるものとする。ただし、出資総額を超えて積み立てることもできるものとする。
> 2　前項の積立金は、損失のてん補に充てるものとする。ただし、出資総額に相当する金額を超える部分については、損失が

Ⅲ　勘定科目

> ない場合に限り、総会の議決により損失てん補以外の支出に充てることができる。

　特別積立金は、定款で積立てを定めた任意積立金で、主たる目的は損失のてん補に充てる積立金であるが、第5回の改訂により、損失がある場合は、損失てん補した後の特別積立金の残余が、出資総額に相当する金額を超えている場合に限り取り崩すことができるようになった。

　特別積立金の取崩しのできないケース・できるケースを示すと、以下のようになる。

　　A例
　　　　出　資　金　　　　　　100
　　　　特　別　積　立　金　　180
　　　　前期繰越損失金　　　　△80
　　　　（損失処理後）
　　　　取　崩　可　能　額　　　0
　　―――――――――――――――――
　　B例
　　　　出　資　金　　　　　　100
　　　　特　別　積　立　金　　180
　　　　前期繰越損失金　　　　△30
　　　　（損失処理後）
　　　　取　崩　可　能　額　　 50
　　―――――――――――――――――
　　C例
　　　　出　資　金　　　　　　100
　　　　特　別　積　立　金　　100
　　　　前期繰越剰余金　　　　 70
　　　　（剰余金処理後）
　　　　取　崩　可　能　額　　　0
　　―――――――――――――――――

(2)　支出目的には、費用の支出・資産の取得・配当の支出が考えられる。
　　費用の支出は、費用が発生し利益減少することにより資本の部が減少し、配当の支出は剰余金を配当することにより純資産の部が減少する。

3．純資産

しかし、資産取得の場合は、資産取得時には純資産の部は減少しない。

資産取得目的のため特別積立金の取崩しをしても、再び何らかの任意積立金として積み立てることになる。

このため、特別積立金の取崩しをするための支出目的は、費用による支出か、配当による支出ということになる。

(3) 特別積立金を損失のてん補以外に取り崩す場合には、主目的と異なる目的に支出するので、総会の議決が必要になる。

総会の議決は支出目的によって、次の方法が考えられる。

費用支出のために取り崩す場合は、支出を実行する前に、通常総会か、臨時総会において、特別積立金の取崩しについて承認を得る必要がある。

議案は、特別積立金取崩しを独立した議案として上程するほか、収支予算の該当箇所に記載し承認を求めることになる。

議案には、支出費用の使用目的と支出予定額、及び支出予定額に充てる特別積立金取崩予定額を記載する。

配当支出のために取り崩す場合は、配当金の処分を図る剰余金処分案に、特別積立金取崩額を当期未処分利益の増加として記載し、承認を求める。

(4) 費用支払のため取り崩す場合の議案と収支予算の記載例は、以下のようになる。

   議案記載例

   第○号議案　　特別積立金取崩しに関する件

  商品開発事業費　　　　　3,500,000円

  特別積立金取崩予定額　　3,500,000円

  収支予算記載例

収　支　予　算

収入の部	
○　○　○　○	省　略
特　別　積　立　金　取　崩	3,500,000
合　　　　計	××××

Ⅲ　勘定科目

支出の部		
○　○　○　○	省　略	
商　品　開　発　事　業　費	3,500,000	
合　　　　　計	××××	

　特別積立金取崩予定額は、取崩額上限を定めたものだから、支出額が取崩予定額より少ない場合は、取崩予定額より少ない額を取り崩すことになってもよい。

(5) 特別積立金取崩しの損益計算書への表示は次のようになる。

損　益　計　算　書

〔事業費用の部〕		〔特別利益の部〕	
商品開発事業費		特　別　利　益	
商標権償却	150,000	特別積立金取崩	3,150,000
試験研究費償却	3,000,000		
商品開発事業費計	3,150,000		
○　○　○　○	××××		

(6) 出資配当支出のため取り崩す場合の、剰余金処分案への記載は、次のようになる。

剰　余　金　処　分　案

Ⅰ　当期未処分剰余金				
当期純利益金額	×　×　×			
前期繰越剰余金	×　×　×			
Ⅱ　組合積立金取崩額				
特別積立金取崩額	×　×　×			
Ⅲ　剰余金処分額				
利　益　準　備　金	×　×　×			
教育情報費用繰越金	×　×　×			
特　別　積　立　金	×　×　×			
出　資　配　当　金				
（年○％の割）	───	×　×　×		
Ⅳ　次期繰越利益		×　×　×		

当期損失又は前期繰越損失があるときに、特別積立金取崩しをして配当することは、組合運営上好ましくない。

また、特別積立金取崩しをして利用分量配当を行うことは、前期以前の利益を取り崩して当期の取扱高による利用分量配当を行うことになるので、当期の手数料の割戻しとしての利用分量配当として適当でない。

3-9　役員退職給与積立金

> 役員の退職金に充てるため、剰余金処分により積み立てる消極的任意積立金を処理する。

役員に対する退職金の支給に備えて利益から留保する積立金を処理する。

退職給与積立金はその目的が果たされたときは、特別利益又は任意積立金取崩高として未処分利益の増加として計上し、消滅させることになる。

剰余金処分確定のとき

(借) 未処分剰余金	×××	(貸) 役員退職給与積立金	×××

退職金支給時

(借) 役員退職金	×××	(貸) 現金	×××
(借) 役員退職給与積立金	×××	(貸) 役員退職給与積立金取崩	×××

3-10　○○周年記念事業積立金

> ○○周年記念事業費に充てるため、剰余金処分により積み立てる消極的任意積立金を処理する。

○○周年記念事業費の費用に充てる資金を利益から留保する積立金を処理する。

Ⅲ　勘定科目

　○○周年記念事業積立金は、その目的が果たされたときは、事業収益又は特別利益、又は任意積立金取崩高として未処分剰余金の増加として計上し、消滅させることになる。

剰余金処分確定のとき

| （借）未処分剰余金 | ××× | （貸）○○周年記念事業積立金 | ××× |

記念事業費支出

| （借）○○周年記念事業費 | ××× | （貸）現金 | ××× |
| （借）○○周年記念事業積立金 | ××× | （貸）○○周年記念事業積立金取崩 | ××× |

3−11　会館建設積立金

> 　会館建設資金を留保するため、剰余金処分により積み立てる積極的任意積立金を処理する。

　会館建設に備えて利益から留保する積立金を処理する。会館建設積立金は、目的が果たされた後もそのまま存置する方法と、目的が果たされた後は剰余金処分を通じて、他の積立金として留保する方法がある。

剰余金処分確定のとき

| （借）未処分剰余金 | ××× | （貸）会館建設積立金 | ××× |

会館取得

| （借）建物 | ××× | （貸）現金 | ××× |
| （借）会館建設積立金 | ××× | （貸）会館建設積立金取崩 | ××× |

剰　余　金　処　分　案

　Ⅰ　当期未処分剰余金
　　　当期純利益金額　　　　　　　　　×××
　　　前期繰越剰余金　　　　　　　　　×××
　Ⅱ　組合積立金取崩額
　　　1．会館建設積立金取崩　　　　　×××

3．純資産

3－12 未処分剰余金又は未処理損失金

> 前期からの繰越利益又は繰越損失に当期利益又は当期損失を加減したものを処理するが、内訳として前期繰越利益又は前期繰越損失及び当期利益又は当期損失として表示することができる。

　未処分利益は、当期損益に繰越損益を加減したものがプラスになった場合の勘定科目であり、未処理損失は当期損益に繰越損益を加減したものがマイナスになった場合の勘定科目である。

　なお、勘定科目としては未処分利益、未処理損失を使用するが、貸借対照表への表示には当期損益と繰越損益を区別したところの当期利益、当期損失、繰越利益、繰越損失を使用する。

3－13 加算式持分計算法

(1) 増口金を徴収しなかった場合の検討

① 改算式持分計算法の計算例

　出資口数の移動

　　A組合員　増資前　10口　→増資　50口＝増資後　60口
　　B組合員　増資前　50口　→増資　10口＝増資後　60口
　　C組合員　増資前　40口　→増資　40口＝増資後　80口
　　　　　計　増資前　100口　　計　100口　　計　200口

② 各組合員の持分額の変化

　増資前出資1口の持分を10万円とする。

　　A組合員　増資前　100万円　　→増資50万円　→増資後持分
　　　　　　　　　　330万円　増資前より持分が230万円増える
　　B組合員　増資前　500万円　　→増資10万円　→増資後持分
　　　　　　　　　　330万円　増資前より持分が170万円減る
　　C組合員　増資前　400万円　　→増資40万円　→増資後持分
　　　　　　　　　　440万円　増資前より持分が40万円増える

Ⅲ 勘定科目

　　　　計　　増資前1,000万円　増資計100万円　増資後計持分
　　　　　　　1,100万円　増資前より持分計が100万円増える
③　A組合員は増資払込額より多く持分額が増えるが、B組合員は増資前より持分額が減少する問題が生じる。

　このように、改算式持分計算法の場合、組合員ごとの出資割合が、増資前と増資後で大きく違うときは「増口金」により調整する必要がある。

　前例の場合に必用な増口金は、1口9万円（1,000万円÷100口－1万円）である。

　増口金9万円を払い込んだ場合の計算例は次のようになる。
　　A組合員　増資・出資金50万円増口金450万円　→増資後持分
　　　　　　　600万円　増資前より持分が500万円増える
　　B組合員　増資・出資金10万円増口金90万円　→増資後持分
　　　　　　　600万円　増資前より持分が100万円増える
　　C組合員　増資・出資金40万円増口金360万円　→増資後持分
　　　　　　　800万円　増資前より持分が400万円増える
　　　　計　　増資・出資金100万円増口金900万円　増資後持分計
　　　　　　　2,000万円　増資前より持分計が1,000万円増える

　このように、増口金を取ることにより、増口金なしの増資による問題点「持分額の変化が増口数に比例しない。」ということが解決される。ただ増口金を出資金の他に徴収することに、反対が多く、実施された事例は少ない。

　改算式持分計算法の組合で、持分額の大きい組合が、増資前出資比率と異なる割合で増資をするときには、増口金の徴収が必要になる。

　このことは、税務上も問題の箇所とされている。

(2) 加算式持分計算法の計算

　次に、前例の組合が、加算式持分計算法を行っていたとして、計算すると次のようになる。

① 加算式持分計算法の計算例

増資前に加算式で計算した持分額の変化

　　A組合員 増資前　　90万円　→増資 50万円　→増資後 140万円
　　B組合員 増資前　510万円　→増資 10万円　→増資後 520万円
　　C組合員 増資前　400万円　→増資 40万円　→増資後 440万円
　　計　　　増資前1,000万円　増資計100万円　増資後計1,100万円

② 加算式持分計算法で行うと、A組合員とB組合員との差は、増資前の420万が、増資払込みによる差40万円だけ縮まり380万円なる。

改算式持分計算法だと、増資後の口数の割合で持分総額から、各組合員の持分額を計算するが、加算式持分計算法は、増資前の各組合員の持分額に、増資の金額だけを加算して、増資後の各組合員の持分額になるので、税務上の問題点も解消する。

(3) 定款についての注意事項

加算式定款例として161頁〈定款参考例2〉に示した定款参考例の定款第24条第1項第3号が、「法定利益準備金、特別積立金及びその他の積立金については、各組合員が本組合の事業を利用した分量に応じて事業年度末ごとに算定加算する。」となっているが、「各組合員の出資額により事業年度末ごとに算定加算する。」と改正すると、計算は簡単になる。

(4) 加算式への切替方法

定款変更が認可され、実施時期が決まれば、実施時期後終了する事業年度末の貸借対照表により「改算式」により各組合員の持分額を計算する。

改算式持分計算により算出した持分額を、加算式持分計算法の開始持分額とする。

Ⅲ 勘定科目

4．収益勘定

4－1 売上高

組合員売上高　組合員に対する売上高の総額を処理する。
外部売上高　得意先に対する売上高の総額を処理する。

(1) 売上高は、商品勘定を分割したときに商品の販売高を処理する勘定であって、損益計算書の表示は「売上高」とするが、勘定科目は「売上」とすることが多い。

　商品を取り扱う事業の代表的なものとしては共同購買事業、共同販売事業があり、事業形態としては、仕入斡旋、販売斡旋、受託買付（組合員の側からみると委託仕入であるが、会計処理は組合として行うため受託買付の取扱いになる。）、受託販売（組合員の側からみると委託販売であるが、会計処理は組合として行うため受託販売の処理になる。）、買取仕入、買取販売などの方法が行われる。

(2) 買取仕入（販売）の場合には商品が組合の所有物になるので、商品勘定（売上勘定、仕入勘定）で処理するが、受託買付（販売）の場合には商品は組合のものではないので、商品勘定で処理することは誤りである。

　しかし、買取仕入（販売）であるか受託買付（販売）であるかをよく区別しないまま買取仕入（販売）の会計処理を行っている組合が多く、受託買付（販売）の会計処理は、ほどんど見受けられない。

　このことから、組合会計基準では、受託買付（販売）の勘定科目を例示しなかったので、必要がある場合は「受託買付立替金」「未払受託買付代金」「受取受託買付手数料」「受託販売未収金」「未払受託販売代金」「受取受託販売手数料」などの科目を設けることは差し支えない。

(3) 組合の事業は、組合員の利用を確保するため、員外利用の制限を設

けている。

　このため共同購買事業などは、売上高に対して員外利用の規制があるので、「組合員売上高」「外部売上高」の区別をすることにした。

　したがって、共同購買事業で員外利用がない場合又は共同販売事業で得意先（員外者）だけに販売するような場合は、特に組合員売上高、外部売上高とせず「売上高」で処理して差し支えない。

(4) 消費税の取扱いは、国内で対価を得て行った資産の譲渡、資産の貸付け及び役務の提供に係る売上が、課税の対象になる。

(5) 次の売上は、消費税が非課税になる。

① 土地の譲渡及び貸付け
② 有価証券等の譲渡
③ 貸付金の利子、保険料、信用保証料
④ 郵便切手類、印紙、証紙及び物品切手
⑤ その他消費税法上非課税とされているもの

4－2　受取購買手数料

共同購買事業によって徴収した手数料を処理する。

(1) 支払代行の仕訳

仕入先からの請求により組合員から集金した。

| （借）現金預金 | 10,500 | （貸）仮受金 | 10,500 |

支払日に

（借）仮受金	10,500	（貸）現金預金	9,420
		受取支払代行手数料	1,000
		仮受消費税	80

決算日に

| （借）未収金 | 432 | （貸）受取支払代行手数料 | 400 |
| | | 仮受消費税 | 32 |

Ⅲ 勘定科目

(2) 受注仕入の仕訳

仕入先からの請求

(借) 仕入	10,000	(貸) 買掛金	10,800
仮払消費税	800		

組合員への請求

(借) 売掛金	11,880	(貸) 組合員売上	10,000
		受取購買手数料	1,000
		仮受消費税	880

支払日に

(借) 買掛金	10,800	(貸) 現金預金又は支払手形あるいは受取手形	10,800

回収日に

(借) 現金預金又は受取手形	11,880	(貸) 売掛金	11,880

(3) 見込仕入の仕訳

入荷日に

(借) 仕入	10,000	(貸) 買掛金	10,800
仮払消費税	800		

出荷日に　第1法

(借) 売掛金	8,316	(貸) 組合員売上	7,000
		受取購買手数料	700
		仮受消費税	616

第2法

(借) 売掛金	8,316	(貸) 組合員売上	7,700
		仮受消費税	616

(4) 消費税の取扱いは課税売上になる。

4－3　受取販売手数料

共同販売事業によって徴収した手数料を処理する。

(1) 受取販売手数料は、組合員からの仕入代価で得意先へ販売して組合員から手数料を徴収する場合に用いる科目であり、受託販売に類似した形態である。

受取販売手数料の会計処理としては、商品勘定の分記法により行われる。

仕入のとき

（借）組合員仕入	10,000	（貸）買掛金	10,800
仮払消費税	800		

売上のとき

（借）売掛金	10,800	（貸）売上	10,000
		仮受消費税	800
（借）売掛金	1,080	（貸）受取販売手数料	1,000
		仮受消費税	80

(2) 消費税の取扱いは課税売上になる。

4－4　受取受注手数料

> 共同受注事業によって徴収した手数料を処理する。

(1) 受注斡旋

受注斡旋は、組合が組合員の依頼を受け、若しくは組合員のために積極的に発注先を求め、組合員の取引の成立を図る事業で、販売斡旋に類似しているが、販売斡旋が、組合員の製品を販売するのに対して、受注斡旋は、受注をしてから製造するところが異なる。

共同受注事業は、受注のため多額な費用を支出することがある。このため、受注が確定した時期に組合員から手数料を徴収する。

取引　受注のための会合費・交通費・その他の費用を支払った。

（借）受注事業費	180,000	（貸）現金	194,400
仮払消費税	14,400		

Ⅲ　勘定科目

取引　A社からの受注が確定したので、B組合員へ斡旋し、手数料¥200,000、消費税¥16,000を請求した。

(借)	未収金又は未収手数料	216,000	(貸)	受取受注斡旋手数料	200,000
				仮受消費税	16,000

(2) 一 括 受 注

　一括受注とは、組合が取引の主体となり注文を引き受け、組合員に生産・加工・集荷・役務の提供をさせる事業である。

　一括受注には、受注工事（製造）をそのまま組合員へ注文し、組合員の責任で完成、納品させる場合と、組合が工事（製造）責任者になり、組合員に工事（製造）を分割して割り当てる場合とがある。

　組合員の責任で完成させる場合に、組合の受注価額、契約条件そのままを組合員へ引き継ぐと、組合は代金回収だけを行うことになる。

取引　甲社から受注した工事（製品）の製作を、乙組合員へ発注した。

　　　　　　　仕訳なし

取引　乙組合員の工事（製造）が完了し、甲社の検査に合格したので、組合員から直接甲社へ納品した。工事（製品）代¥1,000,000、消費税¥80,000

(借)	仕入又は組合員仕入	1,000,000	(貸)	買掛金	1,080,000
	仮払消費税	80,000			
(借)	売掛金	1,080,000	(貸)	売上又は一般売上	1,000,000
				仮受消費税	80,000

取引　甲社から製品代を約束手形で受け取った。

(借)	受取手形	1,100,000	(貸)	売掛金	1,110,000

取引　乙組合員へ手数料¥110,000を差し引き、¥972,000を支払った。

(借)	買掛金	1,080,000	(貸)	受取受注手数料	100,000
				仮受消費税	8,000
				当座預金	972,000

組合が責任をもつ場合は、多くの組合員が工事（製造）に参加することができる反面、組合としては、組合員が工事（製造）を終わったごとに検査し、手直しの必要があるところは直させたうえ引渡しを受けることになるので、組合に監督及び検査能力などが必要になる。

したがって、組合は受注価額から必要な費用を賄う収益を差し引き、組合員への受注価額を定めることになる。

取引 甲社から受注した工事（製品）の製作を、製作希望組合員へ発注した。

　　　　　仕訳なし

取引 乙組合員から工事（製造）が完了したとの報告があったので、検査を行い、引渡しを受けた。工事（製品）出来高￥500,000、消費税￥40,000

（借）仕入又は外注費　　500,000　（貸）買掛金　　　　　540,000
　　　仮払消費税　　　　 40,000

取引 乙組合員へ支払をした。

（借）買掛金　　　　　　540,000　（貸）当座預金　　　　540,000

取引 丙組合から工事（製造）が完了したとの報告があったので、検査を行い引渡しを受け、即日工事（製品）出来高￥300,000、消費税￥24,000を支払った。

（借）仕入又は外注費　　300,000　（貸）当座預金　　　　324,000
　　　仮払消費税　　　　 24,000

取引 工事（製品）全部が完成したので、甲社の検査を受け、甲社へ納品した。工事（製品代）￥1,100,000、消費税￥88,000

（借）売掛金　　　　　1,188,000　（貸）売上又は外部売上　1,100,000
　　　　　　　　　　　　　　　　　　　仮受消費税　　　　　 88,000

(3) 消費税の取扱いは、課税売上になる。

Ⅲ 勘定科目

4－5 受取斡旋手数料

> それぞれの事業の斡旋によって徴収した手数料を処理する。

(1) 共同購買事業、共同販売事業、共同受注事業、金融事業など種々の事業において斡旋の形態で事業を行うことがある。

　このため斡旋手数料は、各事業に発生することになるので「受取斡旋手数料」という勘定をそれぞれの事業収益ごとに設けなければならないとの意見もあったが、会計基準には1つの勘定科目だけを示すことにした。

　したがって、複数の斡旋事業を行う場合には、それぞれの事業名を付けた「受取○○斡旋手数料」とすることが望ましい。

　共同購買事業などで商品の斡旋をする場合も、金融事業で資金の斡旋をする場合も、組合は斡旋をするだけで取引の当事者にはならない。

　このため、斡旋事業の会計処理には、商品、資金などの取引は発注せず、単に手数料の授受だけが取引になる。

　斡旋手数料は、通常は組合員から徴収するが、仕入先から割戻しの形式で、組合が受け取る場合もある。

(2) 契約のある手数料の仕訳

実行日に

| （借）未収金 | 1,080 | （貸）受取○○斡旋手数料 | 1,000 |
| | | 仮受消費税 | 80 |

入金日に

| （借）現金 | 1,080 | （貸）未収金 | 1,080 |

(3) 契約のないリベート等の仕訳

通知のあった日

| （借）未収金 | 1,080 | （貸）受取○○斡旋手数料又は仕入割戻し | 1,000 |
| | | 仮受消費税又は仮払消費税 | 80 |

通知がなければ入金の日に仕訳する。

(借) 現金預金	1,080	(貸) 受取○○斡旋手数料又は仕入割戻し	1,000
		仮受消費税又は仮払消費税	80

(4) 消費税の取扱いは課税売上又は、仕入に係る消費税額から控除する。

4－6 受取貸付利息、受取貸付手数料

> 資金の貸付によって徴収した利息と手数料を処理する。

(1) 受取貸付利息は、金融事業による貸付金の利息を処理する勘定であって、証書貸付、手形貸付、手形割引貸付の区分をせず、すべての貸付利息を処理することにした。

　貸付利息には借入利息相当分と組合の手数料部分とがあり、組合の手数料部分を区別して「受取貸付手数料」として処理する方法もある。

(2) 手形貸付と手形割引貸付の仕訳

借入利子支払

(借) 預金	9,000	(貸) 転貸借入金	10,000
転貸支払利息	1,000		

貸付利子先取り　第1法（貸付金額×日数×手数料率＝手数料）

(借) 貸付金	10,000	(貸) 預金	8,900
		受取貸付利息	1,000
		受取貸付手数料	100

貸付利子先取り　第2法

(借) 貸付金	10,000	(貸) 預金	8,900
		受取貸付利息	1,100

(3) 証書貸付の仕訳

借入利子後払

Ⅲ　勘定科目

（借）預金	10,000	（貸）転貸借入金	10,000

貸付利子後取り（貸付件数×手数料単価＝手数料）

（借）貸付金	10,000	（貸）預金	9,892
		受取貸付手数料	100
		仮受消費税	8

回収日に

（借）預金	1,100	（貸）貸付金	1,000
		受取貸付利息	100

返済日に

（借）転貸借入金	1,000	（貸）預金	1,100
転貸支払利息	100		

(4) 消費税の取扱いは、次のようになる。

　① 受取貸付利息は、非課税売上になる。

　② 貸付手数料は、その算出根拠が元金及び期間に対応して算出されているものは、実質的金利として非課税売上になる。

　③ 貸付手数料を、金銭消費貸借契約締結の為の手数料として徴収する場合は、役務提供の対価として課税売上になる。

4－7　受取保証料

> 債務の保証によって徴収した保証料を処理する。

(1) 受取保証料は、金融事業で組合が組合員の債務を保証した場合に徴収する手数料を処理する。

　債務保証の会計処理としては、債務を保証した段階では債務ではないため偶発債務の勘定で処理することになる。

(2) 消費税の取扱いは非課税売上になる。

4-8 受取加工料

> 共同加工事業によって徴収した加工料を処理する。

(1) 共同加工事業とは、組合員が使用する半製品、部品などを加工する事業で、準備工程、中間工程、仕上工程などを行っている。

共同加工事業の形態としては、加工した製品、半製品を販売する場合と、加工を委託された加工料を受け取る場合とがある。

製品、半製品を販売する場合には「売上高」として処理し、加工料を受け取る場合は「受取加工料」で処理する。

受取加工料は、製品、半製品引渡時に収益計上を行うため、未収金が発生する。

加工料の未収は「未収加工料」として処理するが、別に製品代の未収金（売掛金）があるときは「売掛金」として処理して差し支えない。

(2) 消費税の取扱いは課税売上になる。

4-9 受取運送料

> 共同運送事業によって徴収した運送料を処理する。

(1) 共同運送事業は、組合員の委託を受けて物資を運搬する事業で、組合員から徴収した運送料は「受取運送料」として処理する。
(2) 消費税の取扱いは課税売上になる。

4-10 受取検査料

> 共同検査事業によって徴収した検査料を処理する。

Ⅲ　勘定科目

(1) 共同検査事業は、組合員の設備、原材料、製品などの検査を行う事業であって、検査料を徴収したときは「受取検査料」で処理する。
　　検査を行い、検査結果の表示として検査証紙を貼付するが、組合によっては証紙だけを販売することがある。この場合は、検査をしていないので「証紙売上高」又は「受取証紙料」として処理する。
(2) 消費税の取扱いは課税売上になる。

4－11　受取保管料

> 共同保管事業によって徴収した保管料を処理する。

(1) 共同保管事業は、組合員の製品などを保管する事業で、組合員から徴収した保管料は「受取保管料」で処理する。
　　倉庫などの一部を組合員に賃貸した場合は、保管料でなく施設利用料になる。
　　倉荷証券が発行できる倉庫の場合に、証券発行の手数料を徴収するときは、「受取倉荷証券発行手数料」で処理する。
(2) 消費税の取扱いは課税売上になる。

4－12　受取施設利用料

> 共同施設利用提供事業によって徴収した利用料を処理する。

(1) 共同施設利用事業は、組合の試験設備、運搬設備、生産加工設備などの施設を組合員が利用する事業で、組合員から徴収する利用料は「受取施設利用料」で処理する。
　　共同工場、共同店舗などを組合員に賃貸する場合の家賃収入は、組合員が組合の施設を利用するのであるから「受取施設利用料」で処理するが、組合会館の一部を組合員以外に賃貸する場合の家賃収入は、

事業外収益に属する「受取家賃」として処理する。
(2) 消費税の取扱いは課税売上になる。

4－13 受取試験料・試験開発負担金収入

> 共同試験開発事業によって徴収した手数料を処理する。

(1) 共同試験研究事業は、組合が一定の課題につき試験、研究、調査を行う事業で、試験などを依頼した組合員から手数料を徴収するときは「受取試験研究手数料」として処理する。
(2) 消費税の取扱いは課税売上になる。

4－14 広告宣伝収入

> 共同広告宣伝事業によって徴収した広告宣伝収入を処理する。

(1) 広告宣伝事業は、見本市、展示会、品評会、招待会、パンフレット、カタログ、ポスター、見本帳、商品まつり、抽選売り出し、パレード、テレビ、ラジオ、新聞、交通広告、のれん、引幕など多種類の方法で行われている。

　これらの費用を賄う収入は、広告宣伝に参加した組合員が負担したり、他の事業収益のうちから支出する。

　広告宣伝収入は、組合員から徴収した宣伝料を処理するが、他の事業収益科目と異なり、科目に「受取」をつけず「収入」としてある。

　これは他の事業収益の科目より手数料としての性格がうすく、賦課金、負担金としての性格があることから、特に広告宣伝収入としたわけである。

　見本市、展示会などで即売をして手数料を徴収するときは、「受取販売手数料」として処理する。

Ⅲ　勘定科目

　　広告宣伝収入は、組合員の負担の方法により「受取出品料」「抽選券売上高」「宣伝費負担金収入」などの科目を使用して差し支えない。
(2)　消費税の取扱いは課税売上になる。

4−15　受取事務手数料

> 事務代行事業によって徴収した手数料を処理する。

(1)　事務代行事業は、本来は組合員の便宜を図るために事務の代行をする事業であるが、他団体の事務を代行する場合も見受けられる。
　　事務を依頼する他団体は同一の組合員で組織している団体が多く、例えば協同組合と商工組合又は社団法人、協同組合と共済会、協同組合と火災保険代理店などがある。
　　事務代行を依頼されたとき、同一組合員の団体であるとして事務代行料を明瞭に定めない場合もあるが、事務代行契約を結んで契約に基づいた事務代行料を徴収するようにしなければならない。
　　事務代行料を徴収したときは「受取事務代行手数料」で処理する。
　　組合が事業として事務代行を行っている場合は、他団体に対する事務代行は員外利用になる。
　　また組合の事業としてではなく、依頼者への便宜を図って組合員以外の者に対する事務代行だけを行う場合の事務代行料は、事務外収益に属する「受取事務代行手数料」で処理する。
(2)　消費税の取扱いは課税売上になる。

4−16　団体保険等・保険業務代理・代行事業収益

　　共済事業の科目は特殊科目として、「7−13」(300頁)へ移したので、共済事業以外の保険業務代理・代行事務及び団体保険についての科目に変更した。

4．収益勘定

(1) 団体保険について勘定科目表訂正

　平成21年８月18日、組合会計基準作成委員の打合せにより、次の訂正が協議され訂正案として、承認された。

「第２章勘定科目　大分類四収益　区分Ⅰ事業収益

　中分類　x保険業務代理・代行事業収益を→　x団体保険等・保険業務代理・代行事業収益に変更する。

　小分類に次のように４、５を追加する。

１	団体保険料収入	組合員から納入された保険料を処理する。
２	団体保険金収入	保険会社等から受け取った保険金を処理する。
３	団体保険配当金収入	保険会社等から受け取った配当金を処理する。
４	受取事務手数料	保険会社等から受け取った事務手数料を処理する。
５	受取保険代理手数料	保険会社等から受け取った保険代理手数料を処理する。
６	受取保険代行手数料	保険会社等から受け取った保険代行手数料を処理する。

第２章勘定科目　大分類五費用　区分Ⅰ事業費用

　中分類　x保険業務代理・代行事業費を→　x団体保険等・保険業務代理・代行事業費用に変更する。

　小分類に次のように４、５を追加する。

１	支払団体保険料	保険会社等に支払う保険事業に係る保険料を処理する。
２	支払団体保険金	保険事業に係る契約に基づき組合員に対して支払った保険金を処理する。
３	支払団体保険配当金	保険会社等から受け取った配当金につき

		組合員に支払った配当金を処理する。
4	団体保険業務費	団体保険事業に要した直接費用を処理する。
5	保険業務代理費	保険業務代理に要した直接費用を処理する。
6	保険事務代行費	保険事務代行に要した直接費用を処理する。」

〈訂正理由〉

　中協法第9条の2第6項に保険会社の業務の代理又は事務の代行が、第7項に共済事業が定められた。「団体保険」については同条第1項第3号の組合員の福利厚生に関する事業の1つとされてきた。従来の会計基準ではこのことが明確でなかったことから、今回「団体保険事業」と「保険代理・代行事業」とは別であることを示すために訂正を行った。

(2)　保険業務代理・代行事業（中協法9の2Ⅵ）

　① 組合員から保険料が納入された。

(借)	預金	9,900	(貸)	仮受保険料	10,000
	支払手数料	92			
	仮払消費税	8			

　② 保険会社へ保険料支払

(借)	仮受保険料	10,000	(貸)	預金	9,800
				受取保険代理手数料	185
				仮受消費税	15

(3)　団体保険契約（中協法9の2Ⅰ③、組合員の福利厚生に関する事業）

　① 組合員から保険料が納入された。

(借)	預金	9,900	(貸)	団体保険料収入	10,000
	支払手数料	92			
	仮払消費税	8			

② 保険会社へ保険料支払

| 支払団体保険料 | 10,000 | （貸） | 預金 | 10,000 |

③ 保険会社から保険金が入金

| （借） | 預金 | 500,000 | （貸） | 団体保険金収入 | 500,000 |

④ 組合員へ保険金支払

| （借） | 支払団体保険金 | 500,000 | （貸） | 預金 | 500,000 |

⑤ 集金事務手数料を保険会社から入金

| （借） | 預金 | 10,000 | （貸） | 受取事務手数料 | 9,500 |
| | | | | 仮受消費税 | 500 |

⑥ 保険会社から事故が少なかったので保険配当金を受けた。

| （借） | 預金 | 100,000 | （貸） | 団体保険配当金収入 | 100,000 |

⑦ 保険配当金の80％を組合員へ支払った。

| （借） | 支払保険配当金 | 80,000 | （貸） | 預金 | 80,000 |

⑧ ①→④は仮受保険料・仮受保険金で処理しても可。

4－17 教育情報事業賦課金収入

> 教育情報事業に充てるため徴収した賦課金を処理する。

(1) 昭和46年の改訂の際、新設された勘定科目であって、税法で定められている仮受賦課金の取扱いに合わせたものである。

したがって、税法上の仮受金経理を行う組合では、特に教育情報事業賦課金として区分徴収する必要がある。また、賦課金の区分は、組合において区分すればよいとされている。なかには、教育情報事業賦課金を通常の賦課金と異なる賦課基準で徴収している組合もある。

教育情報事業賦課金として徴収したときは「教育情報事業賦課金収入」として処理する（「2－11」（141頁）関連）。

(2) 組合員教育事業の方法

組合員教育のための講習会開催・他地域同業者の実情視察・業界と

Ⅲ　勘定科目

関連する他業界の見学などは、よく行われている事業である。

　これらの事業に要する費用は、賦課金収入の中で賄われているが、不足のときには参加料を参加組合員から徴収することもある。

　事業の費用は「教育情報事業費」として独立した小分類科目により処理するが、「講習会費」「研究会費」「視察費」などの細節科目を使用してもよい。

　中協法第9条の2第1項第4号で「組合員の事業に関する経営及び技術の改善向上又は組合事業に関する知識の普及を図るための教育及び情報の提供に関する事業」、同項第5号で「組合員の新たな事業の分野への進出の円滑化を図るための新製品若しくは新技術の研究開発又は需要の開拓に関する事業」と規定されている。なお、『中協法逐条解説』(33～34頁)を参照のこと。

(3)　消費税の取扱いは次のようになる。
　①　会報又は機関紙の購読料、講習会の受講料、情報の提供料等のように対価性のある教育情報賦課金は、課税売上になる。
　②　教育情報賦課金と称していても、内容は通常の業務運営のために経常的に要する費用を分担させるものは、「賦課金収入」とし、組合が課税売上に該当しないこととし、組合員も課税仕入に該当しないこととしているときは、組合はその旨を通知することにより、課税対象外になる。

　　なお、教育情報賦課金としていても、内容が通常の業務運営のために経常的に要する費用を分担させるものであれば、法人税法上の仮受賦課金を行ううえでの条件である事業の翌年度への繰越しが起り得ないことになるので、法人税法上仮受賦課金とは認められない。

(4)　平成19年の改正で、教育情報事業収益・費用を、従来の賦課金収入の区分から、事業収益・費用の区分に移した。

　したがって、通常の業務運営のために経常的に要する費用を分担させるために徴収する賦課金は、「賦課金収入」で処理をし、「教育情報事業賦課金収入」にはしてはいけない。

4－18　賦課金収入

> 教育情報事業以外の非経済事業及び一般管理費に充てるため賦課金を処理する。

(1) 通常徴収されている賦課金であって、非経済事業及び一般管理費の費用に充てるための賦課金である。

この賦課金は仮受金経理の対象にならないのに、誤って仮受賦課金として処理している組合があるので注意しなければならない。

以前は「一般賦課金収入」としていたが、第4回改訂で「一般」の字句を削除したので「賦課金収入」として処理することになった。

第1法

　　賦課期日に

| (借) 未収金 | 13,000 | (貸) 賦課金収入 | 13,000 |

　　入金日に

| (借) 現金預金 | 10,000 | (貸) 未収金 | 10,000 |

第2法

　　入金日に

| (借) 現金預金 | 10,000 | (貸) 賦課金収入 | 10,000 |

　　決算日に

| (借) 未収金 | 3,000 | (貸) 賦課金収入 | 3,000 |

(2) 賦課金徴収の方法

総会で賦課基準、徴収方法を定める。

記載例

経費の賦課及び徴収方法

本組合○○年度の賦課金の総額は、金○○○○○円とし、次の方法により徴収する。

1. ○○賦課率

Ⅲ　勘定科目

> 　　平等割　　　1組合員　　　月額　○○○○円
> 　　差等割　　　○○○を基準として、次の等級に分ける。
> 　　等級　　　基　準　　　金　額　　　員数　　　小　計
> 　　1級　　　○　○　○　　○○○円　　○人　　　○○○○円
> 　　2級　　　○　○　○　　○○○円　　○人　　　○○○○円
> 　　3級　　　○　○　○　　○○○円　　○人　　　○○○○円
> 　　　　　　　　　　　　　合　　　計　○人　　　○○○○円
> 2．△△賦課金・組合員の△△を基準として○○％を徴収する。
> 3．徴収方法
> 　　毎月○日までにその月分を納入するものとする。
> 4．○○賦課金は課税対象外として取り扱うから、課税仕入にならない。
> 　　△△賦課金は課税対象として取り扱うから、課税仕入になる。
> 5．○○参加料は課税対象外として取り扱うから、課税仕入にならない。
> 　　△△参加料は課税対象として取り扱うから、課税仕入になる。
> 6．○○負担金は課税対象外として取り扱うから、課税仕入にならない。
> 　　△△負担金は課税対象として取り扱うから、課税仕入になる。

(3) 収支予算に記載

　賦課金収入は、収支予算の収入の部に記載し、支出の部の費用と比較し、賦課金を何の費用に充てるため徴収するかを明らかにする。

〈記載例〉

収支予算（見積損益計算書）

収　　入　　の　　部		
Ⅰ　事　業　収　入		
教育情報事業賦課金収入	×××	組合員1人月額○○○円○○人○か月分
教育情報費用繰越金戻入	×××	
仮受賦課金戻入	×××	
Ⅱ　賦課金等収入		
賦課金収入	×××	組合員1人月額○○○円○○人○か月分
特別賦課金収入	×××	組合員1人月額○○○円○○人

			○か月分
	○ ○ ○ ○	×××	
	賦課金等収入計	××××	
Ⅲ	事業外収入		

(4) 賦課金により賄う費用

　賦課金により賄う費用としては、非経済事業費（講習費・視察費・情報提供費・親睦会費・慶弔費・記念式典費）及び管理費（人件費・事務所費・会議費等）があり、経済事業費には支出しない。

　従来、一般管理費に事業間接費が含まれていたが、事業間接費が小額で重要でない場合を除いて、原則として各事業費に配賦し、配賦後の事業間接費を含んだ事業費を各事業収入（手数料等）で賄うことを目標にしている。

　したがって、従来の賦課金収入額が事業間接費を含んだ一般管理費を賄う額になっている場合は、賦課金収入を減額し、その分事業収入を増額するという問題が生じる。

　また、事業間接費を除いた一般管理費を賄う賦課金収入額がない場合は、不足分を事業収入で賄うか、賦課金収入を値上げするかの問題が生じる。

　いずれの場合も、賦課金を徴収しない組合のように、大きな経済事業の剰余金により組合経費全額を賄える場合を除いて、それぞれの組合に適した賦課金を徴収することが望ましい。

(5) 賦 課 基 準

　賦課基準には、均等割と差等割とがあり、差等割の基準としては、企業規模（売上高・出荷高・従業員数・機械台数）・資本金・店舗の間口・地域等がある。

　組合と組合員との取引高を基準にすると手数料として取り扱われる。

(6) 消費税の取扱い

　① 組合としての通常の業務運営のために経常的に要する費用を分担

Ⅲ 勘定科目

させ、組合の存立を図るというような、いわゆる通常の賦課金は課税対象外になる（消基通5－5－3注1）。しかし、組合の賦課金は非経済事業費や福利厚生事業費を賄う場合もあり、組合が存立を図る通常の賦課金と判断しても、組合員には組合から通知がなければ課税対象外であることがわからない。

　このことからすると、組合の賦課金のほとんどが判定困難な賦課金に該当するものと思われる。

② 判定が困難な賦課金

　賦課金と、組合が組合員に対して行う役務提供の間に明白な対価関係があるかどうか判定が困難な賦課金について、継続して、組合員が課税売上に該当しないものとして組合員にその旨を通知し、かつ、賦課金を支払う組合員がその支払を課税仕入に該当しないものとしている場合は、その賦課金は課税対象外となる（消基通5－5－3本文及び注3）。

　組合員への通知としては、賦課金徴収方法を定める議案及び収支予算に、賦課金は課税対象外である旨を記載するとともに、賦課金の請求書、領収書等に課税対象外であることを明記する。また、賦課金が振込みで行われる場合は振込依頼書等振込手続を求める書類に課税対象外であることを記載するなど、賦課金を支払う組合員に周知させることが必要である。

③ 実質が資産譲渡の対価

　賦課金と称していても、実質的に出版物の購読料、組合員研修の受講料、施設の利用料等と認められるときは、課税売上になる（消基通5－5－3注2）。

〇請求書、領収書への捺印例

消 費 税 課 税 対 象 外

消 費 税 課 税 対 象

4．収益勘定

○振込依頼書への記載例

> 消費税の取扱い
> ○○○賦課金は課税対象外として取り扱うから、課税仕入にならない。
> △△△賦課金は課税対象として取り扱うから、課税仕入となる。

4－19　仮受賦課金戻入れ

> 間接法により仮受賦課金を処理する場合に収益への戻入れを処理する。

(1) 仮受賦課金の処理には直接法と間接法とがあるが、仮受賦課金戻入れは間接法で行うときに使用される（「2－11」(141頁) 関連）。

　前期から繰り越された教育情報事業を今期実施した場合、その費用は「教育情報事業費」として処理するので、前期計上した仮受賦課金は教育情報事業費との対応で収益へ戻入れを行う。

　もし、今期中に前期から繰り越された教育情報事業が実施されなかった場合は、前期の仮受賦課金は仮受をすべき原因が消滅したものとして収益へ戻入れを行う。

(2) 消費税の取扱いは課税対象外になる。

4－20　仮受賦課金繰入れ

> 間接法により仮受賦課金を処理する場合に、収益から控除する額を処理する。

(1) 仮受賦課金戻入と併せて用いられる勘定であって、間接法による仮受賦課金の処理の場合に用いられる（「2－11」(141頁) 関連）。

　仮受賦課金繰入額については組合の任意処理は認められず、税法に

より行う。

　仮受賦課金繰入の性格は収益を次期へ繰り越すための会計処理であるから、繰入れという用語を用いているが費用ではなく、教育情報事業賦課金収入を総額主義で表示するための収益の控除を示す勘定である。

(2)　消費税の取扱いは課税対象外になる。

4-21　特別賦課金収入

> 特別の目的で徴収する賦課金を処理する。

(1)　特別賦課金収入は、特別な事業（例えば、20周年記念事業）の実施などのために徴収する賦課金を処理する。

　特別な事業の費用などが小額な場合は、特に特別賦課金として徴収せず、通常の賦課金の中で賄うことが多い。

　また、組合会館建設あるいは共同施設設置のときにその施設の減価償却費や、その施設建設資金として借り入れた借入金の利子などの費用を組合員へ負担させる方法として、負担金を徴収することがある。

　負担金は施設を利用する組合員にその費用を負担させるのに対して、特別賦課金は全組合員に施設の費用を賦課するところが異なる。

(2)　消費税の取扱いは次のようになる。

①　共同店舗の施設維持・管理費（減価償却費を含む。）を、組合員が営業を行っている専有区画の面積に応じて算定して徴収する特別賦課金は、店舗利用料の性格があるものとして、課税売上になる。

②　創立○○周年記念事業実施のため、徴収する特別賦課金は、明白な対価関係があると認められないので、課税対象外になる。

③　組合会館建設のための負担金として、徴収する特別賦課金は、明白な対価関係があるかどうかの判定が困難であるから、組合が課税売上に該当しないこととし組合員が課税仕入に該当しないものとし

ているときは、組合はその旨を通知することにより、課税対象外になる。

第1法（消費税課税の場合）

賦課期日に

（借）未収金	14,040	（貸）特別賦課金収入	13,000
		仮受消費税	1,040

入金日に

（借）現金預金	11,000	（貸）未収金	11,000

第2法（消費税課税の場合）

入金日に

（借）現金預金	10,800	（貸）特別賦課金収入	10,000
		仮受消費税	800

決算日に

（借）未収金	3,240	（貸）特別賦課金収入	3,000
		仮受消費税	240

4-22 参加料収入

> 特定の事業に参加する組合員から徴収する参加料を処理する。目的を表示した科目とすることができる。

(1) 教育情報事業や福利厚生事業などを実施する場合に、参加者から徴収する参加料は「参加料収入」として処理し、事業費から直接に減額する処理を行ってはならない。

また、青年部費、女性部費、旅行費などとして本会計から支出した補助額のみを処理することがあるが、これらの事業が組合事業として実施されたのであれば、総額主義により費用全額と参加料収入を計上しなければならない。

参加料収入の損益計算書への表示については、収益計上ばかりでな

Ⅲ 勘定科目

く、事業費からの控除形式で表示することも認められている。

それぞれの事業で参加料を徴収するときは、講習会参加料収入、視察旅行参加料収入のように目的を表示することが望ましい。

入金日に

（借）現金	10,800	（貸）○○参加料収入	10,000
		仮受消費税	800

決算日に

（借）未収金	3,240	（貸）○○参加料収入	3,000
		仮受消費税	240

(2) 消費税の取扱いは次のようになる。

① 講習会の参加者から参加料を徴収するときは、受講料の性格があるものとして、課税売上になる。

② 総会の参加者から参加料を徴収したときは、組合の組織的活動の一環として催す総会の費用を参加者に負担させているものであるから、課税対象外になる。

③ 総会参加者のうち宿泊を希望する組合員から、別途徴収する宿泊費の実費相当額は、課税売上になる。

宿泊費が参加料の中に含まれている場合は、②と同様に課税対象外になる。

4－23 負担金収入

> 共同施設の償却費、借入金の利子等組合の費用又は共同施設の建設費、建設資金借入金の償還金を組合員に割り当てて徴収する場合の負担金を処理する。
>
> 試験研究負担金収入、共同試験研究の費用を組合員に割り当てて徴収する場合の負担金を処理する。

(1) 工場、倉庫、店舗、事業所、アーケードなど組合員が利用する施設

を組合が建設した場合に、その施設の減価償却費やその施設建設資金として借り入れた借入金の利子などを利用組合員から徴収する場合の負担金を「負担金収入」として処理することにしていたが、建設資金を調達する目的で割り当てた建設費、建設資金として借り入れた借入金の償還金を徴収する場合の負担金も負担金収入で処理することにした。

組合会館、アーケード施設などを建設する際、事前に積立てを行うことがあるが、これは負担金収入で処理してはならない。

負担金収入は、「償却費負担金収入」「利子負担金収入」「建設負担金収入」「償還負担金収入」のように目的を表示した科目を使用する。

(2) 共同試験研究費の調達は、研究開発が成果が確実でないリスクを伴うものであること、また、ある期間の経過を要して完結するものであること、あるいは、費用が変動しがちであること等から、賦課金又は負担金を充てることが望まれている。

共同試験研究事業に参加する組合員から負担金を徴収する場合は、試験研究負担金収入で処理する。

(3) 消費税の取扱いは次のようになる。

① 共同店舗の施設維持・管理費（減価償却費を含む。）を、組合員の専有区画の面積に応じて算定して徴収する負担金は、店舗利用料の性格があるものとして、課税売上になる。

② 組合会館建設のための負担金として、徴収する負担金は、明白な対価関係があるかどうかの判定が困難であるから、組合が課税売上に該当しないこととし、組合員が課税仕入に該当しないものとしているときは、組合はその旨を通知することにより課税対象外になる。

③ 共同研究を行うために参加事業者から受領する研究に必要な費用の負担金については、その研究の実施に伴う研究成果の配分との間に明白な対価関係があるかどうかによって消費税の課税対象になる

Ⅲ 勘定科目

か否かを判定する。

4－24 事業外受取利息

> 特定事業以外で受け取る預金及び債券等の利息を処理する。

(1) 事業外受取利息として処理するものは、預金、商工債券、などの利息のうち、特定事業の収益として処理されなかったものである。

　金融事業、共済事業、商品券発行事業などでは、事業の性格上、特定預金を所有することがある。

　事業別に明瞭に区分された預金などから生じた利息については、会計基準では事業収益に属するものとした。

　しかし、事業別に明瞭に区分されていない預金などの利息あるいは利息の額が小額で事業収益としての重要性に乏しいものは、事業外受取利息として処理する。

(2) 預金利子の仕訳（国税利子源泉15％（所法182①）地方税利子割5％（地法71の6Ⅰ）の場合）

（借）預金	80	（貸）受取利息	100
租税公課（国税）	15		
〃　　（地方税）	5		

(3) 利付商工債券の仕訳（93～94頁）

債券購入日

（借）有価証券	2,000	（貸）現金預金	2,000

利子受取日に

（借）預金	80	（貸）受取利息	100
租税公課（国税）	15		
〃　　（地方税）	5		

債券期日に

（借）預金	2,000	（貸）有価証券	2,000

(4) 割引商工債券の仕訳（93～94頁）（国税利子源泉18％（措法41の2Ⅱ）の場合）

債券購入日に

| （借） | 有価証券 | 1,918 | （貸） | 現金預金 | 1,918 |

債券期日に

| （借） | 現金 | 2,000 | （貸） | 有価証券 | 1,918 |
| | 租税公課（国税） | 18 | | 受取利息 | 100 |

(5) 消費税の取扱いは非課税売上になる。

4-25 事業外受取外部出資配当金

> 特定事業以外で受け取る関係先出資金等の配当金を処理する。

(1) 事業外受取外部出資配当金として処理するものは、商工中金、信用組合、信用金庫、連合会などへの出資に対する配当のうち特定事業の収益として処理されなかったものである。

　組合が受け入れる配当には出資配当金と利用分量配当金とがあるが、利用分量配当は売上割戻しの性格であるため、事業収益に属する「受取利用分量配当金」として処理する。

　出資配当金は、関係先出資金を特定事業の出資として明確に区分することが少ないため、受取配当を特定事業の収益とすることは少ない。

入金日に（国税配当源泉税20％（所法182Ⅰ②）の場合）

| （借） | 現金 | 8 | （貸） | 受取配当金 | 10 |
| | 租税公課 | 2 | | | |

決算日以前に、関係先法人の総会で配当が確定し、決算日までに配当を受け取っていないとき

| （借） | 未収金 | 10 | （貸） | 受取配当金 | 10 |

(2) 消費税の取扱いは課税対象外になる。

Ⅲ　勘定科目

4－26　事業経費補助金収入

> 　組合事業経費に充てるために都道府県・市町村又は組合員以外より補助を受けた補助金を処理する。なお、事業収益として処理することができる。

(1)　事業経費補助金収入として処理するものは、事業費用に充てるための経費補助金であるから、組合施設取得のための施設補助金は含めない。

　補助金の受入先には、都道府県、市町村、メーカー、問屋等がある。

　事業経費補助金収入は、補助対象になった費用に対応させるため、事業収益として処理することができる。

(2)　消費税の取扱いは通常の場合、課税対象外になる。

4－27　協賛金収入

> 　組合員以外から受け入れる協賛金、賛助金、協力会費等を処理する。目的を表示した科目とすることができる。

(1)　協賛金収入として処理するものは、仕入先から受け入れる協力会費、関係団体から受け入れる賛助金、員外の協力者から受け入れる協賛金などである。

　組合として組合員以外の者から協賛金を受け入れて事業を行うことは、組合本来の活動とはいえないので、受け入れたときは事業外収益に属させることになった。

(2)　相手先と対価契約のある協賛金の仕訳

　入金日に

4．収益勘定

| （借）現金 | ×× | （貸）協賛金収入 | ×× |
| | | 仮受消費税 | × |

決算日に

| （借）未収金 | ×× | （貸）協賛金収入 | ×× |
| | | 仮受消費税 | × |

(3) 契約のない協賛金の仕訳

　入金日に

| （借）現金 | ×× | （貸）協賛金収入 | ×× |

(4) 消費税の取扱いは対価性のある協賛金は課税売上になり、対価性のない協賛金は課税対象外になる。

4－28　加入手数料収入

> 新組合員の加入に際して徴収した手数料を処理する。

(1) 加入手数料収入として処理するものは、出資受入事務、交付する組合員章など加入のために必要な事務手数料である。

　加入手数料は加入時に徴収するが、「加入金」とは異なり、損益取引に属する収益とされている。

　加入手数料は事務手数料であるから少額なものであり、多額な加入権利金的なものは含めてはならない。

入金日に

| （借）現金 | 10,800 | （貸）加入手数料収入 | 10,000 |
| | | 仮受消費税 | 800 |

(2) 消費税の取扱いは課税売上になる。

Ⅲ　勘定科目

4－29　為替差益

> 外貨建金銭債権債務等によって生ずる換算差益を処理する。

(1) 外国通貨、外貨預金、外貨建金銭債権債務、外貨建有価証券について、決算時における換算によって生じた換算差益、及び外貨建金銭債権債務の決済に伴って生じた差益は、当期の為替差益として処理する。
(2) 消費税の取扱いは課税対象外になる。

4－30　過怠金収入

> 過怠金収入を処理する。

(1) 過怠金収入として処理するものは、各種違反行為を行った組合員から徴収する過怠金である。
(2) 消費税の取扱いは課税対象外になる。

4－31　雑収入

> 各科目に属さない収入を処理する。
> 還付消費税　税込経理方式の場合における還付された消費税を処理する。

(1) 雑収入として処理するものは、事業に直接関係がなく、発生することもまれで、かつ、金額が少額で他の科目に属さないものである。例えば、現金収支の過剰分、不用品売却による収入である。
　事業に直接関係のある収入は、事業収益に属する収入とし、「事業雑収入」などとして処理する。

(2) 税込経理方式の場合における還付された消費税は、還付消費税として処理する。
(3) 消費税の取扱いは、個々の収入の内容により、課税対象となるかどうかを判定する。

現金過剰額は課税対象外になる。
総会等の祝金収入は課税対象外になる。
名簿等の売却収入は課税売上になる。
屑、不用品の売却収入は課税売上になる。
還付消費税は課税対象外になる。

4－32 賞与引当金戻入れ、退職給与引当金戻入れ、貸倒引当金戻入れ

> 賞与引当金、退職給与引当金の戻入れを処理する。なお、これらの戻入れについては、一般管理費人件費の項目に控除形式で表示する。
>
> 貸倒引当金戻入れは、差額補充法により戻入が生じた場合の貸倒引当金戻入額を表示する。

(1) 賞与引当金は、翌期全額戻入を行い、退職給与引当金は退職金支給時に戻入れを行う。

　これらの引当金戻入れは人件費項目に控除形式で表示することになった。貸倒引当金戻入れについては、差額補充法により戻入益が生じた場合の貸倒引当金戻入れは特別利益の区分へ表示するが、貸倒損を事業直接費として処理したときは、貸倒損から控除する形式で損益計算書に表示することができる。

〔三事業費用の部〕		〔一事業収益の部〕
貸倒損失	×××	
貸倒引当金戻入	△×××	

(2) 消費税の取扱いは課税対象外になる。

Ⅲ　勘定科目

4－33　固定資産売却益

> 固定資産の売却代金と簿価との差益を処理する。

(1)　土地、建物などの有形固定資産、借地権、電話加入権などの無形固定資産を売却して簿価との差益があったときは、「固定資産売却益」で処理する。
　　固定資産売却益は、過去の減価償却費が多額であったり、土地などの価額が高騰したために発生するのであるから、特別利益に属する利益として処理する。
　　固定資産売却益のうち金額が少額で重要性に乏しいものについては、事業外収益として表示しても差し支えない。

(2)　固定資産売却益の仕訳
　　帳簿価額¥224,800の車両を本体価額¥250,000、消費税¥20,000で売却した。

税込経理方式

（借）現金	270,000	（貸）車両運搬具	224,800
		固定資産売却益	45,200

税抜経理方式

（借）現金	270,000	（貸）車両運搬具	224,800
		固定資産売却益	25,200
		仮受消費税	20,000

(3)　消費税の取扱いは次のようになる。
　　①　建物、機械装置、車両、器具備品などの売却額は、課税売上になる。
　　②　土地、借地権の売却額は、非課税売上になる。

4．収益勘定

4－34　教育情報費用繰越金取崩し

> 剰余金処分で繰り越された法定繰越金の取崩しを処理する。

(1)　教育情報費用繰越金は、剰余金処分により繰り越され、翌期以降の教育情報事業費に充てるものである。

　　従来、教育情報費用繰越金は負債の部に属させ、教育情報費用繰越金戻入れは賦課金等収入の部として処理することになっていた。

　　平成19年の中協法第58条第4項により翌期以降の教育情報事業に備えるために繰り越すが、翌期以降に教育情報事業のため、教育情報費用繰越金を取り崩すことを任意に行えるようにした。

　　教育情報費用繰越金取崩しは、教育情報事業費に対応するよう、事業収益の区分に属させることにした。

(2)　教育情報費用繰越金取崩しは収益として処理しても、法人税法上益金不算入になる。

(3)　消費税の取扱いは課税対象外になる。

4－35　未払法人税等戻入れ

> 未払法人税等残高の戻入れを処理する。

(1)　未払法人税等は、決算書類作成時までに法人税額等の計算を終わらせることができない場合に、概算額を計上することになる。

　　したがって、法人税額を計算し申告納付した後に、未払法人税等が残ることがある。

　　未払法人税等の残高は、次回に法人税等を計上する際、調整すればよいが、未払法人税等戻入れとして特別利益に計上してもよい。

　　（借）未払法人税等　　×××　　（貸）未払法人税等戻入　×××

(2)　未払法人税等戻入れは、特別利益として処理しても、法人税法上益

金不算入になる。
(3) 消費税の取扱いは課税対象外になる。

4－36　役員退職給与積立金取崩し

> 役員退職給与積立金の取崩しを処理する。役員退職金の控除項目として、一般管理費人件費の項目に控除形式で表示する。

(1) 剰余金処分により積み立てた役員退職給与積立金を、退職役員に退職金を支払ったことにより、これを補てんするために取り崩した金額を処理する。
　　役員退職金が、今回（平成19年）、一般管理費人件費の項目として処理することへの対応表示のため、役員退職給与積立金取崩を一般管理費人件費の項目として処理する。

| (借) 役員退職給与積立金 | ××× | (貸) 役員退職給与積立金取崩 | ××× |

(2) 役員退職給与積立金取崩しは、費用の控除として処理しても法人税法上、益金不算入になる。
(3) 消費税の取扱いは課税対象外になる。

4－37　○○周年記念事業積立金取崩し

> 剰余金処分で積み立てた○○周年記念事業積立金の取崩しを処理する。

(1) 剰余金処分により積み立てた○○周年記念事業積立金を、○○周年記念事業費を支払ったことにより、これを補てんするために取り崩した金額を処理する。
　　○○周年記念事業費が事業費として処理することの対応表示のため、○○周年記念事業積立金取崩しを事業収益として処理する。

(借) ○○周年記念事業積立金	×××	(貸) ○○周年記念事業積立金取崩	×××

(2) ○○周年記念事業積立金取崩しは、事業収益として処理しても法人税法上益金不算入になる。

(3) 消費税の取扱いは課税対象外になる。

4－38　特別積立金取崩し

> 特別積立金の取崩しを処理する。

(1) 特別積立金は、出資総額に相当する金額を超える部分については、損失がない場合に限り、総会の議決により損失てん補以外の支出に充てることができることになっている。

　支出目的としては、費用の支出・資産の取得・配当の支出が考えられるが、資産の取得目的のための取崩しは、特別積立金の取崩しを行っても、再び何らかの任意積立金として積み立てることになるので行われないと考えられる。

(2) 費用支出のため取り崩す場合は、商品開発事業のための取崩し等が考えられる。この場合商品開発事業費に対する財源として収支予算収入の部へ取崩額を記載し、総会の承認を受ける。

　損益計算書には、特別利益の区分に表示する。

(借) 特別積立金	×××	(貸) 特別積立金取崩	×××

(3) 配当支出のため取り崩す場合は、配当が剰余金処分による承認事項であることから、特別利益として処理することはなく、剰余金処分案に当期未処分利益の増加として表示する。

　なお、配当の種類としては出資配当が対象になり、特別積立金を取り崩して利用分量配当を行うことはできない(「3－8」(183頁)関連)。

(4) 特別積立金取崩を特別利益として処理しても、法人税法上益金不算入になる。

Ⅲ　勘定科目

(5)　消費税の取扱いは課税対象外になる。

5．費用勘定

5－1　事業費用

　　事業費用の区分は、中分類科目により、事業別に分類する。

(1)　組合の費用は、発生時に事業別の費用として処理することが可能な事業直接費と、何らかの基準により配賦を行わないと事業別の費用として処理のできない事業間接費とがある。

$$\text{事業費用}\begin{cases}\text{事業直接費}\\\text{事業間接費………定期間ごとに配賦する。}\end{cases}$$

　事業間接費は発生の都度事業費に配賦せず、決算時に配賦することが多い。

　平成19年、従来の事業間接費及び一般管理費の区分から、事業間接費の表示が削除されたので、一般管理費だけの区分になった。

　したがって、一般管理費の区分に事業間接費が含まれているときは、期末に、各事業費への事業間接費振替額を記載し、控除して、一般管理費の表示にする。

一般管理費の表示例
パターン１　経済事業を行わない組合

（一般管理費の部）			
Ⅵ　一般管理費	1	人件費	60
	2	業務費	30
	3	諸税負担金	10
		一般管理費合計	100

　パターン２　経済事業を行っている組合で、事業間接費を事業費に振り替えている組合

```
（一般管理費の部）
Ⅵ  一般管理費    1  人件費        60
                2  業務費        30
                3  諸税負担金     10
                4  A事業費へ振替  △20
                   B事業費へ振替  △10
                   一般管理費合計  70
```

購買事業費 ─┬─ 事業直接費 ┬ 売上原価
           │   └ 事業直接経費
           └── 事業間接費の配賦額

5－2 製造（加工）原価

> 組合で製造（加工）した製品の製造（加工）原価を処理する。

(1) 製造原価として処理するものは、製品の製造又は加工を行う場合に製造関係の科目から振り替えられる原価を処理する。
　　建設工事の場合は「工事原価」とする。
(2) 消費税は、「7－2～7－5」（277～280頁）に記載した。

5－3 売上原価

> 決算時に用いられる勘定科目で、当期商品仕入高（当期製品製造原価）と期首棚卸高及び期末棚卸高が振り替えられた売上原価を処理する。

(1) 商品勘定の会計処理には3分割法、4分割法などの方法があり、売上原価勘定は4分割法の中の1科目として用いられる。
　　売上原価は、決算時に売上利益を算出するため、売上高から控除す

る売上商品の原価を処理する勘定である。

売上原価は、当期商品仕入高（当期商品製造原価）、期首棚卸高、期末棚卸高から振り替えられる。

(2) 税込経理方式

① 受注仕入の仕訳

　ア　仕入先からの仕入（税込）

| (借) 仕入 | 10,800 | (貸) 買掛金 | 10,800 |

　イ　決算整理仕訳（税込）

| (借) 売上原価 | 10,800 | (貸) 仕入 | 10,800 |

② 見込仕入の仕訳

　ア　仕入先からの仕入（税込）

| (借) 仕入 | 10,800 | (貸) 買掛金 | 10,800 |

　イ　決算整理仕訳

　期首棚卸高を売上原価へ（税込）

| (借) 売上原価 | 2,160 | (貸) 繰越商品 | 2,160 |

　仕入高を売上原価へ（税込）

| (借) 売上原価 | 10,800 | (貸) 仕入 | 10,800 |

　期末棚卸高を繰越商品へ（税込）

| (借) 繰越商品 | 5,400 | (貸) 売上原価 | 5,400 |

(3) 税抜経理方式

① 受注仕入の仕訳

　ア　仕入先からの仕入（税抜）

| (借) 仕入 | 10,000 | (貸) 買掛金 | 10,800 |
| 　　仮払消費税 | 800 | | |

　イ　決算整理仕訳（税抜）

| (借) 売上原価 | 10,000 | (貸) 仕入 | 10,000 |

② 見込仕入の仕訳

　ア　仕入先からの仕入（税抜）

|（借）仕入|10,000|（貸）買掛金|10,800|
|仮払消費税|800|||

　　イ　決算整理仕訳

　　　期首棚卸高を売上原価へ（税抜）

|（借）売上原価|2,000|（貸）繰越商品|2,000|

　　　仕入高を売上原価へ（税抜）

|（借）売上原価|10,000|（貸）仕入|10,000|

　　　期末棚卸高を繰越商品へ（税抜）

|（借）繰越商品|5,000|（貸）売上原価|5,000|

(4)　棚卸商品の評価は、税込経理方式のときは消費税込の金額で行い、税抜経理方式のときは消費税抜の金額で行う。

5-4　仕　入　高

> 組合員仕入高　組合員からの仕入高の総額を処理する。
> 外部仕入高　外部からの仕入高の総額を処理する。

(1)　仕入高は商品勘定を分割したときに商品の購入高を処理する勘定であって、損益計算書の表示は「仕入高」とするが、勘定科目は「仕入」とすることが多い。

　　商品を取り扱う事業の種類、形態については、売上高の項にあるので省略する。

　　販売事業は、仕入高に対して員外利用の規制があるため、「組合員仕入高」「外部仕入高」の区別をする。

　　したがって、販売事業で員外利用がない場合は、特に組合員仕入高、外部仕入高とせず、「仕入高」で処理して差し支えない。

(2)　消費税の取扱いは次のようになる。

　　①　土地の仕入など消費税が非課税とされているものを除き、仕入税額控除の対象になる。

Ⅲ　勘定科目

②　仕入付随費用のうち、引取運賃、荷役費、購入手数料、外部に委託した買入事務・検収・整理・選別・手入れなどの費用は、仕入税額控除の対象になる。

③　仕入れ付随費用のうち、運送保険料、関税などは、仕入税額控除の対象にならない。

5－5　購買事業費、販売事業費

> 購買事業、販売事業に要した直接費用を処理する。

(1)　購買事業費、販売事業費として処理するものは、商品代及びその他の直接費用である保管料、配送運賃、配送車両費などがある。

(2)　消費税の取扱いは次のようになる。

①　保管料、配送運賃などは、仕入税額控除の対象になる。

②　配送車両の保険料、減価償却費等は、仕入税額控除の対象にならない。

5－6　受注事業費

> 受注事業に要した直接費用を処理する。

(1)　受注事業費として処理するものは、設計などの書類作成費、入札に必要な費用、受注に必要な費用、現場監督に必要な費用などである。

　　一括受注の場合の製造費（工事費）は、製造（工事）原価として処理するので、この科目には含めない。

(2)　消費税の取扱いは次のようになる。

①　交通費、会議費、消耗品費などは、仕入税額控除の対象になる。

②　給料賞与、法定福利費、保険料、減価償却費は、仕入税額控除の対象にならない。

5−7　金融事業費、転貸支払利息

> 金融事業に要した直接費用を処理する。

(1) 金融事業費として処理するものには、転貸借入金の支払利息と借入れや貸付けに必要な費用である支払保証料、担保提供費、貸付審査費、公正証書作成費などがある。
　転貸借入金の支払利息には証書借入金の利息、手形借入金の利息、手形割引形式による借入金の利息があり、受取貸付利息と対応させるため「転貸支払利息」として区別した処理をする。
　支払利息以外の直接費用は、金融事業費として処理するか、細節科目を用いて処理する。
(2) 消費税の取扱いは次のようになる。
　① 担保提供費、貸付審査費、公正証書作成費などのうち給料等を除いた費用は、仕入税額控除の対象になる。
　② 支払利子、支払保証料は、仕入税額控除の対象にならない。

5−8　生産・加工事業費

> 生産・加工事業に要した直接費用を処理する。

(1) 生産・加工事業費として処理するものは、生産原価・加工原価及びその他の直接費用である配達運賃、配達車両費及び受注に必要な費用などがある。
(2) 消費税の取扱いは次のようになる。
　① 燃料費、修繕費、賃借料などは、仕入税額控除の対象になる。
　② 給料賞与、法定福利費、保険料、減価償却費は、仕入税額控除の対象にならない。

Ⅲ　勘定科目

5－9　運送事業費

> 運送事業に要した直接費用を処理する。

(1) 運送事業費として処理するものは、車両燃料費、車両修繕費、車両賃借料、運転手給料、車両減価償却費など直接車両に必要な費用のほか、車庫に必要な費用、受注に必要な費用がある。
(2) 消費税の取扱いは次のようになる。
　① 燃料費、修繕費、賃借料などは、仕入税額控除の対象になる。
　② 給料賞与、法定福利費、保険料、減価償却費は、仕入税額控除の対象にならない。

5－10　事務代行事業費、試験研究（分析）事業費、検査事業費

> 事務代行事業、共同試験研究（分析）事業、共同検査事業に要した直接費用を処理する。

(1) 事務代行事業、試験研究（分析）事業及び検査事業は、組合員の依頼により組合でそれぞれの役務を提供する事業であるから、直接費用の中に人件費の占める割合が大きくなる。
　したがって、事務代行事業などの規模が大きく、専属する職員がいるときは、人件費を直接費用として取り扱い、規模が小さく職員が他の事業と兼務で行うときは、人件費を間接費として取り扱う。
　人件費以外の直接費用としては設備減価償却費、消耗品費、委託研究費、委託検査費などがある。
(2) 消費税の取扱いは次のようになる。
　① 消耗品費、委託研究費、委託検査費などは、仕入税額控除の対象になる。
　② 給料賞与、法定福利費、保険料、減価償却費は、仕入税額控除の

対象にならない。

5-11　保管事業費、施設利用事業費

> 保管事業、施設利用事業に要した直接費用を処理する。

(1) 保管事業、施設利用事業は組合員が組合の施設を利用する事業であるが、なかには組合が他から施設を賃借して組合員に利用させる場合もある。
　保管事業費、施設利用事業費として処理するものには、施設減価償却費、作業員給料、支払保管料、施設利用事業賃借料、施設維持管理に必要な保険料、修繕費、水道光熱費などがある。
(2) 消費税の取扱いは次のようになる。
　① 支払保管料、賃借料、修繕費、水道光熱費などは、仕入税額控除の対象になる。
　② 給料賞与、法定福利費、保険料、減価償却費は、仕入税額控除の対象にならない。

5-12　広告宣伝事業費

> 広告宣伝事業に要した直接費用を処理する。

(1) 広告宣伝事業費として処理するものは、見本市出品費、展示会費・招待会費、即売会費などの催しの費用や、パンフレット、カタログ、ポスターなどの製作費、商品まつり、抽選売出しなどの特売の費用、ラジオ、テレビ、宣伝カー、ちらしなど宣伝媒体を用いるための費用などがある。
　広告宣伝事業費は、宣伝の方法により「展示会費」「ポスター製作費」「商品まつり景品費」「観劇招待費」「ちらし印刷費」などの細節

科目を利用することができる。
(2) 消費税の取扱いは次のようになる。

見本市出品費、展示会場費、宣伝費、抽選費、景品費、観劇招待費、印刷費などは、仕入税額控除の対象になる。

5－13　○○周年記念事業費

> ○○周年記念事業に要した直接費用を処理する。

(1) ○○周年記念事業費として処理するものは、記念式典費、宴会費、記念出版物費、記念品費、表彰費などがある。

宴会費、記念品費など、税務上交際費として取り扱われる場合は税務申告書で交際費に加算する。

記念事業のため参加組合員から負担金を徴収することがある。

① 室料、飲食代、記念品代を支払う。

（借）○○周年記念事業費	1,000,000	（貸）現金	1,080,000
仮払消費税	80,000		

② 参加組合員が負担した会費が入金

（借）現金	540,000	（貸）参加料収入	540,000

③ 関係諸団体から祝儀が入金

（借）現金	200,000	（貸）雑収入	200,000

(2) 消費税の取扱いは次のようになる。

① 参加料、祝儀の受入れは、課税対象外になる。

② 宴会費、記念出版物費、記念品費などは、仕入税額控除の対象になる。

③ 表彰の金一封は、仕入税額控除の対象にならない。

5－14　福利厚生事業費、支払団体保険料

> 組合員に対する慶弔費、慰安親睦会費等厚生事業に要した直接費用を処理する。団体保険等・保険業務代理・代行事業の費用を処理する。

(1) 福利厚生事業には組合員の慶弔のための事業と組合員の慰安親睦のための事業があるが、慶弔事業は掛金を徴収し見舞金を贈る共済的事業へと発展し、慰安親睦事業も参加料を徴収して大規模で行うようになってくる。

　掛金を徴収せずに賦課金の中で賄われる慶弔費には、慶弔規約などにより定められた最高10万円以内の祝金や見舞金の場合「慶弔費」として処理される（中協法施行規則第5条参照）。

(2) 保険業務代理・代行事業（中協法9の2Ⅵ）の場合は、保険会社との契約により「支払団体保険料」「支払団体保険金」「支払団体保険配当金」などの科目が使用される。

(3) 組合自体の責任で行う共済事業（中協法9の2Ⅶ）の場合には、「共済掛金」「共済金」「支払準備金」「支払準備金繰入・戻入」「責任準備金」「責任準備金繰入・戻入」「異常危険準備金」「異常危険準備金繰入・戻入」などの科目が使用される。

　異常危険準備金については税法上認められる組合は限定されているが、組合として繰入れを行い積立てをしなければならない。

(4) 慰安親睦会費として処理するものには、慰安などに支出される青年部費、婦人部費、新年宴会費、慰安旅行費などがある。

(5) 消費税の取扱いは次のようになる。

① 次の費用は仕入税額控除の対象になる。慶弔禍福に際して支給するための見舞品、記念品などの購入費用

　組合員の国内旅行費の実費相当額

　保養所の運営経費のうち給料賞与、法定福利費、保険料、減価償

Ⅲ　勘定科目

却費以外のもの
②　次の費用は仕入税額控除の対象にならない。
　　慶弔禍福に際して支給する祝金、見舞金、組合員の海外旅行の費用
③　共済事業については、「7－13　共済事業に関する科目」(300頁)を参照のこと。

5－15　教育情報事業費、研究開発事業費

> 教育情報事業に要した直接費用を処理する。
> 研究（新しい知識の発見を目的とした計画的な調査及び探究）及び開発（新しい製品・サービス・生産方法（以下「製品等」という。）についての計画若しくは設計又は既存の製品等を著しく改良するための計画若しくは設計として、研究の成果その他の知識を具現化すること）に要した事業費（ソフトウェアとして処理した額を除く。）を処理する。

(1)　講習会などを行う場合には参加料を徴収することがあり、機関紙などを発行する場合には広告料、購読料などを徴収することがある。
　　この場合、徴収した参加料、広告料、購読料などは「講習会参加料収入」「機関紙広告料収入」「購読料収入」として処理する。
　　また、教育情報事業費の細節科目としては、「講習会費」「研究会費」「教育訓練費」「機関紙発行費」などが用いられる。
(2)　教育訓練費には、組合員が組合員の使用人の職務に必要な技術又は知識を習得させ、又は向上させるために支出する費用で、次の教育訓練等の形態に応じる費用を処理する。
　　①　組合が教育訓練等を自ら行う場合、講師又は指導者に支払う報酬等及び旅費、その他計画、内容の作成については専門的知識を有する者に対して支払う費用

② 組合から委託を受けた他の者が教育訓練等を行う場合、その他の者に対して支払う費用
③ 組合が、組合員及び組合員の使用人を、他の者が行う教育訓練等に参加させる場合、他の者に対して支払う授業料等
④ 組合が、教育訓練用に供する教科書等の購入又は他の者に委託して製作した場合、その購入又は他の者に対して支払う費用
(3) 研究開発事業費には、人件費、原材料費、固定資産の減価償却費及び間接費の配賦額等、研究開発のために費消されたすべての原価が含まれる。
(4) 消費税の取扱いは次のようになる。
① 国内見学視察費、講習会・研究会の講師料、会場費、組合報・機関紙の印刷費、発送費などは、仕入税額控除の対象になる。
② 海外見学視察費、組合報・機関紙の編集人給料、講師に対して給与として支払う金銭などは、仕入税額控除の対象にならない。

5−16 団体協約締結事業費、協定事業費

> 団体協約締結事業、各種の協定事業に要した直接費用を処理する。

(1) 団体協約締結事業、協定事業は組合員の同意により行う事業であって、事業の成否は組合員の意識によって決まる。
　　このため、組合員の会合費が主であり、そのほかには渉外費、調査費などがある。
(2) 消費税の取扱いは次のようになる。
　　会議費、旅費交通費、交際費、調査委託費などは、仕入税額控除の対象になる。

Ⅲ　勘定科目

5－17　一般管理費

　従来の「事業間接費及び一般管理費」を「一般管理費」の区分に改正した。

　事業間接費は、期中は事業別の費用として処理せず決算時に何らかの基準により配賦を行う費用であり、決算時に、事業費に振り替える。

　一般管理費は、個々の事業に関係がうすく組合全体の管理、例えば事業全般にわたる人事、財務、会計、庶務などに関連する費用であるとされており、決算時に事業別に配賦を行わない費用である。

　一般管理費については、組合の費用のうち必ず一般管理費の部分があるとする説と、組合の費用すべて事業費であるから一般管理費の部分はないとする説がある。平成19年の改正で、中分類として「人件費」「業務費」「諸税負担金」が設けられた。

5－18　役員報酬

> 役員報酬は役員に対する定期定額の給料と賞与を処理する。

　役員報酬として処理するものは常勤、非常勤役員に対する定期定額の給料と、役員賞与を処理する。

　使用人兼務役員の報酬は、収支予算との関係から役員報酬部分と職員給料部分とに区別する場合もある。

　役員報酬は、全役員の報酬支給限度額と、収支予算に全役員の報酬支給総額を計上し、総会の承認を得てから、理事会において各役員ごとの月俸、年俸、賞与を決め支給する。

　役員報酬、役員賞与については、税務上損金不算入の規定がある（法人税法34、同施行令69）。

5－19　職員給料手当、賞与、雑給

> 職員に対する給料手当、賞与、臨時職員に対する給料手当等を処理する。

(1) 従来、職員の手当を処理する科目として「雑給」を使用していたが、今回「雑給」は臨時職員に対する給料手当などを処理する科目に変更した。

　職員に対する役付手当、皆勤手当、住宅手当、家族手当、超過勤務手当など源泉所得税の課税される手当については「職員給料」に含めて処理することにし、科目を「職員給料手当」に改正した。

　また、通勤手当や現物で支給される給与で源泉所得税が非課税とされる手当については「職員給料手当」「厚生費」「旅費交通費」のいずれでも処理できることにし、特に説明を行わなかった。

　職員に対する賞与は、小分類科目の「賞与」として処理してもよく「職員給料手当」に含めても差し支えない。

　理事兼事務局長の事務局長としての給料賞与を総会において役員報酬の支給限度額に含めない旨を定めているときは、事務局長としての給料賞与を「職員給料手当」又は「賞与」として処理しても差し支えない（法基通9－2－6）。

(2) 消費税の取扱いは仕入税額控除の対象にならない。

5－20　賞与引当金繰入れ、退職給与引当金繰入れ

> 職員の賞与引当金、退職給与引当金の繰入れを処理する。

(1) 職員のための賞与引当金、退職給与引当金の繰入れであることを明確にする。
(2) 消費税の取扱いは仕入税額控除の対象にならない。

Ⅲ　勘定科目

5－21　福利厚生費

> 専従役職員に対する法定の福利厚生費、役職員に対する法定福利費以外の福利厚生費を処理する。

(1)　福利厚生費は、細分類において「法定福利費」と「厚生費」に区別している。

　法定福利費は健康保険、厚生年金、労働保険など専従役職員に対する社会保険料を処理する。

　厚生費は社会保険料以外の福利厚生費、例えば、レクリエーション費、健康管理費、制服、食事費などを処理する。

　厚生費は専従でない役職員、例えば、他の団体の職員を兼務している者や非常勤役員に対する厚生費も含める。

　福利厚生費は組合役職員を対象にした費用を処理する科目であるから、組合員を対象にした費用は、事業費の福利厚生事業費として処理する。

(2)　消費税の取扱いは次のようになる。

　①　次の費用は仕入税額控除の対象になる。

　慶弔禍福に際して支給するための見舞品・記念品等の購入費用

　職員の国内旅行費用

　保養所の運営経費のうち給料賞与、法定福利費、保険料、減価償却費以外のもの

　職員の残業夜食代

　②　次の費用は仕入税額控除の対象にならない。

　健康保険料、厚生年金、雇用保険料、労災保険料

　慶弔禍福に際して支給する祝金・見舞金、職員の海外旅行の費用

5－22　退職共済掛金、中小企業倒産防止共済掛金

> 退職金共済等の掛金、中小企業倒産防止共済掛金を処理する。

(1) 退職共済掛金として処理するものは、勤労者退職金共済機構、特定業種退職金共済組合、特定退職共済団体の掛金及び適格退職年金契約の掛金などがある。
　　中小企業倒産防止共済掛金は同掛金を処理する。
(2) 消費税の取扱いは次のようになる。
　① 掛金は、仕入税額控除の対象にならない。
　② 適格退職年金掛金の事務手数料として区分して支払う部分は、仕入税額控除の対象になる。

5－23　教育研究費、新聞図書費

> 組合役職員に対する教育研究等のために要した費用、新聞、図書、資料等の購入に要した費用を処理する。

(1) 教育研究費として処理するものは、組合役職員が講習会・研究会に参加する費用や組合として役職員のための講習会・研究会を開催する費用であって、組合員に対する講習会・研究会の費用は事業直接費としての「教育情報事業費」になる。
　　また、役職員が研究を行う新製品開発などで組合員の事業に直接効果を与える事業の費用は、事業費としての「試験研究事業費」で処理する。
　　新聞図書費は、教育・研究・情報収集のための新聞、図書、資料などの購入費用を処理する。
　　新聞図書費は教育研究情報収集のための費用であるから、少額な新聞代だけの場合には、小分類科目としての「新聞図書費」を設けず

Ⅲ　勘定科目

「雑費」に含めても差し支えない。

　また、特定事業のための図書、資料代が多額な場合には、それぞれの事業直接費として処理する。
(2)　消費税の取扱いは次のようになる。
　①　講習会・研究会への参加費、講習会・研究会の講師料、会場費、新聞・図書・資料の購入費などは、仕入税額控除の対象になる。
　②　職員の海外留学に伴う授業料・滞在費、講師に対して給与として支払う金銭は、仕入税額控除の対象にならない。

5－24　旅費交通費、通信費

> 旅費、交通に要した費用、通信、電話等に要した費用を処理する。

(1)　旅費交通費として処理するものは、組合から遠隔地へ出張したときの旅費、近距離に出張したときの交通費、自宅から組合までの通勤費がある。

　外部への出張旅費、交通費には、旅費規程に基づく場合と旅費規程がなく実費精算の場合とがある。

　自宅からの通勤費は、常勤役職員に対するものと非常勤役員に対するものとがある。

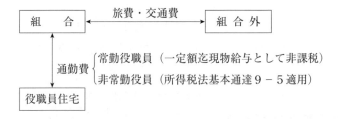

　通信費は、切手、電話などの費用を処理するが、機関紙などの郵送料が多額なときは事業直接費としての「教育情報事業費」で処理す

る。

(2) 消費税の取扱いは次のようになる。

① 鉄道・航空・船舶・バス・タクシーの運賃、出張旅費・宿泊費・日当のうち、その旅行に通常必要と認められるもの、通勤手当のうち、その通勤に通常必要と認められるもの、駐車料、高速道路通行料、電話料、ファックス利用料、データ通信等専用線使用料、郵便料、電報料などは、仕入税額控除の対象になる。

② 自社で使用するためにオレンジカード、メトロカードは、原則として現実に使用した時に仕入税額控除の対象とすることができるが、継続適用を条件とし、その購入時に仕入税額控除の対象にすることもできる。

③ 海外出張の旅費・宿泊費・日当、国際電話料、国際ファックス利用料は仕入税額控除の対象にならない。

5-25　器具備品費、消耗品費、事務用品費、印刷費

> 相当額未満の工具器具備品等で税法上損金になるもの、消耗品に要した費用、事務に要した費用、事業費に属さない印刷に要した費用を処理する。

(1) 器具備品費は第4回改訂で新設した科目であるが、器具備品費・消耗品費・事務用品費・印刷費の勘定はいずれも少額で消耗される物品代を処理する科目であるため、科目間に取扱い上の明確な区別はない。

したがって、それぞれの組合に適する科目を選択すればよい。

また、製造に要する消耗品は製造原価としての事業費である「工場消耗品費」として処理し、組合報に要する印刷費は事業費としての「教育情報事業費」として処理する。

資産としての器具備品等と、費用としての器具備品費等の違いは、

Ⅲ　勘定科目

税法上の取扱いに合わせて処理する。現在のところ法人税法施行令第133条により、使用可能期間1年未満・取得価額1個又は1組10万円未満のものは損金になるので、器具備品費等で処理する。

　消耗品、消耗工具などのうち未使用のもので、重要性のあるものは貯蔵品に計上する（「1－11　貯蔵品」（103頁）関連）。
(2)　消費税の取扱いは次のようになる。
　①　文房具費、消耗器具・備品費、印刷費などは、仕入税額控除の対象になる。
　②　事務用品が期末に貯蔵品として残っていても、購入時に全額を仕入税額控除の対象とすることができる。

5－26　会　議　費

> 事業費に属さない会議に要した費用を処理する。

(1)　協定事業、団体協約締結事業などは会議費が主たる費用になるので、会議費を事業費として処理する。
　各種事業の委員会費、部会費は、多額であるときは事業費として処理し、少額であり事業費として処理することが重要性に乏しい場合には一般管理費として処理する。
　会費の種類により「総会費」「理事会費」「委員会費」「部会費」「支部会議費」などの科目を設けることができる。
(2)　会議費の内容としては次のようなものがある。
　　　会議用経費→会議室使用料、会議用茶菓、弁当代、資料作成費
　　　交際費関係→懇談会費用、贈答品
　　　出席者旅費→非常勤役員の通勤費に準じて取り扱われる。
(3)　会議費の中に、税法上交際費として取り扱われる支出がある場合、会議費として処理することは差し支えないが、税務申告に際して交際費に加算することに留意する（租税特別措置法通達62(1)－16参照）。

したがって、会議開催後は、支払先の請求書、領収証により支出内容を明細に記載する必要がある。

ことに、支部会議費の場合は、支部交付金として一定額を支給し、支部から精算書もとらずに済ませている組合がある。

支部は、本部からの交付金により支部会議を開催したのであれば、その支出内容を明らかにする請求書、領収証を添付した精算書を本部に提出し、もし、残金があれば本部へ返金しなければならない。

支部交付金として支部に交付する場合、支部では主として会議費に支出されることが多く、その会議費に懇談会費用が含まれているときは、税務申告に際して交際費に加算することになる。

(4) 支部は、通常組合本部とは別組織の地域団体として運営されているが、本部から交付金が支給されると、本部と合併決算を行うべき支部ではないかと判断されるので、次の点を考慮し、本部と合併すべき支部であるのか、本部とは別組織の地域団体であるのかを、明確にしなければならない。

① 従たる事務所（中協法33）

定款に記載し登記したもので、組合事業の部分的中心として債務履行等になる（『中協法逐条解説』154頁参照）。

会社の支店に該当するものとして、決算時に支部会計を本部会計に合併する。

② 従たる事務所になっていないが、従たる事務所に準ずる内容である支部

ア　支部規約が組合総会で定められている。

イ　支部事務所、支部職員があり、外形上、組合の支部であることが明らかになっている。

ウ　支部費を組合賦課金と同時に徴収しており1枚の領収証を渡している。

エ　本部から交付金が支給されている。

オ　支部事業計画、支部予算は支部規約の範囲内で支部で決定して

Ⅲ 勘定科目

いる。
　カ　支部事業執行上の決定を支部規約の範囲内で支部で決定している。
　キ　支部決算、監査を、支部規約の範囲内で支部役員が行っている。
　以上のような支部は、決算時に支部会計を本部会計に合併する。
③　組合とは別組織の地域団体
　ア　○○地区会というように支部の名称を使用していない。
　イ　本部組合員と地区会員との間に違いがある。
　ウ　地区会費は、組合賦課金とは別に徴収している。
　エ　地区会として独自の事業を行い、本部事業とは区別されている。
　オ　地区会事務所、地区会職員は、組合とは区別されている。
　カ　組合から交付金を受けていない。
　キ　組合から組合事業の一部を実施するために交付金を受けているが、事業実施後精算している。
　ク　地区会規約は地区独自に定め、それに基づいて運営している。
　以上のような地区会は、組合とは別の地域団体であるから、組合会計とは合併しない。
　組合とは別組織の地区会は、地区会として法人格を取得する場合もあるが、大部分は法人格のない地区会になっている。法人格のない地区会であっても、収益事業を行っていれば法人税等及び消費税（消費税法3）が課税される。
　地区会の課税売上高で免税事業者（1,000万円以下）と簡易課税事業者（5,000万円以下）の判定をする。
　例1　共同受注を行っている地区会
　例2　共同購入を行っている地区会
　例3　組合の取扱品を組合員へ取次ぎその手数料をもらっている地区会
　例4　組合賦課金を徴収し、その一部を手数料としてもらっている

地区会
④　②と③との中間的な地区会は、どちらかに属すよう明瞭にしなければいけない。
⑤　合併した支部会計の税務上の取扱い
　ア　支部利益は課税され、支部損失は控除される。
　イ　交際費、寄附金等は合併後の金額で計算をする。
　ウ　退職給与引当金、賞与引当金は組合職員として損金算入限度額の計算を行う。
　エ　預金利子源泉税の組合法人税額・都道府県民税額からの控除はできる。
　オ　組合役員になっている支部役員に役員賞与が支給されているときは、損金不算入になる。
　カ　合併後の基準期間の課税売上高で免税事業者（1,000万円以下）と簡易課税事業者（5,000万円以下）の判定をする。
　キ　任意の支部への支部交付金は、精算内容により、交際費等として取り扱われる。
　ク　任意の支部へ本部から事業の委託がされていないのに、支部交付金が支出されているときは寄付金になる。
(5)　消費税の取扱いは次のようになる。
　　会議室の使用料、茶菓・弁当代、資料印刷費、懇談会費用、贈答品、出席者旅費・宿泊料・日当のうち、その旅行に通常必要と認められるものは消費税の仕入税額控除の対象になる。

5－27　交際費、関係団体負担金

> 事業費に属さない交際費用、中小企業団体中央会等関係団体に対する会費を処理する。

(1)　協定事業、受注事業などでは交際費を多額に支出する場合があるの

Ⅲ　勘定科目

で、事業費として処理することがある。
　一般管理費としての交際費は、事業費とすることが重要性に乏しい交際費を処理する。
　系統団体に対する負担も広い意味の組合活動であるとの解釈から、関係団体負担金を一般管理費に属させることにした。
(2) 消費税の取扱いは次のようになる。
① 　接待のための飲食費・交通費・宿泊費、贈答品費、国内の招待旅行、観劇費、記念行事の宴会費・交通費・記念品代、ゴルフプレー費、年決めロッカー料などは、仕入税額控除の対象になる。
② 　現金で支出する慶弔費・謝礼、贈答用クオカード・テレホンカード・商品券・ギフト券・図書券は、仕入税額控除の対象にならない。
③ 　飲食費とともに支払う特別地方消費税及びゴルフプレー費とともに支払うゴルフ場利用税は、仕入税額控除の対象にならない。ただし、特別地方消費税及びゴルフ場利用税が、飲食又はゴルフプレーの対価と明確に区分されていない場合は、飲食費又はゴルフプレー費の全額を、仕入税額控除の対象とすることができる。
④ 　同業者団体において、組合費等の収入を消費税の課税対象としている場合は、仕入税額控除の対象になる。
　同業者団体等において、組合費等の収入を消費税の課税対象にしていない場合は、仕入税額控除の対象にならない。

5－28　支払保険料

> 火災保険料　火災保険料を処理する。ただし、保険金の受取人が組合であって税法上損金にならない保険料は、その他の固定資産の部に長期総合火災保険積金を設けて処理することができる。
> 自動車保険料　自動車保険料を処理する。
> 生命保険料　役職員の生命保険料を処理する。ただし、保険金の受取人が組合であって、税法上損金にならない掛金は、その他の固定資産の部に生命保険積金、経営者保険積金を設けて処理することができる。

(1)　支払保険料は、火災保険料、自動車保険料などの損害保険料と役職員に対する生命保険料を処理するが、税法上の取扱いに合わせることにし、税法上損金にならないものは長期総合火災保険積立金、生命保険積立金、経営者保険積立金としてその他の固定資産に属させることにした。

(2)　消費税の取扱いは仕入控除の対象にならない。

5－29　支払手数料

> 委託した業務に要した手数料を処理する。

(1)　支払手数料として処理するものは、事務計算を計算センターに委託するような費用、銀行等の送金手数料、各種手続の手数料などがある。

　　販売手数料、発送運賃、倉庫料、保管料、委託加工料などは独立した勘定科目を用いる。

(2)　消費税の取扱いは次のようになる。

Ⅲ　勘定科目

① 委託手数料、仲介手数料、各種手続の手数料などは、仕入税額控除の対象になる。
② 国、地方公共団体、公共法人等に対して法令の規定に基づき支払う行政手数料は、仕入税額控除の対象にならない。

5－30　賃借料、修繕費

> 事業費に属さない賃借料、修繕に要した費用を処理する。

(1) 賃借料、修繕費については事業費として処理する場合が多いので、特に「事業費に属さない」という説明を加えたが、重要性の乏しい賃借料、修繕費については一般管理費として処理する。

　地代か家賃のいずれしかないときは「支払地代」「支払家賃」として処理して差し支えない。

　また、修繕費のうち自動車などについての修繕費は「車両費」に含めることもある。

(2) 修繕費は有形固定資産の維持修繕のために支出する費用というが、次のような支出は除かれる。

　① 支出により使用可能期間を延長する場合

$$支出金額 \times \frac{支出後の使用可能年数 - 支出しなかった場合の使用可能年数}{支出後の使用可能年数} = 資本的支出$$

　② 支出により価額を増加させしめる場合

$$支出直後の価額 - 最初取得時から通常の管理又は修理をした場合の支出時の予想価額 = 資本的支出$$

　（法人税法施行令132）

(3) 消費税の取扱いは次のようになる。

　① 賃借期間1か月未満の地代は、仕入税額控除の対象になるが、賃借期間1か月以上の地代は、仕入税額控除の対象にならない。
　② 駐車場等としての施設のある場所の使用料は、仕入税額控除の対

象になるが、駐車場等の施設がなく、土地の賃借と認められる場合の使用料は、地代として、仕入税額控除の対象にならない。
③ 家賃は仕入税額控除の対象になる。
④ 1年以内の前払家賃を支払った場合は、支払時に、支払った家賃の全額を、仕入税額控除の対象にすることができる。
⑤ リース料は仕入税額控除の対象となるが、ファイナンスリース料のうち、利子又は保険料として明示されている部分の金額は、仕入税額控除の対象にならない。
⑥ 修繕費は、仕入税額控除の対象になる。

5-31 水道光熱費

> 水道、電気、ガス、暖房等に要した費用を処理する。

(1) 水道代、電気代、ガス代、石油代などの費用を処理する。
　製造費用などに属する部分があるときは、費用配賦により区別しなければならない。ただし、製造費用などに属する部分が重要性に乏しい場合は、区別しなくても差し支えない。
(2) 消費税の取扱いは次のようになる。
① 電気代、ガス代、水道代、灯油その他の燃料費などは、仕入税額控除の対象になる。
② 借家に伴い家主に支払う電気代、ガス代、水道代などの共益費も、仕入税額控除の対象になる。

5-32 車両費

> 車両に関する費用を処理する。ただし、車両燃料費として燃料費だけを計上することができる。

Ⅲ　勘定科目

(1) 自動車に関係のある費用は燃料費、自動車保険料、修繕費、租税公課、車庫賃借料など種々の費用がある。これらの費用は「車両費」としてまとめて処理する方法と各科目に分けて処理する方法とがあるが、その選択は組合にゆだねられている。

　　各科目に分けて処理する場合には、車両費は燃料費だけを処理することになるので「車両用燃料費」として差し支えない。
(2) 消費税の取扱いは次のようになる。
　① 燃料費、修繕費、駐車場としての施設のある場所の使用料などは、仕入税額控除の対象になる。
　② 保険料、租税公課は、仕入税額控除の対象にならない。

5−33　コンピュータ関係費

> 当期分コンピュータリース料、プログラム費償却、コンピュータ操作に要する費用及びコンピュータ導入に要する費用を処理する。

(1) コンピュータ関係費として処理するものは、長期前払費用から当期に役務の提供を受けたリース料としての振替額、又は当期のコンピュータリース料の支出額、長期前払費用として処理したプログラム費の当期償却額、コンピュータ操作に使用する事務用品、保守料、修繕費などの費用、コンピュータ導入に要する教育費、帳票類の印刷費などの費用がある。
(2) 消費税の取扱いは次のようになる。
　① コンピュータリース料、操作に要する費用、導入に要する費用は、仕入税額控除の対象になる。
　② プログラム費償却、ファイナンスリース料のうち利子又は保険料として明示されている部分の金額は、仕入税額控除の対象にならない。

5-34 租税公課、消費税等

> 事業費に属さない固定資産税、自動車税、収入印紙税、不動産取得税、自動車重量税、登録免許税、事業所税を処理する。
> 税抜経理方式の場合における控除対象外消費税、又は税込経理方式の場合における納付すべき消費税を処理する。

(1) 租税公課としては、組合所有の固定資産などにかかる税金（固定資産税、自動車税、自動車重量税、不動産取得税、自動車取得税、事業所税）、組合の経済取引にかかる税金（登録免許税、印紙税）を処理する。

　　登録免許税、不動産取得税は固定資産の取得価額に含める場合もあるが、租税公課として処理することができる。

(2) 租税公課は、一般管理費に属する諸税負担金の小分類科目とする。

　　事業費としての租税公課は運送事業の自動車税、製造（加工）事業の固定資産税、金融事業の印紙税などがあるが、重要性に乏しいものについては一般管理費に属させて差し支えない。

　　租税公課には利子税、延滞税、延滞金、加算税、加算金などを含めることがある。

(3) 消費税の経理処理について税抜経理方式を適用している場合における控除対象外消費税、又は税込経理方式の場合における納付すべき消費税額を処理する。

(4) 消費税の取扱いは次のようになる。

　① 事業税、事業所税、不動産取得税、固定資産税、都市計画税、印紙税、自動車税、自動車重量税、自動車取得税、特別土地保有税、登録免許税、罰金、過料、科料、交通反則金、独禁法等に基づく課徴金は、仕入税額控除の対象にならない。

　② 軽油引取税、ゴルフ場利用税、特別地方消費税、入湯税が、明確に区分されている場合は、仕入税額控除の対象にならない。

Ⅲ　勘定科目

5－35　減価償却費、借家権償却、施設負担金償却

> 事業費に属さない減価償却費、借家権の償却額、施設負担金の償却額を処理する。

(1)　減価償却費は、税法上の減価償却資産（法人税法2㉓）の償却を処理し、借家権償却・施設負担金償却は、税法上の繰延資産（法人税法2㉔）の償却を処理する。

　　ビルの一室を賃借した場合は、借家に代えて借室とし、借室権償却とすればよい。

　　施設負担金償却は、他団体が建設した施設を利用する場合に負担した負担金の償却を処理する。

　　借家権は、会計基準では無形固定資産に属しているが、税法上は繰延資産として取り扱われており、繰延資産の償却の規定（法人税法32）が適用されることに留意する。

(2)　減価償却費

　①　減価償却とは

　　　建物、車両などの有形固定資産、特許権、実用新案権などの無形固定資産は、使用及び時の経過によって、その価値が下がるのが普通である。

　　　この価値の減少分を見積もり、決算のときに、固定資産の帳簿価額から差し引いて、損費に計上していく方法を、減価償却といい、価値減少分を、減価償却費という。

　②　減価償却費の仕訳は、直接法と間接法とがある（「1－29」（119頁）関連）。

　　直接法

　　　（借）減価償却費　　　　　　333　（貸）固定資産の科目　　　333

　　間接法

　　　（借）減価償却費　　　　　　333　（貸）○○減価償却累計額　333

③ 明細表

品名	取得年月	取得価額	耐用年数	償却率	期首簿価	当期購入	売却額	売却損	廃棄損	減価償却	期末簿価	備考
甲	A 4.15	500	5	定率法 0.500	315		100	215			0	
乙	B 6.10	800	〃	〃		800				333	467	
計					315	800	100	215		333	467	

$$800 \times 0.500 = 400$$

$$400 \times \frac{10}{12} = 333$$

(3) 減価償却費の計算方法

① 定率法　建物以外の有形固定資産に適用される（法人税法施行令48の2Ⅰ②）。

② 定額法　有形固定資産と無形固定資産に適用される（法人税法施行令48の2Ⅰ①②）。

③ 減価償却費の計算方法の変更（法人税法施行令52）

新たな償却の方法を採用しようとする事業年度開始の日の前日までに、税務署長に申請書（書式がある）を提出して承認を受けると変更ができる。

④ 法定償却方法（法人税法施行令53）

建物以外の有形固定資産は、定率法と定額法とが選定できるので、組合が償却方法を選定しなかったときは定率法で行う。

⑤ 定率法の計算

　　期首簿価×償却率＝減価償却費

⑥ 定額法の計算

　　（取得価額）×償却率

⑦ 償却可能額は、無形減価償却資産は零になるまで、有形減価償却資産は、備忘価額として1円まで減価償却ができる（法人税法施行

Ⅲ　勘定科目

令61Ⅱ)。

(4)　償却できる資産とできない資産

固定資産	有形固定資産	1．建物 2．建物附帯設備 3．構築物 4．機械装置 5．車両運搬具 6．工具 7．器具備品	適用される耐用年数の償却率により、計算した額を償却する。 (減価償却資産の耐用年数等に関する省令)
		8．土地 9．建設仮勘定	減価償却はできない。
	無形固定資産	10．借地権 11．電話加入権	
		12．特許権 13．実用新案権 14．営業権 15．電気ガス供給施設利用権	適用される耐用年数の償却率により、計算した額を償却する。 (減価償却資産の耐用年数等に関する省令)
		16．ソフトウェア	平成12.4.1以後取得するソフトウェア
		17．借家・借室権 　（税法は繰延資産）	繰延資産の償却期間で償却する。 (法基通8-2-3)
	その他の固定資産	18．差入敷金 19．差入保証金 20．関係先出資金	通常は償却をしない。
		21．退職給与引当資産	償却はない。
		22．長期前払費用	経過期間による費用処理をする。
繰延資産		23．創立費 24．開業費 25．試験研究費 26．開発費 27．施設負担金	帳簿上の繰延資産の額の範囲内で償却をする。 (法人税法施行令64Ⅰ①) 繰延資産の償却期間で償却する。 (法基通8-2-3)

(5)　消費税の取扱いは仕入税額控除の対象にならない。

5－36 雑　　費

> 他の科目に属さない少額の費用を処理する。

(1) 雑費として処理するものは、一般管理費に属する費用のうち、発生回数が少なく重要性に乏しいものを処理する。

　雑費はややもすると増大しがちであるから、頻繁に発生する費用は区別し、それぞれの勘定を設けるなどして、雑費を増大させないようにする必要がある。

(2) 消費税の取扱いは次のようになる。
　① 不用品の廃棄料などは、仕入税額控除の対象になる。
　② 現金不足、組合業務遂行上起こした交通事故の賠償金などは、仕入税額控除の対象にならない。

5－37　事業外支払利息

> 特定事業以外の借入金に対する支払利息を処理する。特定事業の支払利息、割引料は、それぞれの事業直接費として処理する。

(1) 金融事業転貸借入金の支払利息、共同購買事業で受け取った受取手形の割引料、施設利用事業設備借入金の支払利息などは事業費として処理するため、それ以外の支払利息が事業外支払利息になる。

　事業外支払利息として処理するものは、一般会計の運転資金を借り入れたときの支払利息、組合会館建設資金を借り入れたときの支払利息などがある。

　また、事業費として処理することが重要性に乏しい支払利息、割引料は、事業外支払利息に含めて差し支えない。

(2) 消費税の取扱いは仕入税額控除の対象にならない。

Ⅲ　勘定科目

5－38　退職給与金

> 退職に際して支払われた金額を処理する。

(1) 職員に対する退職給与金の処理としては「事業費」「一般管理費」の方法がある。
　　事業費とする処理は、事業ごとに職員が配置されている場合で、退職した職員の勤務の大半がその部署であったときである。
　　一般管理費とする処理は、特定の事業部に所属していない職員又は部署を移動して勤務した職員の場合である。
(2) 消費税の取扱いは仕入税額控除の対象にならない。

5－39　為 替 差 損

> 外貨建金銭債権債務等によって生ずる換算差益を処理する。

(1) 外国通貨、外貨預金、外貨建金銭債権債務、外貨建有価証券について、決算時における換算によって生じた換算差損、及び外貨建金銭債権債務の決済に伴って生じた差損は、当期為替差損として処理する。
(2) 消費税は仕入税額控除の対象にならない。

5－40　創立費償却

> 創立費の償却額を処理する。

(1) 創立費償却は、事業活動により発生する費用ではないため事業外費用に属しており、他の費用のように事業費として処理されることはない。
(2) 消費税の取扱いは仕入税額控除の対象にならない。

5－41　開業費償却、貸倒損失、雑損失、貸倒引当金繰入れ

> 開業費の償却、貸倒損失、他の科目に属さない雑損、貸倒引当金の繰入れを処理する。
> なお、事業別損益計算をする場合は、それぞれの事業費として処理することができる。

(1) 開業費償却は、特定事業の開業準備のため特別に支出した費用を繰延資産とした場合の償却である。

貸倒損失は、売掛金、貸付金などが回収不能となった場合に、その回収不能の額を処理する。

```
            甲            乙            丙
 ─┼────────────┼────────────┼────────────
 4/1　回収不能と確定した。　3/31　総会で持分がきまる。
```

雑損失は他の科目に属さない雑損を処理するが、金額が多額な場合は雑損の内容を明示した科目を設けて処理する。

貸倒引当金繰入れは、当期末の貸金に対する取立不能見積額を費用として処理する科目である。

これらの科目は、事業別損益計算を行うときには、事業費として処理することになるので、事業外費用としては表示しないことがある。

(2) 消費税の取扱いは次のようになる。
① 開業費償却、貸倒引当金繰入れは、消費税の仕入税額控除の対象にならない。
② 課税資産の売掛金が貸倒れとなった場合は、その貸倒損失に含まれる消費税の額は、その貸倒れが生じた課税期間の売上等に係る消費税額から控除（貸倒控除）する。

課税資産の譲渡に関係のない売掛金、貸付金、立替金、仮払金等の貸倒れについては、その貸倒損失に消費税が含まれていないので、上記の貸倒控除はできない。

免税事業者であった当時の売掛金につき貸倒れが生じても、課税

Ⅲ 勘定科目

事業者でなくなった後に、課税事業者であった当時の売掛金につき貸倒れが生じても、上記の貸倒控除はできない。
③ 雑損失は、個々の損失の内容により、消費税の仕入税額控除の対象になるかどうかを判定する。

5－42 固定資産売却損、固定資産除却損

> 固定資産の売却代金と簿価との差損又は除却損を処理する。

(1) 特別損失は経常的事業活動の費用にはならない損失を処理する。
　　固定資産売却損は、組合が使用する目的で所有していた固定資産の売却損であるから、当期の経常的事業活動の費用としては適さないため特別損失に属させることにした。
　　しかし、少額な固定資産売却損で重要性に乏しいものについては「事業外費用」として処理して差し支えない。

(2) 売却損の仕訳
　　帳簿価額￥224,800の車を本体価額￥200,000、消費税￥16,000で売却した。

税込経理方式

(借) 現金	216,000	(貸) 車両運搬具	224,800
固定資産売却損	8,800		

税抜経理方式

(借) 現金	216,000	(貸) 車両運搬具	224,800
固定資産売却損	24,800	仮受消費税	16,000

(3) 除却損の仕訳
　　帳簿価額￥21,000の備品を廃棄した。その際、廃棄手数料として￥10,800を支払った。
　　税込経理方式

（借）	固定資産除却損	31,800	（貸）	器具備品	21,000
				現金	10,800

税抜経理方式

（借）	固定資産除却損	31,000	（貸）	器具備品	21,000
	仮払消費税	800		現金	10,800

(4) 固定資産除却損は、固定資産の耐用年数の経過、事故、陳腐化により、その資産の使用を廃止するとき用いる。

廃棄、取壊しに要する費用と、使用廃止時の帳簿価額を処理する。

(5) 消費税の取扱いは次のようになる。

① 建物、機械装置、車両、器具備品などの売却は、課税売上になる。

② 土地、借地権の売却は、非課税売上になる。

③ 固定資産の除却は、課税売上には該当せず、除却損は、仕入税額控除の対象にならない。

5－43 減 損 損 失

> 減損会計を適用して所有資産について計上した損失額を処理する。

(1) 中協法施行規則第91条、同第129条3項2号に規定された科目で、組合会計基準「第5章　個別会計基準　第6節」が適用する資産について、減損額を損益計算書に計上し、（税務上は損金不算入）資産から控除して表示する。

　　例1　減価償却資産について、過去に減価償却不足があるが、対象組合資産の経済的残存使用年数以内に、組合員が負担を予約している額を含めた、割引前将来キャッシュ・フローの総額が、該当減価償却資産の帳簿価格を上回るときは、減損資産に該当しない。

　　例2　土地について、市場価格が帳簿価格から50％以上下落した場

Ⅲ　勘定科目

　　　　合に、該当土地から得られると推定される、今後20年間の割引前将来キャッシュ・フローの総額が、市場価格より少ない場合は減損資産に該当する。
(2)　消費税の取扱いは仕入税額控除の対象にならない。

5－44　役員退職金

> 役員の退職に際して支払われた金額を処理する。

(1)　役員退職金は、役員が退職した場合に支払われる退職慰労金を処理する。一般管理費に属する人件費の小分類科目とする。
　　　役員に対する退職金も役員報酬の1つであるから、総会で具体的な金額について決議を行う。組合員に開示された内規等があるときは、総会で支払う旨の決議だけを行い、金額や支払方法は理事会に委ねることができる。
　　　組合員に開示された内規等があるときは、死亡等により役員が退職したときは理事会の決議により退職金を支給し、以後開催される総会において承認を受けることもできる。
　　　内規等には、退職役員の勤続年数、担当業務、功績の軽重等から割り出した一定の基準を定める。
(2)　役員退職金は、任期終了に際して支払われる金額であるが、退職金、慰労金、記念品代等種々の名称で支払われることがある。いずれも税務上「退職所得の受給の有無に関する申告書」が提出されないと支給額から20％の源泉所得税が徴収される。
(3)　消費税の取扱いは仕入税額控除の対象にならない。

5-45 法人税等

> 当期の負担に属する法人税額、住民税額、事業税額を処理する。ただし、前期以前の追徴税額等については別段科目を設けることができる。

(1) 法人税等は、損益計算書に法人税等の計上を行う場合に使用する科目である。

　法人税等に含まれる税金は、法人税・住民税（道府県民税・市町村民税）・事業税である。

　前期以前の追徴税額を追徴されたり、法人税等を概算で計上したため法人税等が不足したときは、「追徴税額」又は「過年度税額」として処理する。ただし、その金額が少額で重要性に乏しい場合は、当期の法人税等充当額に含めて差し支えない。

(2) 消費税の取扱いは仕入税額控除の対象にならない。

6．一般科目表注記

6-1 商品勘定

> この科目表では、商品（取扱品）取引は売上、仕入、繰越商品の3分割法を採用したが、商品取引が比較的多い組合にあっては、次の科目を使用してもよい。
> 「売上値引及び戻り高」「仕入値引及び戻し高」
> また、損益勘定を売上原価との差益をもって表示する場合には、共同購買（販売）事業総利益とし、手数料をもってする場合には、受取購買（販売）手数料とする。

(1) 商品勘定を分割する場合の説明として、「仕入値引及び戻し高」「売

上値引及び戻り高」が例示されているが、「仕入値引」「仕入戻し高」「売上値引」「売上戻り高」に分割しても差し支えない。

　共同購買事業では、このほか一定期間に多額又は多量の取引をしたことによる割戻しがある場合は、「仕入割戻し」「売上割戻し」を使用することがある。

(2) 共同購買事業や共同販売事業には、市価主義と原価主義の方法がある。

　市価主義の場合は、売上高と売上原価の差益が組合の「利益」になり、原価主義の場合は、一定の「手数料」を仕入原価に加えて販売する（仕入原価で販売し、手数料を受け入れると考えることもできる。）。

　市価主義の場合は、売価が市価により定められるため、販売の都度「販売益」を計算することが難かしく、商品棚卸の方法により売上原価を求め、売上高から差し引くことにより差益を算出する。

　この差益を「共同購買（販売）事業総利益」という。

　共同購買（販売）事業総利益は、日常の会計処理には用いられず、決算時に販売益を計算する勘定として設けられる。

期首商品棚卸高を振り替えるとき

| (借) 共同購買事業総利益 | ××× | (貸) 繰越商品 | ××× |

期末商品棚卸高を振り替えるとき

| (借) 繰越商品 | ××× | (貸) 共同購買事業総利益 | ××× |

仕入勘定を振り替えるとき

| (借) 共同購買事業総利益 | ××× | (貸) 仕入 | ××× |

売上勘定を振り替えるとき

| (借) 売上 | ××× | (貸) 共同購買事業総利益 | ××× |

共同購買事業総利益を損益勘定に振り替えるとき

| (借) 共同購買事業総利益 | ××× | (貸) 損益 | ××× |

　原価主義の場合は、仕入原価に手数料を加えて販売する方法であるから、販売の都度「受取購買（販売）手数料」として処理することができる。

6－2　圧縮記帳

> 国、都道府県、市町村から受けた返還する必要のない施設補助金、圧縮記帳を認められる保険差益、圧縮記帳を認められる買換資産の譲渡益はそれぞれ取得した資産の取得価額から直接減額する。

(1) 施設補助金・保険差益・買換資産の譲渡益について、圧縮記帳を行う場合は次のように処理する。

圧縮記帳の方法は、それぞれの取得資産の取得価額から、施設補助金などに相当する金額を直接減額し、特別損失に属する施設補助金圧縮損・保険差益圧縮損・買換資産圧縮損として処理する。

| (借) ○○圧縮損 | ××× | (貸) 固定資産の科目 | ××× |

(2) 施設補助金・保険差益・買換資産の譲渡益については、施設補助金などの受入時に、特別利益に属する、施設補助金収入・保険差益・固定資産売却益で処理する。

(借) 現金預金	×××	(貸) 施設補助金収入	×××
(借) 現金預金	×××	(貸) 保険金収入	×××
(借) 保険金収入	×××	(貸) 火災損失	×××
		保険差益	×××
(借) 現金預金	×××	(貸) 土地建物	×××
		(貸) 固定資産売却益	×××

(3) 施設補助金・保険差益・買換資産の譲渡益について、圧縮記帳を行わず、剰余金処分による積立金として積み立てる場合は、資本の部剰余金に属する施設補助積立金・保険差益積立金・買換資産積立金として処理することになる。

| (借) 未処分利益 | ××× | (貸) ○○積立金 | ××× |

組合には、脱退者への持分払戻しという特殊な会計処理があり、脱退者への持分払戻額は定款により限度を定めることができることになっている。

Ⅲ　勘定科目

　　定款で定める持分払戻額の限度としては、持分全部、簿価財産を限度、出資額を限度として払い戻す方法が代表的な方法として決められている。

　　簿価を払い戻す方法は、貸借対照表純資産の部を基礎にして持分額を計算するため、施設補助積立金・保険差益積立金・買換資産積立金などの部分が脱退者への持分払戻額に含まれることになる。

　　施設補助金は、施設を組合事業に利用させる目的で交付されるものである。その施設補助金が、脱退者の持分払戻額に含まれることは、施設補助金の目的に沿わないものと思われる。

　　しかし、施設補助金を圧縮記帳したとしても、持分全部を払い戻す方法では、圧縮記帳した資産を時価評価することにより、圧縮記帳前の資産取得価額と同じような額になり、結果的に、施設補助金が、脱退者への持分払戻額に含まれることになる。

　　このため、施設補助金を脱退者への持分払戻額に含ませないようにするには、施設補助金を資産の取得価額から直接減額する、圧縮記帳を行うとともに、定款の脱退者への持分払戻規定を、簿価財産を限度にする必要がある。

　　保険差益・買換資産の譲渡益については、施設補助金のような交付目的からする要請はないが、圧縮記帳による会計処理をするとともに、定款の脱退者への持分払戻規定を、簿価財産を限度にすることにより、脱退者への持分払戻額へ保険差益・買換資産の譲渡益を含ませないようにすることができる。

(4)　消費税の取扱いは次のようになる。
　①　施設補助金として、国又は地方公共団体等から、特定の政策目的の実現のため受けるものは、課税対象外になる。
　　　しかし、補助金により取得する施設には消費税が含まれているので、次のような処理になる。
　　　税込経理方式
　　　補助金の対象資産を購入

| (借) 機械装置 | 5,400 | (貸) 預金 | 5,400 |

補助金の受入れ

| (借) 預金 | 2,000 | (貸) 施設補助金収入 | 2,000 |

圧縮記帳

| (借) 施設補助金圧縮損 | 2,000 | (貸) 機械装置 | 2,000 |

税抜経理方式

補助金の対象資産を購入

| (借) 機械装置 | 5,000 | (貸) 預金 | 5,400 |
| 仮払消費税 | 400 | | |

補助金収入

| (借) 預金 | 2,000 | (貸) 施設補助金収入 | 2,000 |

圧縮記帳

| (借) 施設補助金圧縮損 | 2,000 | (貸) 機械装置 | 2,000 |

② 火災保険金の受取りは、消費税の課税対象外になる。

③ 買換資産の譲渡は、土地の譲渡は非課税であるが、建物の譲渡は課税対象になる。

④ 施設補助金圧縮損、保険差益圧縮損、買換資産圧縮損は、仕入税額控除の対象にならない。

6-3 リース事業関係科目

(1) リース取引の分類

① ファイナンス・リース取引

ファイナンス・リース取引とは、リース契約に基づくリース期間の中途において当該契約を解除することができないリース取引又はこれに準ずるリース取引で、借手が、当該契約に基づき使用する物件からもたらされる経済的利益を実質的に享受することができ、かつ、当該リース物件の使用に伴って生じるコストを実質的に負担することになるリース取引で、原則として、通常の売買取引に係る方法に準じて会計処理を行う。

Ⅲ 勘定科目

　　　この場合、そのリース物件の取得価額の算定方法については、リース料総額からこれに含まれる利息相当額の合理的見積額を控除する方法とこれを控除しない方法とがあるが、控除する方法が広く行われている。

　　　また、リース契約上の諸条件に照らしてリース物件の所有権が借手に移転すると認められるもの以外の取引については、通常の賃貸借取引に係る方法に準じて会計処理を行うことができるが、原則的な会計処理方法である通常の売買取引に係る方法に準じて会計処理した場合と同様の注記を財務諸表に行うことが求められる。

② オペレーティング・リース取引

　　　オペレーティング・リース取引とは、ファイナンス・リース取引以外のリース取引で、通常の賃貸借取引に係る方法に準じて会計処理を行う。

　　　かつ、リース期間の中途において当該契約を解除することができるオペレーティング・リース取引を除き、リース期間に係る未経過リース料を財務諸表に注記することが求められる。

③ 組合のリース取引

　　　組合のリース取引には、貸手側として、組合が組合員又は組合員の構成員に物件を賃貸する場合と、借手側として、リース会社から組合が物件を賃借する場合とがある。

(2) オペレーティング・リースの会計処理

① 設　　例

　　ア　リース資産　¥1,000,000

　　イ　基本リース期間終了時の見積残存価額　¥10,000

　　ウ　リース期間　5年　法定耐用年数　6年

　　エ　リース料総額　¥1,200,000（月¥20,000）

　　オ　支払方法　契約時に初回分を支払い、以降は毎月銀行引落しとする

　　カ　リース資産の減価償却は、リース期間定額法で行う

リース期間定額法は、リース期間を償却年数とし、リース資産の取得価額からリース期間満了時の処分見積価額を残存価額として、これを控除した額を、リース期間にわたり均等償却する方法で、リース会計では一般的な会計処理となっている。

ただ、税務上の法定償却方法とは認められないため、償却過不足について申告調整が必要となる。

② 貸手側の会計処理

　ア　リース物件購入

（借）リース資産　　　1,000,000　（貸）現金預金　　　　1,000,000

　イ　リース契約・リース料を受け取る

（借）現金預金　　　　　20,000　（貸）リース料収入　　　20,000

　ウ　リース期間定額法により減価償却を行う（1年分の場合）

　　（¥1,000,000 − ¥10,000）× 0.2 = ¥198,000

（借）減価償却費　　　　198,000　（貸）リース資産　　　　198,000

　エ　対照勘定を用いる場合

　　　リース契約時

（借）リース契約債権　1,200,000　（貸）未実現リース料　1,200,000

　　　リース料入金時

（借）現金預金　　　　　20,000　（貸）リース契約債権　　20,000
（借）未実現リース料　　20,000　（貸）リース料収入　　　20,000

　オ　貸借対照表への注記

　　　未経過リース料1年以内　¥240,000

　　　未経過リース料1年超　　×××

　カ　法定耐用年数による減価償却限度額を超える額の申告調整

　　　定率法の場合

　　　¥1,000,000 × 0.319 = ¥319,000

　　　¥319,000 − ¥198,000 = ¥121,000　償却不足額は切り捨てる。

　　　定額法の場合

　　　（¥1,000,000 − ¥100,000）× 0.166 = ¥149,400

Ⅲ　勘定科目

　　　¥198,000 − ¥149,400 = ¥48,600　償却超過額は、損金算入が認められず申告書で加算する。

　③　借手側の会計処理
　　ア　リース契約・リース料を支払う

（借）賃借料　　　　　　20,000　（貸）現金預金　　　　　20,000

　　イ　対照勘定を用いる場合
　　　　リース契約時

（借）未経過リース料 1,200,000　（貸）リース契約債務 1,200,000

　　　　リース料支払時

（借）リース契約債務　　20,000　（貸）現金預金　　　　　20,000
（借）賃借料　　　　　　20,000　（貸）未経過リース料　　20,000

　　ウ　貸借対照表への注記
　　　　未経過リース料1年以内　¥240,000
　　　　未経過リース料1年超　　×××

(3)　所有権移転ファイナンス・リースの会計処理
　①　設　例
　　ア　所有権移転条項　有
　　イ　割安購入選択肢　有　割安価額　¥200,000
　　ウ　解約不能のリース期間　5年
　　エ　貸手のリース資産購入価額　¥10,400,000
　　オ　リース料総額　¥12,000,000（月¥200,000）
　　カ　リース物件の法定耐用年数　8年
　　キ　借手の減価償却方法　定額法
　②　貸手側の会計処理
　　ア　リース資産購入

（借）リース資産　　10,400,000　（貸）現金預金　　　10,400,000

イ　リース契約時リース料受け取る

（借）リース債権	10,400,000	（貸）リース資産	10,400,000
（借）現金預金	200,000	（貸）リース物件売上高	200,000
（借）リース物件売上原価	170,000	（貸）リース債権	170,000

ウ　リース期間終了後に借手にリース物件を割安価額で売却する

（借）現金預金	200,000	（貸）リース債権	200,000

③　借手側の会計処理

ア　リース契約時リース料支払う

（借）機械装置	10,400,000	（貸）リース債務	10,400,000
（借）リース債務	170,000	（貸）現金預金	200,000
リース支払利息	30,000		

イ　法定耐用年数により減価償却を行う

　　（¥10,400,000 − ¥1,040,000）× 0.125 ＝ ¥1,170,000

（借）減価償却費	1,170,000	（貸）機械装置	1,170,000

ウ　割安購入選択権を行使

（借）リース債務	200,000	（貸）現金預金	200,000

(4)　所有権移転外ファイナンス・リースの会計処理

①　設　例

　　ア　所有権移転条項　なし

　　イ　割安購入選択肢　なし

　　ウ　解約不能のリース期間　5年

　　エ　貸手のリース資産購入価額　¥10,400,000

　　オ　リース料総額　¥12,000,000（月¥200,000）

　　カ　リース物件の法定耐用年数　8年

　　キ　貸手の見積残存価額は0である

②　会計基準と税務上の取扱い

　　リース会計基準では、ファイナンス・リース取引については、原則として売買処理を行うこととしているが、所有権移転外ファイナンス・リース取引については、注記を条件に賃貸借処理を認めている。

III 勘定科目

　一方、税務上では、リース通達により賃貸借方式を基本とした取扱いになっているため、所有権移転外ファイナンス・リース取引について売買処理を行った場合には、税務上申告調整が必要になる。
　このため、所有権移転外ファイナンス・リース取引については、実務上賃貸借処理を行うことになると思われるので、売買処理を行う会計処理は省略する。

③　賃貸借処理・貸手側の会計処理
　ア　リース物件購入

(借) リース資産　　10,400,000　　(貸) 現金預金　　10,400,000

　イ　リース契約・リース料を受け取る

(借) 現金預金　　200,000　　(貸) リース料収入　　200,000

　ウ　リース期間定額法により減価償却を行う（1年分の場合）

　　　（¥10,400,000 − ¥1,040,000）× 0.2 = ¥1,872,000

(借) 減価償却費　　1,872,000　　(貸) リース資産　　1,872,000

　エ　対照勘定を用いる場合
　　　リース契約時

(借) リース契約債権　12,000,000　　(貸) 未実現リース料　12,000,000

　　　リース料入金時

(借) 現金預金　　200,000　　(貸) リース契約債権　　200,000
(借) 未実現リース料　200,000　　(貸) リース料収入　　200,000

　オ　貸借対照表への注記
　　　a　リース物件の取得価額等

	機械装置
取得価額	¥10,400,000
減価償却累計額	¥1,872,000
期末残高	¥8,528,000

　　　b　未経過リース料期末残高

1年以内	¥2,400,000
1年超	¥7,200,000

c　当期の受取リース料等

　　　　　受取リース料　　　　　　　¥2,400,000

　　　　　減価償却費　　　　　　　　¥1,872,000

　　　　　受取利息相当額　　　　　　¥360,000

④　賃貸借処理・借手側の会計処理

　ア　リース契約・リース料を支払う

(借) 賃借料　　　　　200,000　(貸) 現金預金　　　　200,000

　イ　対照勘定を用いる場合

　　　リース契約時

(借) 未経過リース料 12,000,000　(貸) リース契約債務 12,000,000

　　　リース料支払時

(借) リース契約債務　200,000　(貸) 現金預金　　　　200,000

(借) 賃借料　　　　　200,000　(貸) 未経過リース料　200,000

　ウ　貸借対照表への注記

　　　a　リース物件の取得価額相当額等

　　　　　　　　　　　　　　　　機械装置

　　　　　取得価額相当額　　　　¥10,400,000

　　　　　減価償却累計額相当額　　¥1,872,000

　　　　　期末残高相当額　　　　　¥8,528,000

　　　b　未経過リース料期末残高相当額

　　　　　1年以内　　　　　　　　¥2,400,000

　　　　　1年超　　　　　　　　　¥7,200,000

　　　c　当期の支払リース料等

　　　　　支払リース料　　　　　　¥2,400,000

　　　　　減価償却相当額　　　　　¥1,872,000

　　　　　支払利息相当額　　　　　¥360,000

Ⅲ　勘定科目

6－4　特定損失に備える引当金

> 　共済事業を行う組合が異常災害損失の補てんのため積み立てた場合は、異常危険準備金で処理し、製品に対する保証のための引当金又は建築、土木工事等に対する保証のための引当金を計上する場合は、流動負債に属する製品保証等引当金で処理する。

(1)　共済事業を行う組合は中協法施行規則第145条第1項第2号により、毎事業年度末に異常危険準備金を積み立てることになっている。

　　異常危険準備金は、平均事故率を超える事故率の火災損害などが発生した場合に、必要な共済金の支払に充てるための準備金である。異常危険準備金は、負債に属する準備金とし、その繰入額は事業費に属する異常危険準備金繰入として処理する。

(2)　共済事業を行う組合が、共済事業としての特殊性から、将来の異常災害損失の補てんのため積み立てる必要がある場合に、法律に基づかず、組合で自主的に定めた額を異常危険準備金として積み立てることがある。

　　任意の異常危険準備金には、剰余金性積立金の内容の部分がある。

　　異常危険準備金の中に剰余金性積立金の内容の部分があるときは、剰余金処分において異常危険積立金として積み立てることになる。

(借)　未処分利益	×××	(貸)　異常危険準備積立金	×××

(3)　製品保証等引当金は、製品の販売後又は工事の引渡し後、一定期間製品や工事の補償を無償で行うことが契約されている場合に、翌期以降に発生するであろう費用を見積計上する引当金である。

　　製品保証等引当金は、流動負債に属する引当金とし、その繰入額は事業費に属する製品保証等引当金繰入れとして処理する。

(借)　製品保証等引当金繰入	×××	(貸)　製品保証等引当金	×××

(4)　消費税の取扱いは次のようになる。

　　異常危険準備金繰入れ、製品保証等引当金繰入れは、仕入税額控除の対象にならない。

7．特殊科目

7－1　生産加工に関する費用の科目

　共同生産事業、共同加工事業などでは、事業費を製造原価を形成する費用と製造原価にならない費用とに区別する。

　製造原価を形成する費用は材料費、外注費、労務費、製造費用などの原価要素である。

　製造原価にならない費用とは、いわゆる販売部門と事業部管理部門の費用であって、配達運賃、受注に必要な費用などがある。

　事業費 ┌ 製造原価を形成する費用（材料費など）
　　　　 └ 製造原価にならない費用（販売部門などの費用で期中は生産事業費、加工事業費として処理されることが多い。）

　事業間接費－事業直接費以外の費用

　組合会計基準に示された特殊科目は、事業費のうち製品原価を形成する費用についての科目である。なお、共同生産事業などの事業規模が小さい場合には、材料費、外注費、労務費、製造費用の全部について区分経理することが困難なことがある。その場合、重要性の乏しいものについては一般管理費に含めてもよいことにした。

7－2　原材料費

　　生産加工に要した原材料費を処理する。必要により原料費、材料費と表示する。
　　　主要原材料費　主要原材料の消費額を処理する。なお、原料の場合は原料費、材料の場合は材料費と表示する。
　　　買入部品費　買入部品の消費額を処理する。
　　　補助材料費　補助材料の消費額を処理する。

Ⅲ　勘定科目

(1) 原材料費として処理するものは、共同生産事業、共同加工事業などで製造を行った場合に物品の消費によって生ずる原価である。

　したがって、物品を購入したときは「原材料」であって、消費により「原材料費」になる。

　消費額の計算は、消費の都度継続的に記録することがよいのであるが、通常、棚卸を行って期末残高を計算し、これを差し引くことによって消費高を求めることが多い。

　組合会計基準では流動資産である「原材料」勘定を材料などの棚卸高を処理する勘定とし、材料を購入するときは費用勘定としての「原材料費」で処理することにした。

　これは、組合会計では物品の消費を継続記録することが少ないものと考えたからである。

　原材料費は「原料費」「材料費」「買入部品費」「補助材料費」などに区分して処理することができる。

(2) 消費税の取扱いは次のようになる。

　① 原料・材料・買入部品・補助材料などの仕入は、仕入税額控除の対象になる。

　② 引取運賃、荷役費、購入手数料、外部に委託した買入事務・検収・整理・選別・手入れなどの費用は、仕入税額控除の対象になる。

　③ 運送保険料、関税は、仕入税額控除の対象にならない。

7－3　外注費

> 外注の加工費を処理する（加工賃及び原材料費を含む。）。ただし、外注費が加工賃だけの場合は、製造費用に計上することができる。共同受注事業等の場合、組合員に対し外注を行うときは、組合員外注費として処理する。

(1) 外注費として処理するものは、受注高の大部分を外注するというよ

うな外注から、工程の一部を外注するという小規模な外注まである。

したがって外注費の内容には、材料費が含まれる場合と加工賃だけの場合とがあるので、買入部品費に類似しているものは「材料費」に含め、加工賃だけの小額な外注費の場合は「外注加工費」として製造費用に含めることができることにした。

共同受注事業などで組合が取引全体になって、組合員へ外注する形態のときは、外注費が員外利用規制の対象になるので「組合員外注費」として処理することにした。

(2) 消費税の取扱いは仕入税額控除の対象になる。

7-4 労 務 費

賃金、給料手当、賞与、雑給、賞与引当金繰入れ、退職給与引当金繰入れ、法定福利費、厚生費

(1) 労務費として処理されるものは、工場従業員である直接工、間接工、現場監督者、工場管理者、臨時工に対する給与などである。

販売部門及び事業部管理部門に従事する者に対する給与などは、労務費に含めず事業直接費に属する事業経費に含める。

なお、事業経費とすることが重要性に乏しいときには、事業間接費及び一般管理費に含めて差し支えない。

人件費
- 労務費……………………………………製造原価
- 販売部門及び事業管理部門に従事する者の人件費……………………………事業部の事業経費
- 組合の一般管理部門に従事する者の人件費…………………………………一般管理費

(2) 消費税の取扱いは次のようになる。

① 慶弔禍福に際して支給するための見舞品・記念品等の購入費用、従業員の国内旅行費用、従業員の残業夜食代は、仕入税額控除の対

Ⅲ 勘定科目

象になる。
② 賃金、給料手当、賞与、雑給、賞与引当金繰入れ、退職給与引当金繰入れ、健康保険料、厚生年金、雇用保険料、労災保険料、慶弔禍福に際して支給する祝金・見舞金は、仕入税額控除の対象にならない。

7－5 製造（加工）費用

> 製造、加工に要した費用を処理する。
> 工場消耗品費、不動産賃借料、機械装置賃借料、電力料、燃料費、水道料、交際費、旅費交通費、通信費、修繕費、支払保険料、租税公課、減価償却費、雑費

(1) 製造費用として処理するものは、製造原価を形成する費用のうち原材料費、外注費、労務費として処理しなかった費用である。
　製造費用の中には事業直接費として期中の処理ができる費用もあるが、期中では事業間接費及び一般管理費として処理し、費用配賦により製造費用として処理される場合もある。
　工場消耗品、消耗工具器具備品については「材料費」に含めてもよく、また製造費用としての「工場消耗品費」としても差し支えない。
(2) 消費税の取扱いは次のようになる。
　① 工場消耗品費、家賃、機械装置賃借料（ファイナンスリース料のうち利子又は保険料として明示されているものを除く。）、電力料、燃料費、水道料、接待のための飲食費、贈答品費、国内の旅費交通費、国内電話料、修繕費などは、仕入税額控除の対象になる。
　② ファイナンスリース料のうち、利子又は保険料として明示されている部分の金額、現金で支出する慶弔費、贈答用テレホンカード、保険料、固定資産税、自動車税、減価償却費などは、仕入税額控除の対象にならない。

7－6　建設業に関する科目

完成工事未収入金		完成工事高に計上した請負代金の未収額
未成工事支出金		引渡しを完了していない工事に要した工事費並びに材料購入、外注のための前渡金、手付金等。ただし、長期の未成工事に要した工事費で工事進行基準によって工事原価に含めたものを除く。
材料貯蔵品		手持ちの工事用材料及び消耗工具器具等並びに事務用消耗品等のうち、未成工事支出金又は経費として処理されなかったもの。
工事未払金		工事費の未払額（工事原価に算入されるべき材料、貯蔵品購入代金等を含む。）
未成工事受入金		引渡しを完了しない工事についての請負代金の受入高。ただし、長期の未成工事の受入金で工事進行基準によって完成工事高に含めたものを除く。
売上高	完成工事売上高	工事が完成し、その引渡しが完了したものについての最終総請負高（請負高の全部又は一部が確定しないものについては、見積計上による請負高）及び長期の未成工事を工事進行基準により収益に計上する場合における期末出来高相当額
	兼業事業売上高	建設業以外の事業（以下「兼業事業」という。）を併せて営む場合における当該事業の売上高
売上原価	完成工事原価	完成工事高として計上したものに対応する工事原価
	兼業事業売上原価	兼業事業売上高として計上したものに対応する兼業事業の売上原価
売上総利益	完成工事総利益	完成工事高から完成工事原価を控除した額
	兼業事業総利益	兼業事業売上高から兼業事業売上原価を控除した額
一般管理費	修繕維持費	建物、機械、装置等の修繕維持費及び倉庫物品の管理費等
	調査研究費	技術研究、開発等の費用
	広告宣伝費	広告宣伝に要する費用
	貸倒損失	営業取引に基づいて発生した受取手形、完成工事

Ⅲ　勘定科目

		未収入金等の債権に対する貸倒損失及び貸倒引当金繰入額。ただし、異常なものを除く。
	寄　附　金	社会福祉団体等に対する寄附
材　料　費		工事のために直接購入した素材、半製品、製品、材料貯蔵品勘定等から振り替えられた材料費（仮設材料の損耗額等を含む。）
労　務　費		工事に従事した直接雇用の作業員に対する賃金、給料及び手当等
		工種、工程別等の工事の完成を約する契約でその大部分が労務費であるものは、労務費に含めて記載することができる。
外　注　費		工種、工程別等の工事について素材、半製品、製品等を作業とともに提供し、これを完成することを約する契約に基づく支払額。ただし、労務費に含めたものを除く。
経　　費		完成工事について発生し、又は負担すべき材料費、労務費及び外注費以外の費用で、動力用水道光熱費、機械等経費、設計費、労務管理費、租税公課、地代家賃、保険料、従業員給料手当、退職金、法定福利費、福利厚生費、事務用品費、通信交通費、交際費、補償費、雑費、出張所等経費配賦額等のもの
	経費のうち人件費	経費のうち従業員給料手当、退職金、法定福利費及び福利厚生費

建設業に関しては、「建設業法施行規則別記様式第15号及び第16号の国土交通大臣の定める勘定科目の分類を定める件」（昭和57年建設省告示第1660号、最終改正　平成18年7月7日国土交通省告示第748号）により、貸借対照表及び損益計算書に関する科目が定められているので、留意すること。

　建設業を行う事業協同組合、協業組合及び企業組合の貸借対照表、損益計算書、完成工事原価報告書、株主資本等変動計算書は、建設業法施行規則第4条、第10条に定める計算書類の様式で作成する。

(1)　共同施工方式

　　取引　A工事の材料を購入した。

| （借）未成工事支出金
（A工事材料費） | ×××　| （貸）工事未払金 | ××× |

取引 A工事の労務費又は出向労務負担金を支出した。

| （借） | 未成工事支出金
（A工事労務費） | ×××× | （貸） | 現金
預り金 | ××××
×× |

取引 A工事の外注費を支出した。

| （借） | 未成工事支出金
（A工事外注費） | ××× | （貸） | 工事未払金 | ××× |

取引 A工事の現場代理人と主任技術者の給料を支出した。

| （借） | 未成工事支出金
（A工事経費給料） | ××× | （貸） | 現金
預り金 | ×××
×× |

取引 A工事の動力用水道光熱費、機械等経費、技術費、設計費、労務管理費、租税公課、地代家賃、保険料、従業員給料手当、退職金、法定福利費、福利厚生費、事務用品費、通信交通費、交際費、補償費、雑費、出張所等経費、その他直接経費を支出した。

| （借） | 未成工事支出金（A
工事経費○○費） | ××× | （貸） | 現金 | ××× |

取引 A工事に負担させる間接経費を配賦した。

| （借） | 未成工事支出金（A
工事経費○○費） | ××× | （貸） | 配賦前の科目 | ××× |

取引 A工事に要した借入金の利子を支出した。

| （借） | A工事支払利息 | ××× | （貸） | 現金 | ××× |

取引 A工事が完成し、引き渡したので未成工事支出金を完成工事原価に振り替える。

| （借） | 完成工事原価
仮払消費税 | ×××
××× | （貸） | 未成工事支出金 | ××× |

(2) 分担施工方式

取引 施工担当組合員に対し、B工事の分担工事区分を発注した。

　　　仕訳なし

取引 工事進行度合に応じた前渡金を支出した。

| （借） | 未成工事支出金
（B工事外注費） | ××× | （貸） | 現金 | ××× |

取引 発注していた工事が完成したので検収し、代金の請求を受けた。

| （借） | 未成工事支出金
（B工事外注費） | ××× | （貸） | 工事未払金 | ××× |

取引　B工事に負担させる間接経費を配賦した。

（借）未成工事支出金（B工事経費○○費）	×××	（貸）配賦前の科目	×××

取引　B工事に要した借入金の利子を支出した。

（借）B工事支払利息	×××	（貸）現金	×××

取引　B工事が完成し引き渡したので未成工事支出金を完成工事原価に振り替える。

（借）完成工事原価	××××	（貸）未成工事支出金	×××
仮払消費税	×××		

(3) 売上計上

原則として、工事完成基準をとる。したがって完成工事高は、工事ごとにその工事が完成した日を含む事業年度において計上する。ただし、長期工事、延払工事がある場合には、当該工事について他の基準をとっても差し支えない。

取引　工事進行度合に応じ前渡金が振り込まれた。

（借）預金	×××	（貸）未成工事受入金	×××

取引　工事が完成し引渡しをしたので工事代を請求した。

（借）完成工事未収金	×××	（貸）完成工事高	×××
未成工事受入金	×××	仮受消費税	×××

(4) 消費税の取扱いは次のようになる。

① 未成工事支出金のうち、材料費、外注費等課税仕入になるものは、仕入税額控除の対象とすることができる。

② 未成工事支出金のうち、賃金、給与、法定福利費、保険料等課税仕入にならないものは、仕入税額控除の対象にならない。

③ 未成工事支出金の仕入税額控除は、未成工事支出金に含まれる課税仕入を行う都度、控除を行っていくのが原則であるが、継続適用を条件に、その未成工事支出金に係る目的物の引渡しをしたときに、仕入税額控除を行うこともできる。

④ 完成工事高、兼業事業売上高は、課税売上になる。

7-7　商品券発行に関する科目

> 供託有価証券　供託現金、預金、有価証券を処理する。
> 未決済商品券　決済されていない商品券発行高を処理する。
> 商品券販売手数料　商品券を売り渡した組合員に支払われる手数料を処理する。
> 商品券決済手数料　商品券で取扱品を販売した組合員から徴収する手数料を処理する。
> 未決済商品券益　未決済商品券のうち収益に計上する額を処理する。

(1)　商品券発行事業は、組合員の取扱品について共通商品券を発行して引換えをする事業であり、商品券決済時に収益計上をする会計処理と、商品券発行時に収益計上をする会計処理とが行われている。

　商品券決済時に収益計上をする方法は、商品券代が入金したときに負債勘定である「未決済商品券」で処理し、商品券を決済したときに未決済商品券から手数料を控除して支払う方法であり、会計基準に例示した科目が使用される。

　商品券発行時に収益計上する方法は、協同組合連合会が各単位協同組合を通じて商品券を販売するとき行われ、商品券未収金・未決済商品券・商品券発行手数料・商品券引換未払金・商品券引換費・商品券引換未払金繰入れ・商品券引換未払金戻入れなどの科目が使用される。

　なお、未決済商品券、商品券引換未払金については法人税基本通達2-1-39、2-2-11に定められている。

(2)　券発行日収益計上の仕訳（法基通2-1-39本文）

券発行日に

(借)　現金預金　　　100,000　　(貸)　券売上　　　　100,000

券引換日に

Ⅲ　勘定科目

（借）券引換費	81,000	（貸）現金預金	81,000

決算日に前期未払金を戻し入れる

（借）券引換未払金	45,000	（貸）券引換未払金戻入	45,000

今期未払金繰り入れる

（借）券引換未払金繰入	45,000	（貸）券引換未払金	45,000

(3) 券引換時収益計上の仕訳（法基通2－1－39ただし書）

券発行日に

（借）現金預金	100,000	（貸）未決済商品券	100,000

券引換日に

（借）券引換費	81,000	（貸）現金預金	81,000
（借）未決済商品券	90,000	（貸）商品券引換益	90,000

決算日に5年目の未済券残を収益計上

（借）未決済商品券	3,000	（貸）券引換未済金	3,000

(4) 消費税の取扱いは次のようになる。

① 商品券の発行は課税対象外になる。

② 商品券の販売は非課税売上になる。

③ 商品券受託販売手数料は課税売上になる。

④ 商品券委託販売手数料は仕入税額控除の対象になるが、個別対応方式の場合は非課税売上に対応するものになるから仕入税額控除ができない。

⑤ 商品券の引換えは商品券と引き換えられる商品の販売代金が課税売上になる。

⑥ 引換済みの商品券の代金決済は課税対象外になる。

⑦ 商品券決済受取手数料は課税売上になる。

⑧ 商品券決済支払手数料は仕入税額控除の対象になるが、個別対応方式の場合は課税売上、非課税売上に共通のものになる。

⑨ 法人税法の規定により、その発行事業年度の翌期首から3年を経過した日の属する事業年度終了の時は、引換未了の商品券の収益計上は、課税対象外になる。

7－8　チケット発行に関する科目

> チケット未収金　チケット利用者から未回収の未収金を処理する。回収期日の到来した未収金に対する手数料を含めることができる。
> チケット未払金　組合員に対するチケットによる未払金を処理する。
> 受取チケット手数料　チケットの利用に対して組合員から徴収する手数料を処理する。
> 受取チケット使用料　チケット発行（決済）の際、チケット利用者から徴収する使用料を処理する。
> チケット取扱高（チケット売上高）　チケット取扱高（売上高）を処理する。

(1) チケット発行事業は、組合員（加盟店）から請求のあった使用チケット代を支払ってチケットを使用した会員から代金を回収する事業である。

　チケット未収金として処理するものは、従来、チケット代の未収金だけであったが、長期チケットなどでは会員から使用料を受け入れることがあるため、回収期日の到来したチケット使用料を含めることができることにした。

　受取チケット使用料は、チケット発行の際に会員の登録などのため会員から徴収する使用料と、長期間のチケットの場合に会員から徴収する使用料とを処理する。発行と決済との使用料を区別した細節科目を設けることは差し支えない。

加盟店（組合員）からチケット使用高の報告があった。
（借）チケット未収金 7,000,000　（貸）チケット未払金 7,000,000
加盟店へ支払った。

(借) チケット未払金 7,000,000	(貸)	当座預金	6,420,000
		受取チケット手数料	350,000
		預り保証金	210,000
		賦課金収入	20,000

会員から回収した。

(借) 現金	20,000	(貸) チケット未収金	20,000

(2) 消費税の取扱いは次のようになる。

① 加盟店が信販組合に対して売掛債権を譲渡した場合は、金銭債権の譲渡として非課税になる。

② 信販組合は、加盟店の売掛債権を、加盟店手数料を差し引いた額で譲り受けるものであるから、加盟店手数料は非課税になる。

③ 信販組合が消費者から受領する賦払金は、加盟店から譲り受けた売掛債権の回収であるから課税対象外である。

④ 信販組合が消費者から受領する割賦購入あっせん手数料は、その額が割賦購入あっせんに係る契約において明示されている場合は非課税になる。

7-9 サービス券発行

サービス券売上高	サービス券の売上高を処理する。
サービス券仕入高	特約のある団体から購入するサービス券を処理する。
サービス券引換費	組合発行サービス券の引換えに要した景品原価及び引換えに要した金額を処理する。税法上損金に認められる未交換サービス券の引換えに要する金額を含めることができる。
サービス券事業費	サービス券の発行及び回収に要した費用を処理する。印刷費、広告宣伝費、人件費等適当な細節を設ける。

> サービス券引換未払金　税法上損金に認められる未交換サービス券の引換えに要する金額を処理する。
> サービス券引換未払金繰入　未交換サービス券の引換見込額を処理する。
> サービス券引換未払金戻入　サービス券引換未払金の戻入れを処理する。
> スタンプ券の場合はサービス券をスタンプ券にする。

(1) スタンプ券事業の方法

スタンプ券事業は、購入したスタンプ券を使用する場合と、組合がスタンプ券を発行する場合とがある。

購入スタンプ券は、組合としてまとめて購入し、組合員に販売するのであるから、組合はスタンプ券の受払いを管理すればよい。

組合発行スタンプ券は、スタンプ券発行時に、発行価額を売上として処理し（法基通2－1－39）、スタンプ券の回収に備えるため未回収スタンプ券に対して引換費を未払金（法基通2－2－11）として処理する。

(2) 購入スタンプ券の仕訳例

取引　スタンプ会から、スタンプ券を購入した。

（借）スタンプ券仕入	1,000,000	（貸）未払金	1,080,000
仮払消費税等	80,000		

取引　組合員へ、スタンプ券全部を販売した。

（借）現金	1,080,000	（貸）スタンプ券売上	1,000,000
		仮受消費税等	80,000

取引　スタンプ会へ取扱手数料を差し引いて支払った。

（借）未払金	1,080,000	（貸）預金	1,026,000
		受取券取扱手数料	50,000
		仮受消費税等	4,000

取引　組合員から、引換済のスタンプ券が持ち込まれたので、組合で

Ⅲ　勘定科目

　　　　立替払をした。

| （借）回収券立替金 | 600,000 | （貸）預金 | 600,000 |

　　取引　スタンプ会へ立替金と、回収手数料を請求し、本日入金した。

（借）預金	654,000	（貸）回収券立替金	600,000
		受取回収手数料	50,000
		仮受消費税等	4,000

(3) 組合発行スタンプ券の仕訳例

　　取引　スタンプ券の印刷代を支払った。

| （借）スタンプ券印刷費 | 100,000 | （貸）預金 | 108,000 |
| 仮払消費税等 | 80,000 | | |

　　取引　組合員へ、スタンプ券を販売した。

| （借）預金 | 756,000 | （貸）スタンプ券売上 | 700,000 |
| | | 仮受消費税等 | 56,000 |

　　取引　組合員から商品と引換済みのスタンプ券が持ち込まれたので支払をした。

| （借）スタンプ券引換費 | 540,000 | （貸）預金 | 583,200 |
| 仮払消費税等 | 43,200 | | |

　　取引　決算になったので、未交換スタンプ券の引換えに要する額を法人税基本通達2－2－11により未払金に計上し、前期分を戻し入れた。

| （借）スタンプ券引換未払金繰入 | 360,000 | （貸）スタンプ券引換未払金 | 360,000 |
| （借）スタンプ券引換未払金 | 350,000 | （貸）スタンプ券引換未払金戻入 | 350,000 |

　　取引　スタンプ券の在庫を貯蔵品とした。

| （借）貯蔵品 | 20,000 | （貸）スタンプ券印刷費 | 20,000 |

(4) 消費税の取扱い

　① 組合がスタンプ券を発行し、組合員に販売した場合は、組合の課税売上になる。

　② 組合員が組合から購入するスタンプ券の代金は、組合員の課税仕入になる。

③ 組合員が顧客の買上げ額に応じてスタンプ券を無償で交付することは、資産の譲渡に該当しない。

④ 収集スタンプを持参した顧客に組合員の店が商品と引換えを行うのは、組合員の課税売上になる。

⑤ 組合が組合員へ回収スタンプ代金を支払うとき、組合の課税仕入になる。ただし、組合員の課税の取扱い等にも留意する必要がある。

⑥ 組合が直接顧客の収集スタンプと商品を引き換える場合は、その商品の購入代金が課税仕入になる。

⑦ 組合がスタンプ券を発行する時に、法人税法の規定による預り金処理を行った場合は、組合員から収集スタンプを回収したとき、課税売上とすることができる。

　この場合には、発行事業年度の翌期首から3年を経過した日の属する事業年度終了の時に、引換未了のスタンプ券について、法人税法上の収益に計上するとともに、その時点で役務の提供があったものとして、課税売上になる。

⑧ 収集スタンプ券を持参した顧客に、組合が、商品券又は金銭と引き換えるときは、組合には課税仕入は生じない。

(5) ポイントサービス事業の方法

組合が、ポイントカードを発行する事業であり、コンピュータによる管理を行っている。

スタンプ券発行は、コンピュータ管理を行わないため、通常、スタンプ券発行時収益計上の方法を行っているが、ポイントカードはコンピュータ管理を行っているため、ポイントカード引換時収益計上の方法をすることができる。

(6) ポイントカード引換時収益計上の仕訳

① 客が加盟店から商品を購入する。……ポイントカードに点数を入力する。

② 月末に加盟店より当月発行ポイント数により組合へ入金する。

組合員の仕訳

Ⅲ　勘定科目

（借）広告宣伝費 756,000（貸）預金 756,000（課税仕入・仮払消費税）
　　組合の仕訳
（借）預金　　　 756,000（貸）ポイント預り金 756,000（不課税）

③　客が加盟店で商品と引換えをする。
　　組合員の仕訳
（借）立替金 583,200（貸）商品売上 583,200（課税売上・仮受消費税）
（借）預金　　 583,200（貸）立替金　　 583,200（不課税）
　　組合の仕訳
（借）ポイント預り金 583,200（貸）ポイント売上 540,000（課税売上）
　　　　　　　　　　　　　　　 （貸）仮受消費税　　 43,200（不課税）
（借）ポイント引換費 540,000（貸）預金　　　　 583,200（課税仕入）
（借）仮払消費税　　 43,200

④　顧客が組合で商品券、買物券等と引換えをする。
　　組合の仕訳
（借）ポイント預り金 108,000（貸）ポイント売上 108,000（課税売上）
　　　　　　　　　商品券、買物券受払帳の払出に記入する。
　　　　　　　　　商品券、買物券の仕訳は「7－7」（285頁）参照。

(7)　**商品引換券の税務**

①　会員別の未回収ポイントを年度別にオフコンにより算出させ「年度別ポイント管理表」を作成する。ポイントは、買物券（発行日より3か月有効）と交換し、加盟店で買物券が使用され、組合事務局でその買物券を回収した時点をポイント交換時とする。未回収ポイントについては、3か年末買い上げ会員リスト合計金額を収益計上する。

　　商品引換券等の発行に係る収益計上基準の確認申出書を、税務署に提出し確認を受けてから実施すること。

②　商品引換券等の発行に関する収益の帰属の時期について。
　　法人税基本通達2－1－39は、商品引換券等の発行代金について、その発行をした段階で収益計上することが原則であるとして、

「原則方式」の取扱いが基本であることを明らかにしている。

ただ、ただし書により、商品引換券等の発行に係る対価の額を、その商品の引渡し等に応じて、その商品の引渡しのあった日の属する事業年度の収益に計上する方式を、あらかじめ所轄税務署長の確認を受けることと、その確認を受けたところにより継続して実施しているときは「ただし書方式」として認めている。

③ 商品引換券等を発行した場合の引換費用

法人税基本通達2-2-11は、商品引換券等の発行に係る収益を原則方式で発行時点で収益に計上した場合、毎期末における未引換券の引換原価について定めている。

商品引換券等の発行代金をその発行時点で収益計上した場合には、その発行日を含む事業年度及びその後3年以内に開始する各事業年度において、未引換券の引換原価相当額として一定の算式により見積計算した金額を、洗替方式により計上する。算式に従っての計算方法はあらかじめ税務署の確認を受けることにはなっていないが、損金算入を認められない例もあるので事前確認を行うようにする。

7-10 商店街組合に関する科目

ネオン・アーケード施設　組合の構築物として設置したネオン・アーケード施設を処理する。

器具備品　共同宣伝事業等のため放送施設、その他の資産を設置したときは適当な細節を設ける。

ネオン・アーケード負担金　ネオン、街路灯、アーケードの負担金を支出した場合は、繰延資産として処理する。

道路舗装負担金　カラー舗装等の負担金を支出した場合は、繰延資産として処理する。

Ⅲ　勘定科目

>　負担金償却　ネオン、アーケード負担金、道路舗装負担金の償却額
>　　　　　　　を処理する。
>　共同売出事業収益　共同売出事業の収益を処理する。福引券売上
>　　　　　　　　　　高、装飾負担金収入等適当な細節を設ける。
>　共同売出事業費　共同売出事業に要した直接費用を処理する。景品
>　　　　　　　　費、接待費、装飾費、福引所費、広告宣伝費、人
>　　　　　　　　件費等適当な細節を設ける。

(1)　商店街組合では、ネオン、街路灯、アーケード、道路舗装などの施設を設けているが、これらの施設を組合の有形固定資産として処理する方法と、他への負担金支出として処理する方法とがある。

　　有形固定資産とする方法は、組合の構築物として建設した場合である。

　　負担金として支出する方法は、他の団体がアーケードなどの建設を行ってその建設費を商店街組合が負担する場合である。

　　施設負担金は繰延資産に属させることにした。

(2)　アーケードなどを有形固定資産とした場合に、その減価償却費や支払利息を賄うために組合員から利用料を徴収したときは「受取アーケード施設利用料」として処理する。

組合員からアーケード建設のため預り金を受け入れた。

| （借）預金 | 22,000,000 | （貸）組合員預り金 | 22,000,000 |

建設資金を借り入れた。

| （借）預金 | 88,000,000 | （貸）○○長期借入金 | 88,000,000 |

アーケード施設の引渡しを受けた。

（借）アーケード施設	100,000,000	（貸）預金	108,000,000
仮払消費税	8,000,000		
（借）預金	10,368,000	（貸）受取アーケード施設利用料	9,600,000
		仮受消費税	768,000

借入金返済と利子の支払を行った。

(借) ○○長期借入金 8,400,000	(貸) 預金 10,080,000
支払利息 1,680,000	
(借) 減価償却費 8,000,000	(貸) アーケード施設 8,000,000

(3) アーケードなどを有形固定資産とした場合に、その減価償却費や支払利息を賄うために組合員から負担金を徴収したときは、「償却費負担金収入」「利子負担金収入」「建設負担金収入」「償還負担金収入」として処理する。

組合員からアーケード建設のため預り金を受け入れた。

(借) 預金 21,000,000	(貸) 組合員預り金 21,000,000

建設資金を借り入れた。

(借) 預金 84,000,000	(貸) ○○長期借入金 84,000,000

アーケード施設の引渡しを受けた。

(借) アーケード施設 105,000,000	(貸) 預金 105,000,000

組合員から利子・償却費の負担金を受け入れた。

(借) 預金 10,080,000	(貸) アーケード利子償却費負担金収入 10,080,000

借入金返済と利子の支払を行った。

(借) ○○長期借入金 8,400,000	(貸) 預金 10,080,000
支払利息 1,680,000	

アーケード施設の償却を行った。

(借) 減価償却費 8,400,000	(貸) アーケード施設 8,400,000

街路灯建設費を支払った。

(借) 街路灯建設費 6,300,000	(貸) 預金 6,300,000

街路灯施設補助金を受け取った。

(借) 預金 1,050,000	(貸) 施設補助金収入 1,050,000
(借) 街路灯圧縮損 1,050,000	(貸) 街路灯施設 1,050,000

組合員から償却費の負担金を受け入れた。

(借) 当座預金 840,000	(貸) 街路灯償却費負担金収入 840,000

街路灯施設の償却を行った。

(借) 減価償却費 840,000	(貸) 街路灯施設 840,000

Ⅲ　勘定科目

カラー舗装の負担金を支払った。

（借）道路舗装負担金　5,250,000　（貸）当座預金　　　　5,250,000

組合員から償却費の負担金を受け入れた。

（借）当座預金　　　　1,050,000　（貸）道路舗装償却費負担金収入　1,050,000

カラー舗装負担金の償却を行った。

（借）道路舗装負担金償却　1,050,000　（貸）道路舗装負担金　1,050,000

(4) 消費税の取扱いは次のようになる。

① 組合員からアーケード利用料を徴収するときは、アーケード利用料は組合の課税売上になり、組合員は課税仕入になる。

② 組合員からアーケード負担金を徴収するときは、アーケード負担金は組合では課税対象外になり、組合員は仕入税額控除の対象にならない。

街路灯負担金、道路舗装負担金も上記と同じ取扱いになる。

③ 施設補助金収入は、課税対象外になる。

④ アーケード施設費、街路灯建設費を支出したときは、その対価に消費税が含まれているので、施設の経理処理は税込経理方式又は税抜経理方式を選択できる。

ただし、課税売上がない場合は税込経理方式を行うことになる。

7－11　手形に関する科目

保証債務　受取手形は裏書譲渡又は割り引いた時点で消滅を認識するが、裏書人の遡及義務が新たに債務として発生する。この遡及義務の時価相当額を処理する。

保証債務費用　保証債務の発生を処理する。

保証債務取崩益　手形満期日に保証債務の消滅を処理する。

裏書義務裏書義務見返　裏書譲渡され受取手形の金額を対照勘定で処理し、貸借対照表に注記する。

割引義務割引義務見返　割り引いた受取手形の金額を対照勘定で処

理し、貸借対照表に注記する。

(1) 割引手形

金融商品会計に関する実務指針第136項の割引手形及び裏書譲渡手形については、原則として新たに生じた二次的責任である保証債務を時価評価して認識するとともに、割引による入金額又は裏書による決済額から保証債務の時価相当額を差し引いた譲渡金額から、譲渡原価である帳簿価額を差し引いた額を手形売却損として処理する。

なお、金融機関による割引手形の会計処理は、別途定める。

〈実務指針　設例16　受取手形及び割引手形に関する会計処理より抜粋〉

方式１　金利部分を別処理しない方式

① 売上時点（Ｘ１年４月１日）

| （借）受取手形 | 1,102,500 | （貸）売上 | 1,102,500 |

② 決算日（Ｘ２年３月31日）

| （借）貸倒引当金繰入 | 11,025 | （貸）貸倒引当金 | 11,025 |

③ 割引時点（Ｘ２年４月１日）

（借）現金預金	1,036,350	（貸）受取手形	1,102,500
保証債務費用	11,025	保証債務	11,025
貸倒引当金	11,025	貸倒引当金戻入	11,025
手形売却損	66,150		

④ 手形満期日（Ｘ３年３月31日）

| （借）保証債務 | 11,025 | （貸）保証債務取崩益 | 11,025 |

以上のことから、組合会計においても、割引料を廃止し、「手形売却損」の科目を設けた。手形売却損はあくまでも割引時の期間損益であるため、割引料のように未経過計算は行われない。

次に、割引手形及び裏書譲渡手形について、売却以後に発生する、買戻し等の二次的リスク相当額として保証債務（受取手形遡及義務）の時価評価額（例えば、額面の１％と評価する。）を保証債務費用として計上する。ただし税務ではこの金額はなかったものとして取り扱

われる（法基通2－1－46）。
(2) 割引手形の貸倒引当金

　法人が有する売掛金、貸付金その他これらに準ずる金銭債権について取得した受取手形を、割引又は裏書譲渡した場合には、割引又は裏書譲渡した受取手形の金額を財務諸表に注記することにより、既存債権を売掛債権等に該当するものとして、貸倒引当金の対象とされてきた（法基通11－2－17）。

　割引又は裏書譲渡した受取手形は会計上は譲渡したものとして取り扱われ、買戻し等の二次的リスク相当額を保証債務として計上するが、この保証債務は税務上なかったものとして取り扱われるので、貸倒引当金の対象とするためには、割引又は裏書譲渡した受取手形の金額の財務諸表への注記は必要になる。

(3) 手形割引貸付金

　手形割引について日本公認会計士協会では、「銀行業における金融商品会計基準適用に関する当面の会計上及び監査上の取扱い」として次のように記されている。

6．割引手形の取扱い（要約）

　銀行業においては、手形割引を割引依頼人に対する与信行為として認識しており、手形割引は手形を譲渡担保とした割引依頼人に対する与信行為としての実務が定着している。

　したがって、銀行業が手形割引により取得する債権の取得価額は手形額面とし、手形割引料は、貸出金利息として認識する。

　組合の金融事業では、総会で組合員に対する貸付限度額を定めることになっている。この貸付限度額の計算の中に手形割引貸付金を含むことから、金融事業の手形割引は貸付金として取り扱ってきた。

　したがって、組合会計では取扱いの変更はない。

7－12　保証事業に関する科目

> 債務保証・債務保証見返　組合員の債務を保証することにより生じた債務保証を対照勘定で処理し、貸借対照表に注記する。損失発生の可能性が高く、見積りが可能な場合、債務保証損失引当金を計上する。損失発生の可能性は高いが、損失金額の見積り不可能である場合、その旨とその理由及び主たる債務者の財政状態等を注記する。損失発生がある程度予想される場合、その旨と主たる債務者の財政状態等を注記する。上記以外の場合、債務保証の金額を注記する。

(1) 債務保証勘定は、組合員の債務を保証することにより生じた保証義務を表わす勘定である。債務保証見返勘定はその対照勘定である。

組合員A商店の依頼により、同店振出の約束手形￥1,000,000について債務保証をした。

その際、保証料として￥20,000を小切手にて受け取った。

(借) 債務保証見返	1,000,000	(貸) 債務保証	1,000,000
現金	20,000	受取保証料	20,000

上記約束手形につき、A商店が満期日に決済したと連絡があった。

(借) 債務保証	1,000,000	(貸) 債務保証見返	1,000,000

かねて組合員B商店の借入金￥1,500,000について債務保証を行っていたが、同商店が支払不能となったため、延滞利息￥30,000とともに小切手を振出して、貸主であるY商事株式会社に支払った。

(借) 未収金	1,530,000	(貸) 当座預金	1,530,000
債務保証	1,500,000	債務保証見返	1,500,000

(2) 債務保証は、消費税の課税関係が生じない。受取保証料は、消費税が非課税とされている。

Ⅲ　勘定科目

7－13　共済事業に関する科目

> 共済事業について規定の整備が行われた。
>
> 共済事業の定義は、中協法第9条の2第7項に、「組合員その他の共済契約者から共済掛金の支払を受け、共済事故の発生に関し、共済金を交付する事業であつて、共済金額その他の事項に照らして組合員その他の共済契約者の保護を確保することが必要なものとして主務省令で定めるものをいう。」と規定している。
>
> 同条第6項には、保険会社の業務の代理又は保険募集の事務代行を行う事業が規定され、共済事業とは、区別されている。
>
> 会計基準では、共済事業について、共済事業会計として区別して定め、保険会社の業務の代理又は保険募集事務の代行は、各種事業部門の1つとして区分した。

(1)　共済関係科目の掲示

中協法第58条の2に共済事業の会計区分について「共済事業を行う組合は、共済事業に係る会計を他の事業に係る会計と区別して経理しなければならない。」と規定されているが、決算書様式は示されなかったので勘定科目だけを掲示した。

(2)　その他、中協法第57条の5、中協法施行規則第143条で余裕金運用の制限・中協法第58条の3で他の会計への資金運用の禁止が規定されているので、責任準備金などの支払資金に充てる資産を特定するため「特定引当資産」勘定を設けた。

共済事業の貸借対照表の考え方

一　資産の部		二　負債の部	
現金及び預金	×××	支払準備金	×××
有価証券	×××	責任準備金	×××
特定引当資産	×××	(内異常危険準備金)	(×××)

7．特殊科目

(3) 共済事業貸借対照表・損益計算書

貸借対照表のイメージ

他事業会計（中協法58の2）

現金及び預金	3,000	買掛金・未払金	1,800
売掛金・未収金	2,000	預り金	500
土地建物	10,000	未払法人税等	100
		長期借入金	4,000
		他事業出資金	5,000
		利益剰余金	3,600
資産合計	15,000	負債純資産合計	15,000

共済会計

現金預金	4,490	支払準備金	2,100
未収共済掛金	10	責任準備金	5,750
特定引当資産	10,000	（うち異常危険準備金）	5,000
（中協法58の3）		未払金	1,300
		未払法人税等	150
		共済出資金	4,000
		利益剰余金	1,200
資産合計	14,500	負債純資産合計	14,500

損益計算書のイメージ

他事業会計（中協法58の2）

事業費	10,700	事業収益	12,000
一般管理費	4,000	賦課金等収入	3,000
他事業会計当期利益金額	300		
法人税等	100		
他事業会計当期純利益金額	200		

Ⅲ　勘定科目

共済会計

共済金	10,000	共済掛金	12,700
事業費	1,850		
支払準備金繰入	2,100	支払準備金戻入	2,000
責任準備金繰入	450	責任準備金戻入	0
共済当期利益金額	300		
法人税等	150		
共済事業当期純利益金額	150		

＜共済関係科目＞

項　目	小分類	説　明
事業損益関係科目	1　共済掛金	共済事業の収益の大宗をなす収入共済掛金を処理する。共済契約の無効、失効、共済金額又は料率の訂正による返還共済掛金は、この勘定の減額で処理する。過年度の共済掛金について生じた返還金は「その他返戻金」で処理する。
	2　再共済収入	(1) 再共済金　組合が契約者に共済金を支払ったとき再共済契約に基づき再共済先から受け取るべき再共済金を処理する。 (2) 再共済返戻金　共済契約について返戻金を支払ったとき再共済契約に定めるところにより再共済先から受け取るべき再共済返戻金を処理する。 (3) その他の収入　再共済契約に基づき再共済先から再共済料割戻金を受け取ったときはこの科目で処理する。 　再共済料割戻金は現金主義で処理する。
	3　共済金戻入	前年度以前に共済金を支払った共済契約に関する戻入金（罹災物件を代位取得

項　目	小分類	説　明
		し、これを処分して得た売掛金又は第三者から受け取った損害賠償金等）を処理する。当年度において共済金を支払った共済契約に関する戻入金は共済金から控除する。
	4　共済金	共済契約に基づいて組合が負担すべき損害が発生した場合に、その損害てん補のための組合の支出金及びその損害てん補に直接付帯して生じた費用を処理する。共済金の支払には、損害査定の手続を必要とし、事故発生の日に共済金を計上することは不可能であるので現金主義計上が通常である。 　当年度において共済金を支払った契約に関して収入した罹災物件の処分代金又は第三者から受け取った損害賠償金はこの科目の減額で処理する。直接付帯費用の範囲は、再共済先から回収できる再共済金の範囲とすることが適当である。
	5　解約返戻金	共済契約者との合意の上で行う共済契約の中途解約、中途一部解約、更改等により返還した共済掛金を処理する。
	6　その他返戻金	前年度以前に共済掛金を収入した契約の無効、失効、取消し、共済金額又は共済掛金率の訂正等による共済掛金の払戻金を処理する。
	7　再共済料	再共済に付した場合、再共済先に支払う掛金を発生主義で処理する。当年度に計上した再共済料に係る契約の解約以外の事由により、再共済先から返還を受けるべき再共済料はこの科目の減額で処理する。

Ⅲ　勘定科目

項　目		小分類	説　明
	8	再共済金割戻	前年度以前に再共済金を収入した共済契約に関して収入した罹災物件の売却代金又は第三者からの損害賠償金があるとき再共済契約に付した割合により再共済先に支払った割戻金を処理する。当年度において再共済金を収入した契約に関する割戻分については再共済金の減額で処理する。
	9	代理店（所）手数料	代理店（所）委託契約に基づき代理店（所）に支払った手数料を処理する。
	10	集金手数料	分割払契約における2回目以降の集金に対する手数料を処理する。
	11	受託業務手数料	受託した業務に対する手数料収入を処理する。
	12	委託業務経費	委託業務につき、代理店（所）又は募集人に支払われた経費を処理する。
法定準備金関係科目	1	支払準備金	次に掲げる(1)及び(2)の合計金額を毎年洗替方式により積み立てる。 (1)　支払義務が発生した共済金等（訴訟継続中のものを含む。）で、事業年度末において支出として計上していない支払必要金額 (2)　既発生未報告の共済金等の支払必要金額（中協法施行規則に定める金額）
	2	責任準備金	(1)　普通責任準備金　共済規程又は火災共済規程に記載した方法に従い、共済掛金積立金及び未経過共済掛金の合計額を毎年洗替方式により積み立てる。ただし、収支残方式により算出した額を下ってはならない。 (2)　異常危険準備金　共済リスクに備える異常危険準備金及び予定利率リスク

7．特殊科目

項　目	小分類	説　明
		に備える異常危険準備金の合計額を、毎年累積して一定限度まで積み立てる。積立て及び取崩しに関する基準は、中協法施行規則の定めによる。
	3　支払準備金の処理	支払準備金に積み立てた未払共済金や未払返戻金を翌年度に支払うときは、各々共済金、返戻金で処理をし、支払準備金はそのまま残すようにし、翌年度末に洗替えをする。 　前期末の支払準備金の残100を今期末戻し入れる。 　　借方　支払準備金　　　　　100 　　貸方　支払準備金戻入　　　100 　今期末の支払準備金の額110を繰り入れる。 　　借方　支払準備金繰入　　　110 　　貸方　支払準備金　　　　　110
	4　責任準備金の処理	前期末の責任準備金（狭義）の残200を今期末戻し入れる。 　　借方　責任準備金　　　　　200 　　貸方　責任準備金戻入　　　200 　今期末の責任準備金の額220を繰り入れる。 　　借方　責任準備金繰入　　　220 　　貸方　責任準備金　　　　　220
	5　異常危険準備金の処理	今期末の異常危険準備金の積立額300を積み立てる。 　　借方　異常危険準備金繰入　300 　　貸方　異常危険準備金　　　300 　損害率が所定の率を超えたので異常危険準備金の取崩しを400行う。 　　借方　異常危険準備金　　　400

Ⅲ 勘定科目

項　目	小分類	説　明
		貸方　異常危険準備金戻入　　　400
資産・負債関係科目	1　未収共済掛金	共済掛金は、本来共済契約の締結と同時に収受すべきものであるが、何らかの事情により、組合直扱契約が契約者未収となる場合などの未収共済掛金を処理する。また、直扱契約で生じた異動、解約に伴う返還又は追徴共済掛金もこの勘定で処理する。
	2　代理店（所）貸	代理店（所）扱いの共済契約に関する共済掛金は、委託契約に定めるところにより一定の期限までに組合に納入されることから、この間の未収勘定を処理する。また、代理店（所）扱いで生じた異動、解約に伴う返還又は追徴共済掛金もこの勘定で処理する。なお、共済契約以外の事由による債権・債務をこの勘定で処理することは適当でない。
	3　代理店（所）借	代理店（所）の取り扱った共済掛金に付き一定割合で支払う代理店（所）手数料を処理する。
	4　再共済貸	再共済取引に伴う未収共済掛金、未払返戻金等の債権を処理する。
	5　再共済借	再共済契約に伴う、未払再共済料等の債務を処理する。

Ⅳ
決算関係書類

1. 決　　算

1－1　決算の法的根拠（中協法）

（決算関係書類等の提出、備置き及び閲覧等）
第40条　（略）
2　組合は、主務省令で定めるところにより、各事業年度に係る財産目録、貸借対照表、損益計算書、剰余金処分案又は損失処理案（以下「決算関係書類」という。）及び事業報告書を作成しなければならない。
3　（略）
4　組合は、決算関係書類を作成した時から10年間、当該決算関係書類を保存しなければならない。
5　第２項の決算関係書類及び事業報告書は、主務省令で定めるところにより、監事の監査を受けなければならない。
6　前項の規定により監事の監査を受けた決算関係書類及び事業報告書は、理事会の承認を受けなければならない。
7　理事は、通常総会の通知に際して、主務省令で定めるところにより、組合員に対し、前項の承認を受けた決算関係書類及び事業報告書（監査報告又は次条第１項の適用がある場合にあつては、会計監査報告を含む。）を提供しなければならない。
8　理事は、監事の意見を記載した書面又はこれに記載すべき事項を記録した電磁的記録を添付して決算関係書類及び事業報告書を通常総会に提出し、又は提供し、その承認を求めなければならない。
9　理事は、前項の規定により提出され、又は提供された事業報告書の内容を通常総会に報告しなければならない。
10・11　（略）

12　組合員及び組合の債権者は、組合に対して、その業務取扱時間内は、いつでも、次に掲げる請求をすることができる。ただし、第二号又は第四号に掲げる請求をするには、当該組合の定めた費用を支払わなければならない。
　一　決算関係書類及び事業報告書が書面をもつて作成されているときは、当該書面又は当該書面の写しの閲覧の請求
　二　前号の書面の謄本又は抄本の交付の請求
　三　決算関係書類及び事業報告書が電磁的記録をもつて作成されているときは、当該電磁的記録に記録された事項を主務省令で定める方法により表示したものの閲覧の請求
　四　前号の電磁的記録に記録された事項を（略）

（会計帳簿等の作成等）
第41条　組合は、主務省令で定めるところにより、適時に、正確な会計帳簿を作成しなければならない。
2　組合は、会計帳簿の閉鎖の時から10年間、その会計帳簿及びその事業に関する重要な資料を保存しなければならない。
3　組合員は総組合員の100分の3（これを下回る割合を定款で定めた場合にあつては、その割合）以上の同意を得て、組合に対して、その業務取扱時間内は、いつでも、次に掲げる請求をすることができる。この場合においては、組合は、正当な理由がないのに拒んではならない。
　一　会計帳簿又はこれに関する資料が書面をもつて作成されているときは、当該書面の閲覧又は謄写の請求
　二　会計帳簿又はこれに関する資料が電磁的記録をもつて作成されているときは、当該電磁的記録に記録された事項を主務省令で定める方法により表示したものの閲覧又は謄写の請求

1．決　　算

> （役員の組合に対する損害賠償責任）
> 第38条の2　役員は、その任務を怠つたときは、組合に対し、これによって生じた損害を賠償する責任を負う。
> 2　前項の任務を怠つてされた行為が理事会の決議に基づき行われたときは、その決議に賛成した理事は、その行為をしたものとみなす。
> 3　前項の決議に参加した理事であつて議事録に異議をとどめないものは、その決議に賛成したものと推定する。
> 4　第1項の責任は、総組合員の同意がなければ、免除することができない。
> 5～8　（略）
> 9　第4項の規定にかかわらず、第1項の責任については、会社法第426条（第4項から第6項を除く。）及び第427条の規定を準用する。（略）

　　昭和56年6月9日法律第75号商法の一部改正に伴う中協法の改正により、理事及び監事の責任の解除（中協法42準用商法旧284（注）通常の場合2年であった。）の規定は削除された。

　　このことにより、理事、監事の計算書類に関する責任は、10年の時効になった。また、中協法第41条第2項により、総会及び理事会の議事録は10年間保存することになった。

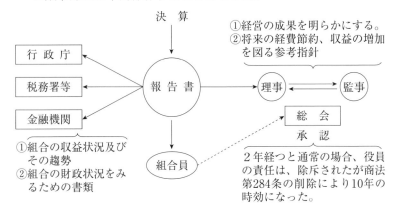

IV　決算関係書類

(定款の備置き及び閲覧等)

第34条の2　組合は、定款及び規約（共済事業を行う組合にあつては、定款、規約及び共済規程又は火災共済規程）（以下この条において「定款等」という。）を各事務所に備え置かなければならない。

2　組合員及び組合の債権者は、組合に対して、その業務取扱時間内は、いつでも、次に掲げる請求をすることができる。この場合においては、組合は、正当な理由がないのにこれを拒んではならない。

一　定款等が書面をもつて作成されているときは、当該書面の閲覧又は謄写の請求

二　定款等が電磁的記録をもつて作成されているときは、（略）

(余裕金運用の制限)

第57条の5　共済事業を行う組合及び共済事業を行う組合以外の組合（信用協同組合及び第9条の9第1項第一号の事業を行う協同組合連合会を除く。）であつて組合員（協同組合連合会にあつては、会員たる組合の組合員）の総数が第35条第6項の政令で定める基準を超えるものは、その業務上の余裕金を次の方法によるほか運用してはならない。ただし、行政庁の認可を受けた場合は、この限りでない。

一　銀行、株式会社商工組合中央金庫、農林中央金庫、信用金庫、信用金庫連合会、信用協同組合又は農業協同組合連合会、漁業協同組合連合会、水産加工業協同組合連合会若しくは協同組合連合会で業として預金若しくは貯金の受入れをすることができるものへの預金、貯金又は金銭信託

1．決　　算

> 二　国債、地方債又は主務省令で定める有価証券の取得

中協法施行規則

（第10節　余裕金運用の制限）

第143条　法第57条の5第二号の主務省令で定める有価証券は、次のとおりとする。

一　特別の法律により法人の発行する債券及び金融債

二　償還及び利払の遅延のない物上担保付又は一般担保付の社債

三　その発行する株式が金融商品取引所（金融商品取引法第2条第16項に規定する金融商品取引所をいう。第五号において同じ。）に上場されている株式会社が発行する社債（前号に掲げるものを除く。）又は約束手形（同条第1項第十五号に掲げるものをいう。）（事業所管大臣（企業組合にあっては、その行う事業を所管する大臣とする。第五号において同じ。）の指定するものに限る。）

四　日本銀行が発行する出資証券（略）

五　その発行する株式が金融商品取引所に上場されている株式会社が発行する株式（事業所管大臣の指定するものに限る。）

六　証券投資信託又は貸付信託の受益証券

（資金運用規程）

資金運用により生じた損失について、組合法違反（中協法112Ⅰ及び中協法115Ⅷにより）として、理事の責任を追及された事例が発生していることから、ペイオフに対し資金運用規程を作成する。

資金運用規程の内容としては、次の項目がある。

(1)　取引金融機関

(2)　各金融機関別、又は運用種類別の取引最高額

(3)　運用の種類、定期預金、国債、地方債、公共性のある債権等（信

Ⅳ　決算関係書類

用格付会社の格付を参考にしたり、同一銘柄についての取引最高額を決めている組合もある。)
(4)　リスク管理　市場動向に注意することと損切基準
(5)　決済権限者

> 第112条　組合の役員がいかなる名義をもつてするを問合わず(筆者注　問わず)、組合の事業の範囲外において、貸付けをし、手形の割引をし、若しくは預金若しくは定期積金の受入れをし、又は投機取引のために組合の財産を処分したときは、3年以下の懲役又は100万円以下の罰金(信用協同組合又は第9条の9第1項第1号の事業を行う協同組合連合会の役員にあつては、3年以下の懲役又は300万円以下の罰金)に処する。

(6)　中協法第112条の2～第118条までに各種の罰金、過料が規定されている。

1－2　決算諸手続

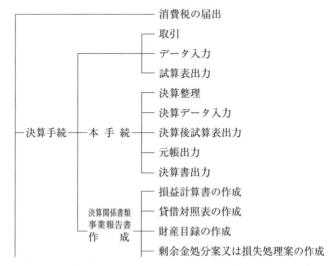

1. 決　　算

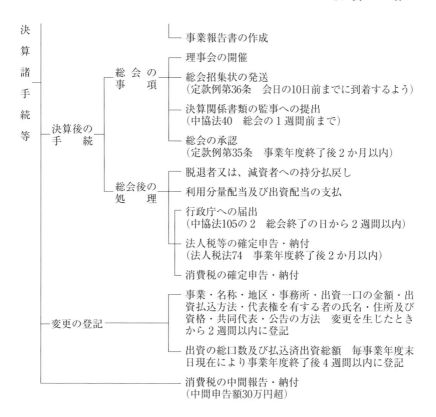

1－3　決算整理項目

(1) 必要決算整理項目

① 賦課金などの未収金の計上

② 金融事業貸付利息などのように、重要性のある未収収益の計上

③ 期末棚卸商品の計上

④ 重要性のある貯蔵品の計上

⑤ 金融事業支払利息などのように、重要性のある前払費用の計上

⑥ 商品売買を現金主義で処理しているときの売掛金、買掛金の計上

⑦ 当期の費用として処理しなければならない未払金の計上

⑧ 金融事業支払利息などのように重要性のある未払費用の計上

⑨ 翌期の賦課金が収益計上してあった場合の前受金への振替え

⑩　金融事業貸付利息などのように重要性のある前受収益の計上
⑪　1年を超える前払費用、前受収益の計上
⑫　売掛金、貸付金などの債権のうち、貸倒れになっているものの貸倒償却
⑬　期末債権に対する税法に定める額の貸倒引当金の繰入れ
⑭　有形固定資産のうち使用不能のものの除去処理
⑮　有形、無形の減価償却資産の税法に定める額の減価償却
⑯　繰越資産の税法に定める額の償却
⑰　退職給与規程に基づいて、退職給与引当金の繰入れ
⑱　前期仮受賦課金の全額戻入れ
⑲　前期貸倒引当金、賞与引当金の全額戻入れ
⑳　前期以前の退職給与引当金について、退職者が出たときの戻入れ
㉑　教育情報費用繰越金の戻入れ
㉒　国庫補助金などがあった場合の取得資産に対する税法に定める額の圧縮記帳
㉓　税抜経理のときの仮受消費税、仮払消費税の精算

(2) 任意決算整理項目

①　教育情報事業賦課金収入のうち、税法に定める額の仮受賦課金の繰入れ
②　預金利息などのうち、重要性に乏しい未収収益の未計上
③　消耗品費のうち、重要性に乏しい貯蔵品の未計上
④　事業外支払利息などのうち、重要性に乏しい前払費用の未計上
⑤　事業外支払利息などのうち、重要性に乏しい未払費用の未計上
⑥　職員への福利貸付金の利息などのうち、重要性に乏しい前受収益の未計上
⑦　特定の資産に対する、税法に定める額の特別償却
⑧　税込経理のときの未払消費税、未収消費税の計上
⑨　繰延税金資産及び繰延税金負債の計上

1．決　　算

1－4　精算表作成モデル

(1) 残高試算表（消費税等込みの金額になっている。）

残　高　試　算　表
平成B年3月31日

○○協同組合　　　　　　　　　　　　　　　　　　　　（単位：円）

借　方		貸　方	
科　目	金　額	科　目	金　額
現　　　　　金	338,440	支　払　手　形	1,670,000
当　座　預　金	200,000	買　　掛　　金	1,200,000
普　通　預　金	90,000	短　期　借　入　金	1,000,000
定　期　預　金	3,660,000	転　貸　借　入　金	50,000,000
受　取　手　形	200,000	未　　払　　金	1,000,000
売　　掛　　金	1,060,000	仮　受　賦　課　金	140,000
有　価　証　券	6,000,000	賞　与　引　当　金	160,000
貸　　付　　金	50,000,000	未　払　法　人　税　等	1,000
商　　　　　品	1,000,000	長　期　借　入　金	24,570,000
貸　倒　引　当　金	△500,000	組合員長期借入金	6,000,000
建　　　　　物	23,760,000	退職給与引当金	120,000
（期中取得本体価格	22,000,000)	教育情報費用繰越金	20,000
土　　　　　地	8,600,000	出　　資　　金	8,000,000
（期中取得消費税非課税）		加　　入　　金	120,000
電　話　加　入　権	100,000	利　益　準　備　金	40,000
関　係　先　出　資　金	700,000	特　別　積　立　金	40,000
退職給与引当資産	40,000	役員退職給与積立金	100,000
創　　立　　費	660,000	繰　越　利　益	807,280
小　　　計	95,908,440	小　　　計	94,988,280
仕　　　　　入	85,860,000	組　合　員　売　上	85,320,000
転　貸　支　払　利　息	40,260,000	外　　部　　売　　上	3,240,000
組合員借入金支払利息	80,000	受　取　貸　付　利　息	40,580,000
担　保　設　定　料	21,600	金融事業受取利息	150,000
講　習　会　費	1,468,800	金融事業受取配当金	60,000
慶　　弔　　費		教育情報事業賦課金収入	1,287,360

317

Ⅳ　決算関係書類

借　　方		貸　　方	
科　　目	金　額	科　　目	金　額
（慶弔金支出）	290,000	賦課金収入	3,768,000
支部運営費		事業外受取利息	2,000
（会議費支出）	324,000	加入手数料収入	21,600
役員報酬	1,000,000	雑収入	
職員給料手当	2,000,000	（総会祝金）	7,600
		（不用品売却益／売却額）	10,800
福利厚生費			
（社会保険料）	60,000		
（慶弔金支出）	40,000		
教育研究費	108,000		
旅費交通費	216,000		
通信費	108,000		
消耗品費	216,000		
会議費	259,200		
交際費			
（商品券購入）	10,000		
（慶弔金支出）	20,000		
（飲食代）	75,600		
関係団体負担金			
（不課税扱）	100,000		
賃借料	324,000		
水道光熱費	108,000		
損害保険料	60,000		
租税公課	46,000		
（内特別地方消費税　1,500）			
雑費	52,400		
事業外支払利息	10,000		
退職給与金	40,000		
役員退職金	300,000		

1. 決　　　算

借　　方		貸　　方	
科　目	金　額	科　目	金　額
固定資産売却損	69,600	（売却額税込291,600）	
小　計	133,527,200	小　計	134,447,360
合　計	229,435,640	合　計	229,435,640

(2) 期末一括税抜の仕訳

（単位：円）

借　　方		貸　　方	
科　目	金　額	科　目	金　額
仮払消費税等	8,361,600	建　　物	1,760,000
		仕　　入	6,360,000
		講習会費	108,800
		支部運営費	24,000
		教育研究費	8,000
		旅費交通費	16,000
		通信費	8,000
		消耗品費	16,000
		会議費	19,200
		交際費	5,600
		賃借料	24,000
		水道光熱費	8,000
		担保設定料	1,600
		雑費	2,400
組合員売上	6,320,000	仮受消費税等	6,679,360
外部売上	240,000		
教育情報賦課金収入	95,360		
加入手数料収入	1,600		
雑収入	800		
固定資産売却損	21,600		

Ⅳ 決算関係書類

(3) 第1次決算整理仕訳

(単位：円)

仕訳番号	摘　要	借　方	貸　方	説　明
1	（現　金） 　（現金過不足） 　　又は雑収入 実際現金残高 　　339,500	1,060	1,060	①実際現金残高に帳簿残高を合わせる。 ②実際現金残高には貨幣代用物を加える。 ③貨幣代用物については必ず現金出納帳に記載する方法がよい。
2	（普通預金）　諸口 　（賦課金収入） 　（教育情報事業 　　賦課金収入） 　（仮受消費税） A組合員より賦課金振込み	10,160	8,000 2,000 160	①銀行と残高照合をし、未処理のものがあれば追加仕訳をする。 ②仮受賦課金を行わないのであれば、教育情報賦課金として区分しないで、通常の賦課金と一緒に徴収してもよい。 ③預金は残高証明をとり、保存する。
3	諸　口 　（未収収益） 　（租税公課） 　　（金融事業受取利息） 満期日B年3月10日の 預金利子　　20,000 源泉所得税　　3,000 復興特別所得税　　63	16,937 3,063	20,000	①定期預金の利子は、利払日（満期日）になると受領する金額が確定するので、期中に受領しないときは未収金として計上する。 ②預金利子には15％の源泉所得税、及び0.315％の復興特別所得税（源泉所得税額の2.1％）が徴収される。

1. 決　算

仕訳番号	摘要	借方	貸方	説明
3				③預金利子の仕訳は、純額処理法と総額処理法がある。 ④利払日の到来しない預金利子については、重要性のある場合だけ未収収益に計上する。その場合15.315％の源泉税はまだ納付されていないので、税引前の額を未収収益に計上する。
4	（未収収益） 　　（受取貸付利息） 既経過期間に対する利息	100,000	100,000	①金融事業の貸付利息が後取りのときは、決算時に既経過期間に対する利息を未収収益に計上する。 ②翌期に再振替えをする。
5	（未収金）　　諸口 　　（賦課金収入） 　　（教育情報事業 　　　賦課金収入） 　　（仮受消費税等） B組合員他7名分の3月分賦課金	81,280	64,000 16,000 1,280	①賦課徴収の確定した賦課金の未収分は、未収金として計上する。 ②徴収不能の賦課金は未収金に計上しない。理事会で減額を決定し、本人に事業年度中に通知をする。
6	（売上原価） 　　（商　品） 期首棚卸商品を売上原価へ	1,000,000	1,000,000	①商品勘定4分割法のうち売上原価を用いる仕訳をした。 ②見込仕入を行う事業だけに生じる。
7	（売上原価）	79,500,000		

Ⅳ 決算関係書類

仕訳番号	摘要	借方	貸方	説明
7	（仕　入） 当期商品仕入高を売上原価へ		79,500,000	③税抜経理方式のときは在庫商品の評価を税抜金額で行う。
8	（商　品） 　　（売上原価） 期末棚卸商品を売上原価から商品へ	2,000,000	2,000,000	
9	（前払費用） 　　（転貸支払利息） 未経過期間に対応する利息	300,000	300,000	①金融事業の支払利息が先払のときは、決算時に未経過期間に対応する利息を前払に計上する。 ②翌期に再振替えをする。
10	（貸倒損） （仮受消費税等） 　　（売掛金） 貸倒れが確定した売掛金を償却する。	60,000 4,800	64,800	①貸倒額の処理は、貸倒額を、貸倒引当金から取り崩す方法と、貸倒額を貸倒損として処理する方法とがある。
11	（貸倒引当金） 　　（貸倒引当金） 前期未貸倒引当金を全額戻し入れる。	500,000	620,000	②前期未貸倒引当金の処理は、前期未貸倒引当金の全額戻入れを行い、改めて今期未貸倒見積額を繰り入れる洗替法と、前期未貸倒引当額と今期未貸倒見積額の差額を処理する補充法とがある。
12	（貸倒引当金繰入） 今期未貸倒見積額を引き当てる。	120,000		
13	（減価償却費） 　　（建　物）	480,000	480,000	①税法による償却額を算出する。 ②直接控除法による仕訳

1. 決　算

仕訳番号	摘　要	借　方	貸　方	説　明
14	（創立費償却） 　　（創　立　費）	240,000	240,000	
15	（退職給与引当資産） 　　（定期預金） 定期預金100,000円を退職給与のため積み立てる。	100,000	100,000	①職員の身分保証のため、他の資産と区別して退職給与のための特定預金を設ける。 ②貸付信託、金銭信託、債券でもよい。
16	（退職給与金） 　　（未　払　金） T職員の退職金	60,000	60,000	①退職給与規程による場合 ②理事会で決定する場合
17	（退職給与引当金） 　　（退職給与 　　　引当金戻入） 退職者S・T分の前期末要支給額	80,000	80,000	③退職金支給時の処理としては、退職金を退職給与引当金から取り崩す方法と退職金支給額を退職給与金として処理する方法がある。
18	（退職給与引当金繰入） 　　（退職給与引当金） 今期発生退職金要支給額	100,000	100,000	④退職給与引当金は、退職者分の前期未要支給額を戻し入れる。 ⑤今期発生退職金要支給額を退職給与引当金として繰り入れる。 定款規定との関連に注意する。 ⑥税法の取扱いと異なるときは、申告調整
19	（賞与引当金） 　　（賞与引当金戻入） 前期末賞与引当金を全額戻し入れる。	160,000	160,000	賞与支給時の処理としては、賞与支給額を賞与引当金から取り崩す方法と、賞与支給額は

Ⅳ　決算関係書類

仕訳番号	摘要	借方	貸方	説明
20	（賞与引当金繰入） 　　（賞与引当金） 今期発生賞与引当額	200,000	200,000	賞与として処理する方法がある。 ②前期末賞与引当金の処理は、洗替法と補充法とがある。
21	（転貸支払利息） 　　（未払費用） 既経過期間に対応する利息	40,000	40,000	①金融事業の支払利息が後払のときは、決算時に既経過期間に対応する利息を未払費用として計上する。 ②翌期に再振替えをする。
22	（受取貸付利息） 　　（前受収益） 未経過期間に対応する利息	280,000	280,000	①金融事業の貸付利息が先取りのときは、決算時に未経過期間に対応する利息を前受収益に計上する。 ②翌期に再振替する。
23	諸　口 （賦課金収入） （教育情報賦課金収入） （仮受消費税等） 　　（前　受　金） C組合員他4名分の4月分賦課金	40,000 10,000 800	50,800	①翌事業年度に徴収する賦課金を先取りしたときは、前受金として処理するが、もし賦課金収入として処理した場合は、前受金に振り替える。 ②翌期は期日到来後に賦課金収入へ振り替える。
24	（仮受賦課金） 　　（仮受賦課金戻入） 前期仮受賦課金を戻し	140,000	140,000	①税法により、仮受額を算出する。 ②仮受賦課金の処理に

1．決　　算

仕訳番号	摘　要	借　方	貸　方	説　明
	入れる。			は、直接法と間接法とがある。
25	（長期借入金） 　　　（短期借入金） 翌期返済分短期へ振替	1,200,000	1,200,000	①長期借入金は、貸借対照表日の翌日から起算して１年を超える期限の借入金 ②１年以内に期限の到来する部分が重要性に乏しいときは、振り替えなくてもよい。
26	（出　資　金） 　　　（未　払　金） 今期脱退者２口分出資金	20,000	20,000	①事業年度末では組合員でなくなるので、概算持分として出資額を未払金に振り替える。 ②持分確定後に、確定金額に合わせる。
27	（教育情報費用 　繰越金） 　　（教育情報費用 　　　繰越金取崩）	20,000	20,000	前期の利益処分により繰り越された教育情報費用繰越金は、今期の教育情報事業に充てられるので、取崩しをする。
28	（役員退職給与積立金） 　　（役員退職給与 　　　積立金取崩）	100,000	100,000	役員退職金に充てる分として役員退職積立金の取崩しをする。
	第１次決算整理仕訳計	86,968,100	86,968,100	

Ⅳ 決算関係書類

(4) 精算表のモデル（税抜経理方式）

精　算　表

平成B年3月31日

○○協同組合　　　　　　　　　　　　　　　　　　　　　　　　　　　　（単位：円）

勘定科目	残高試算表 借方	残高試算表 貸方	整理記入 借方	整理記入 貸方	損益計算書 借方	損益計算書 貸方	貸借対照表 借方	貸借対照表 貸方
1．現　　　　　金	338,440		1,060				339,500	
2．当　座　預　金	200,000						200,000	
3．普　通　預　金	90,000		10,160				100,160	
4．定　期　預　金	3,660,000			100,000			3,560,000	
5．受　取　手　形	200,000						200,000	
6．売　　掛　　金	1,060,000			64,800			995,200	
7．有　価　証　券	6,000,000						6,000,000	
8．未　　収　　金			81,280				81,280	
9．未　　収　　益			116,937				116,937	
10．貸　　付　　金	50,000,000						50,000,000	
11．商　　　　　品	1,000,000		2,000,000	1,000,000			2,000,000	
12．前　払　費　用			300,000				300,000	
13．貸　倒　引　当　金	△500,000		500,000	620,000			△620,000	
14．建　　　　　物	22,000,000			480,000			21,520,000	
15．土　　　　　地	8,600,000						8,600,000	
16．電　話　加　入　権	100,000						100,000	
17．関　係　先　出　資　金	700,000						700,000	
18．退職給与引当資産	40,000		100,000				140,000	
19．創　　立　　費	660,000			240,000			420,000	
20．支　払　手　形		1,670,000						1,670,000
21．買　　掛　　金		1,200,000						1,200,000
22．短　期　借　入　金		1,000,000		1,200,000				2,200,000
23．転　貸　借　入　金		50,000,000						50,000,000
24．未　　払　　金		1,000,000		80,000				1,080,000
25．仮　受　賦　課　金		140,000	140,000					0
26．未　払　費　用				40,000				40,000
27．前　　受　　金				50,800				50,800
28．前　受　収　益				280,000				280,000
29．賞　与　引　当　金		160,000	160,000	200,000				200,000
30．未　払　法　人　税　等				1,000				1,000
31．長　期　借　入　金		24,570,000	1,200,000					23,370,000
32．組合員長期借入金		6,000,000						6,000,000
33．退職給与引当金		120,000	80,000	100,000				140,000
34．教育情報費用繰越金		20,000	20,000					0
35．出　　資　　金		8,000,000	20,000					7,980,000
36．加　　入　　金		120,000						120,000
37．利　益　準　備　金		40,000						40,000
38．特　別　積　立　金		40,000						40,000
39．役員退職積立金		100,000	100,000					0
40．繰　越　利　益		807,280						807,280
41．組　合　員　売　上		79,000,000				79,000,000		
42．外　部　売　上		3,000,000				3,000,000		
43．受　取　貸　付　利　息		40,580,000	280,000	100,000		40,400,000		
44．金融事業受取利息		150,000		20,000		170,000		
45．金融事業受取配当金		60,000				60,000		
46．教育情報事業賦課金収入		1,192,000	10,000	18,000		1,200,000		

326

1．決　　算

勘定科目	残高試算表 借方	残高試算表 貸方	整理記入 借方	整理記入 貸方	損益計算書 借方	損益計算書 貸方	貸借対照表 借方	貸借対照表 貸方
47. 教育情報事業繰越金取崩				20,000		20,000		
48. 仮受賦課金戻入				140,000		140,000		
49. 賦課金収入		3,768,000	40,000	72,000		3,800,000		
50. 事業外受取利息		2,000				2,000		
51. 加入手数料収入		20,000				20,000		
52. 雑　収　入		17,600		1,060		18,660		
53. 賞与引当金戻入				160,000		160,000		
54. 退職給与引当金戻入				80,000		80,000		
55. 貸倒引当金戻入				0		0		
56. 役員退職給与積立金取崩				100,000		100,000		
57. 仕　　入	79,500,000			79,500,000				
58. 売 上 原 価			80,500,000	2,000,000	78,500,000			
59. 転貸支払利息	40,260,000		40,000	300,000	40,000,000			
60. 組合員借入金支払利息	80,000				80,000			
61. 担 保 設 定 料	20,000				20,000			
62. 講 習 会 費	1,360,000				1,360,000			
63. 支 部 運 営 費	300,000				300,000			
64. 慶 弔 費	290,000				290,000			
65. 役 員 報 酬	1,000,000				1,000,000			
66. 職員給料手当	2,000,000				2,000,000			
67. 福 利 厚 生 費	100,000				100,000			
68. 教 育 研 究 費	100,000				100,000			
69. 旅 費 交 通 費	200,000				200,000			
70. 通 信 費	100,000				100,000			
71. 消 耗 品 費	200,000				200,000			
72. 会 議 費	240,000				240,000			
73. 交 際 費	100,000				100,000			
74. 関係団体負担金	100,000				100,000			
75. 賃 借 料	300,000				300,000			
76. 水 道 光 熱 費	100,000				100,000			
77. 損 害 保 険 料	60,000				60,000			
78. 租 税 公 課	46,000		3,063		49,063			
79. 減 価 償 却 費			480,000		480,000			
80. 雑　　費	50,000				50,000			
81. 事業外支払利息	10,000				10,000			
82. 退 職 給 与 金	40,000		60,000		100,000			
83. 創 立 費 償 却			240,000		240,000			
84. 貸 倒 損			60,000		60,000			
85. 賞与引当金繰入			200,000		200,000			
86. 退職給与引当金繰入			100,000		100,000			
87. 貸倒引当金繰入			120,000		120,000			
88. 役 員 退 職 金	300,000				300,000			
89. 固定資産売却損	91,200				91,200			
90. 仮払消費税等	8,361,600						8,361,600	
91. 仮受消費税等		6,679,360	5,600	1,440				6,675,200
小　　計	229,457,240	229,457,240	86,968,100	86,968,100	126,950,263	128,170,660	103,114,677	101,894,280
税引前当期利益					1,220,397			1,220,397
合　　計					128,170,660	128,170,660	103,114,677	103,114,677

327

Ⅳ 決算関係書類

(5) 消費税額の計算（消費税抜きの金額になっている。）
課税、非課税、課税対象外の区分
（単位：円）

	総　額	課税売上	非課税売上	課税対象外
Ⅰ　共同購買事業収益				
1．売　上　高				
(1)　組合員売上高	79,000,000	79,000,000		
(2)　外部売上高	3,000,000	3,000,000		
2．その他収益				
(1)　貸倒引当金戻入	×××			×××
Ⅱ　共同金融事業収益				
1．受取貸付利息	40,400,000		40,400,000	
2．その他収益				
(1)　金融事業受取利息	170,000		170,000	
(2)　金融事業受取配当金	60,000			60,000
(3)　貸倒引当金戻入	×××			×××
Ⅲ　賦課金等収入				
1．教育情報事業賦課金収入	1,200,000	1,200,000		
2．教育情報費用繰越金取崩	20,000			20,000
3．仮受賦課金戻入	140,000			140,000
4．賦課金収入	3,800,000			3,800,000
Ⅳ　事業外収益				
1．事業外受取利息	2,000		2,000	
2．加入手数料収入	20,000	20,000		
3．雑　収　入	18,660	10,000		8,660
Ⅴ　特別利益				
1．役員退職給与積立金取崩	100,000			100,000
Ⅵ　その他				
1．貸　倒　損	△60,000	△60,000		
2．車両売却額	270,000	270,000		
合　　　計	128,140,660	83,440,000	40,572,000	4,128,660

1．決　　　算

	総　額	課　税　仕　入			課　税　仕　入以外のもの
		課　税売上対応	非　課　税売上対応	共通のもの	
Ⅰ　共同購買事業費					
1．売上原価					
(1)　期首商品棚卸高	1,000,000				1,000,000
(2)　当期商品仕入高	79,500,000	79,500,000			
(3)　期末商品棚卸高	△2,000,000				△2,000,000
2．事業経費					
(1)　貸倒引当金繰入	70,000				70,000
Ⅱ　共同金融事業費					
1．転貸支払利息	40,000,000				40,000,000
2．事業経費					
(1)　組合員借入金支払利息	80,000				80,000
(2)　担保設定料	20,000		20,000		
(3)　貸倒引当金繰入	50,000				50,000
Ⅲ　教育情報事業費					
1．講習会費	1,360,000	1,360,000			
2．支部運営費	300,000			300,000	
Ⅳ　福利厚生事業費					
1．慶弔費	290,000				290,000
Ⅴ　一般管理費事業間接費					
1．役員報酬	1,000,000				1,000,000
2．職員給料手当	2,000,000				2,000,000
3．福利厚生費	100,000				100,000
4．教育研究費	100,000			100,000	
5．旅費交通費	200,000			200,000	
6．通信費	100,000			100,000	
7．消耗品費	200,000			200,000	
8．会議費	240,000			240,000	
9．交際費	100,000			70,000	30,000
10．関係団体負担金	100,000				100,000
11．賃借料	300,000			300,000	
12．水道光熱費	100,000			100,000	
13．損害保険料	60,000				60,000
14．租税公課	49,063				49,063
15．減価償却費	480,000				480,000
16．雑費	50,000			30,000	20,000
17．賞与引当金戻入	△160,000				△160,000
18．　〃　　繰入	200,000				200,000
19．退職給与金	100,000				100,000
20．退職給与引当金戻入	△80,000				△80,000
21．　〃　　繰入	100,000				100,000
Ⅵ　事業外費用					
1．事業外支払利息	10,000				10,000

Ⅳ　決算関係書類

	総額	課税仕入			課税仕入以外のもの
		課税売上対応	非課税売上対応	共通のもの	
2．創立費償却	240,000				240,000
Ⅶ　特別損失					
1．役員退職金	300,000				300,000
Ⅷ　その他					
1．建　　物	22,000,000			22,000,000	
合　　計	148,560,063	80,860,000	20,000	23,640,000	44,039,063

納付・還付消費税等の計算

① 課税売上割合の計算

$$\frac{83,500,000}{83,500,000 + 40,572,000 = 124,072,000} \times 100 = 67.29\%$$

分母、分子とも貸倒れは控除しない。

② 課税標準額に対する消費税額等

$$83,500,000 \times \frac{8}{100} = 6,680,000$$

③ 控除対象消費税額の計算

個別対応方式

$$80,860,000 \times \frac{8}{100} = 6,468,800$$

$$23,640,000 \times \frac{8}{100} \times \frac{83,500,000}{124,072,000} = 1,272,770$$

④ 貸倒れに係る税額の計算

$$60,000 \times \frac{8}{100} = 4,800$$

⑤ 納付税額の計算

　　イ．課税標準額　　　　　　　　83,500,000
　　ロ．同上に対する税額　　　　　　6,680,000
　　ハ．控除税額
　　　　控除対象消費税額等　　　　　7,741,570
　　　　貸倒れに係る税額　　　　　　　　4,800

　　　　　小　　計　　　　　　　7,746,370
　ニ．中間納付税額　　　　　　　　　　0
　ホ．控除不足還付税額等　　　　1,066,370
⑥　控除対象外消費税額
　（104,520,000×8％）－（6,680,000－4,800）－1,066,370＝620,030
⑦　控除対象外消費税額の内訳
　イ．資産に係る控除対象外消費税額等

　　$22,000,000 \times \dfrac{8}{100} \times \dfrac{40,572,000}{124,072,000} = 575,526$

　　課税売上割合が80％未満である事業年度において生じたものであり、個々の資産ごとにみて控除対象外消費税額等が20万円以上であるから、繰延消費税額等として処理し5年で償却する。
　ロ．交際費課税における消費税
　　　講習会費中交際費　　　　240,000
　　　支部運営費中　〃　　　　210,000　　　計600,000
　　　会議費中　　　〃　　　　 80,000
　　　交際費中　　　〃　　　　 70,000
　　　租税公課中交際費　　　　　1,500
　　交際費600,000円に対する消費税等48,000円のうち控除対象外消費税等になる金額

　　$600,000 \times \dfrac{8}{100} \times \dfrac{40,572,000}{124,072,000} = 15,696$

　　仕入税額控除の対象とならない15,696円は交際費課税に含めるから、この場合、交際費課税は617,196円で計算する。
　ハ．経費に係る控除対象外消費税額等
　　620,030－575,526－15,696＝28,808
　ニ．繰延消費税額の初年度償却

　　$575,526 \times \dfrac{12}{60} \times \dfrac{1}{2} = 57,552$

Ⅳ　決算関係書類

(6)　税効果会計の計算

 ①　A年3月31日現在の一時差異

  退職給与引当金繰入限度超過額　　　96,000
  賞与引当金繰入限度超過額　　　　　160,000
  貸倒引当金期末残高　　　　　　　　500,000
  個別評価による繰入限度額　　　　　299,400
  一括評価による繰入限度額　　　　　151,200
   前期末貸金額45,000,000×0.3%（主な事業金融）×1.12
  （特例）
  貸倒引当金繰入限度超過額　　　　　49,400
   一時差異計96,000+160,000+49,400＝305,400

 ②　B年3月31日現在の一時差異

  退職給与引当金繰入限度超過額　　　112,000
   増減額　　　　　　　　　　　　　16,000
  賞与引当金繰入限度超過額　　　　　200,000
   増減額　　　　　　　　　　　　　40,000
  貸倒引当金期末残高　　　　　　　　620,000
  個別評価による繰入限度額　　　　　304,520
  一括評価による繰入限度額　　　　　171,360
   今期末貸金額51,000,000×0.3%（主たる事業金融）×1.12
  （特例）
  貸倒引当金繰入限度超過額　　　　　144,120
   増減額　　　　　　　　　　　　　94,720
   一時差異増加額計16,000+40,000+94,720＝150,720

 ③　実効税率（平成27年3月31日終了する事業年度とする）

  法人税率　　15%　　　　地方法人税率　　4.4%
  都県民税率（標準税率以外のときはその税率とする。）3.2%
  市町村民税率（標準税率以外のときはその税率とする。）9.7%
  事業税率（所得金額400万を超える見込のときはその税率にす

1．決　算

る。）3.4％　　　　地方法人特別税　　43.2％

$$\frac{15\% \times (1 + 4.4\% + 3.2\%) + (3.4\% + 4.6\% \times 43.2\%)}{1 + (3.4\% + 4.6\% \times 43.2\%)} = 20.42\%$$

年所得400万円以下の協同組合の実効税率は20.42％になる。

④　法人税等調整額

一時差異に実効税率を乗じて法人税等調整額を計算する。

A年3月31日現在

305,400×20.42％＝62,362

B年3月31日現在

150,720×20.42％＝30,777

⑤　当組合は回収可能性があると判断できるので、繰延税金資産を計上する。

(7)　第2次決算整理仕訳（税抜経理方式）

29	（仮受消費税等）	6,675,200	
	（仮払消費税等）		6,675,200
30	（繰延消費税額等）	575,526	
	（仮払消費税等）		575,526
31	（交際費）	15,696	
	（仮払消費税等）		15,696
32	（租税公課）	28,808	
	（仮払消費税等）		28,808
33	（未収消費税等）	1,066,370	
	（仮払消費税等）		1,066,370
34	（繰延消費税償却）	57,552	
	（繰延消費税額等）		57,552
35	（繰延税金資産）	62,362	
	（過年度税効果調整額）		62,362
36	（繰延税金資産）	30,777	
	（法人税等調整額）		30,777
37	（法人税等）	340,000	
	（未払法人税等）		340,000
	第2次決算整理仕訳計	8,852,291	8,852,291

Ⅳ 決算関係書類

(8) 第2次決算整理仕訳後の精算表（第2次仕訳分について）

勘定科目	残高試算表		整理記入		損益計算書		貸借対照表	
	借 方	貸 方	借 方	貸 方	借 方	貸 方	借 方	貸 方
30. 未払法人税等		1,000		340,000				341,000
未収消費税等			1,066,370				1,066,370	
90. 仮払消費税等	8,361,600			8,361,600			0	
91. 仮受消費税等		6,675,200	6,675,200					0
繰延消費税等			575,526	57,552			517,974	
73. 交 際 費	100,000		15,696		115,696			
消 費 税 等			28,808		28,808			
繰延消費税等償却			57,552		57,552			
法 人 税 等			340,000		340,000			
繰延税金資産			93,139				93,139	
過年度税効果調整額				62,362				62,362
92. 法人税等調整額				30,777		30,777		
第1次第2次計	229,457,240	229,457,240	95,820,391	95,820,391	127,392,319	128,201,437	95,430,560	95,621,442
当期純利益金額					809,118			809,118
合　　計					128,201,437	128,201,437	96,430,560	96,430,560

2．事業報告書

2-1　事業報告書の内容

> 事業報告書は、通常総会において組合の事業年度内における活動状況等に関して組合員に報告する書類である。したがって、その内容は組合の状況を適確に記載することが必要である。

(1) 事業報告書は、組合員に対する事業報告のために作成しなければならない書類であり、業務監査の対象になる。
　　事業報告書の内容については、中協法に事業活動の概況、運営組織の状況を規定している。
　　事業報告書には以上のほか、組合として重要な事項があれば適宜記載する。

(2) 組合の事業活動の概況に関する事項
　① 当該事業年度の末日における主要な事業内容
　② 当該事業年度における事業の経過及びその成果
　③ 増資及び資金の借入れその他の資金調達（共済掛金の受入れを除く。）
　　（作成ポイント：収支予算案の資金計画表の実績表になる。）
　④ 施設の建設、改修、その他の設備投資
　⑤ 他の法人との業務上の提携
　⑥ 子会社とする会社の株式又は持分の取得又は処分
　⑦ 事業の全部又は一部の譲渡又は譲受け、合併、その他の組織再編成
　⑧ 直前3事業年度の財産及び損益の状況
　　（作成ポイント：資産合計・純資産合計・事業収益合計・当期純利益金額以外の項目も入れてよい。また、当期を入れて4事業年度でもよい。）
　⑨ 対処すべき重要な課題
　⑩ その他組合の現況に関する重要な事項
　⑪ 会計監査人監査組合が連結決算関係書類を作成している場合の規定（中協法施行規則111Ⅱ）
　⑫ 特定共済組合等についての規定（中協法施行規則111Ⅲ）

(3) 組合の運営組織の状況に関する事項
　① 前事業年度の総会の開催日時、出席組合員（総代）数、重要な事項の議決状況
　② 組合員と出資口数の増減
　③ 役員の氏名と組合における職制上の地位及び担当
　④ 役員が他の法人等の代表者その他これに類する者であるときは、その重要な事実
　⑤ 当該事業年度中に辞任した役員の氏名
　⑥ 監事が監事の選任、解任、辞任について意見があるときはその意

見の内容

⑦　辞任した監事が辞任後最初に招集される総会に出席して辞任した旨及びその理由を述べるときはその意見の内容

⑧　職員の数、その増減、その他職員の状況

⑨　組合の内部組織の構成を示す組織図

⑩　主たる事務所、従たる事務所と、主要な施設の名称及び所在地

⑪　共済代理店の数及び増減、新共済代理店の名称、所在地

⑫　子会社の商号又は名称、代表者名、所在地、資本金額、組合の保有する議決権の比率、主要な事業内容、その他子会社の概況

⑬　組合の運営組織の状況に関する重要な事項

2－2　事業報告書の記載方法

(1)　事業の状況

　組合の行う事業は、損益計算書へ金額を表示するだけでは説明が不十分であることから、事業状況の報告を記載する。

　記載方法は実施事業ごとに、事業の概況、事業実績、委員会の開催を記載する。

　事業の概況は、事業実施上、特に説明すべき事項を記載する。

　事業の概況は、事業実績の概要を記載するのであるから、事業実績を記載することで事業概況が簡潔にわかるときは、事業概況を省略して差し支えない。

　事業実績は、実施事業を簡潔にまとめるように記載する。

　例えば共同購買事業の場合は、取扱品目別購買件数及び購買金額や、組合員別売上件数及び売上金額などの事業実績を、表又は図を用いて記載し、簡単な説明を加えるようにする。

　また、非経済事業の場合は、事業の実施方法とその結果につき、概況がわかるよう記載する。

　委員会の開催は、その事業の部会、委員会を開催した期日、場所だけを記載し、会議の内容については組合で適宜定めて記載すればよ

い。

(2) 組合員数及び出資口数の増減

　組合員についての処理は正しく行われなければいけないが、組合員が多く、加入、脱退の多い組合の場合は正確な組合員数が把握できなくなっていることがある。

　このようなことが起こらないようにするため、毎事業年度末の組合員数と出資口数を確認できるように本表を作成する。

適宜の区分を設ける →

摘要 出資口数別	前年度末現在		期間中移動						本年度末現在	
			加入		脱退		口数変更			
	組合員数	出資口数	組合員数	出資口数	組合員数	出資口数	組合員数	出資口数	組合員数	出資口数
1口	10	10			2	2	△6	△6	2	2
5口	2	10	1	5			6	30	9	45
合計	12	20	1	5	2	2		24	11	47

　　　↑　　　　　↑　　　　　　　　　　　　　　↑　　↑
　賦課金の徴収人員と照合する　　　組合員名簿の合計と照合する
　　　　　　　　　　　　　　　　　貸借対照表の出資金と照合する

　本表は組合員名簿から集計をして作成する。

　組合員数の多い組合では、前年度末の状況に本年度の移動数を加減して本年度末の状況を記載するが、その場合でも本年度末の組合員数と出資口数の合計は、組合員名簿の合計と照合する。

　組合員数については、賦課金を徴収している人員と照合し、出資口数については、出資金1口当たりの金額を乗じて計算した出資金の額と貸借対照表「出資金」と照合して、合っているかを確認する。ことに脱退者の処理を貸借対照表では行っていない場合は違うので注意する必要がある。

　出資口数の区分は例示のとおりする必要はなく、例えば全組合員が10口であるならば10口の欄だけを設ければよい。

　本表には加入、脱退の欄はあるが「増口」の欄を設けなかったために、組合員数の移動が記載できないとの意見があったので、増口によ

Ⅳ 決算関係書類

る増減を口数変更に記載する。

　脱退の欄には、年度末脱退者を含めて記載する。

　法定脱退は法定された事由に該当すると直ちに脱退するが、自由脱退の場合は脱退予告の後、事業年度末で脱退をするため、特に自由脱退者を年度末脱退者に含めることを明らかにした。

　その他本表の作成にあたって、期間中に組合員の移動がない場合には「期間中移動なし」と記載することにより、本年度末現在の状況のみを記載してもよい。

　また、組合員数が数名の組合ではことさら出資口数別に記載せず、組合員ごとに名称、出資口数、出資金額を記載してもよい。

(3) 会議の開催の概要

　事業年度の期間中に開催された会議について、その概要を記載するが、会議の種類により次のような記載内容とした。

　総会又は総代会は、重要な会議であることから開催期日、場所、議案及び議決の内容を記載し、組合員に組合の決定事項を知ってもらうようにする。

① 総　会（又は総代会）

　　　　第〇回（期）通常総会（又は総代会）

　　　　期　日　〇月〇日

　　　　場　所　〇〇〇〇

　　　　議案及び議決の内容

　　　　　　第１号議案　平成〇年度事業報告書承認について（原案どおり承認）

　　　　　　第２号議案　平成〇年度財産目録、貸借対照表、損益計算書、剰余金処分案の承認について（原案どおり承認）

　　　　　　第３号議案　平成〇年度事業計画（案）承認について（原案どおり承認）

　　　　　　第４号議案　平成〇年度収支予算（案）承認について（原案

どおり承認)
第5号議案 ○○○○○
(注) 議決の内容については簡略に記載してよい。なお、役員選挙が行われた場合には、選挙方法と選任された役員の氏名を記載しておくこと。

理事会は、組合の業務執行を決定することから、理事会の決定事項を詳細に記載することは、他への影響も出るのではないかとの意見があり、開催期日、場所だけを例示するにとどめ、議案及び議決内容の記載方法は、組合で適宜定めればよい。

② 理 事 会

開催回数	開催年月日及び場所	出席者数	議　　案	議決の結果
1	○○年○月○日 「　　　　」	人 ○○	1. …………… 2. ……………	可　決 否　決
2	○○年○月○日 「　　　　」	人 ○○	…………… ……………	…　… …　…
3				
4				

③ 部会、委員会等
　(部会、委員会、監事会については理事会と同様の記載でよい。なお、部会、委員会で共同事業に係るものは事業別に、事業の状況の項に記載すること。)

(4) 一 般 事 項
　組合関係の定款変更認可事項、登記変更事項、決算関係書類等届出事項、税務申告事項、一般的庶務事項等を記載すること。
　定款変更認可事項と登記変更事項は、所定の手続を行ったかを明らかにするための記載であるから、変更事項があるときは必ず記載し、変更事項がなかった場合は定款変更事項、登記変更事項がなかった旨

Ⅳ　決算関係書類

を記載する。

　一般的庶務事項は、事業以外の組合行事などのうち、特に組合員に報告すべき事項があれば記載し、報告すべき事項がなければ記載しなくてよい。

（記載例）
① 定款変更認可事項
　　　　第〇条（〇〇〇）〇〇〇〇　平成〇年〇月〇日認可（〇〇知事）
② 登記変更事項
　　　　代表理事　〇〇〇〇　平成〇年〇月〇日就任
　　　　　　　　　　　　　　　　　　　平成〇年〇月〇日登記
　　　　出資総口数及び払込済　平成〇年〇月〇日変更
　　　　　　　　　　　　　　　　　　　平成〇年〇月〇日登記
　　出資総額
③ 届出事項
　　　　平成〇年〇月〇日　税務申告（〇〇税務署、〇〇税務事務所）
　　　　平成〇年〇月〇日　決算関係書類及び役員変更届
　　　　　　　　　　　　　（〇〇知事、〇〇中央会）
　　　　平成〇年〇月〇日　公正取引委員会規則による届出
④ 一般的庶務事項
　　　　〇　〇　〇　〇
　　　　〇　〇　〇　〇

(5)　後発事業の開示

　決算期末以後に生じた組合の状況に関する重要な事実は必要に応じ記載すること。

〈以下記載例〉

　平成〇年〇月〇日組合員たる株式会社〇〇商店が手形交換所の取引停止処分を受け営業を停止した。当組合は売掛金及び貸付金合計××千円を有する。

2－3　事業報告書の記載例

事業報告書

自平成Ａ年４月１日　至平成Ｂ年３月31日

Ⅰ　組合の事業活動の概況に関する事項
　1　当該事業年度末日における主要な事業内容・当該事業年度における事業の経過及びその成果
　　(1)　組合及び組合員をめぐる経済・経営状況
　　(2)　共同事業の実施状況
　　　①　共同購買事業
　　　　事業内容
　　　　事業の経過
　　　　事業の成果
　　　②　○○事業
　　（以下の各事業についても上記共同購買事業に準じて記載すること。）
　2　当該事業年度における次に掲げる事項についての状況
　　(1)　増資及び資金の借入れその他の資金調達

資金実績表

自平成Ａ年４月１日　至平成Ｂ年３月31日　　　千円

資金運用実績		資金調達実績	
1　固定資産投資	×××	1　増資	×××
2　借入金返済額	×××	2　当期純利益金額	××
3　出資・利用分量配当金	××	3　減価償却費	×××
4　○○○	×××	4　○○○	×××
5　差引運転資金の増減	×××		
資金運用合計	×××	資金調達合計	××××

　　(2)　組合が所有する施設の建設又は改修、その他の設備投資
　　　①　組合会館・組合事務所
　　　②　工場・倉庫
　　　③　駐車場
　　(3)　他の法人との関係
　　　①　業務上の提携
　　　②　子会社にする会社の株式又は持分の取得

Ⅳ 決算関係書類

　　　③　事業全部又は一部の譲渡又は譲受け・合併・その他の組織再編成
　(4)　直前3事業年度の財産及び損益の状況

千円

項目	前期	前前期	前前前期
資産合計	×× ×	×× ×	×× ×
純資産合計	× ×	× ×	× ×
事業収益合計	×× ×	×× ×	×× ×
当期純利益金額	×	×	×

　(5)　対処すべき重要な事項・組合の現況に関する重要な事項
　(6)　共済金等の支払能力の充実の状況を示す比率
Ⅱ　組合の運営組織の状況に関する事項
　1　前事業年度における総会の開催状況に関する次に掲げる事項
　(1)　第○期通常総会（総代会）
　　　開催日時　平成○年○月○日　午後○時
　　　出席組合員（総代）数　本人出席○人委任状出席○人
　　　重要な議案及び議決の内容
　　　①　財産目録、貸借対照表、損益計算書、剰余金処分案又は損失処理案及び事業報告書の承認
　　　②　事業計画書、収支予算書の承認
　　　③　役員の選挙
　(2)　臨時総会（総代会）
　2　理事会の開催状況

開催回数	開催年月日及び場所	出席者数	議案	議決の結果

　3　委員会・部会・監事会の開催状況（理事会と同様な記載でよい。）
　4　組合員数及び出資口数の増減

(出資1口の金額○○○円)

摘要 出資口数別	前年度末 現在		期間中移動						本年度末 現在	
			加入		脱退		口数変更			
	組合員数	出資口数	組合員数	出資口数	組合員数	出資口数	組合員数	出資口数	組合員数	出資口数
1　　口										
5　口　以　下										
10　口　以　下										
30　口　以　下										
50　口　以　下										
50口を超えるもの										
合　　　計										

5　役員に関する事項

(1)　役員の氏名及び職制上の地位及び担当

(2)　兼務役員についての重要な事実

(3)　辞任した役員の氏名、辞任についての意見・理由

6　職員の状況及び業務運営組織図

(1)　組織図

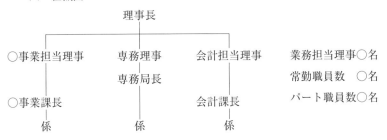

(2)　組合と協力関係にある組合員組織の概要

7　組合施設の状況

(1)　施設の名称及び所在地

(2)　共済代理店の数及び増減、新たに共済代理店となった者の名称所在地

8　子会社の状況

(1)　○○株式会社　　代表取締役　　○○○○　　所在地

　　　　　資本金　　××千円　　組合の保有する議決権の比率○％

Ⅳ 決算関係書類

　　　　　　　　　事業内容
　　　　　　　　　　子会社との取引高　××千円　子会社への貸付残　××千円
　　9　組合の運営組織の状況に関する重要な事項
　　　(1)　一般事項
　　　　①　定款変更認可事項
　　　　　　第○条　　○○○　　平成○年○月○日認可　　○○知事
　　　　②　登記変更事項
　　　　　　代表理事　　○○○○　　平成○年○月○日就任
　　　　　　　　　　　　　　　　　　　　　　　　平成○年○月○日登記
　　　　　　出資総口数及び　　平成○年○月○日変更
　　　　　　払込済出資総額　　　　　　　　　　　平成○年○月○日登記
　　　　③　届出事項
　　　　　　平成○年○月○日　決算関係書類及び役員変更届
　　　　　　　　　　　　　　　（○○県知事、中央会）
　　　　　　平成○年○月○日　税務申告書（○○税務署・○○税務事務所）
　　　　　　平成○年○月○日　公正取引委員会規則による届出
　　　　④　一般的庶務事項
　　　　　　　○○○○
　Ⅲ　その他組合状況に関する重要な事項
　　　(1)　後発事象の開示
　　　　　　平成○年○月○日組合員株式会社○○商店が手形交換所の取引停止処分を受け営業を停止した。当組合は売掛金及び貸付金××万円を有する。

3．財　産　目　録

3－1　組合会計の財産目録

(1)　中協法第40条は、決算関係書類として財産目録の作成を規定している。財産目録は、まず資産の内容を示し、ついで負債の内容を示し、その差額を差引正味財産として表示するものである。

　　財産目録に付すべき価額については、昭和44年最高裁判所の判決

「協同組合の組合員が組合から脱退した場合における持分計算の基礎となる組合財産の基礎となる価額の評価は、所論のように組合の損益計算の目的で作成されたいわゆる帳簿価額によるべきでなく、協同組合としての事業の継続を前提とし、なるべく有利にこれを一括譲渡する場合の価額を標準とすべきものと解するのが相当である。」に従い、処分換価価額に改正するかについて検討したが、当時は時価会計が行われていなかったため、従来からの取得原価基準による財産目録の作成を継続することにしてきた。平成13年会計制度に時価会計が導入されたことから、第7回（平成13年11月）組合会計基準改訂に際して、再度、時価への改正を検討した。その結果、取得原価基準による貸借対照表の価額を、財産目録に移記するが、財産目録脚注に、時価による、組合正味財産の価額を表示することにした。

(2) 平成19年2月、中協法施行規則が公布され、第82条第2項により、財産目録に計上すべき財産には、第129条に定める取得価額を付すことが規定された。このため、財産目録の作成方法は従来どおりの取得原価基準であり、一部の名称等を除いて、改正はない。

(3) 中協法施行規則の財産目録に関する規定

中協法施行規則

第82条　法第40条第2項（法第69条第1項において準用する場合を含む。）の規定により各事業年度ごとに組合が作成すべき財産目録については、この条の定めるところによる。

2　前項の財産目録は、次に掲げる部に区分して表示しなければならない。
　一　資産
　二　負債
　三　正味資産

3　資産の部又は負債の部の各項目は、当該項目に係る資産又は負債を示す適当な名称を付した項目に細分することができる。

> 4 第2項の規定にかかわらず、共済事業を行う組合は、当該組合の財産状態を明らかにするため、同項第一号及び第二号について、適切な部又は項目に分けて表示しなければならない。

(4) 資産、負債の評価の規定

> (資産の評価)
> 第129条 資産については、この省令又は法以外の法令に別段の定めがある場合を除き、会計帳簿にその取得価額を付さなければならない。
> 2 償却すべき資産については、事業年度の末日(事業年度の末日以外の日において評価すべき場合にあってはその日。以下この款において同じ。)において、相当の償却をしなければならない。(筆者注:減価償却資産については相当の償却をすること。)
> 3 次の各号に掲げる資産については、事業年度の末日において当該各号に定める価格を付すべき場合には、当該各号に定める価格を付さなければならない。
> 　一 事業年度の末日における時価がその時の取得原価より著しく低い資産(当該資産の時価がその時の取得原価まで回復すると認められるものを除く。)事業年度の末日における時価(筆者注:社債株式等への評価減の強制適用)
> 　二 事業年度の末日において予測することができない減損が生じた資産又は減損損失を認識すべき資産　その時の取得原価から相当の減額をした額(筆者注:組合会計における減損損失を認識する基準に従う。)
> 4 取立不能のおそれのある債権については、事業年度の末日においてその時に取り立てることができないと見込まれる額を控除しなければならない。(筆者注:貸倒引当金の設定を行い、取立不能額の控除をする。)

5 債権については、その取得価額が債権金額と異なる場合その他相当の理由がある場合には、適正な価格を付することができる。
（筆者注：満期保有目的債券について償却原価法の適用の容認）
6 次に掲げる資産については、事業年度の末日においてその時の時価又は適正な価格を付することができる。
　一　事業年度の末日における時価がその時の取得原価より低い資産（筆者注：棚卸資産についての低価法の容認）
　二　市場価格のある資産（子会社の株式及び持分並びに満期保有目的の債券を除く。）（筆者注：組合では売買目的有価証券を所有することはない場合が多いから、その他有価証券が対象になる。）
　三　前二号に掲げる資産のほか、事業年度の末日においてその時の時価又は適正な価格を付することが適当な資産（筆者注：デリバティブ取引により生じる資産）

(5) 正味資産の表示

組合財産の価額について、昭和44年最高裁で次の判決がある。

「……協同組合の組合員が組合から脱退した場合における持分計算の基礎となる組合財産の価額の評価は、所論のように組合の損益計算の目的で作成されるいわゆる帳簿価額によるべきものでなく、協同組合としての事業の継続を前提とし、なるべく有利にこれを一括譲渡する場合の価額を標準とすべきものと解するのが相当である。……」

この考え方からすると、財産目録の正味資産は次のようになる。

時価評価をした資産－時価評価をした負債＝時価評価をした正味資産

ただ資産の大部分と負債については、年度末の価額より計上されているから、時価評価するのは、土地などのように値上り、値下りする資産だけになる。

中協法第20条に規定されている組合資産は、最高裁の判決以来、こ

の時価評価をした正味資産であるとされている。

　ただ、中協法第20条は脱退者の持分払戻しのための規定であり、さらに定款により持分の全部又は一部の払戻しを規定することができることになっている（昭和46年1月6日　45企庁第2048号　中小企業庁指導部長）。

　このため、時価評価をした正味資産は、脱退者に「持分を時価評価して払い戻す定款」の組合及び「出資限度（本組合の財産が出資の総額より減少したときは、当該出資額から、当該減少額を各組合員の出資額に応じて減額した額）の定款」の組合が財産を時価評価しても出資金額に満たない場合だけ必要とされ、その他の組合では特に時価評価をした正味資産の表示を必要としないことになる。

　財産目録の本質は組合員持分計算の基礎となるべき処分換価価値によるべきであるが、従来から帳簿価額による財産目録を作成してきたことから、従来どおり帳簿価額から作成する。

　したがって、持分を時価評価して脱退者へ払い戻す組合では、持分払戻しのため持分計算表を別に作成することになる。

　出資限度の組合が、財産を時価評価すると、出資金額に満たない場合は、時価評価をした正味財産の金額を財産目録に注記する必要がある。

　財産目録の注記例に次のようなものがある。

（注）時価評価による組合正味資産の価額は××××円である。
　　　なお、時価の計算は、固定資産税評価額倍率方式を採用している。

※　この注記は土地（借地権を含む。）について時価評価を行った場合において、時価評価による正味財産が取得原価基準による正味資産を下回ったときに行う。
　　なお、ここでいう時価とは昭和44年最高裁判所判決による「協同組合の事業の継続を前提とし、なるべく有利にこれを一

括譲渡する場合の価額」を反映したものでなければならない。しかしながら、客観的にこれを算定することは困難を伴うので組合員の合意を前提に、土地については、次に示した方法の中から選択適用し、選択した方法を財産目録に注記する。

　ア　固定資産税評価額倍率方式
　　　通常の固定資産税評価額を時価の○○％程度とみて、固定資産税評価額を○○％で除して時価に評価還元する方法
　イ　相続税評価額倍率方式
　　　通常の相続税評価額を時価の○○％程度とみて、相続税評価額を○○％で除して時価に評価還元する方法
　ウ　不動産鑑定士による評価方式
　エ　不動産鑑定士にその評価を依頼する方法

(注)　建物等に係る減価償却不足額は×××円である。
　※　この注記は、建物等について減価償却不足額がある場合において、当該償却不足累計額を記載する。

(注)　職員の期末退職金要支給額は××××円であり、これに対する退職給与引当金及び中小企業退職金共済制度による給付金の期末支給見込額の合計額は×××円である。
　※　この注記は、職員退職給与規程に基づく期末退職金の要支給額とこれに対応する退職給与引当金及び共済制度等による積立準備状況を明らかにするために行う。

(注)　減損損失がある場合には、取得原価から減損損失累計額を直接控除し、控除後の金額を、その後の取得原価とする形式、又は償却累計額に、減価償却累計額と、減損損失累計額を合算して掲記する形式で表示する。
　　減損損失を行った場合には、減損損失の金額、資産のグルー

ピングの方法、回収可能価額の算定方法等の事項については注記する。

回収可能価額については、正味売却価額と使用価値のいずれか高い方の金額とし、正味売却価額は時価から処分費用見込額を控除した価額とする。

時価は市場価格が存在する場合には、市場価格に基づく価額とし、市場価格が観察できない場合には、合理的に算定された価額とする。

3－2　財産目録作成モデル（税抜経理方式）

○○協同組合

財 産 目 録

平成B年3月31日

（一　資産の部）

円

```
Ⅰ　流　動　資　産
  1．現金及び預金
    (1) 現　　　　金　　　　　　　　　　　　　339,500
    (2) 預　　　　金
      ① 当 座 預 金　商工中金○○支店　　200,000
      ② 普 通 預 金　商工中金○○支店　　100,160
      ③ 定 期 預 金　商工中金○○支店　3,560,000
  2．受　取　手　形
    (1) 約 束 手 形　　×通　　　　　　　　　　　　　　　　　200,000
  3．売　　掛　　金
    (1) 組合員売掛金　×口　　　　　　　　　　　　　　　　　995,200
  4．短 期 有 価 証 券
    (1) 満期保有目的有価証券　割引商工債券券面額　320万円　2,980,000
    (2) その他有価証券　　　　利付商工債券　〃　302万円　3,020,000　6,000,000
  5．商　　　　　品　　A品　20個　　　　　　　　　　　2,000,000
  6．前　払　費　用　　転貸支払利息未経過分　　　　　　　300,000
  7．貸　　付　　金
    (1) 証書貸付金　×口　　　　　　　　15,000,000
    (2) 手形貸付金　×口　　　　　　　　19,000,000
    (3) 手形割引貸付金　×口　　　　　　16,000,000　50,000,000
  8．未　収　収　益
    (1) 未収貸付利息　　貸付利息経過分　　　　　　　　116,937
  9．その他の短期資産
```

3．財産目録

```
      (1) 未 収 賦 課 金      平成Ｂ年３月分              81,280
      (2) 未 収 消 費 税 等                             1,066,370
   10. 貸 倒 引 当 金                                 △620,000
   11. 繰 延 税 金 資 産                                 93,139
                    流 動 資 産 計                   64,432,586
Ⅱ 固 定 資 産
 〔ⅰ〕有形固定資産
   1. 建      物   組合事務所
         取得価額 22,000,000 償却累計額 480,000     21,520,000
   2. 土      地   組合事務所用地                    8,600,000
                 有形固定資産計                      30,120,000
 〔ⅱ〕無形固定資産
   1. 電 話 加 入 権   ××局××番                    100,000
                 無形固定資産計                         100,000
 〔ⅲ〕外部出資その他の資産
   1. 外 部 出 資 金   商工中金出資金                  700,000
   2. 特 定 引 当 資 産  退職給与引当預金               140,000
                 外部出資その他の資産計                 840,000
                    固 定 資 産 計                  31,060,000
Ⅲ 繰 延 資 産
   1. 繰 延 消 費 税 額 等
         総支出額 575,526 償却累計額 57,552          517,974
   2. 創      立      費
         総支出額 1,000,000 償却累計額 580,000        420,000
                    繰 延 資 産 計                     937,974
                    資  産  合  計                  96,430,560
```

(二 負債の部)

　　　　　　　　　　　　　　　　　　　　　　　　　　　　　円

```
Ⅰ 流 動 負 債
  1. 支 払 手 形
      (1) 約 束 手 形  甲宛                        1,670,000
  2. 買      掛      金
      (1) 外 部 買 掛 金 甲                        1,200,000
  3. 短 期 借 入 金
      (1) 手 形 借 入 金  商工中金                  2,200,000
  4. 転 貸 借 入 金
      (1) 証 書 借 入 金  商工中金    15,000,000
      (2) 手 形 借 入 金  商工中金    19,000,000
      (3) 手形割引借入金  商工中金    16,000,000   50,000,000
  5. 未 払 金
      (1) 未 払 退 職 金  1名            60,000
      (2) 未 払 ○ ○                 1,020,000    1,080,000
  6. 未 払 費 用
      (1) 未払支払利息  転貸借入金利息経過分           40,000
```

351

Ⅳ　決算関係書類

```
  7．前　受　金
   (1) 前受賦課金　平成B年4月分                              50,800
  8．前 受 収 益　貸付利息未経過分                          280,000
  9．賞 与 引 当 金                                          200,000
 10．未 払 法 人 税 等                                       341,000
              流　動　負　債　計                         57,061,808
Ⅱ　固　定　負　債
  1．長 期 借 入 金　商工中金                             23,370,000
  2．組合員長期借入金                                      6,000,000
  3．退 職 給 与 引 当 金                                    140,000
              固　定　負　債　計                         29,510,000
              負　債　合　計                             86,571,800
```

(三　正味資産の部)

```
Ⅰ　正　味　資　産                                        9,858,760
```

　　(注) 時価評価による組合正味資産の価額は11,978,560円
　　　　なお、時価の計算は、固定資産税評価額倍率方式を採用した。
　　　1．事務所用地について、年度固定資産税評価額×××円の1.2倍を時価として評価
　　　　し、評価益3,000,000円から、評価益に対する繰延税金負債880,200を控除した。
　　　2．建物等にかかる減価償却不足はない。
　　　3．職員に対する退職給与の引当不足はない。
　　　4．預金の支店名は○□でもよい。
　　追記　時価評価による組合正味資産額11,978,560円から剰余金処分案による出資・利
　　　　用分量配当445,000円を控除し、未払持分へ振り替えた脱退者分出資金20,000円
　　　　を加算した額11,553,560円が脱退者払戻持分対象金額になる。

3－3　財産目録と内訳明細表の取扱い

財　産　目　録
平成B年3月31日

監事の意見書を添えて承認を受ける。

```
             (資　産　の　部)
  Ⅰ　流動資産
      預　　金
         当座預金        200
         普通預金        100

         定期預金      4,000        4,300
         売 掛 金      ○○□       1,000
      以下省略
```

3．財産目録

預金明細表

金融機関名	種類	期末残高	名義人	残高証明
○○○○	当座預金	200	会計理事	250
○○○○	普通預金	100	理事長	100
○○○○	定期預金	4,000	理事長	4,000
計		4,300		

当座預金残高は支払未済小切手50が差し引かれている。

売掛金明細表

組合員名 (得意先)	売掛金 期末残高	売掛滞留期間				最近の入金	
		1か月 以内	2か月 以内	××月 以内	××月 以内	月日	金額
○○○○	600	180	150	150	120	4/20	280
○○○○	400	200	200			4/25	200
計	1,000	380	350	150	120		

〔理事の責任において作成し、理事から監事に提出、監事の意見書をもらう。〕

　財産目録には、何口という包括的な表示を行い別に内訳明細表を作成した場合、内訳明細表を総会へ提出することは、分量が多いという問題がある。

　財産目録の内容を上記の預金明細表、売掛金明細表までを含んだものと考えるならば、これらの内訳明細表を総会へ提出しなければならないが、なかなかできにくいものと思われる。

　決算関係書類は理事の責任において作成するのであるから、内訳明細表は、まず理事が内容を検討し、理事が内容は正しいと判断できたら特定理事から特定監事に提出、監事の監査を受ける。

　監事は、内訳明細表を含めた決算関係書類を監査（内訳明細表と関係帳簿残高を照合し、実査、立会、閲覧、確認、勘定分析などを行う）し、「適正に表示されているか」について意見を述べる。

　内訳明細表については、理事及び監事の責任において意見が述べられているのであるから、総会では理事及び監事が意見を述べれば、内訳明細表の提出を省略して差し支えない。

Ⅳ 決算関係書類

評価減の場合の注記例

> 時価による組合正味財産の価額は、750,870円である。
> なお、時価の計算は、次のように行った。
> 1．土地の固定資産税評価額は4,056,000円であり、その1.3倍を土地の時価評価とした。5,272,800円。
> 2．建物については、減価償却不足額5,385,000円を控除した額を建物の時価評価額とした。17,235,000円。

4．貸借対照表

4－1　組合会計の貸借対照表

(1) 貸借対照表の様式を中協法施行規則第84条から第95条までの規定により定めた。「資産の部」「負債の部」には、大きな改正がなかったが、「資本の部」は「純資産の部」に変わり、純資産の部をさらに「組合員資本」と「評価・換算差額等」に区分したので、様式が大きく変わった。

(2) 組合員資本は、出資金、未払込出資金、資本剰余金、利益剰余金に区分するが、未払込出資金は中協法第29条が適用される設立時に発生する科目で、設立時に発生していなければその後はできないので、未払込出資金がない組合は「未払込出資金」の区分を設けなくてよい。

(3) 貸借対照表を作成するに当たっては、企業会計原則に準拠しなければならないが、組合会計における剰余金の配当、持分の計算、加入金、事業別会計等、特殊な会計が必要になる。

　　従来、会計基準は、これらの会計に対して一定の基準を示してきた。

　　平成19年2月、中協法施行規則が公布され、中協法施行規則第71条には用語の解釈及び規定の適用に関して、一般に公正妥当と認められ

る企業会計の基準、その他の会計の慣行をしん酌することが規定されており、この「その他の会計の慣行」の中に組合会計基準の内容が包含されている。

(4) 中協法の貸借対照表に関する規定

① 中協法施行規則第83条

中協法第40条第2項（法第69条第1項において準用する場合を含む。）の規定により各事業年度ごとに組合が作成すべき貸借対照表（貸借対照表及び連結貸借対照表をいう。以下、この節において同じ。）については、この款に定めるところによる。

② 中協法施行規則に規定されている区分は、次のとおりである。

中協法施行規則第84条：資産、負債、純資産

中協法施行規則第85条第1項：流動資産、固定資産、繰延資産

同条第2項：有形固定資産、無形固定資産、外部出資その他の資産

中協法施行規則第86条第1項：流動負債、固定負債

中協法施行規則第88条第1項：組合員資本、評価・換算差額等

同条第2項：出資金、未払込出資金、資本剰余金、利益剰余金

③ 中協法施行規則に規定されている項目（勘定科目をいう。）は、次のとおりである。

中協法施行規則第85条第3項：現金及び預金、受取手形、売掛金、売買目的及び短期有価証券、商品、製品、半製品、原料及び材料、仕掛品及び半成工事、消耗品、消耗工具、器具及び備品その他の貯蔵品であって、相当な価額以上のもの、前渡金、前払費用、未収収益、貸付金、繰延税金資産、建物及び暖房、照明、通風等の付属設備、構築物、機械及び装置並びにホイスト、コンベヤー、起重機等の搬送設備その他の付属設備、船舶及び水上運搬具、鉄道車両・自動車その他陸上運搬具、工具器具及び備品、土地、建設仮勘定、特許権、借地権、商標権、実用新案権、意匠権、鉱業権、漁業権、ソフトウェア、外部出資、長期保有有価証券、長期前払費用、

Ⅳ　決算関係書類

繰延税金資産、繰延資産

　　中協法施行規則第86条第2項：支払手形、買掛金、前受金、1年内の引当金、転貸借入金、短期借入金、未払金、預り金、未払法人税等、未払費用、前受収益、仮受賦課金、繰延税金負債、長期借入金、1年超の引当金、その他の負債であって、流動負債に属しないもの

　　中協法施行規則第88条第2項：出資金、未払込出資金、資本剰余金、利益剰余金

　　同条第3項：資本準備金、その他資本剰余金

　　同条第4項：利益準備金、その他利益剰余金

　　同条第6項：教育情報費用繰越金、組合積立金、当期未処分剰余金又は当期未処理損失金

(5)　資産の評価

　　中協法施行規則に規定されている資産の評価は、財産目録に記載してある。

(6)　評価・換算差額等

　　評価・換算差額等には、土地の再評価に関する法律が協同組合には適用されなかったので、土地再評価差額金は発生していない（信用組合連合会は適用されていた）。

　　したがって、その他有価証券を所有している場合に生じる、期末時価との差額を処理する「その他有価証券評価差額金」を表示する。

(7)　脱退者持分払戻勘定

　　次に、評価・換算差額には、脱退者持分払戻勘定を表示する。

　　組合持分を時価評価した脱退者持分払戻額が、純資産中の資本剰余金、利益剰余金の合計額を超える場合に生じる差額は「脱退者持分払戻勘定」で処理する。

　　計算例を次に示す。外部流失（出資配当）がない場合のケース

4．貸借対照表

	組合全体	内脱退者分
出資金	1,000	100
資本剰余金	10	1
利益剰余金	10	1
土地評価益	300	30
繰延税金負債	△100	△10
計	1,220	122

（借）出資金	100	（貸）未払持分	122
資本剰余金	10		
利益剰余金	10		
脱退者持分払戻勘定	2		

(8) 当期末処分剰余金の表示

　　中協法施行規則第88条第8項には、当期末処分剰余金に、当期剰余金を付記するように定めているが、当期末処分剰余金の内訳は、前期剰余金処分案の次期繰越剰余金から脱退者への持分払戻額を差し引いた前期繰越剰余金額と、当期純利益金額の2つだけであるので、計算過程として表示することにした。

4－2　貸借対照表作成モデル（税抜経理方式）

△△協同組合

貸　借　対　照　表
平成B年3月31日

（一　資産の部）		（二　負債の部）	
Ⅰ　流 動 資 産　　　　　　　　円		Ⅰ　流 動 負 債　　　　　　　　円	
1．現 金 及 び 預 金	4,199,660	1．支 払 手 形	1,670,000
2．受 取 手 形	200,000	2．買　　掛　　金	1,200,000
3．売　　掛　　金	995,200	3．短 期 借 入 金	2,200,000
4．短 期 有 価 証 券	6,000,000	4．転 貸 借 入 金	50,000,000
5．商　　　　　品	2,000,000	5．未　　払　　金	1,080,000
6．前 払 費 用	300,000	6．未 払 費 用	40,000
7．貸　　付　　金	50,000,000	7．前　　受　　金	50,800
8．未 収 収 益	116,937	8．前 受 収 益	280,000
9．その他の短期資産		9．賞 与 引 当 金	200,000

357

Ⅳ　決算関係書類

(1)	未収賦課金	81,280
(2)	未収消費税等	1,066,370
10.	貸倒引当金	△620,000
11.	繰延税金資産	93,139
	流動資産計	64,432,586
Ⅱ	固定資産	
〔ⅰ〕	有形固定資産	
1.	建物	21,520,000
2.	土地	8,600,000
	有形固定資産計	30,120,000
〔ⅱ〕	無形固定資産	
1.	電話加入権	100,000
	無形固定資産計	100,000
〔ⅲ〕	外部出資その他の資産	
1.	外部出資金	700,000
2.	特定引当資産	140,000
	外部出資その他の資産計	840,000
	固定資産計	31,060,000
Ⅲ	繰延資産	
1.	繰延消費税額等	517,974
2.	創立費	420,000
	繰延資産計	937,974
	資産合計	96,430,560

10.	未払法人税等	341,000
	流動負債計	56,881,800
Ⅱ	固定負債	
1.	長期借入金	23,370,000
2.	組合員長期借入金	6,000,000
3.	退職給与引当金	140,000
	固定負債計	29,510,000
	負債合計	86,391,800
	（三　純資産の部）	
Ⅰ	組合員資本	
〔ⅰ〕	出資金	7,980,000
〔ⅱ〕	資本剰余金	
1.	資本準備金	
(1)	加入金	120,000
〔ⅲ〕	利益剰余金	
1.	利益準備金	40,000
2.	その他利益剰余金	
(1)	教育情報費用繰越金	0
(2)	組合積立金	
①	特別積立金	40,000
(3)	当期未処分剰余金	
①	当期純利益金額	809,118
②	前期繰越剰余金	807,280
③	過年度税効果調整額	62,632
	当期未処分剰余金計	1,678,760
Ⅱ	評価・換算差額等	
1.	その他有価証券評価差額金	×××
2.	その他評価・換算差額等	
(1)	脱退者持分払戻勘定	×××
	評価・換算差額等計	×××
	純資産合計	9,858,760
	負債及び純資産合計	96,430,560

(注)　1　重要な会計方針
① 棚卸資産は、取得原価基準による最終原価法によった。
② 満期保有目的債券は、償却原価法によった。
③ その他有価証券は、期末時価で評価し評価差額を、純資産の部その他有価証券評価差額金へ全額資本直入した。繰延税金資産は回収可能性が乏しいため計上しない。
④ 固定資産の減価償却は、建物及び無形固定資産は定額法、建物付属設備・構築物・機械及び装置・自動車陸上運搬具・工具器具及び備品は定額法によっている。

⑤　退職給与引当金は、職員の期末退職給与要支給額を計上している。
　⑥　長期請負工事については、工事進行基準を適用している。
２　貸借対照表
　①　受取手形割引高　　　　　　　　　××××円
　②　受取手形裏書譲渡高　　　　　　　××××円
　③　保証債務残高　○○口　　　　　　××××円
　④　担保提供資産価額　土地　　　　　××××円
　　　　　　　　　　　　建物　　　　　××××円
　⑤　有形固定資産減価償却累計額　　　××××円
　⑥　減損損失累計額　土地　　　　　　××××円
　⑦　圧縮記帳処理額　土地　　　　　　××××円
　　　　　　　　　　　建物・設備　　　××××円
３　会計方針の変更
　①　商品については、従来○○法によっていたが、当期○○法に変更した。この変更により購買事業費は××××円増加（減少）した。
　②　機械及び装置については、従来○○法によっていたが、当期○○法に変更した。この変更により生産・加工事業費は、××××円増加（減少）した。

５．損益計算書

５−１　組合会計の損益計算書

(1)　損益計算書の様式を中協法施行規則第97条から第105条までの規定により定めた。

　　会社計算規則の売上高−売上原価＝売上総利益金額の区分を、次のように変更して、組合の損益計算書の区分になった。

　　売上高→事業収益と賦課金等収入

　　売上原価→事業費用

　　売上総利益金額→事業総利益金額

(2)　次に、従来の「事業間接費及び一般管理費」の区分は、事業間接費が、事業費用に含まれることから「一般管理費」だけの区分になった。

(3)　損益計算書を作成するに当たっては、企業会計原則に準拠し、さらに組合会計における剰余金の配当、持分計算、加入金、事業別会計等の特殊な会計が必要になる。

Ⅳ 決算関係書類

　　従来、組合会計基準は、これらの会計に対して一定の基準を示してきた。

　　平成19年2月、中協法施行規則が公布され、中協法施行規則第71条には用語の解釈及び規定の適用に関して、一般に公正妥当と認められる企業会計の基準、その他の会計の慣行をしん酌することが規定されており、この「その他の会計の慣行」の中に組合会計基準の内容が包含されている。

(4) 中協法の損益計算書に関する規定

　① 中協法施行規則第96条

　　　中協法第40条第2項（法69条第1項において準用する場合を含む。）の規定により、各事業年度ごとに組合が作成すべき損益計算書（損益計算書及び連結損益計算書をいう。以下この節においては同じ。）については、この款の定めるところによる。

　② 中協法施行規則に規定されている、区分は、次のとおりである。

　　　中協法施行規則第97条第1項：事業収益、賦課金等収入、事業費用、一般管理費、事業外収益、事業外費用、特別利益、特別損失

　　　同第98条：事業総損益金額

　　　同第99条：事業損益金額

　　　同第100条：経常損益金額

　　　同第101条：税引前当期純損益金額

　　　同第102条：税等

　　　同第103条：当期純損益金額

　③ 中協法施行規則に規定されている項目（勘定科目をいう）は、次のとおりである。

　　　中協法施行規則第97条第2項：売上高、受取手数料、受取施設利用料、受取貸付利息、受取保管料、受取検査料

　　　同条第3項：賦課金収入、参加料収入、負担金収入

　　　同条第4項：売上原価、販売費、購買費、生産・加工費、運送費、転貸支払利息

同条第5項：人件費、業務費、諸税負担金
　　　同条第6項：受取利息、受取出資配当金
　　　同条第7項：支払利息、創立費償却、寄付金
　　　同条第8項：固定資産売却益、補助金収入、前期損益修正益
　　　同条第9項：固定資産売却損、固定資産圧縮損、減損損失、災害損失、前期損益修正損
　　　中協法施行規則第98条：事業総利益金額、事業総損失金額
　　　同第99条：事業利益金額、事業損失金額
　　　同第100条：経常利益金額、経常損失金額
　　　同第101条：税引前当期純利益金額、税引前当期純損失金額
　　　同第102条：法人税等、法人税等調整額
　　　同第103条：当期純利益金額、当期純損失金額

5－2　事業間接費の取扱い

(1)　中協法施行規則第97条第1項第4号では、「一般管理費」と規定され、「事業間接費」は除かれたので、従来「事業間接費及び一般管理費」として処理していた場合は、期末に、各事業費への事業間接費振替額を記載し、控除して、一般管理費の区分にする。

　　ただし、一般管理費の額より、賦課金の額が少なく、さらに経済事業の規模が小さく事業間接費が少額で重要でない場合は、一般管理費に含めて表示して差し支えない。

　　なお、中協法第12条についての解説には、「非経済事業又は一般管理費に必要な費用は、これを経費として組合員に賦課し、組合全体としての運営を行わなければならないわけである。」と記載されている。この解説には、特に事業間接費には触れられていないが、従来、事業間接費を含めた一般管理費を、賦課金で賄っている場合も多いと思われる。

Ⅳ 決算関係書類

(A図)

経済事業費	1,735	経済事業収益	1,745	→事業利益	10
事業間接費	40	賦課金収入	100		
非経済事業費及び一般管理費	70				
計	1,845	計	1,845		

(B図)

経済事業費	1,775	経済事業収益	1,745	→事業損失	△30
非経済事業費及び一般管理費	70	賦課金収入	100		
計	1,845	計	1,845		

　このように、事業間接費を含めると経済事業は損失30になる。このため経済事業の手数料を30増やし、賦課金を30減らすことを行うと、消費税が「不課税」から「課税」に変わるので消費税納税額が増加する。

　これは、手数料額を増加しないで、賦課金のまま徴収したとしても、消費税法基本通達5－5－3（注）1「同業者団体、組合等がその団体としての通常の業務運営のために経常的に要する費用をその構成員に分担させ、その団体の存立を図るというようないわゆる通常会費については、資産の譲渡等の対価に該当しないものとして取り扱って差し支えない」に該当する通常会費になるか問題になる。

　事業間接費振替後の一般管理費の額より、徴収する賦課金の額が多額な場合は、賦課金として徴収しても、内容は手数料であるとして消費税課税に取り扱われることも考えられるので、手数料の額、賦課金の額を検討する必要がある。

5．損益計算書

(2) 一般管理費の表示例

パターン1　非経済事業だけで経済事業を行わない組合

```
　　　　　　　　　（三　事業費用の部）
Ⅰ　非経済事業費用　　　　　　　　　　×××
　　　　　　　（四　一般管理費の部）
Ⅴ　一般管理費　　1　人　件　費　　60
　　　　　　　　　2　業　務　費　　30
　　　　　　　　　3　諸税負担金　　10
　　　　　　　　　　　一般管理費計　100
```

パターン2　経済事業を行っている組合で事業間接費（概算額）を事業費へ振り替えている組合

```
　　　　　　　　　（三　事業費用の部）
Ⅰ　A 事 業 費 用
　　　1　A　事　業　費　　　×××
　　　2　振　替　経　費　　　 20　　×××
Ⅱ　B 事 業 費 用
　　　1　B　事　業　費　　　×××
　　　2　振　替　経　費　　　 10　　×××
　　　　　　　（四　一般管理費の部）
Ⅴ　一般管理費　　1　人　件　費　　　60
　　　　　　　　　2　業　務　費　　　30
　　　　　　　　　3　諸税負担金　　　10
　　　　　　　　　4　A事業費へ振替　△20
　　　　　　　　　　　B事業費へ振替　△10
　　　　　　　　　　　一般管理費計　　70
```

パターン3

　A経済事業については、費用配賦表により事業間接費を算出しA事業へ配賦後に事業利益を計算したところ、A経済事業に予定以上の利益が出たので、利用分量配当を行うことにした。

Ⅳ　決算関係書類

費用配賦表

科目	金額	配賦基準	一般管理費	A事業	B事業
人件費	60	××	41	13	6
業務費	30	××	20	6	4
諸税負担金	10	××	7	2	1
計	100		68	21	11

事業別損益計算

科目	A事業	B事業	管理	合計
事業収益	1,000	800		1,800
賦課金等収入			60	60
事業費	950	795		1,745
配賦経費	21	11	68	100
事業利益	29	△6	△8	15

（利用分量配当の求め方）

　組合の当期純利益金額15から剰余金処分の積立額（368、369頁参照）、差引配当可能利益を求め、出資配当と、利用分量配当とで分けあうことになる。

5－3　損益計算書作成モデル（税込経理方式）

○○協同組合

損 益 計 算 書

自　平成A年4月1日
至　平成B年3月31日

〔三　事業費用の部〕
Ⅰ　購買事業費
　1．売上原価　　　　　　　　　　　　　円
　　(1)　期首商品棚卸高　　　　1,080,000
　　(2)　当期商品仕入高　　　 85,860,000
　　(3)　期末商品棚卸高　　　△2,160,000
　　　　売上原価計　　　　　　84,780,000
　2．購　買　費
　　(1)　振替経費　　　　　　　1,600,000
　　(2)　貸倒損　　　　　　　　　　64,800
　　　　購買費計　　　　　　　 1,664,800
　　　　購買事業計　　　　　　86,444,800
Ⅱ　金融事業費

〔一　事業収益の部〕
Ⅰ　購買事業収益
　1．売　上　高　　　　　　　　　　　　円
　　(1)　組合員売上高　　　　85,320,000
　　(2)　外部売上高　　　　　 3,240,000
　　　　売上高計　　　　　　 88,560,000
　2．その他購買収益
　　(1)　○○○　　　　　　　　　　×××

　　　　計　　　　　　　　　 88,560,000
Ⅱ　金融事業収益

5．損益計算書

1．転貸支払利息		40,000,000
2．金　融　費		
（1）振替経費		550,000
（2）組合員借入金支払利息		80,000
（3）担保設定料		21,600
（4）貸倒引当金繰入		120,000
金融費計		771,600
金融事業計		40,771,600
Ⅲ　教育情報事業費		
1．講習会費		1,468,800
2．支部運営費		324,000
教育情報事業費計		1,792,800
Ⅳ　福利厚生事業費		
1．慶弔費		290,000
福利厚生事業費計		290,000
事業費合計		129,299,200
事業総利益金額		5,138,160

〔四　一般管理費の部〕

Ⅴ　一般管理費
1．人　件　費
　（1）役　員　報　酬　　　　1,000,000
　（2）職員給料手当　　　　　2,000,000
　（3）福　利　厚　生　費　　　100,000
　（4）退　職　給　与　金　　　140,000
　（5）退職給与引当金戻入　　△80,000
　（6）　〃　　繰入　　　　　　100,000
　（7）役　員　退　職　金　　　300,000
　（8）役員退職給与積立金取崩　△100,000
2．業　務　費
　（1）教　育　研　究　費　　　108,000
　（2）旅　費　交　通　費　　　216,000
　（3）通　　信　　費　　　　　108,000
　（4）消　耗　品　費　　　　　216,000
　（5）会　　議　　費　　　　　259,200
　（6）交　　際　　費　　　　　105,600
　（7）関係団体負担金　　　　　100,000
　（8）賃　　借　　料　　　　　324,000
　（9）水　道　光　熱　費　　　108,000
　(10)支　払　保　険　料　　　 60,000
　(11)減　価　償　却　費　　　480,000
　(12)雑　　　　費　　　　　　 52,400
3．諸税負担金
　（1）租　税　公　課　　　　　 50,000
　（2）消　費　税　等　　　　　　　　0

1．受取貸付利息		40,400,000
2．その他金融収益		
（1）金融事業受取利息		170,000
（2）金融事業受取配当金		60,000
その他金融収益計		230,000
計		40,630,000
Ⅲ　教育情報事業収益		
1．教育情報事業賦課金収入		1,287,360
2．教育情報費用繰越金戻入		20,000
3．仮受賦課金戻入		140,000
教育情報事業収益計		1,447,360
事業収益合計		130,637,360

〔二　賦課金等収入の部〕

Ⅳ　賦課金等収入
　1．賦課金収入　　　　　　　3,800,000
　　　　賦課金等収入計　　　　3,800,000
　　　　賦課金等収入合計　　　3,800,000

365

Ⅳ　決算関係書類

```
    ４．事業費へ振替え
      (1) 購買費へ振替え      △1,600,000
      (2) 金融費へ振替え        △550,000
        一般管理費計           3,497,200
        事業利益金額           1,640,960
         〔六　事業外費用の部〕                    〔五　事業外収益の部〕
 Ⅵ　事業外費用                            Ⅴ　事業外収益
    １．事業外支払利息           10,000      １．事業外受取利息           2,000
    ２．創立費償却             240,000      ２．加入手数料収入          21,600
        事業外費用計           250,000      ３．雑　　収　　入          18,660
        経営利益金額         2,499,590      ４．還付消費税等        1,066,370
                                               事業外収益計        1,108,630
         〔八　特別損失の部〕                      〔七　特別利益の部〕
 Ⅶ　特 別 損 失                            Ⅵ　特別利益
    １．固定資産売却損         912,000      １．○○○                   ×××
        特別損失計             912,000          特別利益計                   0
        税引前当期純利益金額 2,408,390
 Ⅷ　税　　　　　等
        法人税等               340,000
        当期純利益金額       2,068,390
```

（注）　事業費への振替額は、振替前一般管理費総額に対して、×××%を購買費へ×××%を金融費に振り替えた。

5－4　事業別損益計算書作成モデル（税抜経理方式）

○○協同組合

損　益　計　算　書

自　平成Ａ年４月１日
至　平成Ｂ年３月31日

```
         〔三　事業費用の部〕                     〔一　事業収益の部〕
 Ⅰ　購 買 事 業 費                        Ⅰ　購買事業収益
    １．売  上  原  価         円          １．売    上    高          円
      (1) 期首商品棚卸高     1,000,000       (1) 組合員売上高       79,000,000
      (2) 当期商品仕入高    79,500,000       (2) 外部売上高          3,000,000
      (3) 期末商品棚卸高    △2,000,000            売上高合計       82,000,000
          売上原価計       78,500,000      ２．その他購買収益
    ２．購　　買　　費                         (1) ○○○                 ×××
      (1) 配 賦 経 費       1,499,531
      (2) 貸 倒 損            60,000
          購 買 費 計       1,559,531
    ３．購 買 事 業 利 益   1,940,469                計             82,000,000
             計            82,000,000
 Ⅱ　金 融 事 業 費                        Ⅱ　金融事業収益
    １．転貸支払利息       40,000,000      １．受取貸付利息        40,400,000
    ２．金　　融　　費                      ２．その他金融収益
      (1) 配 賦 経 費         520,953        (1) 金融事業受取利息       170,000
```

5．損益計算書

（2）	組合員借入金支払利息	80,000	（2）金融事業受取配当金	60,000
（3）	担保設定料	20,000	その他金融収益計	230,000
（4）	貸倒引当金繰入	120,000		
	金融費用計	740,953		
3．金融事業損失		△110,953		
	計	40,630,000	計	40,630,000
Ⅲ 教育情報事業費			Ⅲ 教育情報事業収益	
1．講習会費		1,360,000	1．教育情報事業賦課金収入	1,200,000
2．支部運営費		300,000	2．教育情報事業費用繰越金戻入	20,000
	教育情報事業費計	1,660,000	3．仮受賦課金戻入	140,000
Ⅳ 福利厚生事業費			教育情報事業収益計	1,360,000
1．慶弔費		290,000	事業収益合計	123,990,000
	福利厚生事業費計	290,000		

（教育情報事業費・福利厚生事業費には、配賦経費の配賦を行わない方法を選択した。）

〔二 賦課金等収入の部〕

			Ⅳ 賦課金等収入	
			1．賦課金収入	3,800,000
	事業費合計	122,750,484	賦課金等収入計	3,800,000
	事業総利益金額	5,039,516	賦課金等収入合計	3,800,000

〔四 一般管理費の部〕

Ⅴ 一般管理費		
1．配賦管理費用		3,620,635
一般管理費計		3,620,635
事業利益金額		1,418,881

〔六 事業外費用の部〕　　　　　　　　〔五 事業外収益の部〕

Ⅵ 事業外費用			Ⅴ 事業外収益	
1．事業外支払利息		10,000	1．事業外受取利息	2,000
2．創立費償却		240,000	2．加入手数料収入	20,000
事業外費用計		250,000	3．雑収入	18,660
経常利益金額		1,209,541	事業外収益計	40,660

〔八 特別損失の部〕　　　　　　　　〔七 特別利益の部〕

Ⅶ 特別損失			Ⅵ 特別利益	
1．固定資産売却損		91,200	1．○○○	×××
特別損失計		91,200	特別利益計	0
税引前当期純利益金額		1,118,341		
Ⅷ 税　等				
法人税等		340,000		
法人税等調整額		30,777		
当期純利益金額		809,118		

費　用　配　賦　表（税抜経理方式）

（単位：円）

科　目	金額	配賦基準	一般管理費		購買費		金融事業	
			率	金額	率	金額	率	金額
1．人件費								

Ⅳ 決算関係書類

(1)	役員報酬	1,000,000	勤務時間割合	65	650,000	20	200,000	15	150,000
(2)	職員給料手当	2,000,000	〃	60	1,200,000	30	600,000	10	200,000
(3)	賞与引当金戻入	△160,000	職員給料割合	〃	△96,000	〃	△48,000	〃	△16,000
(4)	賞与引当金繰入	200,000	〃	〃	120,000	〃	60,000	〃	20,000
(5)	福利厚生費	100,000	〃	〃	60,000	〃	30,000	〃	10,000
(6)	退職給与金	100,000	〃	〃	60,000	〃	30,000	〃	10,000
(7)	退職給与引当金戻入	△80,000	〃	〃	△48,000	〃	△24,000	〃	△8,000
(8)	退職給与引当金繰入	100,000	〃	〃	60,000	〃	30,000	〃	10,000
(9)	役員退職金	300,000	全額管理	100	300,000				
(10)	役員退職給与積立金取崩	△100,000	〃	〃	△100,000				
2．業務費									
(1)	教育研究費	100,000	全額管理	100	100,000				
(2)	旅費交通費	200,000	実際支出割合	50	100,000	35	70,000	15	30,000
(3)	通信費	100,000	執務時間割合	60	60,000	30	30,000	10	10,000
(4)	消耗品費	200,000	〃	〃	120,000	〃	60,000	〃	20,000
(5)	会議費	240,000	開催割合	60	144,000	25	60,000	15	36,000
(6)	交際費	115,696	全額管理	100	115,696				
(7)	関係団体負担金	100,000	〃	100	100,000				
(8)	賃借料	300,000	使用面積割合	55	165,000	40	120,000	5	15,000
(9)	水道光熱費	100,000	〃	〃	55,000	〃	40,000	〃	5,000
(10)	支払保険料	60,000	使用時間割合	45	27,000	50	30,000	〃	3,000
(11)	減価償却費	480,000	使用面積割合	55	264,000	40	192,000	〃	24,000
(12)	雑費	50,000	全額管理	100	50,000				
3．諸税負担金									
(1)	租税公課	39,063	発生割合	45	17,579	50	19,531	5	1,953
		10,000	その他管理	100	10,000				
(2)	消費税等	28,808	全額管理	〃	28,808				
(3)	繰延消費税等償却	57,552	〃	〃	57,552				
	合計	5,515,119			3,620,635		1,499,531		520,953

6．剰余金処分案又は損失処理案

6－1 組合会計の剰余金処分案の積立て

(1) 組合会計における、剰余金処分は、中協法第40条第2項の剰余金処分案として、総会の承認（中協法40Ⅷ）を受けなければならない。剰

6．剰余金処分案又は損失処理案

余金処分としては、中協法第58条第１項の準備金、および同条第４項の繰越金の積立てが法定されており、当期純利益金額（繰越損失を控除した額）の10分の１以上を法定準備金として、20分の１以上を教育情報費用繰越金として、積み立てることになっている。

　　この積立ては、当期純利益金額（繰越損失を控除した額）が、少額であっても積み立てなければならない。

(2)　法定準備金は、定款で定める額に達するまでは積み立てなければならない（中協法58Ⅰ）。また、損失のてん補に充てる以外は、取崩しができない（同Ⅲ）。

(3)　教育情報費用繰越金は、組合員の事業に関する経営及び技術の改善向上又は組合事業に関する知識の普及を図るための教育及び情報の提供に関する事業に充てるため積み立てる繰越金であるから、教育情報事業の実施に従い、取り崩して使用する。

　　ただし、出資商工組合、出資商工組合連合会は、教育情報費用繰越金の繰越は規定されていない。

方　法	剰余金処分			損失処理		
	A	B	C	D	E	F
Ⅰ　当期未処分利益	180	20	30	0	―	―
Ⅰ　当期未処理損失	―	―	―	―	△20	△30
１．当期利益	100	100		100		100
１．当期損失			△70		△70	
２．前期繰越利益	80		100		50	
２．前期繰越損失		△80		△100		△130
Ⅱ　剰余金処分額	25	5				
１．利益準備金	10	2				
２．教育情報費用繰越金	5	1				
３．特別積立金	10	2				
Ⅲ　次期繰越利益	155	15	30	0	―	―
Ⅲ　次期繰越損失	―	―	―	―	△20	△30

(4)　特別積立金は、定款規定により、当期純利益金額（繰越損失を控除

した額）の10分の１以上を、損失のてん補に充てるために積み立てる。ただし、定款規定に特別積立金が出資総額に相当する金額を超える部分については、総会の議決により損失てん補以外の支出に充てることができるように定めている場合は、支出目的に従い、取り崩して使用する（定款参考例第58条「ただし、出資総額に相当する金額を超える部分については、損失がない場合に限り、総会の決議により損失のてん補以外の支出に充てることができる。」）。

(5) その他の任意積立金は、総会の議決により積み立て、その積立目的の支出に従い、取り崩して使用する。

６－２　配　当　金

(1) 剰余金の配当は、中協法第59条により、損失をてん補し、法定準備金と教育情報費用繰越金を積み立て、さらに定款規定による積立てとして特別積立金の積立てを行った後に、配当ができることになっている。

(2) 出資配当は、中協法第59条と定款により、年１割を超えない範囲内において払込済出資額に応じて行う。

　なお、定款の文言解釈上、当期が純損失のときは、例え前期繰越剰余金や任意積立金が多額にあった場合など配当可能利益があったとしても出資配当はできない、という問題が報告されていたことから、平成27年10月１日の参考例の文言を修正し、このようなケースでも配当可能であることを明確にした。

(3) 利用分量配当は、中協法第59条と定款により、組合の事業を利用した分量に応じて行う。利用分量配当は、法人税法第60条の２により税務計算で損金算入が認められているが、固定資産の処分による剰余金、員外利用から生じた剰余金、または協同組合の自営事業から生じた剰余金の部分から利用分量配当することは認められていない（法基通14－２－１）。

(4) 配当金は組合員以外の人はもらうことができない。しかし、脱退者

6．剰余金処分案又は損失処理案

は、脱退の日まで組合員だから、脱退年度の配当はもらうことができる。

(5) 配当金計算書は、次のような内容のものを作成する。

配当金の中から出資払込みに充当することがあるが、必ず増口申込書を組合員からもらうことが必要である。

配当金計算表
平成Ａ年度

増口申込書が必要 ↓

番号	氏名	照合	出資	配当			利用額	利用分量配当	出資払込充当金	支払金額
			出資額	配当金	所得税	差引				
1	甲会社		200,000	6,000	1,200	4,800	60,000	12,000	16,000	800
2	乙太郎		200,000	6,000	1,200	4,800	40,000	8,000	12,000	800
×	○○○		×××	×××	×××	×××	×××	×××	×××	×××
34	加入者		30,000	600	120	480	—	—	—	480
	計			61,500	12,300	49,200	600,000	120,000	150,000	19,200

(注) 加入者は、Ａ年８月加入として出資配当を計算した。

(6) 利用分量配当と売上割戻しの違いは、金額確定の時期と、計算算定基準とがある。

金額確定の時期は、売上割戻しはその算定基準が事業年度終了の日までに内部的に決定し、未払金として計上し、確定申告書の提出期限までに相手方に通知し継続適用をすることが必要である（法基通２－５－１）。

利用分量配当は、事業年度の決算の確定時に支出を決議すれば、当該事業年度の損金になるので（法人税法60の２）、通常総会で剰余金処分として決議すればよい。

計算算定基準は、利用分量配当が物の数量、価格その他事業を利用した分量に応じた分配とされ、代金回収遅延の状況を加味することはできない。

売上割戻しは、代金回収遅延がないことを条件にしている場合は、算定基準に入ることになる。

(7) 売上割戻しは、当初予定していた受取手数料以上の手数料が入った場合に行うのであるから、通常事業年度内に支払が行われるものと考

えられる。したがって、売上割戻しが未払金になることはないが、翌事業年度になっての理事会で売上割戻しの算定基準を決めその額を未払金に計上する誤った事例もあるので注意が必要である。

　利用分量配当の算定基準は、翌事業年度の理事会で決定し、通常総会の剰余金処分案に「剰余金処分額」として表示する（中協法施行規則107Ⅳ⑤）。したがって当該事業年度において利用分量配当金は、貸借対照表に未払金として表示されることはない。

6-3　中協法の剰余金処分案又は損失処理案に関する規定

(1)　中協法施行規則第106条

①　中協法第40条第2項の規定により各事業年度ごとに組合が作成すべき剰余金処分案又は損失処理案については、この款の定めるところによる。

②　当期未処分損益金額と組合積立金の取崩額の合計額が零を超える場合であって、かつ、剰余金の処分がある場合には、次条の規定により剰余金処分案を作成しなければならない。

③　前項以外の場合には、第108条の規定により損失処理案を作成しなければならない。

(2)　中協法施行規則に規定されている区分は、次のとおりである。

　中協法施行規則第107条第1項：当期未処分剰余金又は当期未処理損失金、組合積立金取崩額（一定の目的のために設定した組合積立金について当該目的に従って取り崩した額を除く。）、剰余金処分額、次期繰越剰余金

　同規則第108条第1項：当期未処理損失金、損失てん補取崩額、次期繰越損失金

(3)　中協法施行規則に規定されている項目（勘定科目をいう。）は、次のとおりである。

　中協法施行規則第107条第2項：当期純利益金額又は当期純損失金額、前期繰越剰余金又は前期繰越損失金

同条第3項：当該積立金の名称を付した取崩額（例　会館建設積立金取崩、特別積立金取崩）

同条第4項：利益準備金、組合積立金（例　特別積立金、○○周年記念事業積立金、役員退職給与積立金）、教育情報費用繰越金、出資配当金、利用分量配当金

同規則第108条第2項：当期純損失金額又は当期純利益金額、前期繰越損失金又は前期繰越剰余金

同条第3項：組合積立金取崩額（例　特別積立金取崩し）、利益準備金取崩額、資本準備金取崩額

6－4　剰余金処分案と特別積立金の定款規定

(1) 剰余金処分案に加える組合積立金取崩額は、目的積立金の取崩しを除くことから、特別積立金取崩か、任意積立金取崩しになる。

特別積立金については、前掲定款例第58条のように、出資金額を超える特別積立金の取崩しを総会で定めることができることになっている定款が多い。未処理損失金を補う形での特別積立金の取崩しを、「損失のてん補」として取り扱う場合は、損失処理案の承認として取り扱うだけでよいが、「損失のてん補以外の支出」として取り扱う場合は、剰余金処分案の承認と同時に「損失のてん補以外の支出」としての総会承認も行ったことになると思われる。

ケース1　出資金　1,000　特別積立金　1,500の場合

剰余金処分案

Ⅰ	当期未処理損失金	△100
Ⅱ	組合積立金取崩額	
1	特別積立金取崩額	101
Ⅲ	次期繰越剰余金	1

Ⅳ 決算関係書類

ケース2　出資金　1,000　特別積立金　1,000の場合

損失処理案

Ⅰ	当期未処理損失金	△100
Ⅱ	損失填補取崩額	
	1　特別積立金取崩額	100
Ⅲ	次期繰越損失金	0

　中協法施行規則第106条では、当期未処理損失金額と組合積立金取崩額の合計額が零以下である場合は、損失処理案になるとしているので、ケース2は損失処理案になる。

　ケース1は、当期未処理損失金額と組合積立金取崩額の合計額が1円以上あり、その1円が繰り越されているので剰余金処分案になる。

(2)　特別積立金取崩しのケースとしては、出資金を超える特別積立金のうちから他の目的積立金への積替処分が考えられる。

剰余金処分案

Ⅰ	当期未処理損失金	
	1　当期純損失金額	△100
Ⅱ	組合積立金取崩額	
	1　特別積立金取崩額	500
Ⅲ	剰余金処分額	
	1　新事業開発積立金	400
Ⅳ	次期繰越剰余金	0

(3)　特別積立金の取崩しをして、出資配当が行えるかについては、定款に規定されているかが問題になる。

　例えば「当期純利益金額に前期繰越剰余金又は前期繰越損失金を加減したものから、当期利益剰余金の10分の1以上の利益準備金と特別積立金とし、当期純利益金額の20分の1以上の法定繰越金(教育情報費用繰越金のこと)を控除した剰余が配当可能利益である。」という趣旨の定款規定では、配当可能利益の中に、特別積立金の取崩しは入っていないので、配当に充てることはできないのではないかとの疑

問が生じる。

　出資配当を決議する剰余金処分案の様式に、今回、組合積立金取崩額を表示することになった。したがって、定款規定に特別積立金取崩額との記載がなくても、剰余金処分案を様式に従って記載していくことにより、特別積立金取崩額を配当可能利益に加算するようになる。

　このことから、定款規定になくても、特別積立金を取り崩して出資配当をすることは、他の条件が満たされれば可能と考える。

6－5　損失処理案

(1)　損失処理案の損失てん補取崩額を、中協法施行規則第108条第3項で組合積立金、利益準備金、資本剰余金に区分し、同条第4項で組合積立金を当該積立金の名称を付した項目に細分することを規定している。資本剰余金には、資本準備金（加入金）とその他資本剰余金（出資金減少差益）がある。

(2)　組合会計の損失処理は、定款に損失金てん補の順序を定めているので、その順序に従い取崩しを行う（定款参考例第62条「損失金のてん補は、特別積立金、法定利益準備金、資本準備金の順序に従ってするものとする。」）。

(3)　組合積立金には、特別積立金以外に、○周年記念事業積立金、役員退職給与積立金などがある。これらの積立金も組合積立金であるから、定款規定に入っていなくても、中協法施行規則第108条第4項により取り崩す。

(4)　損失金が多額で、特別積立金などの組合積立金、利益準備金、加入金（資本準備金）の額では損失てん補がしきれなく、損失が残り、今後も剰余金の生じる見通しのないときには、中協法第56条により、出資1口の金額を減少し、出資金減少差益（その他資本剰余金）により、損失てん補を行う。

　損失てん補取崩例は次のようになる。

Ⅳ 決算関係書類

損失処理案

Ⅰ 当期未処理損失金		△1,000
Ⅱ 損失てん補取崩額		
1 組合積立金取崩額		
(1) 特別積立金取崩額	100	
2 利益準備金取崩額	100	
3 資本剰余金取崩額		
(1) 資本準備金（加入金）取崩額	300	
(2) その他資本剰余金（出資金減少差益）取崩額	500	
Ⅲ 次期繰越損失金		0

6－6 剰余金処分案作成モデル（税抜経理方式）

△△協同組合

剰　余　金　処　分　案
自　平成A年4月1日
至　平成B年3月31日

Ⅰ 当期未処分剰余金		
1．当期純利益金額	809,118	
2．前期繰越剰余金	807,280	1,616,398
Ⅱ 組合積立金取崩額		
1．特別積立金取崩額	××	
Ⅲ 剰余金処分額		
1．利　益　準　備　金	90,000	
2．教育情報費用繰越金	45,000	
3．組　合　積　立　金		
特　別　積　立　金	90,000	
○○周年記念事業積立金	100,000	
役員退職給与積立金	50,000	
4．出　資　配　当　金	50,000	
5．利用分量配当金		
共同購買事業配当金	395,000	820,000
Ⅳ 次期繰越剰余金		796,398

6．剰余金処分案又は損失処理案

〈剰余金処分の仕訳〉

（借）	当期未処分剰余金	1,616,398	（貸）	利益準備金	90,000
				特別積立金	90,000
				教育情報費用繰越金	45,000
				○○周年記念事業積立金	100,000
				役員退職給与積立金	50,000
				未払配当金	50,000
				未払配当金	395,000
				前期繰越剰余金	796,398

6－7　脱退者持分払戻計算書の作り方

　中協法施行規則では、会社計算規則における「株主資本等変動計算書」に相当するものが規定されていない。

　このため、剰余金処分後の純資産内の変動である、脱退者持分払戻しの変動を明らかにするため「脱退者持分払戻計算書」を定めた。

　脱退者へ持分全部（時価評価による組合財産から算出した持分）を払い戻す組合と、出資限度払戻しの組合で時価評価による組合財産が出資金額未満になる組合が作成する。

　払戻持分の対象になる金額は、脱退事業年度末の貸借対照表純資産額から、剰余金処分による出資配当・利用分量配当の支出額を控除し、脱退年度末に未払持分に振り替えた出資金を加算して求める。このとき最高裁の判例による土地の時価評価益があれば加算し、その土地評価益に対する繰延税金負債を控除して、持分払戻対象金額を求める。

　次に、持分払戻対象金額を、期末出資総口数に対する脱退者口数の割合で払戻持分1口の金額を求める。

　払戻持分のうち、利益剰余金部分（時価評価益部分も含む。）については、みなし配当として20.42％の源泉税が課税されるので、控除して払い戻す。源泉税は組合から税務署へ納付する。

Ⅳ 決算関係書類

脱退者持分払戻しの仕訳

脱退年度末

| （借）出資金 | ××× | （貸）未払持分 | ××× |

通常総会後

| （借）資本準備金（加入金） | ××× | （貸）未払持分 | ××× |
| （借）前期繰越剰余金 | ××× | （貸）未払持分 | ××× |

（注　前期繰越剰余金がないときには、組合積立金の中から払戻科目を決める）

6－8　脱退者持分払戻計算書作成モデル（税抜経理方式）

○○協同組合

脱退者持分払戻計算書
平成Ｂ年3月31日

Ⅰ　払戻持分の対象になる金額			
1　貸借対照表の出資金の部分		A	7,980,000
〃　の資本剰余金の部分		B	120,000
〃　の利益準備金の部分		C	40,000
〃　の組合積立金の部分		D	40,000
（教育情報費用繰越金を含む）			
〃　の当期未処分剰余金		E	1,678,760
2　剰余金処分による流出		F	△445,000
（出資・利用分量配当等）			
3　未払持分に振り替えた脱退者の出資金		A	20,000
4　土　地　評　価　益		G	3,000,000
5　土地評価益に対する繰延税金負債		H	△880,220
払戻持分対象金額合計			11,553,540
Ⅱ　払戻持分1口の金額			
1　対象出資口数（期末出資口798＋脱退者出資2）			800口
2　1口の金額（払戻持分対象金額合計÷対象出資口数）			14,442
Ⅲ　払戻持分1口の金額の内訳			
1　出資金の部分　A			10,000

378

	2	資本剰余金の部分　B		150
	3	利益剰余金の部分　C＋D＋E－F＋G－H		4,292
	4	みなし配当源泉税（利益剰余金の部分×20.42％）		876
		1口の払戻額計		13,556
Ⅳ	脱退者持分払戻の仕訳			
	1	脱退年度末　借方　出資金　　　20,000　　貸方　未払持分　20,000		
	2	通常総会後　借方　加入金　　　　　300　　貸方　未払持分　　　300		
		借方　前期繰越剰余金　6,866　貸方　未払持分　5,464		
		貸方　預り金　　　1,402		
	3	仕訳後持分変動計算書を作成する。		

6-9　持分変動計算書

	前期末残高	剰余金処分	脱退者持分払戻	加入・脱退	当期末残高
出資金	7,980,000				7,980,000
加入金	120,000			△300	119,700
利益準備金	40,000	90,000			130,000
教育情報費用繰越金		45,000			45,000
特別積立金	40,000	90,000			130,000
○○周年記念事業積立金		100,000			100,000
役員退職給与積立金		50,000			50,000
前期繰越剰余金	807,280	11,815	△6,866		812,229
当期純利益金額	809,118	△809,118			0
純資産計	9,796,398	△422,303	△7,166		9,366,929
配当金額		422,303			
持分払戻額			7,166		

7．事業報告書、決算関係書類の提出と監査

7-1　監事の監査

(1) 事業報告書と決算関係書類の分離（中協法40Ⅱ）

　① 中協法第40条第2項により決算関係書類と事業報告書が分離した。

② 中協法第36条の3第3項「監事は、理事の職務の執行を監査する。」

同条第4項「組合員の総数が第35条第6項の政令で定める基準を超えない組合は、第2項の規定にかかわらず、その監事の範囲を会計に関するものに限定する旨を定款で定めることができる。」

中協法施行令第18条「法第35条第6項の政令で定める基準は、…中略… 1,000人であることとする。」

③ 監事が原則として業務監査と会計監査を行うことになったので、監事が会計監査のみを行うには、定款の規定に監事の権限を会計監査に限定することが必要になった。

このため、事業報告書の監査は、業務監査権限のある監事が行うことになった。

会計監査において監査権限限定組合の監事は、事業報告書についての監査は行わないが、会計監査の関連で事業内容について質問することは従来と同じにできる。

(2) **業務・会計監査を行う組合の場合**

① 業務・会計監査を行う組合の定款例

「監事は、理事の職務の執行を監査する。

2 監事は、いつでも、理事及び参事、会計主任その他の職員に対して事業に関する報告を求め、又は本組合の業務及び財産の状況を調査することができる。」

② 業務・会計監査を行う組合の監査方法の概要の記載例

「決算関係書類及び事業報告書の監査のため、会計に関する帳簿、書類を閲覧し、決算関係書類について検討を加え、必要な実査、立会、照合及び報告の聴取、理事会議事録の閲覧、重要な事業の経過報告の聴取その他通常とるべき必要な方法を用いて調査した。」

③ 業務・会計監査を行う監事は、事業報告書・決算関係書類についての意見を、「監査報告書」に記載する。

(3) **会計監査のみを行う組合の場合**

① 会計監査のみを行う組合の定款例

「監事は、いつでも、会計の帳簿及び書類の閲覧若しくは謄写をし、又は理事及び参事、会計主任その他の職員に対して会計に関する報告を求めることができる。

2　監事は、その職務を行うため特に必要あるときは、本組合の業務及び財産の状況を調査することができる。」

② 会計監査のみを行う組合の監査方法の概要の記載例

「決算関係書類監査のため、会計に関する帳簿書類を閲覧し、決算関係書類について検討を加え、必要な実査、立会、照合及び報告の聴取その他通常とるべき必要な方法を用いて調査した。」

③ 会計監査を行う監事は、決算関係書類についての意見を、「監査報告書」に記載する。

(4) **監査報告書の表題と内容変更、及び監事の責任**

① 監査意見書が監査報告書に変わった。

② 監査資料は特定理事から特定監事に提出する。したがって、従来剰余金処分案の下に記載してあった、組合理事長名の決算関係書類提出書は、理事会の承認を受けた決算関係書類を、監事に監査してもらうためのものであったので削除した。

③ 監査報告書ができれば特定監事から特定理事へ提出する。

④ 組合員数1,000人以下の組合は監事の監査権限を会計に関するものに限定することができる。

監事の監査の範囲を会計に関するものに限定する旨を定款に定めることができる（中協法36の3Ⅳ）。

同条第5項（会社法準用第389Ⅱ）に規定する主務省令（中協法施行規則64）で、決算関係書類・これに準じるものに限定している。

⑤ 監査報告書の記載内容について、事実と異なる虚偽の記載をしたときは、中協法第38条の3第2項により、（中協法第40条第2項の決算関係書類の重要な事項について虚偽の記載をしたときに該当する。）第三者に生じた損害を賠償する責任を負うことになる。なお

同条ただし書には、「その者が当該行為をすることについて注意を怠らなかつたことを証明したときは、この限りでない。」と規定されている。

なお(2)②及び(3)②の監査方法の概要記載例は通常の監査の場合の記載例であるから、監査方法により記載内容が異なっても差し支えない。

監事の監査報告書については、中協法第36条の3第2項に、「主務省令で定めるところにより、監査報告を作成しなければならない。」と規定されている。

中協法施行規則第64条には、意思疎通を図る対象者・監事の調査の対象・監査の範囲が限定されている監事の調査の範囲が規定されているが、監査報告の内容についての記載がされていないので、会社計算規則第122条の内容を参考にすると「監査役の監査の方法及びその方法・計算関係書類が当該株式会社の財産及び損益の状況をすべての重要な点において適正に表示しているかどうかについての意見・監査のため必要な調査ができなかったときは、その旨及びその理由等」が示されている。

⑥ 監事の組合に対する責任は、中協法第38条の2第4項により「総組合員の同意がなければ、免除することができない」という規定と同条第5項に「善意でかつ重大な過失がないとき」、賠償責任を負う額の減額についての規定がある。

⑦ 監事の責任は、民法第167条第1項により10年の時効により消滅する。

⑧ 理事会に出席した監事は、中協法第36条の7第1項により理事会議事録に署名又は記名押印をしなければならない。

この場合、監事が述べた意見が記載されず、また誤って記載されているときは、自己の責任に影響することもあるので、議事録の訂正を求める必要がある。

また中協法第36条の7第3項により総会及び理事会の議事録は10

7．事業報告書、決算関係書類の提出と監査

年間保存することになった。

7－2　監査報告書

(1) 監事についての中協法の規定

　中協法第40条第5項には、「第2項の決算関係書類及び事業報告書は、主務省令で定めるところにより、監事の監査を受けなければならない。」と規定され、更に、中協法施行規則第114条－第117条に具体的に規定されている。同条第6項には、「前項の規定により監事の監査を受けた決算関係書類及び事業報告書は、理事会の承認を受けなければならない。」と規定され、同条第8項には、「理事は、監事の意見を記載した書面又はこれに記載すべき事項を記録した電磁的記録を添付して決算関係書類及び事業報告書を通常総会に提出し、又は提供し、その承認を求めなければならない。」と規定され、決算関係書類及び事業報告書は、監事の監査を受けてから、理事会の承認を受けるように変更された。

中協法施行規則

（監事の監査報告の通知期限等）

第117条　特定監事は、次に掲げる日のいずれか遅い日までに、特定理事に対し、第115条第1項及び前条第1項に規定する監査報告の内容を通知しなければならない。

　一　決算関係書類及び事業報告書の全部を受領した日から4週間を経過した日

　二　特定理事及び特定監事の間で合意により定めた日があるときは、その日

2　決算関係書類及び事業報告書については、特定理事が前項の規定による監査報告の内容の通知を受けた日に、監事の監査を受けたものとする。

3　前項の規定にかかわらず、特定監事が第1項の規定により通知

をすべき日までに同項の規定による監査報告の内容の通知をしない場合には、当該通知をすべき日に、決算関係書類及び事業報告書については、監事の監査を受けたものとみなす。

4　第1項及び第2項に規定する「特定理事」とは、次の各号に掲げる場合の区分に応じ、当該各号に定める者をいう。
　一　第1項の規定による通知を受ける者を定めた場合　当該通知を受ける者として定められた者
　二　前号に掲げる場合以外の場合　監査を受けるべき決算関係書類及び事業報告書の作成に関する業務を行った理事

5　第1項及び第3項に規定する「特定監事」とは、次の各号に掲げる場合の区分に応じ、当該各号に定める者をいう。
　一　第1項の規定による通知をすべき監事を定めた場合　当該通知をすべき者として定められた者
　二　前号に掲げる場合以外の場合　すべての監事

監査報告書

中協法第40条第5項により、組合から受領した第○期財産目録、貸借対照表、損益計算書、剰余金処分案（損失処理案）及び事業報告書を監査した。

1　監査方法の概要

　　決算関係書類及び事業報告書の監査のため、会計に関する帳簿、書類を閲覧し、決算関係書類について検討を加え、必要な実査、立会、照合及び報告の聴取、理事会議事録の閲覧、重要な事業の経過報告の聴取その他相当な方法を用いて調査した。

2　監査結果の意見

　(1)　財産目録、貸借対照表、損益計算書は、組合の財産及び損益の状況の、すべての重要な点において適正に表示している。

　(2)　剰余金処分案（損失処理案）は、法令及び定款に適合している。

(3)　事業報告書は、法令又は定款に従い、組合の状況を正しく示している。

　3　追記情報（決算関係書類について記載すべき事項がある場合）

　　　　平成○○年○月○日　　　　　　　　○○事業協同組合
　　　　　　　　　　　　　　　　　　　　　監事　　○○○○
　　　　　　　　　　　　　　　　　　　　　監事　　○○○○

（作成上の留意事項）

① 監査権限限定組合の監事は、事業報告書についての記載をせずに、事業報告書を監査する権限のないことを記載する。

② 監査日付は、特定理事に監査報告を通知した日を記載する。

③ 署名は、監事全員とする。

④ 事業協同組合以外の場合は、「中小企業等協同組合法第40条第5項により」の前文に次の規定を記載する。

　商工組合（非出資商工組合を含む）の場合は、「中小企業団体の組織に関する法律第47条第2項において準用する」

　協業組合の場合は、「中小企業団体の組織に関する法律第5条の23第3項において準用する」

　商店街振興組合の場合は、「商店街振興組合法第53条第5項により」。

(2) **業務監査を行う組合の監査報告書**

　理事の職務執行の監査権限を持つ監事は、理事会に出席し、出席した理事会の議事録に署名又は記名押印をしなければならない。

　この場合、監事が述べた意見が記載されず、また誤って記載されているときは、自己の責任に影響することもあるので、議事録の訂正を求める必要がある。

　監査報告書には、事業報告書の監査、理事会議事録の閲覧、重要な事業の経過報告の聴取を、監査方法の概要に書き加え、監査結果の意見に、事業報告書についての意見を記載する。

Ⅳ　決算関係書類

〈監査方法の概要の記載例〉

> 　監事間の協議により、監査方針、監査基準、及び監査計画を定めた上で、監事甲は業務の分野を、監事乙は会計の分野を中心に調査を行った。
> 　監査に当たっては、理事会その他重要な会議への出席又は議事録の閲覧、会計帳簿、会計書類、重要な決済文書及び報告書を閲覧し、理事等から職務の執行状況等について説明を求めるとともに、その他通常取るべき必要な方法を用いて調査した。

8．非出資商工組合の決算関係書類

8－1　非出資商工組合についての中団法の規定

　非出資商工組合の決算関係書類については、中団法第47条第2項により、中協法の規定を準用している。したがって、決算関係書類（財産目録、貸借対照表、損益計算書及び剰余金処分案又は損失処理案）及び事業報告書を作成しなければならない。

　非出資商工組合の定款は、中団法第43条第1項括弧書により、「第7号（出資一口の金額及びその払込みの方法）、第9号（剰余金の処分及び損失の処理に関する規定）、第10号（準備金の額及びその積立の方法）」を除外している。

　したがって、剰余金処分案での準備金の種類と積立方法、又は損失処理案での損失てん補の方法等を、定款で規定することを除いているので、剰余金処分案又は損失処理案の処分、処理の内容は総会で定めることになる。

① 財産目録

　　財産目録は、資産から負債を控除して、差引正味財産を表示するものであるから、「出資金」のない非出資商工組合でも、記載例に

示した財産目録の様式で差し支えない。

平成19年、正味財産の表示が正味資産に改正されているが、内容の改正は行われていない。

② 貸借対照表

非出資商工組合には、組合員の持分を表わす「組合員資本」の考え方がないため、従来から資本の部を、正味財産の部として表示してきた。

平成19年、中団法施行規則第23条第1項第3号括弧書により、純資産の区分を、「正味資産」として表示することに定められた。

このため、中団法施行規則第26条は、純資産の部についての区分規定であるから、非出資商工組合には適用されないことになる。

したがって、正味資産の部の区分については、従来からの「基本金」「積立金」「剰余金」に区分した。

③ 損益計算書

損益計算書には、特に非出資商工組合についての規定はない。

このため、出資商工組合と同じ（事業協同組合とも同じになる。）損益計算書の区分になる。

④ 剰余金処分案

剰余金処分案は、中団法第43条第1項括弧書により処分方法の定款規定を除いているので、総会において、基本金、積立金等への処分を決定する。

⑤ 損失処理案

損失処理案は、正味資産の部の積立金と、基本金の取崩しで、損失てん補を行うことになる。

8－2 非出資商工組合の特色

非出資商工組合は、資格事業に関する指導及び教育、情報又は資料の収集及び提供、調査研究（中団法17Ⅰ）を事業として行い、営利を目的とせず（中団法7）、経済事業（中団法17Ⅱ）も実施しない。

Ⅳ 決算関係書類

組合員は出資をせず経費の負担を限度として責任を持つ（中団法35）。

非出資商工組合は、組合員からの出資がないことから、組合員が脱退したときの持分の払戻しがない（中協法第20条の脱退者の持分の払戻規定を準用していない）。

しかし、中団法第47条第3項により、中協法第69条を準用しているので解散及び清算については会社法第481条、第502条を準用することになる。

会社法第481条は清算人の職務について、「現務の結了・債権の取立て及び債務の弁済・残余財産の分配」と規定している。

会社法第502条の準用は清算組合が、債務を弁済した後でなければ、その財産を組合員に分配することができないと規定している。

非出資商工組合の定款には、残余財産分配の規定がなく、準用している会社法にも残余財産を分配する算定方法には触れられていないので、解散時の組合員に何らかの基準で、残余財産を分配することになる。

8-3 決算関係書類の記載例

① 財産目録の様式

○○商工組合

財 産 目 録
平成B年3月31日

単位 円

一 資産の部		
Ⅰ 流動資産		
1 現金及び預金		
(1) 現金	5,000	
(2) 普通預金	1,000,000	
(3) 定期預金	<u>1,000,000</u>	2,005,000
2 未収金		
(1) 未収賦課金	<u>30,000</u>	<u>30,000</u>
流動資産計		2,035,000
Ⅱ 固定資産		
ⅰ 有形固定資産		

8．非出資商工組合の決算関係書類

1	建物付属設備	取得価額	償却累計額	期末簿価	
		600,000	460,000	140,000	140,000
2	什器備品	1,500,000	860,000	640,000	640,000
	有形固定資産計				780,000
ⅱ	無形固定資産				
1	ソフトウェア	取得価額	償却累計額	期末簿価	
		1,000,000	800,000	200,000	200,000
2	電話加入権			70,000	70,000
	無形固定資産計				270,000
ⅲ	外部出資その他の資産				
1	差入敷金				100,000
2	特定引当資産				100,000
	外部出資その他の資産計				200,000
	固定資産計				1,250,000
Ⅲ	繰延資産				
1	開発費　総支出額　500,000　償却累計額　300,000				200,000
	資産合計				3,485,000

二　負債の部

Ⅰ	流動負債		
1	未払金		400,000
2	預り金		60,000
	流動負債計		460,000
Ⅱ	固定負債		
1	長期借入金	商工中金借入金	1,500,000
2	退職給与引当金		10,000
	固定負債計		1,510,000
	負債合計		1,970,000

三　正味資産の部

1	正味資産の部	1,515,000

② 貸借対照表の様式

○○商工組合

貸　借　対　照　表
平成B年3月31日

（一　資産の部）			（二　負債の部）		
Ⅰ	流動資産		Ⅰ	流動負債	
1	現金及び預金	2,005,000	1	未払金	400,000
2	未収金	30,000	2	預り金	60,000

Ⅳ　決算関係書類

	流動資産計	2,035,000		流動負債計	460,000
Ⅱ	固定資産		Ⅱ	固定負債	
ⅰ	有形固定資産		1	長期借入金	1,500,000
1	建物付属設備	140,000	2	退職給与引当金	10,000
2	什器備品	640,000		固定負債計	1,510,000
	有形固定資産計	780,000		負債合計	1,970,000
ⅱ	無形固定資産			（三　正味資産の部）	
1	ソフトウェア	200,000	Ⅰ	正味資産	
2	電話加入権	70,000	1	基本金	1,000,000
	無形固定資産計	270,000	2	積立金	
ⅲ	外部出資その他の資産		（1）	事業積立金	205,000
1	差入敷金	100,000		積立金計	205,000
2	特定引当資産	100,000	3	当期未処分剰余金	
	外部出資その他の資産計	200,000	（1）	当期純利益金額	221,000
	固定資産計	1,250,000	（2）	前期繰越剰余金	89,000
Ⅲ	繰延資産			当期未処分剰余金	310,000
1	研究開発費	200,000		正味資産合計	1,515,000
	繰延資産計	200,000			
	資産合計	3,485,000		負債及び正味資産合計	3,485,000

③　損益計算書の様式

○○商工組合

損　益　計　算　書
自　平成Ａ年４月１日
至　平成Ｂ年３月31日

	（三　事業費用の部）			（一　事業収益の部）	
Ⅰ	指導教育事業費		Ⅰ	指導教育事業収入	
1	講習会費	200,000	1	講習会参加料収入	100,000
2	教育研究費	300,000	2	研究分担金収入	200,000
3	広報費	200,000	3	広報負担金収入	500,000
	指導教育事業費計	700,000		指導教育事業収入計	800,000
Ⅱ	情報収集事業費		Ⅱ	教育情報賦課金収入	

	1	情報提供費	400,000	1	情報賦課金収入	1,000,000
	2	視察費	500,000	2	情報提供料収入	300,000
	3	対策検討費	100,000	3	対策負担金収入	200,000
	4	指導対策費	300,000			
		情報収集事業費計	1,300,000		教育情報賦課金収入計	1,500,000
Ⅲ	調査研究事業費			Ⅲ	調査研究事業収入	
	1	調査費	200,000	1	研究負担金収入	500,000
	2	研究開発費償却	239,000			
	3	図書出版費	200,000			
		調査研究事業費計	639,000		調査研究事業収入計	500,000
		事業費用合計	2,639,000		事業収益合計	2,800,000

（二　賦課金等収入）

Ⅵ	賦課金等収入			
	1	賦課金収入		3,000,000
	2	参加料収入		200,000
	3	負担金収入		400,000
		事業総利益金額	3,761,000	賦課金等収入合計　3,600,000

（四　一般管理費の部）

Ⅵ　一般管理費
　1　人件費
　　(1)　役員報酬　　　　100,000
　　(2)　職員給料　　　　500,000
　　(3)　福利厚生費　　　100,000
　　(4)　退職金共済掛金　100,000
　　(5)　慶弔費　　　　　100,000
　　　人件費計　　　　　 900,000
　2　業務費
　　(1)　印刷費　　　　　100,000
　　(2)　旅費交通費　　　200,000
　　(3)　通信費　　　　　200,000
　　(4)　会議費　　　　　100,000
　　(5)　消耗品費　　　　200,000

Ⅳ 決算関係書類

  (6) 事務用品費   100,000
  (7) 器具備品費   300,000
  (8) 支払手数料   100,000
  (9) 関係団体負担金   200,000
  (10) 賃借料   100,000
  (11) 支払保険料   100,000
  (12) 水道光熱費   100,000
  (13) 修繕費   200,000
  (14) コンピュータ関係費 200,000
  (15) 減価償却費   300,000
  (16) 雑費   100,000
   業務費計   2,600,000
 3 諸税負担金
  (1) 租税公課   70,000
   諸税負担金計   70,000
   一般管理費計   3,570,000
   事業利益金額   191,000

（六　事業外費用の部）	（五　事業外収益の部）
Ⅶ 事業外費用	Ⅶ 事業外収益
1 支払利息　　　10,000	1 受取利息　　　　1,000
	2 雑収入　　　　10,000
事業外費用計　10,000	事業外収益計　　11,000
経常利益金額　192,000	
（八　特別損失の部）	（七　特別利益の部）
Ⅷ 特別損失	Ⅷ 特別利益
1 固定資産除却損　1,000	1 前期繰越金戻入　100,000
特別損失計　　1,000	特別利益計　　100,000
税引前当期純利益金額　291,000	
Ⅸ 税等　　　　　　70,000	
当期純利益金額　221,000	

8．非出資商工組合の決算関係書類

④　剰余金処分案の様式

○○商工組合

剰 余 金 処 分 案
自　平成A年4月1日
至　平成B年3月31日

Ⅰ　当期未処分剰余金			
1　当期純利益金額		221,000	
2　前期繰越剰余金		89,000	
当期未処分剰余金計			310,000
Ⅱ　剰余金処分額			
1　基本金への振替額		200,000	
2　事業積立金への振替額		0	
3　次期予算への繰入額		100,000	
剰余金処分計			300,000
Ⅲ　次期繰越剰余金			10,000

注1　剰余金処分額の次期予算への繰入額は、次期予算編成状況により計上する。

注2　同業団体の会費について、法人税の通達があるので、非出資の商工組合が収益事業を行わず、賦課金を主要収入として組合運営を行っているときは、留意する必要がある。

　　法人税基本通達9－7－15の3　法人がその所属する協会、連盟その他の同業団体等に対して支出した会費の取扱いについては、次による。

(1)　通常会費（同業団体等がその構成員のために行う広報活動、調査研究、研修指導、福利厚生その他同業団体としての通常の業務運営のために経常的に要する費用の分担額として支出する会費をいう。）については、その支出をした日の属する事業年度の損金の額に算入する。ただし、当該同業団体等においてその受け入れた通常会費について不相当に多額の剰余金が生じていると認められる場合には、当該剰余金が生じた時以後に支出する通常会費については、当該剰余金の額が適正な額になるまでは、前払費用として損金の額に算入しないものとする。
　　　（筆者注）　不相当に多額の剰余金には、2－3か月分の組合運営費という考え方もある。

Ⅳ 決算関係書類

(2) その他の会費（同業者団体等が次に掲げるような目的のために支出する会費をいう。）については、前払費用とし、当該同業団体等がこれらの支出をした日にその費途に応じて当該法人がその支出をしたものとする。
  イ　会館その他特別な施設の取得又は改良
  ロ　会員相互の共済
  ハ　会員相互又は業界の関係先等との懇親等
  ニ　政治献金その他の寄附

⑤　損失処理案の様式

〇〇商工組合

損　失　処　理　案

自　平成　　年　　月　　日
至　平成　　年　　月　　日

Ⅰ　当期未処理損失金			
1　当期純損失金額（又は当期純利益金額）	×××		
2　当期繰越損失金（又は前期繰越剰余金）	×××		
当期未処理損失金計		×××	
Ⅱ　損失てん補取崩額			
1　事業積立金取崩額	×××		
2　基本金取崩額	×××		
損失てん補計		×××	
Ⅲ　次期繰越損失金		×××	

9．個別キャッシュ・フロー計算書

9－1　直接法による個別キャッシュ・フロー計算書の作成（記載例）

(1) キャッシュ・フロー計算書精算表の貸借対照表と増減欄を記入する。
(2) 期末キャッシュ・フロー計算書＜修正仕訳№1＞を修正欄に記入する。

9．個別キャッシュ・フロー計算書

＜修正仕訳№1＞

税引前利益への修正

①	当期損益（税引後）	614	税引前当期純利益	614
②	法人税等	420	税引前当期純利益	420

非資金項目

③	貸倒引当金	12	貸倒引当金繰入	12
④	貸倒引当金戻入	10	貸倒引当金	10
⑤	有形無形固定資産(共同施設)	1,290	加工事業減価償却費	1,290
⑥	有形無形固定資産(共同施設)	120	販売事業減価償却費	120
⑦	有形無形固定資産(組合会館)	80	一般管理減価償却費	80
⑧	有形無形固定資産(共同施設)	1,600	特別償却費	1,600
⑨	繰延資産	4	繰延資産償却	4
⑩	退職給与引当金	30	加工事業退職給与引当金繰入	30
⑪	退職給与引当金	10	販売事業退職給与引当金繰入	10
⑫	退職給与引当金	7	一般管理退職給与引当金繰入	7
⑬	教育情報費用繰越金戻入	75	前期繰越剰余金	75
⑭	未払持分	100	出資金	100

法人税等支払

⑮	法人税等支払額	317	法人税等	317
⑯	未払法人税等	103	法人税等	103
⑰	未払法人税等戻入	2	未払法人税等	2

剰　余　金

⑱	利益準備金	32	当期純利益金額	32
⑲	組合積立金	32	当期純利益金額	32
⑳	前期繰越剰余金	256	当期純利益金額	256

Ⅳ 決算関係書類

(3) 期末キャッシュ・フロー計算書＜修正仕訳№2＞を修正欄に記入する。

＜修正仕訳№2＞
固定資産取得・売却

㉑	有形無形固定資産(共同施設)	692	固定資産売却収入	692	
㉒	有形無形固定資産(共同施設)	8	固定資産売却損	8	
㉓	有形無形固定資産(共同施設)	311	固定資産売却収入	311	
㉔	固定資産売却益	5	固定資産売却収入	5	
㉕	未払金	3,000	有形無形固定資産（共同施設）	3,000	
㉖	固定資産取得支出	2,825	有形無形固定資産（共同施設）	2,825	

事　業　収　支

㉗	加工事業収益	530	受取手形売掛金（組合員）	530	
㉘	受取手形売掛金（員外）	20	販売事業収益	20	
㉙	棚卸資産	171	加工事業費	171	
㉚	賦課金等収入	6	組合員負担分の未収金	6	
㉛	金融事業収益	2	未収収益・前払費用	2	
㉜	未払費用・前受収益	3	金融事業費	3	
㉝	加工事業費	437	支払手形・買掛金（員外）	437	
㉞	販売事業費	10	支払手形・買掛金（組合員）	10	
㉟	子会社未払金	10	加工事業費	10	
	合　　計	13,144	合　　計	13,144	

(4) キャッシュ・フロー計算書精算表の修正後欄を記入する。

(5) キャッシュ・フロー計算書精算表の事業、設備、財務欄を記入する。

(6) キャッシュ・フロー計算書（直接法）を記載する。

```
Ⅰ　事業活動によるキャッシュ・フロー
　１．加工事業
　　　売上高、手数料などの収入　　　　62,733
　　　仕入高、外注費、その他事業費の支出　△52,148　　10,585
　２．金融事業
```

9．個別キャッシュ・フロー計算書

貸付利息、手数料、保証料などの収入	139	
転貸支払利息、その他事業費の支出	△136	3
3．販売事業		
売上高、手数料などの収入	10,520	
仕入高、外注費、その他事業費の支出	△10,280	240
4．教育情報事業		
賦課金参加料などの収入	0	
講習会費、その他事業費の支出	△1,355	△1,355
5．組合管理		
賦課金、参加料などの収入	13,624	
人件費、その他管理費の支出	△18,547	△4,923
6．事業外		
利息、配当金、協賛金などの収入	323	
利息、その他費用の支出	△1,551	△1,228
7．法人税等支出	△317	△317
事業活動によるキャッシュ・フロー		3,005

Ⅱ 設備等活動によるキャッシュ・フロー

1．定期預金		
払戻しによる収入	0	
預入れによる支出	△360	△360
2．金融事業		
転貸借入金の借入による収入（税額）	1,000	
貸付金の貸付による支出（税額）	△1,000	0
3．団地建設事業		
組合員使用施設を組合員に売却した未収金の回収による収入	240	240
4．有形、無形固定資産		
売却による収入（簿価311）	316	
〃　　　　（簿価700）	692	
取得による支出	△2,825	△1,817
5．関係先出資金、有価証券		
払戻し又は売却による収入	0	

Ⅳ 決算関係書類

	取得による支出	△90	△90	
	設備等活動によるキャッシュ・フロー			△2,027

Ⅲ 財務活動によるキャッシュ・フロー
 1．短期借入金
  借入による収入（純額） 324
  返済による支出（純額）   0 324
 2．長期借入金
  施設用資金の借入による収入   0
  施設用資金の返済による支出 △1,895
  組合運営資金の借入による収入   0
  組合運営資金の返済による支出 △300 △2,195
 3．組合員預り金、借入金
  組合員預り金の受入による収入 310
  組合員預り金の返済による支出   0
  組合員借入金の借入による収入 100
  組合員借入金の返済による支出   0 410
 4．出資金、加入金
  出資金、加入金の払込みによる収入 700
  脱退者持分の払戻しによる支出 △200 500
  財務活動によるキャッシュ・フロー △961
Ⅳ 現金預金増加額 17
Ⅴ 現金預金期首残高 2,888
Ⅵ 現金預金期末残高 2,905

9－2　キャッシュ・フロー計算書間接法記載例

○内数字は修正仕訳№

Ⅰ 事業活動によるキャッシュ・フロー
 1．税引前当期利益　①② 1,034
 2．教育情報費用繰越金取崩　⑬ △75
 3．減価償却費　⑤⑥⑦⑧ 3,090
 4．繰延資産償却　⑨ 4

9．個別キャッシュ・フロー計算書

5．固定資産売却損（売却益を差引く）㉒㉔	3		
6．金融事業収益　受取貸付利息　㉛	△141		
7．金融事業費　転貸支払利息　㉛	139		
8．賦課金等収入　㉚	△13,630		
9．貸倒引当金の増加額　③④	2		
10．退職給与引当金の増加額　⑩⑪⑫	47		
11．未払法人税等戻入　⑰	△2		
12．売上債権の増加額　㉗	△530		
13．売上債権の減少額　㉘	20		
14．棚卸資産の減少額　㉙	171		
15．仕入債務の減少額　㉝㉞	△447		
16．仕入債務の増加額　㉟	10		
小　　　計		△10,305	
17．金融事業収益　受取貸付利息の受取額　㉜	139		
18．金融事業費　転貸支払利息の支払額　㉜	△136		
19．賦課金等収入の受取額　㉚	13,624		
20．法人税等の支払額　⑮	△317	13,310	
事業活動によるキャッシュ・フロー			3,005
Ⅱ　設備等活動によるキャッシュ・フロー　以下直接法と同じ			

Ⅳ 決算関係書類

9－3　キャッシュ・フロー計算書精算表記載例

（○内数字は修正仕訳№.）

No.1

		貸借対照表		増　減		修　正		修　正　後		事　業		設　備		財　務	
		前期末	今期末	借方	貸方	借方	貸方	借方	貸方	借方	貸方	借方	貸方	借方	貸方
Ⅰ	資産の部														
1.	現金・預金	2,888	2,905	17				17							
2.	期間3ヵ月超の定期預金	7,000	7,360	360				360				360			
3.	受取手形・売掛金（組合員）	1,509	2,039	530			㉗530	0							
4.	受取手形・売掛金（員外）	1,000	980		20	㉘20		0							
5.	貸付金	12,000	13,000	1,000				1,000				1,000			
6.	有価証券	300	350	50				50				50			
7.	棚卸資産	885	714		171	㉙171		0							
8.	組合員負担分の未収金	54	60	6			㉚6	0							
9.	未収収益・前払費用	13	15	2			㉛2	0							
10.	貸倒引当金	△10	△12		2	③12	④10	0							
11.	有形無形固定資産（共同施設）	25,839	27,643	1,804		⑤1,290 ⑥120 ⑧1,600 ㉑692 ㉒8 ㉓311	㉕3,000 ㉖2,825	0							
12.	有形無形固定資産(組合会館等)	6,460	6,380		80	⑦80		0							
13.	組合員施設未収金	1,900	1,660		240				240				240		
14.	関係先出資金	10	30	20				20				20			
15.	子会社出資金	100	120	20				20				20			
16.	その他の固定資産														
17.	繰延資産	30	26		4	⑨4		0							
	資産合計	(59,978)	(63,270)	(3,809)	(517)	(4,308)	(6,373)	(1,467)	(240)						
Ⅱ	負債の部														
1.	支払手形・買掛金（員外）	2,107	1,670	437			㉝437	0							
2.	支払手形・買掛金（組合員）	940	930	10			㉞10	0							
3.	転貸借入金	12,000	13,000		1,000				1,000				1,000		
4.	短期借入金	4,600	4,924		324				324						324
5.	未払金	0	3,000		3,000	㉕3,000		0							
6.	子会社未払金	0	10		10	㉟10		0							
7.	組合員預り金未払配当金	3,699	4,009		310				310						310

400

9．個別キャッシュ・フロー計算書

キャッシュ・フロー計算書精算表記載例
（○内数字は修正仕訳No.）

No.2

	貸借対照表		増 減		修 正		修 正 後		事 業		設 備		財 務	
	前期末	今期末	借 方	貸 方	借 方	貸 方	借 方	貸 方	借 方	貸 方	借 方	貸 方	借 方	貸 方
8．未払費用・前受収益	12	15		3	⑤23			0						
9．未払持分	200	100	100		⑭100			200						200
10．未払法人税等	319	420		101	⑯103	⑰2		0						
11．その他の流動負債	0	0												
12．長期借入金（共同施設）	20,739	18,844	1,895					1,895					1,895	
13．長期借入金（組合運営用）	5,200	4,900	300					300					300	
14．組合員長期借入金	400	500		100				100						100
15．退職給与引当金	308	355		47	⑩30 ⑪10 ⑫7			0						
16．その他の固定負債	0	0												
負債合計	(50,524)	(52,677)	(2,742)	(4,895)	(3,263)	(449)	(2,395)	(1,734)						
Ⅲ 純資産の部														
1．出資金	7,800	8,300		500	⑭100			600						600
2．資本準備金	400	500		100				100						100
3．利益準備金	432	464		32	⑱32			0						
4．教育情報費用繰越金	0	0												
5．組合積立金	432	464		32	⑲32			0						
6．前期繰越剰余金	70	251		181	⑳256	⑬75		0						
7．当期純利益金額	320	614		294	①614	⑱32 ⑲32 ⑳256		0						
純資産合計	(9,454)	(10,593)		(1,139)	(934)	(495)		(700)						
負債及び純資産合計	(59,978)	(63,270)												
合計			(6,551)	(6,551)	(8,505)	(7,317)	(3,862)	(2,674)						

401

Ⅳ 決算関係書類

キャッシュ・フロー計算書精算表記載例
（○内数字は修正仕訳No.）

No. 3

	損益計算書	増　減		修　正		修 正 後		事　業		設　備		財　務	
	当　期	借　方	貸　方	借方	貸方	借　方	貸　方	借方	貸方	借方	貸方	借方	貸方
Ⅳ 収益の部													
1．加工事業収益	63,263		63,263	㉗530			62,733		62,733				
2．金融事業収益	141		141	㉛2			139		139				
3．販売事業収益	10,500		10,500		㉘20		10,520		10,520				
4．賦課金等収入	13,630		13,630	㉚6			13,624		13,624				
5．事業外収益	303		303				303		303				
6．受取配当金	20		20				20		20				
7．未払法人税等戻入	2		2	⑰2			0						
8．教育情報費用繰越金戻入	75		75	⑬75			0						
9．貸倒引当金戻入	10		10	④10			0						
10．固定資産売却益	5		5	㉔5			0						
11．○○積立金取崩	0												
12．その他の収益	0												
収益合計	(87,949)		(87,949)	(630)	(20)		(87,339)						
Ⅴ 費用の部													
1．加工事業費	51,892	51,892		㉝437	㉙171 ㉟10	52,148		52,148					
加工事業費減価償却費	1,290	1,290			⑤1,290	0							
加工事業費退職給与引当金繰入	30	30			⑩30	0							
2．金融事業費	139	139			㉜3	136		136					
3．販売事業費	10,270	10,270		㉞10		10,280		10,280					
販売事業費減価償却費	120	120			⑥120	0							
販売事業費退職給与引当金繰入	10	10			⑪10	0							
4．教育情報事業費	1,355	1,355				1,355		1,355					
5．一般管理費	18,547	18,547				18,547		18,547					
一般管理費減価償却費	80	80			⑦80	0							
一般管理費退職給与引当金繰入	7	7			⑫7	0							
6．事業外費用	1,551	1,551				1,551		1,551					
事業外費用繰延資産償却	4	4			⑨4								

9．個別キャッシュ・フロー計算書

キャッシュ・フロー計算書精算表記載例
（○内数字は修正仕訳No.）

No.4

	損益計算書 当期	増減 借方	増減 貸方	修正 借方	修正 貸方	修正後 借方	修正後 貸方	事業 借方	事業 貸方	設備 借方	設備 貸方	財務 借方	財務 貸方
事業外費用 貸倒引当金繰入	12	12			③12	0							
7．固定資金売却損	8	8			⑧8	0							
8．特別償却費	1,600	1,600			⑧1,600	0							
9．その他の費用													
10．法人税等	420	420		②420	⑮317 ⑯103	420		420					
費用合計	(87,335)	(87,335)		(867)	(3,765)	(84,437)							
11．固定資産売却収入					㉑692 ㉓311 ㉔5		1,008		1,008				
12．固定資産取得支出				㉖2,825		2,825				2,825			
13．法人税等支払額				⑮317		317		317					
14．当期純利益金額	614	614				614		614					
15．税引前当期純利益金額				①614 ②420			1,034		1,034				
修正仕訳計				(13,144)	(13,144)								
合計	(87,949)	(87,949)	(94,500)	(94,500)		(92,055)	(92,055)	(85,358)	(88,373)	(4,275)	(2,248)	(2,395)	(1,434)
差引						(3,005)				(2,027)			(961)

403

V
予算関係書類

1．組合管理会計について

1−1　財務会計と管理会計

組合会計には、財務会計と管理会計の領域がある。

財務会計は、組合の財政状態及び経営成績を明らかにするため、決算関係書類を作成し、組合員及び外部関係者へ報告する会計である。

管理会計は、組合運営の意思決定又は運営活動の実績を評価するのに有用な会計情報を組合内部の管理者へ報告する会計である。

管理会計には、利益管理、資金管理、予算管理、原価管理の分野がある。

予算管理は、短期利益計画と資金計画を包含し、調和させた予算を編成し、予算統制を行う方法である。

1−2　収支予算の変遷

　　経　費　の　予　算　　明治30年　　重要輸出品同業組合法
　　経費の収支予算　　　　大正14年　　重要輸出品工業組合法
　　収　支　予　算　　　　昭和21年　　商工協同組合法から現行組合法
　　　　　　　　　　　　　　　　　　　まで

中協法に定める収支予算は、当初は経費を賄うために賦課金を徴収す

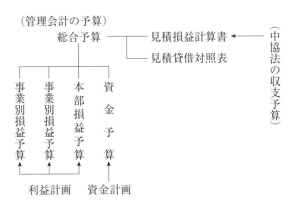

る目的で編成されたが、その後、経済事業の事業収入、事業支出を含んだところの収支予算になり、管理会計の予算と同一のものになった。

2．中協法の予算関係書類

2－1　収支予算

　中協法第51条では、「毎事業年度の収支予算及び事業計画の設定又は変更」は総会の議決を経るよう定めている。

　組合会計基準では、事業計画と収支予算を予算関係書類として分類してきたが、平成19年、事業計画を別にし、収支予算と資金計画を予算関係書類とした。

　事業計画は、組合が実施しようとする計画を事業別に具体的に記載したものであって、組合運営上、重要なものである。

　収支予算は単に「予算」といわず、特に「収支」と表現したことから資金の調達や資金の運用計画などを含めた「金銭の収支予算」であるのか「損益予算」であるのか、紛らわしくなっている。

　金銭の収支予算という考え方は、組合員の理解が得やすいとして非出資の商工組合、小規模の商店街振興組合などで採用されていることがある。

2－2　損益予算

　しかし、組合会計基準の冒頭で述べているように、組合会計は企業会計原則に基づいた損益計算書中心の会計処理を行うことになっている。

　組合運営の成績を明らかにするものは、損益計算書であって収支計算書ではない。このため、組合会計基準制定当時から、収支予算は「損益予算」として編成することになっていた。

　ただ、組合会計基準制定当時の収支予算には、損益予算であるとの明示がなく支出の項目に減価償却費を示したことと、資金調達の方法、資金運用の方法は記載しなかったことによって、損益予算としての性格を

明らかにしているだけであった。

そこで第3回改訂の際、収支予算の表題に見積損益計算書の副題を加え、収支予算の内容に退職給与引当金繰入れ・教育情報費用繰越金取崩し・仮受賦課金戻入れ・固定資産売却益・固定資産売却損が加わり、さらに、目標利益の計上をできることになり、損益予算としての性格が明瞭になった。

2－3 資金計画表

損益予算には資金調達、資金運用の計画が含まれないため、資金の調達、運用を計画する「資金計画表」が別に必要になる。

資金計画表は、従来、事業計画に含まれるものとして作成されており、収支予算との関連は明確でなかった。

このため、組合会計基準に収支予算と関連した資金計画の様式を示す必要が生じ、第3回改訂の際、予算関係書類の1つとして示すことになった。

3．収支予算の作り方

3－1 収支予算（様式1）

組合会計基準に示されている収支予算様式例1は、収入・支出の項目についての内容が説明されているため、組合員の理解が得やすいとして多くの組合で採用されている。次に掲記する。

様式例1

○○協同組合

収支予算（見積損益計算書）

平成　年　月　日から
平成　年　月　日まで

収　入　の　部	
Ⅰ　事　業　収　入	円

Ⅴ 予算関係書類

	売 上 高	××××	
	受取購買手数料	×××	取扱高○○○円に対し○%
	受取販売手数料	×××	取扱高○○○円に対し○%
	受取受注手数料	×××	取扱高○○○円に対し○%
	受取斡旋手数料	×××	取扱高○○○円に対し○%
	受取貸付利息	×××	資金量○○○円　年利○%
	受取保証料	×××	資金量○○○円　年利○%
	受取加工料	×××	取扱高○○○円に対し○%
	受取運送料	×××	取扱高○○○円に対し○%
	受取検査料	×××	取扱高○○○円に対し○%
	受取保管料	×××	取扱高○○○円に対し○%
	受取施設利用料	×××	取扱高○○○円に対し○%
	教育情報事業賦課金収入	×××	組合員1人月額○○○円○○人○カ月分
	教育情報事業繰越金戻入	×××	
	仮受賦課金戻入	×××	
	○　○　○　○	×××	
	事 業 収 入 計	××××	
Ⅱ	賦課金等収入		
	賦 課 金 収 入	×××	組合員1人月額○○○円○○人○カ月分
	特別賦課金収入	×××	組合員1人月額○○○円○○人○カ月分
	参 加 料 収 入	×××	
	負 担 金 収 入	×××	
	○　○　○　○	×××	
	賦課金等収入計	××××	
Ⅲ	事 業 外 収 入		
	事業外受取利息	×××	
	加入手数料収入	×××	
	雑　　収　　入	×××	
	○○引当金戻入	×××	
	○　○　○　○	×××	

事業外収入計	××××	
Ⅳ　〇〇周年記念事業積立金取崩	×××	
合　　計	××××	

支　出　の　部		
Ⅰ　事　業　費	円	
売　上　原　価	××××	
購　買　事　業　費	×××	
販　売　事　業　費	×××	
受　注　事　業　費	×××	
金　融　事　業　費	×××	
運　送　事　業　費	×××	
教育情報事業費	×××	
福利厚生事業費	×××	
〇〇周年記念事業費	×××	
〇　〇　〇　〇	×××	
事　業　費　計	××××	
Ⅱ　一　般　管　理　費		
人　　件　　費		
役　員　報　酬	×××	〇人　月額〇〇〇円　〇〇カ月分
職　員　給　料	×××	〇〇人　月額〇〇〇円　〇〇カ月分
福　利　厚　生　費	×××	
退　職　共　済　掛　金	×××	
退職給与引当金繰入	×××	
役　員　退　職　金	×××	
役員退職積立金取崩	△×××	
業　　務　　費		
教　育　研　究　費	×××	月額〇〇〇円　〇〇カ月分
新　聞　図　書　費	×××	月額〇〇〇円　〇〇カ月分
〇　〇　〇　〇	×××	

Ⅴ　予算関係書類

	旅 費 交 通 費	×××	月額○○○円　○○カ月分
	通 　信　 費	×××	月額○○○円　○○カ月分
	器 具 備 品 費	×××	月額○○○円　○○カ月分
	印 　刷　 費	×××	月額○○○円　○○カ月分
	会 　議　 費	×××	総会○○○円　理事会○○○円○回分
			委員会○○○円○回分
	交 　際　 費	×××	月額○○○円　○○カ月分
	関係団体負担金	×××	中央会等関係団体に対する会費
	支 払 保 険 料	×××	月額○○○円　○○カ月分
	賃 　借　 料	×××	月額○○○円　○○カ月分
	水 道 光 熱 費	×××	月額○○○円　○○カ月分
	修 　繕　 費	×××	月額○○○円　○○カ月分
	減 価 償 却 費	×××	
	○　○　○　○	×××	
	雑 　　　　 費	×××	
諸 税 負 担 金			
	租 税 公 課	×××	
	消 費 税 等	×××	
	一 般 管 理 費 計	××××	
Ⅲ 事 業 外 費 用			
	事業外支払利息	×××	
	雑 　損　 失	×××	
	貸倒引当金繰入	×××	
	○　○　○　○	×××	
	事 業 外 費 用 計	×××	
Ⅳ 予 　備　 費		×××	
合 　　　　　　計		××××	

（作成上の留意事項）

(1) 経済情勢の変化その他の事由により、当初予算に著しい変更を要するに至ったときには、総会（総代会）の承認を得て追加（更正）することとし、その場合には、当初予算と更正予算を対比させ、かつ、その増減額並びに

その事由を記載するようにする。
(2) 金額の表示は別に「前年度決算額」の欄を設け、本年度予算額と対比させることも考えられる。
(3) 収入の部と支出の部の合計欄の金額には、特に定めてはいないが同額を記載する。

3－2 収支予算作成上の留意事項

予算と実績の対比を効果的にするためには、収支予算と損益計算書の科目の名称・内容をあらかじめ一致させておくことが必要である。

予算・実績対比形式のものについて、組合会計基準は収支予算作成上の留意事項(2)として「金額の表示は別に前年度決算額の欄を設け、本年度予算額と対比させることも考えられる」として、実績対比形式の収支予算でもよいことを明らかにしている。

収　支　予　算

収　入　の　部			
科　　目	A期予算	A期実績	B期予算
○○○○	×××	×××	×××

収支予算の表題は、中協法にあわせて「収支予算」になっている。

総会へ提出する議案は「収支予算案」であり、総会決定後に収支予算を書面にしたものが「収支予算書」であるが、ことさら「案」「書」をつけずに「収支予算」になっている。

3－3　予算実績対比

(1) 賦課金を主たる財源とする組合の予算・実績対比表

予算・実績対比表

科　目	予　算	実　績	差　額	差額の原因
（収入の部）				
○　○　○	600	600	0	
○　○　○	400	410	10	
合　　計	1,000	1,010	10	

Ⅴ 予算関係書類

（支出の部）				
〇　〇　〇	700	670	△ 30	
〇　〇　〇	300	310	10	
合　　　計	1,000	980	△ 20	
当　期　損　益	0	30	30	

(2) 経済事業を行い、固定資産を有しない組合の予算・実績対比表

予算・実績対比表

科　目	予　算	実　績	差　額	差額の原因
（変動する収入）				
〇　〇　〇	5,000	4,500	△ 500	
（変動する支出）				
〇　〇　〇	4,600	4,200	△ 400	
差　　額	400	300	△ 100	
（固定的な収入）				
〇　〇　〇	600	600		
（固定的な支出）				
〇　〇　〇	700	670	△ 30	
〇　〇　〇	300	310	10	
	1,000	980	△ 20	
当　期　損　益	0	△ 80	△ 80	

(3) 経済事業を行い、固定資産を有する組合の予算・実績対比表

予算・実績対比表

科　目	予　算	実　績	差　額	差額の原因
（変動する収入）				
〇　〇　〇	7,000	6,800	△ 200	
（変動する支出）				
〇　〇　〇	6,500	6,320	△ 180	
差　　額	500	480	△ 20	
（固定的な収入）				
〇　〇　〇	600	600		
（固定的な支出）				

○ ○ ○		700	670	△ 30	
○ ○ ○		200	240	40	
減価償却費		100	100		
計		1,000	1,010	10	
予 備 費		100	0	△ 100	
当 期 損 益		0	70	70	

3－4　必要利益

(1) 剰余金

　組合会計は、長年にわたり「収支の均衡」を目標にしてきた関係から支出されなかった残余としての「剰余金」は理解できる。しかし、「利益」の概念、ことに積極的活動を表すような「目標利益」の概念には強い反対意見がある。

(2) 必要な剰余

　しかし、組合運営上「必要な利益」を目標として設定することがある。

　利益について、小林靖雄教授は「必要な剰余」(『中小企業組合運営通論』全国中小企業団体中央会）であるとの考え方を示されている。

　必要利益は、組合運営上、欠くことのできない最小限の必要な剰余であることが多く、高度化資金などの借入金返済計画は、この必要な剰余がないと成り立たないことがある。

　組合事業の高度化に取り組む組合は、設備資金を借入金で調達することが多く、借入金の返済は設備の操業によって得るであろう「将来の収益」によって返済を予定することが多い。

(3) 借入金の返済資源

　借入金の返済資源には「設備の減価償却費」「増口」「利益の留保（必要な剰余）」の3つがあり、返済資源の大きな部分として必要な剰余が考慮されることになる。

　このような「必要な剰余」を、収支予算の上では「予備費」として

表示することになっている。

3-5　予　備　費

予備費の性格としては、何らかの費用としての支出を予定しての予備費と、あらかじめ費用としての支出を予定しない予備費とがある。

後者の予備費は、借入金の返済などに充てるためのものが多いので、「必要利益」と同じ用い方がされている。

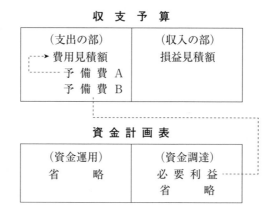

3-6　収支予算の変更

収支予算の変更は、総会の議決により決定することになっているが、事業計画に変更を及ぼさない程度の支出予算の変更は、総会の決議によって理事会の権限に委任することができるものとされている。(『中協法逐条解説』218頁)。

4. 資金計画

4-1 資金計画表
(1) 固定資産の増設計画

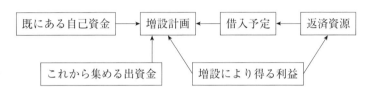

(2) 資金計画表の作成

　資金計画表は共同施設を設置したときに必要になるもので、共同施設設置時の資金計画の部分と、設置後の借入金返済などの資金計画の部分とに区別できる。

　共同施設設置時の資金計画には、固定資産投資額とその資金の調達方法としての増資予定額、借入金予定額などを記載する。

設置時の資金計画

（資金運用）		（資金調達）	
1　固定資産投資	2,000	1　増　　　資	400
		2　借　入　金	1,600

　設置後の借入金返済などの資金計画には、共同施設の運営による利益の留保予定額、資産化した資金の流動化を表す減価償却予定額、増口予定額などの返済資金調達方法を記載する。

設置後の資金計画

（資金運用）		（資金調達）	
1　借入金返済	100	1　増　　　資	30
		2　必　要　利　益	10
		3　減価償却費	60

Ⅴ 予算関係書類

(3) 資金計画表の様式

資 金 計 画 表

平成A年4月1日から
平成B年3月31日まで

資 金 運 用		資 金 調 達	
	千円		千円
1．固 定 資 産 投 資	××××	1．増　　　　　資	××××
2．借 入 金 返 済	××××	2．必 要 利 益	××××
3．配　　当　　金	×××	3．減 価 償 却 費	××××
4．○　○　○　○	×××	4．借　入　金	×××
5．○　○　○　○	××	5．○　○　○	××
6．差引運転資金の増減	×××	6．○　○　○	××
合　　　計	×××××	合　　　計	×××××

4-2 収支予算と資金計画表の関係

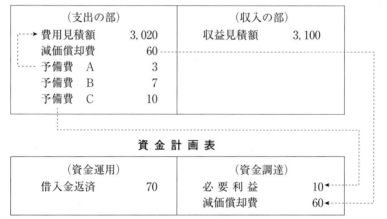

　留保予定額から返済する借入金がある場合には、収支予算書に予備費として表示されているが、摘要に借入返済額いくらというように説明記入をしたほうがよい。予備費Bは法人税等の納税に充てられる。

418

4－3 収支予算の編成

(1) 剰余金を返済財源とする収支予算の場合

収支予算（見積損益計算書）

平成B年4月1日から
平成C年3月31日まで

支 出 の 部			収 入 の 部	
Ⅰ 共同購買事業費			Ⅰ 共同購買事業収入	
1．売 上 原 価			1．売　　　　上	3,000
(1) 期首商品棚卸高	100			
(2) 当期商品仕入高	2,800		Ⅱ 賦課金等収入	
(3) 期末商品棚卸高	△200	2,700	1．賦 課 金 収 入	50
Ⅱ 一 般 管 理 費			2．利子負担金収入	50
1．経　　　　費	220		計	100
2．減 価 償 却 費	60			
計		280		
Ⅲ 事 業 外 費 用				
1．支 払 利 息		100		
Ⅳ 予 備 費				
(1) 予備費（経費）	3			
(2) 予備費（法人税等）	7			
(3) 予備費（留保予定）	10			
		20		
合　　　　計		3,100	合　　　　計	3,100

(2) 施設設置と借入返済のある資金計画表

資 金 計 画 表

平成B年4月1日から
平成C年3月31日まで

資 金 運 用		資 金 調 達	
1．土　　　　地	1,000	1．増　　　　資	430
2．建 物（倉 庫）	800	2．借　入　　金	1,600
3．器 具 備 品	200	3．必 要 利 益	10
4．借 入 金 返 済	100	4．減 価 償 却 費	60
合　　　　計	2,100	合　　　　計	2,100

4-4 収支予算の年間管理方法

(1) 年間管理方法のスケジュール

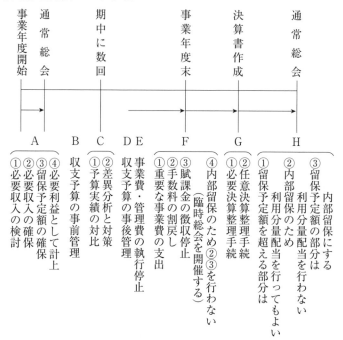

(2) 収支予算の設定

毎事業年度の収支予算の設定は、総会の議決を要することになっているので、事業年度開始前の臨時総会か、事業年度開始後の通常総会において、審議承認する必要がある。

収支予算は、利益計画・資金計画を土台として編成する。

収支予算には、利益計画にもられた収益をどのように確保するかの具体的方法を記載し、収益の範囲内において許容される費用を具体的に記載する。

組合の財政基盤を安定させるためには、自己資本の充実が必要であり、組合員からの出資金受入れとともに、利益の内部留保も必要である。

しかし、収支予算は収入・支出が均衡することを目標にしているこ

とから収支予算には「利益」の表示をしないという考え方が強く、会計基準に掲記してある収支予算の様式には「利益」の表示がされていない。

このため、組合の財政基盤を安定させるために必要な利益は収支予算の予備費に含ませて表示することになる。

(3) **期中の収支予算管理**

収支予算を事業部別、月別又は四半期別に区分し、組合活動を収支予算に従って行い、計画された利益を実現しようとする収支予算の事前管理を常時実施する。

期中に数回、例えば四半期ごとに予算実績を対比し、差異分析を行い、計画どおり収益が実現しているか、していないとすると原因は何か、改善する方法はあるか、改善できないとするとどうするか、費用は計画された範囲内で済んでいるか、支出増になっているとすると原因は何か、その原因を取り除くことが可能か、今後の予算執行で今までの支出増分を少なくすることができるかなど、対策をたて、収支予算の事後管理を行う。

(4) **事業年度末までに**

期中に数回収支予算と実績を対比していると、組合がどのようになっているか、理事は知ることができる。

予算実績対比の結果、費用の支出が超過していれば、事業費・管理費の支出を停止するなど事業年度末までに、収支均衡できるよう対策を講じる必要がある。

予算実績対比の結果、見積額以上の収益があったり費用が見積額以下になっている場合は、未実施事業のうち事業年度末までに実施しなければいけない事業はないか、見積額以上の受取手数料のうちから組合員へ割り戻す必要はないか、また、臨時総会を開いて賦課金の徴収を今後一時停止するか減額するかなど検討する。

(5) **未実施の事業**

事業計画に決められた事業が未実施のとき、事業年度末までに事業

が実施できれば費用の支出が行えるが、なかには事業が翌年度に繰り越される場合がある。

　事業が翌年度に繰り越される場合、教育指導事業については、税法上仮受賦課金の取扱いが認められるが、その他の事業については税法上の特例は認められない。

　計画した事業が未実施になると利益が残り課税され、翌年度に繰り越されて事業を実施するとき税金分だけ財源が少なくなるので、教育指導事業の重要性から、教育指導事業については、仮受賦課金の特例が認められた（賦課金の仮受経理141頁参照）。

(6)　手数料の割戻し

　見積額以上の受取手数料のうちから組合員へ割り戻すことは、組合指定の仕入先から契約以外の割戻しをもらったり、見積額以上の取扱高があり手数料が多く収入された場合に、その見積額以上の利益のうちから、組合員へ割戻しとして支払うことである。

　割戻しを支払う場合には、超過利益の全部を支払うことをせず、他の事業に損失が生じているのであれば、その損失を補てんし、組合全体の運営を考えて割戻額を決めるようにする。

　割戻しは、事業年度内に理事会を開催し、金額・方法・支払日などを決定し事業年度内に支払うようにする。もし割戻しの支払が事業年度終了後になる場合は利用分量配当として行い、通常総会の承認を受ける必要がある。したがって、割戻しが未払金として計上されることはない（利用分量配当の損金算入82頁参照）。

(7)　賦課金の徴収停止、減額

　賦課金の徴収一時停止又は減額とは、収支予算編成時に経費が値上りするという見込みで賦課金を値上げしたが、予想に反し経費の値上りが少なかったため利益が生じた場合などのときに、賦課金の徴収を一時停止するか、又は減額することである。

　賦課金の徴収を一時停止するか減額するときには、徴収停止又は減額する時期より前に臨時総会で決定し通知を出すことが必要で、徴収

した賦課金をさかのぼって減額することは行ってはならない。

(8) 決算書類作成時

　事業年度が終了し決算書類作成の時期になると、決算書類を作成し年間収支予算と対比し、大きな差異がないかを分析し、収支予算と実績の差が大きい場合、その原因を組合員に納得できるよう説明しなければならない。

　中協法第41条第1項には「組合は、主務省令で定めるところにより、適時に、正確な会計帳簿を作成しなければならない。」と規定されている。

　決算書類の作成は、決算手続の方法により利益が調整できるということはなく、会計上の定められた手続は必ず行うことが必要である。

　理事が決算書類作成のときに、決算内容に指示をし正規の決算手続を歪めてはいけない。

　理事は、組合の経営成績を正しく表示した決算書類を作成し、そのうえで収支予算と対比、差異の原因を組合員へ説明するようにしなければならない。

(9) 剰余金処分

　決算書類が作成され、収支予算の経済事業収益見積額以上に収益が実現した場合には、組合運営上から当初必要と考えた利益以上に利益を生じることがある。

　この超過利益については、剰余金処分案を作成するとき、組合へ留保するか、組合員へ配当として支出するか、配当も出資配当にするか、利用分量配当にするかを検討することになる。

　超過利益を組合へ留保する方法は、組合としての納税額は多くなるが、組合の内部留保が増え、組合の財政基盤を充実するうえから望ましい方法である。

　超過利益を配当として支出する方法は、組合運営上必要とする利益は確保されたから、超過利益は組合員へ分配するという考え方で、協同組合として通常行われる方法である。

Ⅴ　予算関係書類

　配当を出資金に対して行うか、利用量に応じて行うかは、組合の状況により適宜定めればよい。

　組合によっては、配当を行い、その配当金を増資払込へ充当することがある。組合の自己資本が配当により減少したのを増資により補うことになるので、望ましい方法である。

VI
消費税等の経理

1．税込経理方式、税抜経理方式

1－1　経理方式の選択
(1)　経理方式の種類

　　消費税の経理方式は、免税組合は税込経理方式を行い、課税組合は税込経理方式と税抜経理方式のいずれかの方式を選択適用する。

　　　　免税組合－税込経理方式

　　　　課税組合 ｛ 税込経理方式
　　　　　　　　　 税抜経理方式
　　　　　　　　　 税込経理方式と税抜経理方式の併用

　　税込経理方式又は税抜経理方式のいずれの方法を選択適用しても、消費税の納付税額又は還付金額は違わない。

(2)　未払消費税等の計上方法

　　しかし、組合の当期利益又は当期損失は、税込経理方式を行う場合と税抜経理方式を行う場合とでは、未払消費税等の計上方法によりその金額が違ってくる。

　①　未払消費税を計上しない場合

	税込経理方式	税抜経理方式
受取手数料	7,560万円	7,000万円
費用（給料）	2,000万円	2,000万円
費用（課税仕入）	5,184万円	4,800万円
当期利益	376万円	200万円

　② 　未払消費税を計上する場合

	税込経理方式	税抜経理方式
受取手数料	7,560万円	7,000万円
費用（給料）	2,000万円	2,000万円
費用（課税仕入）	5,184万円	4,800万円
消費税（未払計上）	176万円	万円
当期利益	200万円	200万円

Ⅵ 消費税等の経理

1-2 税込経理方式

(1) 税込経理の方法

税込経理方式とは、消費税額等とその消費税等に係る取引の対価の額とを区分しないで、収益勘定、費用勘定及び固定資産勘定等に含めて経理する方式をいう。

したがって、消費税額等を含んだ損益になるので、前項のように組合の損益に影響する。

免税組合は税込経理方式を行うよう定められている(法人税個別通達平成元年直法2-1「5」)。

(2) 仕 訳 例

(借) 預金	10,800	(貸) 受取手数料	10,800
(借) 売掛金	118,800	(貸) 売上	118,800
(借) 仕入	108,000	(貸) 買掛金	108,000
(借) 会議費	5,400	(貸) 現金	5,400

期末の処理

(借) 消費税等	1,200	(貸) 未払消費税等	1,200

又は還付のとき

(借) 未収消費税等	×××	(貸) 雑収入	×××

納付又は還付の処理

(借) 未払消費税等	1,200	(貸) 現金	1,200

又は

(借) 現金	×××	(貸) 未収消費税等	×××

1-3 税抜経理方式

(1) 税抜経理の方法

税抜経理方式とは、消費税額等とその消費税等に係る取引の対価の額とを区分して経理する方式をいう。

この方式の場合、収益に係る消費税額等は、仮受消費税等勘定で処理し、費用及び固定資産等に係る消費税額等は、仮払消費税等勘定で

処理する。

　税抜経理は、原則として取引の都度行うものであるが、期中は税込経理にしておき、期末において一括して税抜経理する方法もできる（法人税個別通達平成元年2－1「4」）。

$$税抜経理\begin{cases}取引の都度税抜経理\\期末に一括して税抜経理\end{cases}$$

(2) 仕　訳　例

（借）預金	10,800	（貸）受取手数料	10,000
		仮受消費税等	800
（借）売掛金	118,800	（貸）売上	110,000
		仮受消費税等	8,800
（借）仕入	100,000	（貸）買掛金	108,000
仮払消費税等	8,000		
（借）会議費	5,000	（貸）現金	5,400
仮払消費税等	400		

期末の処理

（借）仮受消費税等	9,600	（貸）仮払消費税等	8,400
		未払消費税等	1,200

又は還付のとき

（借）仮受消費税等	×××	（貸）仮払消費税等	×××
未収消費税等	×××		

納付又は還付の処理

（借）未払消費税等	1,200	（貸）現金	1,200

又は

（借）現金	×××	（貸）未収消費税等	×××

1－4　税込経理方式と税抜経理方式の併用

収益に係る取引について税抜経理方式を採用している場合は、固定資産等（固定資産、繰延資産及び棚卸資産をいう。）の取得に係る取引、又は経費等（販売費、一般管理費をいう。）に係る取引のいずれかの取引について税込経理方式を選択適用できる。

棚卸資産の取得に係る取引については、継続適用を条件として固定資産及び繰延資産と異なる方式を選択できる。

しかし、個々の固定資産等又は個々の経費等ごとに異なる方式を適用することはできない。

収益に係る取引について税込経理方式を採用している場合は、固定資産等の取得に係る取引及び経費等に係る取引について税抜経理方式を適用することはできない（法人税個別通達平成元年2－1「3」）。

1－5　控除対象外消費税額等

(1) 控除対象外消費税額等とは

課税売上に係る消費税額等から控除することができない控除対象外消費税額等は、税抜経理方式を適用している場合に課税期間中の課税売上高が5億円超又は課税売上割合が95％に満たないとき、個別対応方式又は比例配分方式により、非課税売上に対応する消費税額等又は非課税売上の分として配分された消費税額等をいう。

課税期間中の課税売上高が5億円以下、かつ、課税売上割合が95％以上のときは、課税仕入の消費税額等は全額控除できるので、控除対象外消費税額等は生じない。

(2) 経費に係る控除対象外消費税額等

控除対象外消費税額等は、経費に係るものと資産の取得に係るものとがある。経費に係る控除対象外消費税額等は、それぞれの経費科目に振り替えるか、一括して消費税等に振り替える。

(3) 資産の取得に係る控除対象外消費税額等

① 資産の取得価額に算入し、減価償却計算を通じて費用化するか、

1．税込経理方式、税抜経理方式

あるいは資産を譲渡したときにその譲渡原価として経理する。

② 課税売上割合が80％以上である事業年度において生じた資産に係る控除対象外消費税額等は、損金経理により損金に算入できる（法人税法施行令139の4 Ⅰ）。

③ 課税売上割合が80％未満である事業年度において生じた資産に係る控除対象外消費税額等は、個々の資産ごとにみて控除対象外消費税額等が200,000円未満であれば、損金経理により損金算入できる（法人税法施行令139の4 Ⅱ）。

(4) 繰延消費税等

個々の資産ごとにみて控除対象外消費税額等が200,000円以上である場合は、繰延消費税等として経理し、次のイ．又はロ．の事業年度の区分に応じて償却する。

　イ．繰延消費税等が生じた事業年度（法人税法施行令139の4 Ⅲ）

$$繰延消費税等 \times \frac{事業年度の月数}{60} \times \frac{1}{2} = 償却額$$

　ロ．繰延消費税等が生じた事業年度後の事業年度（法人税法施行令139の4 Ⅳ）

$$繰延消費税等 \times \frac{事業年度の月数}{60} = 償却額$$

1－6　課税売上割合の算定

(1) 課税売上割合の計算

$$課税売上割合 = \frac{課税期間の課税売上高（消費税を除く。）}{課税期間の総売上高（消費税を除く。）}$$

① 総売上高と課税売上高の双方には輸出取引等の免税売上高を含むが、売上返品、売上値引、売上割戻し及び売上割引に係る金額は含まない（消費税法施行令48 Ⅰ）。

② 総売上高には非課税売上高を含むが、不課税取引、支払手段、特定の金銭債権、現先取引債権等の売上高は含まない（消費税法施行令48Ⅱ）。

③ 総売上高に加える特定の有価証券等の対価の額は、その譲渡対価の額の5％に相当する金額とされている（消費税法施行令48Ⅴ）。

計算例1

受取手数料（課税売上）	4,000万円
受取貸付利息（非課税売上）	1,000万円
賦課金収入（課税対象外）	2,000万円

課税売上割合 $\dfrac{4,000}{4,000+1,000}=80\%$

計算例2

売上高（課税売上）	10,000万円
受取利息（非課税売上）	100万円
賦課金収入（課税対象外）	1,000万円

課税売上割合 $\dfrac{10,000}{10,000+100}=99\%$

---

(2) 課税期間中の課税売上高が5億円以下、かつ、課税期間の課税売上割合が95％以上の場合

課税売上割合が95％以上の場合は、課税仕入に係る消費税額等は全額控除できる（消費税法30Ⅰ・Ⅱ）。

1．税込経理方式、税抜経理方式

(3) 課税期間中の課税売上高が5億円超又は課税期間の課税売上割合が95％未満の場合
  ① 個別対応方式

(c)の税額を比例配分法により配分する。
(c)の税額×課税売上割合＝課税売上に配分された消費税額等(d)
(a)の税額＋(d)の税額＝控除税額

課税期間中の課税仕入等に係る消費税額		
(a) 課税売上にのみ対応するもの	(c) (a)と(b)に共通するもの（課税売上割合で按分）	(b) 非課税売上にのみ対応するもの
控除する消費税額	控除できない消費税額	

　課税売上割合の代わりに課税売上割合に準ずる割合を用いることができる。
  ② 比例配分方式
　課税仕入に含まれている税額を比例配分法により配分する。

　課税仕入に含まれている消費税額 ×課税売上割合＝控除税額

課税期間中の課税仕入等に係る消費税額	
(課税売上割合で按分)	
控除する消費税額	控除できない消費税額

課税売上割合以外の割合を用いることはできない。

　一括比例配分方式で計算することを選択した事業者は、当該方法により計算することとした課税期間の初日から、同日以後

Ⅵ 消費税等の経理

> 2年を経過する日までの間に開始する各課税期間において一括比例配分方式を継続して適用した後の課税期間でなければ個別対応方式により計算することはできない（消費税法30Ⅴ）。

1－7 不課税取引がある場合の計算例

(1) 賦課金収入に要する課税仕入の消費税額

　国税庁からの回答により、不課税取引である賦課金収入に要する課税仕入に係る消費税額は、課税売上、非課税売上に共通するものに加えることになった（消基通11－2－16）。ただし、非出資商工組合等は、特定収入として除外される。

(2) 課税売上割合83％のケース

（単位：万円）

項	目	本体価格	税込	(a) 対応するもの課税売上にのみ	(b) 対応するもの非課税売上にのみ	(c) (a)と(b)に共通するもの
課税売上	当期売上高	5,000	5,400			
非課税売上	受取貸付利息	1,000	1,000			
不課税	賦課金収入	3,500	3,500			
合	計	9,500	9,900			
課税仕入	当期仕入高	4,000	4,320	4,320		
課税仕入	新聞発行費	300	324			324
課税仕入	事務用品費	100	108			108
課税仕入	通信費	200	216			216
課税仕入	会議費	200	216			216
課税仕入	貸付調査費	200	216		216	
課税仕入	支払家賃	300	324			324
課税仕入	修繕費	100	108			108
課税仕入	水道光熱費	100	108			108
課税仕入	福利厚生費	200	216			216
課税仕入	雑費	100	108			108
	小計	5,800	6,264	4,320	216	1,728

1．税込経理方式、税抜経理方式

以外のもの	転貸支払利子	890	890			
	給　　　料	2,260	2,260			
	保　険　料	50	50			
	寄　附　金	100	100			
	小　　計	3,300	3,300			
合　　　　計		9,100	9,564			

〈個別対応方式〉

　　課税売上の消費税額等　　　　$5,400 \times 8/108 = 400$
　　課税仕入の消費税額等　(a)　$4,320 \times 8/108 = 320$
　　　　　　　　　　　　　(b)　$216 \times 8/108 = 16$
　　　　　　　　　　　　　(c)　$1,728 \times 8/108 = 128$

計算1
├─ 不課税収入には消費税等を配分しない
├─ 課税売上に配分される消費税等　　$128 \times 5,000/6,000 = 107$
├─ 控除する消費税額等　　　　　　　$320 + 107 = 427$
├─ 還付税額　　　　　　　　　　　　$427 - 400 = 27$
└─ 控除できない消費税額等　　　　　$(128 - 107) + 16 = 37$

〈比例配分方式〉

計算2
├─ 不課税収入には消費税等を配分しない
├─ 課税売上に配分される消費税等　　$464 \times 5,000/6,000 = 387$
├─ 納付税額　　　　　　　　　　　　$400 - 387 = 13$
└─ 控除できない消費税額等　　　　　$464 - 387 = 77$

(3) 固定資産の消費税等

① 課税売上割合が80％以上の場合の仕訳

　　課税売上割合を82％として計算すると、次のように控除対象外消費税額等が生じる。

（借）機械装置	10,000,000	（貸）現金	10,800,000
仮払消費税等	800,000		

　　$800,000 \times (1 - 0.82) = 144,000$

　　課税売上割合が80％以上の場合に控除対象外消費税額等が生じた

435

Ⅵ　消費税等の経理

ときは、その資産に係る控除対象外消費税額等は損金経理により損金に算入できる（法人税法施行令139の4Ⅰ）。

（借）消費税等　　　　　144,000　（貸）仮払消費税等　　144,000

② 課税売上割合が80％未満の場合の仕訳

課税売上割合を33％として計算すると、次のように控除対象外消費税額等が生じる。

（借）機械装置　　　　10,000,000　（貸）現金　　　　10,800,000
　　　仮払消費税等　　　800,000

800,000×（1－0.33）＝536,000

個々の資産ごとにみて控除対象外消費税額等が200,000円未満であれば、損金経理により損金算入できる（法人税法施行令139の4Ⅱ）。

個々の資産ごとにみて控除対象外消費税額等が200,000円以上である場合は、繰延消費税額等として処理し5年で償却する（法人税法施行令139の4Ⅲ）。

（借）繰延消費税額等　　536,000　（貸）仮払消費税等　　536,000

当該事業年度において生じた資産に係る繰延消費税額の償却は2分の1になる。

（借）繰延消費税額等償却　53,600　（貸）繰延消費税額等　53,600

法人税申告書に明細書の添付が必要である（法人税法施行令139の5）。

1－8　補助金収入（消費税不課税、消基通5－2－15）

(1) 事業経費補助金収入

経費補助金を処理する。

（借）現金預金　　　　　100　（貸）事業経費補助金収入　100

(2) 国庫補助金等の圧縮記帳

法人が、国又は地方公共団体等から固定資産の取得又は改良に充てるために補助金等の交付を受けた場合において、その補助金等で交付の目的に適合した固定資産の取得又は改良をしたときは、原則として国庫補助金等の額に相当する額（圧縮限度額）の範囲内で圧縮記帳が

認められる。

(3) 税抜経理方式

補助金対象資産の購入

| (借) 構築物 | 5,000 | (貸) 現金預金 | 5,400 |
| 仮払消費税等 | 400 | | |

補助金の受入れ

| (借) 現金預金 | 2,000 | (貸) 国庫補助金収入 | 2,000 |

圧縮記帳

| (借) 固定資産圧縮損 | 2,000 | (貸) 構築物 | 2,000 |

(4) 税込経理方式(補助金の受入れ、圧縮記帳の仕訳は同じ)

補助金対象資産の購入

| (借) 構築物 | 5,400 | (貸) 現金預金 | 5,400 |

(5) 補助金に係る消費税の返還

　補助事業に係る補助金収入は、消費税法上不課税取引に該当するが、補助事業に係る事業経費は、控除対象仕入税額として仕入税額控除することができる(消基通11-2-16)。

　したがって、補助事業に限ってみれば、課税売上はゼロとなり、課税事業者は還付を受けることができる。

　このように、国からみると、一方で補助金を交付し、他方で消費税を還付することになり、二重に支出する結果となる。そこで、このような不都合を排除するために、控除対象仕入税額のうち補助金に係る部分(消費税の確定申告において控除対象仕入税額に算入した金額に限る。)については、返還しなければならない。

　この場合の補助事業に係る消費税返還の対象者は、課税事業者(簡易課税事業者を除く。)である。

2．税込経理方式の決算

2－1　決算手続
(1)　免税組合

　免税組合は、消費税額等の計算を行わないので、従来どおりの決算手続でよい。

(2)　未払消費税等

　課税組合は、消費税額等の計算を行うので、納付すべき消費税額等を未払金に計上するようにし（納付すべき消費税額等を申告書提出時の事業年度の損金にしているときは未払金に計上しない。）、納付すべき消費税額等を差し引いた後の課税所得について、法人税等を引き当てる（法人税個別通達平成元年2－1「7」）。

(3)　決算の順序
　①　残高試算表の作成
　②　第1次決算整理仕訳
　③　精算表の作成
　④　納付すべき消費税額等の計算
　⑤　法人税等充当額（概算でよい。）の計算
　⑥　第2次決算整理仕訳後の精算表の作成
　⑦　決算関係書類の作成
　⑧　剰余金処分案の総会承認後、利用分量配当の消費税等の取扱いを決める。
　⑨　納付すべき法人税額等の計算

(4)　未収消費税等

　課税組合が税込経理方式を行っている場合は、消費税額等の計算を行い、還付を受ける消費税額等があるときは、申告書提出時の事業年度の雑収入として処理する。

　ただし、還付を受ける消費税額等を未収金に計上してもよい（法人

2．税込経理方式の決算

税個別通達平成元年2-1「8」)。

免税組合は、消費税等の還付を受けることはできない。

2-2 税込経理方式による消費税額等の計算モデル
(1) 課税売上、非課税売上、課税対象外の区分

△△協同組合 (単位：円)

	総　額	課税売上	非課税売上	課税対象外
Ⅰ　共同購買事業収益				
1．商品売上高				
(1)　組合員売上高	76,000,000	76,000,000		
(2)　受取購買手数料	1,260,000	1,260,000		
2．その他収益				
(1)　○　○　○	×××			×××
Ⅱ　共同金融事業収益				
1．受取貸付利息	6,706,712		6,706,712	
2．受取貸付手数料	30,000	30,000		
3．その他収益				
(1)　○　○　○	×××			×××
Ⅲ　教育情報事業収入				
1．教育情報賦課金収入	240,000	240,000		
2．教育情報費用繰越金取崩	11,000			11,000
3．仮受賦課金戻入	30,000			30,000
Ⅳ　福利厚生事業収入				
1．新年会参加料収入	200,000	200,000		
Ⅴ　記念事業収入				
1．記念事業積立金取崩	22,000			22,000
Ⅵ　賦課金等収入				
1．賦課金収入	664,000			664,000
Ⅶ　事業外収益				
1．事業外受取利息	148,800		148,800	
2．事業外受取配当金	6,000			6,000
3．加入手数料収入	10,000	10,000		
Ⅷ　特別利益				
1．○　○　○	×××			×××
合　　計	85,328,512	77,740,000	6,855,512	733,000

Ⅵ　消費税等の経理

	総　　額	課　税　仕　入			課税仕入以外のもの
		課税売上に要する	非課税売上に要する	共通のもの	
Ⅰ　共同購買事業費					
1．売 上 原 価					
(1)　期首商品棚卸高	2,000,000				2,000,000
(2)　当期商品仕入高	75,000,000	75,000,000			
(3)　期末商品棚卸高	△1,000,000				△1,000,000
2．事 業 経 費					
(1)　配賦事業費用	配賦前				
(2)　共同購買支払利息	10,000				10,000
(3)　貸倒引当金繰入	13,000				13,000
Ⅱ　共同金融事業費					
1．転貸支払利息	6,224,756				6,224,756
2．事 業 経 費					
(1)　配賦事業費用	配賦前				
(2)　担 保 設 定 料	24,000		24,000		
(3)　貸倒引当金繰入	33,000				33,000
Ⅲ　教育情報事業費					
1．講 習 会 費	270,000	270,000			
2．事 業 経 費					
(1)　配賦事業費用	配賦前				
Ⅳ　福利厚生事業費					
1．新年会費・親睦会費	250,000	200,000		50,000	
2．慶 弔 費	20,000				20,000
Ⅴ　創立記念事業費					
1．記 念 式 典 費	20,000			20,000	
2．宴 会 費	30,000			30,000	
Ⅵ　商品開発事業費					
1．商 標 権 償 却	10,000				10,000
2．試 験 研 究 費	40,000			40,000	
小　　　　計	82,944,756	75,470,000	24,000	140,000	7,310,756
Ⅶ　一 般 管 理 費					
1．役 員 報 酬	60,000				60,000
2．職 員 給 与	300,000				300,000
3．退 職 金	20,000				20,000
4．退職給与引当金繰入	17,000				17,000
5．退職給与引当金戻入	△8,000				△8,000
6．退 職 共 済 掛 金	2,000				2,000
7．役 員 退 職 金	10,000				10,000
8．役員退職給与積立金取崩	△10,000				△10,000

9. 中小企業倒産防止共済掛金	3,000				3,000
10. 旅　費　交　通　費	74,000			74,000	
11. 通　　信　　費	18,000			18,000	
12. 器　具　備　品　費	70,000			70,000	
13. 事　務　用　品　費	16,000			16,000	
14. 会　　議　　費	20,180			20,180	
15. 交　　際　　費	16,810			16,810	
16. 賃　　借　　料	120,000			120,000	
17. 減　価　償　却　費	173,467				173,467
18. 租　　税　　公　　課	20,160				20,160
小　　　　　計	922,617			334,990	587,627
Ⅷ　事　業　外　費　用					
1. 事　業　外　支　払　利　息	331,000				331,000
2. 寄　　付　　金	15,000				15,000
3. 創　立　費　償　却	50,000				50,000
事　業　外　費　用　計					
経　　常　　利　　益					
Ⅸ　特　　別　　損　　失					
1. ○　　○　　○	×××				×××
合　　　　計	84,263,373	75,470,000	24,000	474,990	8,294,383

(2) 納付消費税額等の計算

① 課税標準額の計算

$$77{,}740{,}000 \times \frac{100}{108} = 71{,}981{,}481$$

　　1,000円未満の端数切捨て　71,981,000

② 課税標準額に対する消費税額等

$$71{,}981{,}000 \times \frac{8}{100} = 5{,}758{,}480$$

③ 課税売上に要する課税仕入に含まれている消費税等

$$75{,}470{,}000 \times \frac{8}{108} = 5{,}590{,}370$$

④ 共通の課税仕入に含まれている消費税等

$$474{,}990 \times \frac{8}{108} = 35{,}184$$

Ⅵ 消費税等の経理

⑤ 個別対応方式

$$35,184 \times \frac{71,981,481}{71,981,481+6,855,512} = 32,124$$

$$7,067,200 - (6,860,909 + 32,124) = 174,167$$

⑥ 納付すべき消費税額等　174,167

⑦ 決算時における消費税の仕訳

| （借）消費税等 | 174,167 | （貸）未払消費税等 | 174,167 |

⑧ 決算時における法人税等の仕訳

| （借）法人税等 | 340,000 | （貸）未払法人税等 | 340,000 |

2－3　剰余金処分案作成モデル

剰 余 金 処 分 案

平成Ａ年4月1日から
平成Ｂ年3月31日まで

△△協同組合

Ⅰ	当期未処分剰余金		
	1．当期純利益金額	637,839 円	
	2．前期繰越剰余金	11,175	649,014
Ⅱ	剰余金処分額		
	1．利 益 準 備 金	70,000	
	2．教育情報費用繰越金	35,000	
	3．組 合 積 立 金		
	特 別 積 立 金	70,000	
	役員退職給与積立金	20,000	
	○ ○ 積 立 金	100,000	
	4．出資配当金（年3％の割）	60,000	
	5．利用分量配当金	126,000	
	共同購買事業（手数料の10％の割合）		481,000
Ⅲ	次期繰越剰余金		168,014

2．税込経理方式の決算

2－4　利用分量配当の消費税の計算モデル
(1)　第　1　法

　利用分量配当の消費税額等を、総会承認時のB年度の消費税額等から控除する方法である。

　法人税は、利用分量配当をA年度の所得から控除するので、法人税と消費税等とでは取扱いが異なることになる。

① 利用分量配当が総会で承認されたときの仕訳

（借）未処分剰余金　　　126,000　（貸）未払配当金　　　126,000

② A年度の未払消費税等174,167円を納付するときの仕訳

（借）未払消費税等　　　174,167　（貸）現金　　　　　　174,167

③ A年度の利用分量配当126,000円を組合員へ支払うときの仕訳

（借）未払配当金　　　　126,000　（貸）現金　　　　　　126,000

　組合員は、利用分量配当の通知または支払を受けた日の属する課税期間の仕入に係る対価の返還になる。

④ A年度の法人税申告書別表四で利用分量配当126,000円（消費税等込みの金額）を減算する。次に、別表五㈠当期減欄に未払事業利用分量配当金126,000円を記入する。

(2)　第　2　法

　利用分量配当の消費税等を、対象事業年度であるA年度の消費税額

等から控除する方法である。

消費税等を法人税法に準じた取扱いをすることにより、法人税法の取扱いと消費税法の取扱いを合致させたわけである。

① 利用分量配当が総会で承認されたときの仕訳

（借）未処分剰余金　　126,000　（貸）未払配当金　　126,000

② A年度の未払消費税等174,167円から利用分量配当の消費税額等9,333円を差し引く仕訳

（借）未払消費税等　　　9,333　（貸）雑収入　　　　　9,333

③ 利用分量配当の消費税等差引後の消費税額等を納付するときの仕訳

（借）未払消費税等　　164,834　（貸）現金　　　　　164,834

④ A年度の利用分量配当126,000円を組合員へ支払うときの仕訳

（借）未払配当金　　　126,000　（貸）現金　　　　　126,000

組合員は、利用分量配当の通知または支払を受けた日の属する課税期間の仕入に係る対価の返還になる。

⑤ A年度の法人税申告書別表四で、利用分量配当126,000円を減算し、その消費税額等9,333円を未払消費税計上超過として加算する。次に別表五㈠当期減欄に未払事業利用分量配当金126,000円を記入し、当期増欄に未払消費税計上超過を記入する。

3．税抜経理方式の決算

3－1　決算手続

(1) 免税組合

免税組合は税抜経理方式を行うことはできない。

(2) 仮受消費税等、仮払消費税等

課税組合が税抜経理方式を行ったときは（取引の都度税抜経理を行った場合も、期末一括税抜経理を行った場合も同じ。）、仮受消費税等と仮払消費税等の精算を行わなければならない。

期末の仮受消費税額等から期末の仮払消費税額等を控除した金額と、納付すべき消費税額等又は還付を受ける消費税額等とに差額が生じたときは、期末において消費税等又は雑収入として経理する（法人税個別通達平成元年2－1「6」）。

3－2　税抜経理方式による消費税額等の計算モデル

(1) 課税、非課税、課税対象外の区分

(単位：円)

	総　額	課税売上	非課税売上	課税対象外
Ⅰ　共同購買事業収益				
1．売　上　高				
(1) 組合員売上高	79,000,000	79,000,000		
(2) 外部売上高	3,000,000	3,000,000		
2．その他収益				
Ⅱ　共同金融事業収益				
1．受取貸付利息	40,400,000		40,400,000	
2．その他収益				
(1) 金融事業受取利息	170,000		170,000	
(2) 金融事業受取配当金	60,000			60,000
Ⅲ　教育情報事業収益				
1．教育情報事業賦課金収入	1,200,000	1,200,000		
2．教育情報費用繰越金取崩	20,000			20,000
3．仮受賦課金戻入	140,000			140,000

Ⅵ 消費税等の経理

Ⅳ 賦課金等収入				
1．賦課金収入	3,800,000			3,800,000
Ⅴ 事業外収益				
1．事業外受取利息	2,000		2,000	
2．加入手数料収入	20,000	20,000		
3．雑　　収　　入	18,600	10,000		8,600
Ⅵ 特　別　利　益	×××			×××
Ⅶ そ　の　他				
1．貸　倒　損	△60,000	△60,000		
2．車両売却額	270,000	270,000		
合　　　　　計	128,040,600	83,440,000	40,572,000	4,028,600
		課税売上 83,500,000		

	総　額	課　税　仕　入			課税仕入 以外のもの
		課　税 売上対応	非課税 売上対応	共通のもの	
Ⅰ 共同購買事業費					
1．売　上　原　価					
(1) 期首商品棚卸高	1,000,000				1,000,000
(2) 当期商品仕入高	79,500,000	79,500,000			
(3) 期末商品棚卸高	△2,000,000				△2,000,000
2．事　業　経　費					
(1)					
Ⅱ 共同金融事業費					
1．転貸支払利息	40,000,000				40,000,000
2．事　業　経　費					
(1) 組合員借入金支払利息	80,000				80,000
(2) 担保設定料	20,000			20,000	
(3) 貸倒引当金繰入	120,000				120,000
Ⅲ 教育情報事業費					
1．講　習　会　費	1,360,000	1,360,000			
2．支部運営費	300,000			300,000	
Ⅳ 福利厚生事業費					
1．慶　弔　費	290,000				290,000
Ⅴ 一般管理費					
1．人　件　費					
(1) 役員報酬	1,000,000				1,000,000
(2) 職員給料手当	2,000,000				2,000,000
(3) 福利厚生費	100,000				100,000
(4) 退職給与金	140,000				140,000
(5) 退職給与引当金戻入	△80,000				△80,000
(6) 〃　　繰入	100,000				100,000
(7) 役員退職金	300,000				300,000
(8) 役員退職給与積立金取崩	△100,000				△100,000

3．税抜経理方式の決算

2．業　務　費					
(1) 教 育 研 究 費	100,000		100,000		
(2) 旅 費 交 通 費	200,000		200,000		
(3) 通　信　費	100,000		100,000		
(4) 消 耗 品 費	200,000		200,000		
(5) 会　議　費	240,000		240,000		
(6) 交　際　費	100,000			70,000	30,000
(7) 関係団体負担金	100,000				100,000
(8) 賃　借　料	300,000		300,000		
(9) 水 道 光 熱 費	100,000		100,000		
(10) 損 害 保 険 料	60,000				60,000
(11) 減 価 償 却 費	480,000				480,000
(12) 雑　費	50,000			30,000	20,000
3．諸 税 負 担 金					
(1) 租 税 公 課	50,000				50,000
Ⅵ 事業外費用					
1．事業外支払利息	10,000				10,000
2．創 立 費 償 却	240,000				240,000
Ⅶ 特　別　損　失	×××				×××
Ⅷ そ　の　他					
1．建　物	22,000,000		22,000,000		
合　　計	148,460,000	80,860,000	20,000	23,640,000	43,940,000

課税仕入計　104,520,000

(2) 納付・還付消費税額等の計算

① 課税売上割合の計算

$$\frac{83,500,000}{83,500,000+40,572,000=124,072,000} \times 100 = 67.29\%$$

分母、分子とも貸倒れは控除しない。

② 課税標準額に対する消費税額等

$$83,500,000 \times \frac{8}{100} = 6,680,000$$

③ 控除対象消費税額の計算

個別対応方式

$$80,860,000 \times \frac{8}{100} = 6,468,800$$

$$23,640,000 \times \frac{8}{100} \times \frac{83,500,000}{124,072,000} = 1,272,770$$

Ⅵ 消費税等の経理

④ 貸倒れに係る税額の計算

$$60,000 \times \frac{8}{100} = 4,800$$

⑤ 納付税額の計算

イ	課税標準額	83,500,000	
ロ	同上に対する税額	6,680,000	
ハ	控除税額		
	控除対象消費税額等	7,741,570	
	貸倒れに係る税額	4,800	
	小　計	7,746,370	
ニ	中間納付税額	0	
ホ	控除不足還付税額等	1,066,370	

⑥ 控除対象外消費税額

$(104,520,000 \times 8\%) - (6,680,000 - 4,800) - 1,066,370 = 620,030$

(3) 控除対象外消費税額の内訳

① 資産に係る控除対象外消費税額等

$$22,000,000 \times \frac{8}{100} \times \frac{40,572,000}{124,072,000} = 575,526$$

　課税売上割合が80％未満である事業年度において生じたものであり、個々の資産ごとにみて控除対象外消費税額等が20万円以上であるから、繰延消費税額等として処理し5年で償却する。

② 交際費課税における消費税

　　講習会費中交際費　240,000 ┐
　　支部運営費中　〃　210,000 │
　　会議費中　　　〃　 80,000 ├ 計　600,000
　　交際費中　　　〃　 70,000 ┘
　　租税公課中交際費　 1,500

　交際費600,000円に対する消費税等48,000円のうち控除対象外消費税等になる金額

$$600,000 \times \frac{8}{100} \times \frac{40,572,000}{124,072,000} = 15,696$$

仕入税額控除の対象とならない15,696円は交際費課税に含めるから、この場合交際費課税は617,196円で計算する。

③ 経費に係る控除対象外消費税額等
  620,030 − 575,526 − 15,696 = 28,808

④ 繰延消費税額の初年度償却
$$575,526 \times \frac{12}{60} \times \frac{1}{2} = 57,552$$

3−3 第2次決算整理仕訳

29	（仮受消費税等）	6,675,200	
	（仮払消費税等）		6,675,200
30	（繰延消費税額等）	575,526	
	（仮払消費税等）		575,526
31	（交　際　費）	15,696	
	（仮払消費税等）		15,696
32	（消　費　税　等）	28,808	
	（仮払消費税等）		28,808
33	（未収消費税等）	1,066,370	
	（仮払消費税等）		1,066,370
34	（繰延消費税償却）	57,552	
	（繰延消費税額等）		57,552
35	（法　人　税　等）	340,000	
	（未払法人税等）		340,000
	第2次決算整理仕訳計	8,759,152	8,759,152

Ⅵ 消費税等の経理

第2次決算整理仕訳後の精算表（第2次仕訳分について）

勘定科目	残高試算表 借方	残高試算表 貸方	整理記入 借方	整理記入 貸方	損益計算書 借方	損益計算書 貸方	貸借対照表 借方	貸借対照表 貸方
30. 未払法人税等		1,000		340,000				341,000
53. 未収消費税等			1,066,370				1,066,370	
54. 仮払消費税等	8,361,600			8,361,600			0	
55. 仮受消費税等		6,675,200	6,675,200					0
56. 繰延消費税等			575,526	57,552			517,974	
78. 交際費	100,000		15,696		115,696			
86. 消費税等			28,808		28,808			
87. 繰延消費税等償却			57,552		57,552			
93. 法人税等			340,000		340,000			
第1次・第2次計	229,457,240	229,457,240	8,759,152	8,759,152	127,393,319	128,170,660	96,337,421	95,560,080
当期純利益金額					777,341			777,341
合計					128,170,660	128,170,660	96,337,421	96,337,421

3-4 剰余金処分案作成モデル（税抜経理方式）

○○協同組合

剰余金処分案

自 平成A年4月1日
至 平成B年3月31日

Ⅰ 当期未処分剰余金
　1．当期純利益金額　　　　　　777,341円
　2．前期繰越剰余金　　　　　　807,280　　　1,584,621円
Ⅱ 組合積立金取崩額
　1．特別積立金取崩額　　　　　　××
Ⅲ 剰余金処分額
　1．利益準備金　　　　　　　　90,000
　2．教育情報費用繰越金　　　　45,000
　3．組合積立金
　　　特別積立金　　　　　　　　90,000
　　　○○周年記念事業積立金　100,000
　　　役員退職給与積立金　　　　50,000
　4．出資配当金　　　　　　　　50,000
　5．利用分量配当金
　　　共同購買事業配当金　　　395,000　　　820,000
Ⅳ 次期繰越剰余金　　　　　　　　　　　　　764,621

3－5　利用分量配当の消費税の計算モデル
(1)　第　1　法

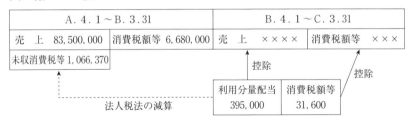

A. 4. 1〜B. 3. 31		B. 4. 1〜C. 3. 31	
売　上　83,500,000	消費税額等 6,680,000	売　上　××××	消費税額等　×××
未収消費税等 1,066,370			

利用分量配当の消費税等を、総会承認時のB年度の消費税額等から控除する。

法人税は、利用分量配当をA年度の所得から控除するので、法人税と消費税等とでは取扱いが異なることになる。

① 利用分量配当が総会で承認されたときの仕訳

（借）未処分剰余金　　395,000　（貸）未払配当金　　　426,600
　　　仮受消費税等　　 31,600

② A年度の利用分量配当と消費税等の合計額426,600円を組合員へ支払うときの仕訳

（借）未払配当金　　　426,600　（貸）現金　　　　　　426,600

組合員は、利用分量配当の通知又は支払を受けた日の属する課税期間の仕入に係る対価の返還になる。

③ A年度の法人税申告書別表四で、利用分量配当金395,000円（消費税等抜きの金額）を減算する。次に、別表五（一）当期減欄に未払事業利用分量配当金395,000円を記入する。

④ A年度の未収消費税等1,066,370円が還付された。

（借）預金　　　　　1,066,370　（貸）未収消費税等　1,066,370

Ⅵ 消費税等の経理

(2) 第 2 法

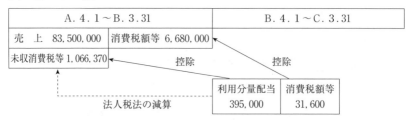

　利用分量配当の消費税等を、対象事業年度であるＡ年度の消費税額等から控除する。

　消費税等を法人税法に準じた取扱いをすることにより、法人税法の取扱いと消費税法の取扱いを合致させたわけである。

① 利用分量配当が総会で承認されたときの仕訳

| （借）未処分剰余金 | 395,000 | （貸）未払配当金 | 395,000 |

② 利用分量配当の消費税額等31,600円は、未払消費税等があるときは未払消費税等から控除をするが、このケースは未収消費税等であるので未収消費税等1,066,370円に31,600円を加算して還付を受けるようにするときの仕訳

| （借）未収消費税等 | 31,600 | （貸）未払配当金 | 31,600 |

③ 利用分量配当の消費税等を、対象事業年度であるＡ年度の消費税額等から控除するには、利用分量配当をＡ年度の売上げに係る対価の返還等として取り扱うことになる。

　このため、Ａ年度の課税売上が利用分量配当の額だけ減少することになるから、課税売上割合が変化し、課税売上割合を用いて計算した控除対象外消費税額等も変わることになる。

(3) 447〜449頁の計算を再計算する

① 課税売上割合の計算

$$\frac{83,105,000}{83,105,000+40,572,000=123,677,000} \times 100 = 67.19\%$$

　分母、分子とも貸倒れは控除しない。

② 課税標準額に対する消費税額等

3．税抜経理方式の決算

$$83,500,000 \times \frac{8}{100} = 6,680,000$$

③ 控除対象消費税額等の計算
   個別対応方式

$$80,860,000 \times \frac{8}{100} = 6,468,800$$

$$23,640,000 \times \frac{8}{100} \times \frac{83,105,000}{123,677,000} = 1,270,796$$

④ 貸倒れに係る消費税額等の計算

$$60,000 \times \frac{8}{100} = 4,800$$

⑤ 還付税額の計算
   イ　課税標準額　　　　　　　　83,500,000
   ロ　同上に対する税額　　　　　　6,680,000 ←
   ハ　控除税額
       控除対象消費税額等　　　　　7,739,596 ←
       返還等対価に係る税額　　　　　 31,600 ←------- 利用分量配当の消費税等
       貸倒れに係る税額　　　　　　　　4,800 ←
       　　　小　　　計　　　　　　7,775,996
   ニ　中間納付税額　　　　　　　　　　　　0
   ホ　控除不足還付税額等　　　　　1,095,996（29,626円増加）

⑥ 控除対象外消費税額等

$$(104,520,000 \times \frac{8}{100}) - (6,680,000 - 4,800 - 31,600) - 1,095,996 = 622,004$$

⑦ 控除対象外消費税額等の内訳
   イ　資産に係る控除対象外消費税額等

$$22,000,000 \times \frac{8}{100} \times \frac{40,572,000}{123,677,000} = 577,365（1,839円増加）$$

　　　課税売上割合が80％未満である事業年度において生じたものであり、個々の資産ごとにみて控除対象外消費税額等が20万円以上であるから、繰延消費税等として処理し5年で償却する。

   ロ　交際費課税における消費税等
       講習会費中交際費　　240,000 ┐
       支部運営費　　〃　　210,000 │
       会議費中　　　〃　　 80,000 ├ 計600,000
       交際費中　　　〃　　 70,000 ┘
       租税公課中交際費　　　1,500

Ⅵ　消費税等の経理

$$600,000 \times \frac{8}{100} \times \frac{40,572,000}{123,677,000} = 15,746（50円増加）$$

　　　　仕入税額控除の対象とならない15,746円は交際費課税に含めるから、この場合、交際費課税は617,246円で計算する。
　　ハ　経費に係る控除対象外消費税額等
　　　　622,004－577,365－15,746＝28,893（85円増加）
　　ニ　繰延消費税等の初年度償却は、損金経理が要件であるから、損益計算書に計上した額の変更はできない。

(4) 再計算の結果、次の処理を行う
　　① 仕　　訳

（借）前期損益修正損 　　　交際費	50	（貸）未収消費税等	1,974
前期損益修正損 　　　消費税等	85		
繰延消費税等	1,839		

　　　この結果未収消費税等は1,095,996円になる。
　　　1,066,370＋31,600－1,974＝1,095,996
　　② Ａ年度法人税申告書別表四で、未収消費税等計上洩れ18,516円と繰延消費税等1,839円を加算し、利用分量配当395,000円と仮受消費税等認容31,600円を減額する。
　　③ Ａ年度の未収消費税等が還付されるときの仕訳

（借）預金	1,095,996	（貸）未収消費税等	1,095,996

　　④ Ａ年度の利用分量配当と消費税等の合計426,600円を組合員へ支払うときの仕訳

（借）未払配当金	395,000	（貸）現金	426,600
未払配当金	31,600		

　　⑤ 組合員は、利用分量配当の通知又は支払を受けた日の属する課税期間の仕入に係る対価の返還になる。

4．高度化施設の消費税等

4－1　組合員用施設土地の消費税等

(1) 税込経理方式の仕訳

　① 土地代1億円（非課税取引）を支払う。　　　（以下、単位：千円）

(借) 土地	100,000	(貸) 預金	100,000

　② 造成費2,000万円、消費税額等100万円を支払う。

(借) 土地	21,000	(貸) 預金	21,000

　③ 売買予約を結ぶ。所有権移転の登記をしていないが、売買の効果が発生したものとみなす。非課税売上になる。

(借) 組合員専用土地（売買予約）	121,000	(貸) 土地	121,000

(2) 税抜経理方式の仕訳

　① 土地代1億円（非課税取引）を支払う。

(借) 土地	100,000	(貸) 預金	100,000

　② 造成費2,000万円、消費税額等160万円を支払う。

(借) 土地	20,000	(貸) 預金	21,600
仮払消費税等	1,600		

　③ 売買予約を結ぶ。所有権移転の登記をしていないが、売買の効果が発生したものとみなす。非課税売上になる。

(借) 組合員専用土地（売買予約）	120,000	(貸) 土地	120,000

(3) 造成費の消費税等の控除

　① 個別対応方式を行っている場合は、非課税売上にのみ要する課税仕入になるので控除の対象にならない。

　② 一括比例配分方式を行っている場合は、課税売上割合を乗じて算出した金額が仕入に係る消費税等として控除できる。

(4) 税抜経理方式、控除対象外消費税額等の処理

　① 個別対応方式を行っている場合は、造成費の消費税額等160万円

全部が控除対象外消費税額等になる。
② 一括比例配分方式を行っている場合は、造成費の消費税額等160万円×（1－課税売上割合）で控除対象外消費税額等が生じる。
③ 課税売上割合が80％以上のとき、損金経理を要件として損金の額に算入できる。
④ 課税売上割合が80％未満のときで、一の資産に係るものの金額が20万円未満であるもの。
損金経理を要件として損金の額に算入できる。
⑤ 課税売上割合が80％未満のときで、一の資産に係るものの金額が20万円以上であるもの（棚卸資産を除く。）。
その合計額を繰延消費税等として処理し5年で償却する。
⑥ 資産に係る控除対象外消費税等は、金額について行わなければならないので、資産に係る控除対象外消費税額等の一部について資産の取得価額に算入しても、資産の取得価額から控除し、繰延消費税等として償却する。

(5) 税抜処理方式の場合における消費税額等の徴収
① 控除対象消費税額等は仮受消費税等から控除できるので、組合員に負担させるか検討する。
② 控除対象外消費税額等は、損金経理した金額を消費税等負担金として徴収する。
③ 消費税等支払時の資金は必要である。

4－2　組合員用施設建物の消費税等

(1) 税込経理方式の仕訳
① 建設費内金6,000万円を支払う。　　　　　　　　（以下、単位：千円）

（借）建設仮勘定	60,000	（貸）預金	60,000

② 残金4,500万円を支払って、引渡しを受けた。

（借）建物	108,000	（貸）預金	48,000
		建設仮勘定	60,000

③ 組合員へ引き渡した。

| (借) 施設未収金 | 108,000 | (貸) 建物 | 108,000 |

(2) 税抜経理方式の仕訳

① 建物費内金6,000万円を支払う。

| (借) 建設仮勘定 | 60,000 | (貸) 預金 | 60,000 |

② 残金4,800万円を支払って、引渡しを受けた。

| (借) 建物 | 100,000 | (貸) 預金 | 48,000 |
| 仮払消費税等 | 8,000 | 建設仮勘定 | 60,000 |

③ 組合員へ引き渡した。

| (借) 施設未収金 | 108,000 | (貸) 建物 | 100,000 |
| | | 仮受消費税等 | 8,000 |

(3) 工場等集団化計画により分譲された資産の譲渡の時期

　中小企業高度化資産で団地組合が土地、建物を取得し、組合員へ譲渡する場合、代金支払完済まで所有権変更登記を組合が保留することになっていた。この場合の資産譲渡の時期と、償還金は課税の対象になるかの問題があるが、資産譲渡の時期は、実際に資産の引渡しを行った日になるので、売買予約契約を結びそのときに資産の引渡しを行っていれば、売買予約契約の日が資産譲渡の時期になる。

　その後、組合が組合員から分割して徴収する償還金等は、資産譲渡代金の回収であるから消費税等の課税関係は生じないと取り扱われている（国税速報平成3年1月21日第4330号）。

(4) 建設費の消費税等の控除

① 個別対応方式を行っている場合は、課税売上にのみ要する課税仕入になるので、仕入に係る消費税等として控除できる。

② 一括比例配分方式を行っている場合は、課税売上割合を乗じて算出した金額が仕入に係る消費税等として控除できる。

(5) 税抜処理方式、控除対象外消費税額等の処理

① 個別対応方式を行っているときは、控除対象外消費税額等は生じない。

② 一括比例配分方式を行っているときは、建設費の消費税等300万円×（1－課税売上割合）で控除対象外消費税額等が生じる。
③ 「4－1」の(4)と同じ。

4－3　共同施設土地の消費税等

(1) 税込経理方式の仕訳

① 土地代1億円（非課税取引）を支払う。　　（以下、単位：千円）

| （借）土地 | 100,000 | （貸）預金 | 100,000 |

② 造成費2,000万円、消費税額等160万円を支払う。

| （借）土地 | 21,600 | （貸）預金 | 21,600 |

(2) 税抜経理方式の仕訳

① 土地代1億円（非課税取引）を支払う。

| （借）土地 | 100,000 | （貸）預金 | 100,000 |

② 造成費2,000万円、消費税額等100万円を支払う。

| （借）土地 | 20,000 | （貸）預金 | 21,600 |
| 　　仮払消費税等 | 1,600 | | |

(3) 造成費の消費税等の控除

① 個別対応方式を行っている場合は、次のようになる。
　(a) 組合会館等のように、課税対象外の収入で償還するときは、課税売上、非課税売上共通の消費税等として課税売上割合を乗じて算出した金額が仕入に係る消費税等として控除できる。
　(b) 共同店舗等のように課税売上の収入で償還するときは、課税売上にのみ要する課税仕入になるので、仕入に係る消費税等として控除できる。
② 一括比例配分方式を行っている場合は、課税売上割合を乗じて算出した金額が仕入に係る消費税等として控除できる。

(4) 税抜経理方式、控除対象外消費税額等の処理

① 共同店舗等が個別対応方式を行っているときは、控除対象外消費税額等は生じない。

4．高度化施設の消費税等

② 一括比例配分方式を行っているとき及び組合会館等の場合で個別対応方式を行っているときは、造成費の消費税額等100万円×（1－課税売上割合）で控除対象外消費税額等が生じる。
③ 「4－1」の(4)と同じ

4－4　共同施設建物の消費税等

(1) 税込経理方式の仕訳

① 建設費内金6,000万円を支払う。　　　　　　（以下、単位：千円）

| （借）建設仮勘定 | 60,000 | （貸）預金 | 60,000 |

② 残金4,500万円を支払って、引渡しを受けた。

| （借）建物 | 108,000 | （貸）預金 | 48,000 |
| | | 建設仮勘定 | 60,000 |

(2) 税抜経理方式の仕訳

① 建設費内金6,000万円を支払う。

| （借）建設仮勘定 | 60,000 | （貸）預金 | 60,000 |

② 残金4,500万円を支払って、引渡しを受けた。

| （借）建物 | 100,000 | （貸）預金 | 48,000 |
| 仮払消費税等 | 8,000 | 建設仮勘定 | 60,000 |

(3) 建設費の消費税等の控除

「4－3」の(3)と同じ。

(4) 税抜経理方式、控除対象外消費税額等の処理

「4－1」の(4)と同じ。

4－5　道路舗装の消費税等

(1) 税込経理方式の仕訳

① 建設費のうち、1,000万円を支払う。　　　　　（以下、単位：千円）

| （借）建設仮勘定 | 10,000 | （貸）預金 | 10,000 |

② 残金1,100万円を支払って、引渡しを受けた。

Ⅵ 消費税等の経理

(借) 構築物	21,600	(貸) 預金	11,600
		建設仮勘定	10,000

③ 公共団体へ寄贈した。

(借) 施設負担金	21,600	(貸) 構築物	21,600

(2) 税抜経理方式の仕訳

① 建設費のうち、1,000万円を支払う。

(借) 建設仮勘定	10,000	(貸) 預金	10,000

② 残金1,160万円を支払って、引渡しを受けた。

(借) 構築物	20,000	(貸) 預金	11,600
仮払消費税等	1,600	建設仮勘定	10,000

③ 公共団体へ寄贈した。

(借) 施設負担金	20,000	(貸) 構築物	20,000

(3) 建設費の消費税等の控除

① 個別対応方式を行っているときは、課税売上、非課税売上共通の消費税等として、課税売上割合を乗じて算出した金額が仕入に係る消費税等として控除できる。

② 一括比例配分方式を行っている場合は、課税売上割合を乗じて算出した金額が仕入に係る消費税等として控除できる。

(4) 税抜経理方式、控除対象外消費税額等の処理

「4－1」の(4)と同じ。

4．高度化施設の消費税等

4－6　組合と組合員の経理
(1)　組合員用施設の土地

取引	組合 借方		組合 貸方		組合の消費税	組合員 借方		組合員 貸方		組合員の消費税
① 自己資金積立	預金（資産）	×××	組合員預り金（負債）	×××	課税対象外	組合預け金（資産）	×××	預金（資産）	×××	課税対象外
② 土地取得・造成費支払	土地（資産）	×××	預金（資産）	×××	非課税取引					
造成費支払	土地（資産）	×××	預金（資産）	×××	課税仕入					
登記料・税金支払	租税公課（費用）	×××	預金（資産）	×××	課税対象外					
税金徴収	預金（資産）	×××	租税公課負担金収入（収益）	×××	課税対象外	租税公課負担金（費用）	×××	預金（資産）	×××	課税対象外
高度化借入	預金（資産）	×××	長期借入金（負債）	×××	課税対象外					
利子支払	支払利息（費用）	×××	預金（資産）	×××	非課税取引					
利子徴収売買予約前	預金（資産）	×××	利子負担金収入（収益）	×××	課税対象外	利子負担金（費用）	×××	預金（資産）	×××	課税対象外
③ 売買予約売買予約契約	土地（資産）	×××	土地（資産）	×××	非課税売上	売買予約土地（資産）	×××	売買予約土地未払金（負債）	×××	非課税取引
土地代受入	組合員預り金（負債）	×××	預金（資産）	×××	課税対象外	預金（資産）	×××	組合預け金（資産）	×××	課税対象外
高度化借入返済	長期借入金（負債）	×××	預金（資産）	×××	非課税取引					
利子支払	支払利息（費用）	×××	預金（資産）	×××	非課税取引					
利子徴収売買予約後	預金（資産）	×××	受取利息（収益）	×××	非課税売上	利子負担金（費用）	×××	預金（資産）	×××	課税対象外
利子徴収売買予約後利子明示						支払利息（費用）	×××	預金（資産）	×××	非課税取引
④ 償還中の譲渡売買契約	組合員専用売買（予約）土地未収金（負債）	×××	土地売買予約（資産）	×××	課税売上	土地（資産）	×××	売買予約土地未払金（負債）	×××	課税対象外
						売買予約土地未払金（負債）	×××	組合預け金（資産）	×××	課税対象外
土地代受入	預金（資産）	×××	土地未収金（資産）	×××	課税対象外	土地売買予約未払金（負債）	×××	預金（資産）	×××	課税対象外
高度化借入返済	長期借入金（負債）	×××	預金（資産）	×××	課税対象外					
⑤ 償還完了時売買契約	組合員預り金（負債）	×××	組合員専用土地（資産）	×××	課税売上	土地（資産）	×××	売買予約土地組合預け金（資産）	×××	課税対象外

③において売買契約の場合もある

461

Ⅵ 消費税等の経理

(2) 組合員用施設の建物

	組合 借方		組合 貸方		組合の消費税	組合員 借方		組合員 貸方		組合員の消費税
① 自己資金積立 積立金受入	預金（資産）	×××	組合員預り金（負債）	×××	課税対象外			預金（資産）	×××	課税対象外
② 施設建設 建設費支払	建設仮勘定（資産）	×××	預金（資産）	×××	課税対象外					
高度化借入	預金（資産）	×××	長期借入金（負債）	×××	課税対象外					
利子支払	支払利息（費用）	×××	預金（資産）	×××	非課税取引					
利子徴収 売買予約前	預金（資産）	×××	利子負担金収入（収益）	×××	課税対象仕入	利子負担金（費用）	×××	預金（資産）	×××	課税対象仕入
施設引渡し	建物建物付属設備構築物	×××××××××	建設仮勘定	×××	課税売上	建物建物付属設備構築物（〃）	××××××××	組合預け金施設未払金（資産）（負債）	×××××××	課税仕入
③ 償還中 償還金受入	預金（資産）	×××	施設未収金（資産）	×××	課税対象外	施設未払金（負債）	×××	預金（資産）	×××	課税対象外
高度化借入返済	長期借入金（負債）	×××	預金（資産）	×××	課税対象外					
利子支払	支払利息（費用）	×××	預金（資産）	×××	非課税取引					
利子徴収 売買予約後	預金（資産）	×××	利子負担金収入（収益）	×××	課税対象外	利子負担金（費用）	×××	預金（資産）	×××	課税対象仕入
売買予約後利子明示	預金（資産）	×××	受取利息（収益）	×××	非課税売上	支払利息（費用）	×××	預金（資産）	×××	非課税取引
④ 償還完了時	仕訳なし					仕訳なし				
⑤ 決算時償却						減価償却費（費用）	×××	建物（資産）	×××	課税対象外
						建物付属設備・構築物も同じ				

※②において売買契約の場合もある

4．高度化施設の消費税等

(3) 共同施設の土地

		組 合			組合の消費税	組 合 員			組合員の消費税
		借 方		貸 方		借 方		貸 方	
①	自己資本積立 増資受入	預金 (資産)	×××	出資金 (資産)	×××	課税対象外	組合出資金 (資産)	×××	預金 (資産)	×××	課税対象外
②	土地取得・造成 土地代支払 造成費支払	土地 (資産)	×××	預金 (資産)	×××	非課税取引 課税仕入				
	登記料・税金支払	租税公課 (費用)	×××	預金 (資産)	×××	課税対象外	租税公課 負担金 (費用)	×××	預金 (資産)	×××	課税対象外
	税金徴収	預金 (資産)	×××	租税公課 負担金収入 (収益)	×××	課税対象外				
	高度化借入	預金 (資産)	×××	長期借入金 (負債)	×××	課税対象外				
③	償却中 償還金受入	預金 (資産)	×××	出資金 (資本)	×××	課税対象外	組合出資金 (資産)	×××	預金 (資産)	×××	課税対象外
	高度化借入返済	長期借入金 (負債)	×××	預金 (資産)	×××	課税対象外				
	利子支払	支払利息 (費用)	×××	預金 (資産)	×××	非課税取引				
	組合会計等の場合 利子徴収	預金 (資産)	×××	利子負担金 収入(収益)	×××	課税対象外	利子負担金 (費用)	×××	預金 (資産)	×××	課税対象外
	共同店舗等の場合	預金 (資産)	×××	特別賦課金 又は店舗 利用料収入 (収益)	×××	課税売上	特別賦課金 又は店舗 利用料 (費用)	×××	預金 (資産)	×××	課税仕入

463

Ⅵ 消費税等の経理

(4) 共同施設の建物、アーケード、街路灯

	組合		組合の消費税	組合員		組合員の消費税
	借 方	貸 方		借 方	貸 方	
① 自己資本積立 積立金受入	預金（資産） ×××	組合員預り金（負債） ×××	課税対象外			課税対象外
② 施設建設 建設費支払	建設仮勘定（資産） ×××	預金（資産） ×××	課税対象外			
高度化借入	預金（資産） ×××	長期借入金（負債） ×××	課税対象外			
施設引渡し	建物 建設付属設備 構築物（資産） ××× ××× ×××	建設仮勘定（資産） ×××	課税仕入			
③ 償却中 組合負担等の場合 償還金受入	預金（資産） ×××	償還負担金収入（収益） ×××	課税対象外	償還負担金（繰越資産又は費用） ×××	預金（資産） ×××	課税対象外
高度化借入金返済	長期借入金（負債） ×××	預金（資産） ×××	課税対象外			
利子支払	支払利息（費用） ×××	預金（資産） ×××	非課税取引			
組合会計等の場合 利子徴収	預金（資産） ×××	利子負担金収入（収益） ×××	課税対象外	利子負担金（費用） ×××	預金（資産） ×××	課税対象外
④ 決算時償却	減価償却費（費用） ×××	建物付属設備・構築物も同じ	課税対象外	繰延資産償却（費用） ×××	償還負担金（繰延資産） ×××	課税対象外
共同店舗等の場合	預金（資産） ×××	特別賦課金又は店舗利用料収入（収益） ×××	課税売上	特別賦課金又は店舗利用料（費用） ×××	預金（資産） ×××	課税仕入

464

4．高度化施設の消費税等

(5) 公共団体へ寄贈する道路舗装、街具、街路樹、植込、噴水、他

	組合			組合の消費税	組合員			組合員の消費税
	借方		貸方		借方		貸方	
① 自己資金積立 積立金受入	預金 (資産)	×××	組合員預り金 (負債) ×××	課税対象外	組合員預け金 (資産) ×××		預金 (資産) ×××	課税対象外
② 施設建設 建設費支払	建設仮勘定 (資産)	×××	預金 (資産) ×××	課税対象外				
高度化借入	預金 (資産)	×××	長期借入金 (負債) ×××	課税対象外				
施設引渡し	構築物 (資産)	×××	建設仮勘定 (資産) ×××	課税仕入				
③ 公共団体へ寄贈 寄贈時	施設負担金 (繰延資産)	×××	構築物 (資産) ×××	課税対象外	債還負担金 (繰越資産又は 費用) ×××		預金 (資産) ×××	課税対象外
④ 償却中 償還金受入	預金 (資産)	×××	債還負担金 収入 (収益) ×××	課税対象外				
高度化借入金返済	長期借入金 (負債)	×××	預金 (資産) ×××	課税対象外				
利子支払	支払利息 (費用)	×××	預金 (資産) ×××	非課税取引	利子負担金 (費用) ×××		預金 (資産) ×××	課税対象外
利子徴収	預金 (資産)	×××	利子負担金 収入(収益) ×××	課税対象外				
⑤ 決算時 償却	繰延資産償却 (費用)	×××	施設負担金 (繰延資産) ×××	課税対象外	繰延資産償却 (費用) ×××		債還負担金 (繰延資産) ×××	課税対象外

4−7　中小企業総合事業団の取扱い

平成元年5月9日、中小企業事業団融資部長（当時）より「高度化事業における消費税の取扱いについて」下記の文書が発せられている。

> 　消費税導入に伴う高度化事業に係る消費税の取扱いについては、下記のとおりとする。
>
> 記
>
> 　高度化事業に係る資金の貸付けに関し、都道府県の貸付けの相手方が貸付対象施設を取得し、造成し、又は設置するのに必要な資金の中に、消費税を含めることができるものとする。
> 　また、この場合、当該消費税の額（又は相当額）については、固定資産の取得価額に算入することを必要としないものとする。

4−8　簡易課税制度の概要

その課税期間の基準期間における課税売上高が5,000万円以下の課税組合については、課税組合の選択により、その課税期間の課税標準額に対する消費税額から売上に係る対価の返還等に係る消費税額の合計額を控除した残額に、事業者の営む事業の種類の区分に応じ、それぞれ次に掲げるみなし仕入率を乗じて計算した金額を仕入に係る消費税額として控除する簡易課税制度を行うことができる。

第1種事業（卸売業）	90%
第2種事業（小売業）	80%
第3種事業（製造業等）	70%
第4種事業（その他の事業）	60%
第5種事業（サービス業等）	50%
第6種事業（不動産業）	40%

4．高度化施設の消費税等

```
          ┌──────── 基準期間の売上高 ────────┐
┌──────────┐ ┌──────────┐ ┌──────────┐ ┌──────────────┐
│課税総売上高│ │輸出免税売上高│ │非課税売上高│ │課税対象外の収入│
└──────────┘ └──────────┘ └──────────┘ └──────────────┘
┌──────────────┐ ┌──────────┐
│返品・値引・割戻し│ │  判  定  │
└──────────────┘ └──────────┘
```

4－9　簡易課税における事業区分の例示

事業形態	事業の内容	事業区分
共同購買 共同販売	イ．仕入商品の販売（販売数量×販売単価）	
	(a) 販売先が組合員の場合	1
	(b) 販売先が事業者の場合	1
	(c) 販売先が消費者の場合	2
	ロ．仕入斡旋、販売斡旋、受託還付、受託販売 （取扱数量×手数料単価）（取扱金額×手数料率）	4
	ハ．支払代行（取扱金額×手数料率）	5
共同受注	イ．建設請負（完成工事高）	
	(a) 原材料を自己で手当した場合	3
	(b) 原材料の支給を受けた場合	4
	(c) 施工担当組合員に区分発注した場合	3
	ロ．受注斡旋（受注金額×手数料率）	5
共同生産 共同加工	イ．自己の商品の製造販売（取扱数量×販売単価）	3
	ロ．作業くずの売却	3
	ハ．原材料等の支給を受けて行う組立て加工等 （取扱数量×加工単価）	4
	ニ．自己で原材料等を手当てして下請け製造させた場合 （取扱数量×販売単価）	3
	ホ．組合員の原料、材料、製品等に加工をする場合 （加工数量×加工単価）	4
共同運送 共同検査 共同保管 共同施設利用	イ．受取運送料（取扱数量×運送単価）	5
	ロ．受取検査料（取扱数量×検査単価）	5
	ハ．受取保管料（取扱数量×保管単価）	5
	ニ．受取施設利用料（利用数量×利用単価）	5
共同試験研究 共同広告宣伝 事務代行	イ．受取試験研究（分析）手数料（取扱数量×手数料単価）	5
	ロ．広告宣伝収入（広告、宣伝料金）	5
	ハ．受取事務代行手数料（取扱数量×手数料単価）	5
共同金融 共済事業	イ．受取貸付手数料（貸付件数×手数料単価）	5
	ロ．受取事務手数料（集金件数×手数料単価）	5
	ハ．受取代理店手数料（取扱件数×手数料単価）	5

Ⅵ 消費税等の経理

事業形態	事業の内容	事業区分
共同受電事業	イ．電力供給kw×電力料単価　電圧を下げて組合員に供給	1
商品券発行 サービス券発行 商店街事業	イ．商品券受託販売手数料	5
	ロ．商品券決済受取手数料	5
	ハ．サービス券又は福引券売上高　発行主体の場合	5
	ニ．　　　〃　　　　　　　　仕入売上の場合	1
	ホ．サービス券又は福引券取扱手数料	5
	ヘ．広告宣伝収入	5
賦課金等収入	イ．教育情報事業賦課金収入	
	(a)　機関誌等の講読料	3
	(b)　講習会の受講料	5
	(c)　情報の提供料	5
	ロ．機関紙の広告料	5
	ハ．特別賦課金収入	
	(a)　共同店舗の施設維持・管理	5
	ニ．講習会の参加料収入	5
	ホ．負担金収入	
	(a)　共同店舗の施設維持・管理	5
	(b)　共同研究の成果の配分との間に明白な対価性がある	5
事業外収益	イ．対価契約のある協賛金収入 　　（協力会費、賛助金、協賛金等）	5
	ロ．加入手数料収入	
	(a)　出資受入事務の手数料又は(a)(b)を区分しないとき	5
	(b)　組合員章等を組合員へ販売	3
	ハ．雑収入	
	(a)　名簿等を事業者へ売却	3
	(b)　不用品の売却	4
	ニ．不動産賃貸（員外者への賃貸）	6
固定資産売却	イ．組合使用固定資産の売却	4

4－10　みなし課税仕入の計算例

	第1種事業	第3種事業	第4種事業	第5種事業
課税資産の譲渡等に係る売上高（税抜）	10,000	2,500	100	4,000
〃　　　　消費税額等	500	125	5	200
売上に係る対価の返還等に係る戻し高(税抜)	500	200		400
〃　　　　消費税額等	25	10		20
差引課税売上高	9,500	2,300	100	3,600
〃　　　　消費税額等	475	115	5	180

4．高度化施設の消費税等

〈控除することができる課税仕入等の税額の計算〉

① 原　　　　則

　　　$475 \times 90\% + 115 \times 70\% + 5 \times 60\% + 180 \times 50\% = 601$

② 特 例 計 算

　　第1種事業と第3種事業の課税売上高で全体の76.1％であるから、

　　　$475 \times 90\% + 300 \times 70\% = 637.5$

　　みなし仕入率は、差引課税売上高で計算し、2種類の課税売上高の合計額が75％以上の場合

　　2種類のうち、みなし仕入率の高い事業→その事業の仕入率90％
　　その他の事業→一括して2種類のうち、低い方の仕入率70％

③ 特 例 計 算

　　第1種事業と第5種事業の課税売上高で全体の84％であるから、
　　　$475 \times 90\% + 300 \times 50\% = 577.5$

　　この計算例の場合、②の特例計算が、課税仕入等の税額を一番多く控除できる。

VII
質疑応答

Ⅶ 質疑応答

1 中協法・同施行規則の改正を受けて平成19年8月に、中小企業協同組合会計基準の改訂を行った。改訂後2年を経過した平成21年、改訂組合会計基準がどの程度実施されているかを調べるため、この1年の状況をまとめてみた。

　この1年間に見た決算関係書類の中にあった、間違った処理をしていた事例・直したほうがよい事例・講習会等で質問があった事例について、項目を次に記載し、その項目に関連する本文掲載項目を、目次項目に従って記載する。

2 事例項目と関連解説本文掲載目次

事例1　賦課金について
(1) 賦課金を徴収しなくてもよいか　　　　　　　　　　　Ⅲ4－18(4)　賦課金により賄う費用
(2) 未収賦課金の回収不能額の処理について　　　　　　　Ⅲ1－6　未収金・未収賦課金
(3) 員外収入の増加による剰余金　　　　　　　　　　　　Ⅲ4－18(4)　賦課金により賄う費用

事例2　勘定科目について
(1) 納税引当金　　　　　　　　　　Ⅲ2－15　未払法人税等
(2) 教育情報費用繰越金戻入れ　　　Ⅲ4－34　教育情報費用繰越金取崩し
(3) 教育情報費用繰越金（法定繰越金）　　　　　　　　　Ⅲ3－6　教育情報費用繰越金
　　　　　　　　　　　　　　　　　Ⅲ4－34　教育情報費用繰越金取崩し
(4) 租税公課　　　　　　　　　　　Ⅱ4－17(7)　人件費・業務費・諸税負担金
　　　　　　　　　　　　　　　　　Ⅲ5－34　租税公課、消費税等
(5) 退職給与引当金の要支給額　　　Ⅲ2－20　退職給与引当金

473

Ⅶ 質疑応答

	Ⅲ2-21 職員退職給与の定款規定の改正
(6) 電話加入権	Ⅲ1-32 電話加入権
(7) 慶弔費	Ⅱ4-18(3) 慶弔規定
事例3 財産目録・貸借対照表の様式について	Ⅳ3-2 財産目録作成モデル（税抜経理方式）
	Ⅳ4-2 貸借対照表作成モデル（税抜経理方式）
(1) 財産目録の改正	Ⅳ3-1 組合会計の財産目録
(2) ポイント預り金、買い物券の表示	Ⅲ7-9 サービス券発行
(3) 貸借対照表の改正	Ⅳ4-1 組合会計の貸借対照表
事例4 損益計算書について	Ⅳ5-1 組合会計の損益計算書
(1) 損益計算書の様式	Ⅳ5-3 損益計算書作成モデル（税込経理方式）
	Ⅳ5-4 事業別損益計算書作成モデル（税抜経理方式）
(2) 利用分量配当の対象利益	Ⅱ4-18(1) 利用分量配当の損金算入規定の改正（法人税法60の2）
(3) 特別会計の表示	Ⅲ7-13(3) 共済事業貸借対照表・損益計算書
(4) 2期続けて仮受賦課金	Ⅲ2-11(3) 法人税基本通達14-2-9
(5) 補助金の会計	Ⅱ4-17(9) 施設補助金の圧縮記帳
(6) 賦課金の返却	Ⅴ4-4(7) 賦課金の徴収停止、減額
(7) 役員退職給与積立金取崩し	Ⅱ4-17(7) 人件費・業務費・諸

Ⅶ　質疑応答

の表示	税負担金
(8)　役員退職給与引当金は負債か	Ⅲ 5 - 18　役員報酬・役員退職金
(9)　教育情報事業費を賦課金で賄えるか	Ⅲ 4 - 17　教育情報事業賦課金収入
(10)　一般管理費と賦課金収入	Ⅲ 4 - 18　賦課金収入
(11)　特別賦課金の賦課基準	Ⅲ 4 - 21　特別賦課金収入
事例5　剰余金処分案について	Ⅳ 6 - 1　組合会計の剰余金処分案の積立て
(1)　剰余金処分の法定事項	Ⅳ 6 - 1 (2)　（法定準備金）
	Ⅳ 6 - 1 (3)　（教育情報費用繰越金）
(2)　特別積立金と別途積立金	Ⅳ 6 - 1 (4)　（特別積立金）
	Ⅳ 6 - 1 (5)　（任意積立金）
(3)　教育情報を行わない時の教育情報費用繰越金	Ⅲ 3 - 6　教育情報費用繰越金
(4)　納税引当金	Ⅲ 2 - 15　未払法人税等
(5)　総会提出議案である	Ⅳ 6 - 1　組合会計の剰余金処分案の積立て
(6)　特別積立金を取り崩して出資配当	Ⅳ 6 - 4　剰余金処分案と特別積立金の定款規定
(7)　税抜経理方式の利用分量配当	Ⅵ 3 - 5　利用分量配当の消費税の計算モデル
(8)　組合積立金取崩しの表示	Ⅳ 6 - 4　剰余金処分案と特別積立金の定款規定
(9)　出資配当の10％とは	Ⅰ 3 - 1　剰余金の配当
事例6　脱退者持分払戻計算書について	Ⅳ 6 - 7　脱退者持分払戻計算書の作り方
(1)　加入金を徴収している組合	Ⅳ 6 - 8　脱退者持分払戻計算書

475

Ⅶ　質疑応答

　　　　は必要　　　　　　　　　　　　　　作成モデル（税抜経理方式）

　(2)　加入金が出資1口　　　　　　Ⅲ3-4(14)　加入金、増口金、加入手数料の会計処理

　(3)　90日の予告期間　　　　　　Ⅲ3-4(5)　脱退

事例7　損失処理案について　　　　Ⅳ6-5(1)　（損失処理案）

　(1)　損失てん補の順序　　　　　　Ⅳ6-5(2)　（定款規定）

　(2)　出資1口の金額の減少　　　　Ⅳ6-5(4)　（出資金減少差益）

事例8　議事録の記載について　　　Ⅳ7-1　　監事の監査

　(1)　除名の記載　　　　　　　　　Ⅲ3-4(6)　除名

　(2)　監事の欠席　　　　　　　　　Ⅳ7-1(4)　監査報告書の表題と内容変更、及び監事の責任

事例9　監査報告書について　　　　Ⅳ7-2　　監査報告書

　(1)　監査権限限定組合の事業報告書　Ⅳ7-1　　監事の監査

　(2)　監査報告書の提出日　　　　　Ⅳ7-2　　監査報告書

事例10　収支予算・資金計画表　　　Ⅴ4-2　　収支予算と資金計画表の関係

　(1)　収入の部へ特別積立金取崩し　　Ⅴ2-2　　損益予算

　(2)　収入の部へ預金取崩収入　　　Ⅴ2-2　　損益予算

　(3)　収入の部計と支出の部計　　　Ⅴ3-1　　収支予算（様式1）

　(4)　資金計画表は必ず必要か　　　Ⅴ4-1　　資金計画表

　(5)　増資予定の場合の資金計画表　　Ⅴ4-1(2)　資金計画表の作成

　(6)　借入金償還の資金計画表と収支予算案　Ⅴ4-3(1)　剰余金を返済財源とする収支予算の場合

事例11　商工中金出資について　　　Ⅲ1-38　外部出資金・子会社出

		資金・長期保有有価証券等
(1)	金融事業として取引中	Ⅲ1-38　外部出資金・子会社出資金・長期保有有価証券等
(2)	配当目的で保有	Ⅲ1-38　外部出資金・子会社出資金・長期保有有価証券等
事例12	**非出資商工組合について**	Ⅳ8-1　非出資商工組合についての中団法の規定
(1)	賦課金に対しての剰余金	Ⅳ8-3④注2　法人税通達不相当に多額な剰余金
(2)	収益事業の申告	Ⅳ8-2　非出資商工組合の特色
事例13	**注記について**	Ⅳ4-2　（注）1　重要な会計方針
(1)	注記の場所	Ⅳ3-2　（注）時価評価による組合正味財産の価額

事例1　賦課金について

(1) 賦課金を徴収しなくてもよいか

① 『中協法逐条解説』(112頁) 中協法第12条（経費の賦課）の解説

「企業組合及び共済事業を行う組合以外の組合は、定款の定めるところにより、組合員に経費を賦課することができる。定款にその旨の規定があるときは、組合員は経費負担の義務を負わなければならない（1項、2項）。

組合が行う共同事業のうち、いわゆる経済事業については、使用料又は手数料を徴収し得るが、非経済事業、例えば、教育情報提供事業、団体協約の締結等についてはこれを徴収する方法がない。しかも、経済事業における使用料、手数料の額は、直接奉仕の原則からそれぞれの事業を遂行する上に必要な程度にとどめられるべきであって、その額をいたずらに増徴したのでは、共同事業の有利性が損なわれることとなる。したがって、非経済事業又は一般管理に必要な費用

Ⅶ　質疑応答

　　は、これを経費として組合員に賦課し、組合全体としての運営を行わなければならないわけである。」
②　定款参考例第16条
　　「本組合は、その行なう事業の費用（使用料又は手数料をもって充てるべきものを除く。）に充てるため、組合員に経費を賦課することができる。
　2　前項の経費の額、その徴収の時期及び方法その他必要な事項は、総会において定める。」
③　Ａ組合は、経済事業を行っていないので出資金は少なかった。
　　賦課金は、差等割で徴収し、毎期剰余金が生じていたので純資産は、出資金の20倍になっていた。
　　今回出資金が少ないので、剰余金から出資配当を行い増資する計画を立てたが、中協法第59条により年1割を超えない範囲内の配当しかできないので中止をした。
　　また、会社法では第450条で剰余金の額を減少して資本金の額を増加することができることになっているが、中協法では認められていないのでできない。
　　そこで来期の収支予算の予備費に相当する賦課金の額を減少し、同額くらいの増資を検討している。
(2)　未収賦課金の回収不能額の処理について（質問）
　→　中協法第19条第2項で、経費の支払を怠った組合員は、総会の特別議決により除名することができる。税務上の回収不能額として貸倒損失に該当するケースで、例えば事業者でなくなった組合員は、資格喪失による脱退になるので、除名の手続を取らずに、通常の法定脱退が適用できる。
　　税務上の貸倒れに該当しない未収賦課金（組合員の意思での不払）は貸倒れにできないので値引処理をすることになるが、定款で定める除名の要件には該当する。
(3)　員外収入の増加について。組合が所有しているビルのテナント収入

が増えて剰余金が多くなった。10％以上の配当を定款を変えてできるか、精算をするときまで剰余金の分配をする方法はないか（質問）
→　組合員の共通事業に支出するか、組合の内部留保等、例えばビルの大規模修理のための引当資産の積立て（有税）は必要ないかを検討する。

事例2　勘定科目について

(1)　納税引当金
→　未払法人税等に昭和46年に改正されている。
改正前の当期純利益は、法人税等を引く前の税引前当期利益のことを指し、その税引前当期利益を剰余金処分案の処分対象剰余金として納税引当金の処分をしていた。
改正は、損益計算書に計上する当期純利益は法人税等を控除した税引後の金額が、当期利益であるというように、まず株式会社が変わり、その後、協同組合も定款を改正して剰余金処分案から納税引当金の処分を削除した。

(2)　教育情報費用繰越金戻入れ
→　教育情報費用繰越金取崩しに改正された。

(3)　教育情報費用繰越金とは、教育情報賦課金収入から教育情報事業費を差し引いた差額を表す科目か（質問）
→　中協法第58条第4項の法定繰越金（181頁参照）のことを、教育情報事業のための繰越金であるから、通称として教育情報費用繰越金と呼ぶことにしている。

(4)　租税公課にした法人税・事業税・都民税は
→　税等・法人税等として損益計算書の特別損益の区分に続けて記載する。
→　租税公課には固定資産税、自動車税、収入印紙、登録免許税等を処理する。

(5)　退職給与引当金として、職員の退職金要支給額から、中退共掛金に

Ⅶ　質疑応答

　　　よる支給額を差し引いた額を引き当ててよいか（質問）
　　　→　税務上は有税引当てになるが、引き当てるのが望ましい。
(6)　電話加入権は償却できるか（質問）
　　　→　まだできない。
(7)　慶弔費について、組合員が亡くなると香典5万円、功労金20万円を支給していた。功労金を退職金に変えれば慶弔金にならないか（質問）
　　　→　退職をした人の役職は何か・勤務期間は・退職理由等、退職金の条件に合わなければ退職金にならない。

事例3　財産目録・貸借対照表の様式について

(1)　財産目録は、差引正味財産が
　　　→　正味資産の部に改正された。
　　　　財産目録を添付していない組合はなかった。
(2)　財産目録に、ポイント預り金、買物券の表示だけで、損益計算書に表示のない場合は
　　　→　ポイント・買物券の発行と決済を「ポイント預り金」「買物券」の勘定科目で処理をしている場合、「決済資金の残高」「発行・決済費用」「費用を賄う手数料収入」が混在しているので、区分した勘定科目を使用する。
(3)　貸借対照表は、資本の部
　　　→　純資産の部に改正された。

事例4　損益計算書について

(1)　改正前の経常損益の部の区分と特別損益の部の区分にした損益計算書がある。
　　　→　改正後は、一つの表にしてその表の中を、事業総損益計算・事業損益計算・経常損益計算・税引前当期純損益計算・当期純損益計算の流れに従って記載する。

(2) 利用分量配当をしているが費用配賦表による間接経費の配賦を行っていない。

→ 利用分量配当の対象になる事業利益は、組合と組合員との取引により生じた剰余金からなる部分に限るのであるから、直接経費間接経費を控除した事業利益から員外利用部分の剰余金を控除した事業利益が対象になる。

費用配賦表による間接経費控除した額の算出が必要である。

(3) 特別会計の表示を特別会計の結果だけ記載してある。

→ 別に特別会計損益計算書を添付するか、事業内容がわかるような科目を用いて表示する。

(4) 2期続けて仮受賦課金の繰入れをしている。

→ 法人税基本通達には、賦課の目的になった事業が、来期へ繰り越された場合に仮受が認められると記載されているので、2期続けて同じ事業が繰り越されることはないと思われる。

(5) 補助金を受け取ったときの会計について(質問)

→ 勘定科目は「補助金(施設)収入」で国、都道府県、市町村等からの補助金を処理するが、施設補助金については特別利益に表示し圧縮記帳をする。経費補助金については対照事業費に対応する事業収益として表示する。(『中小企業等協同組合会計基準』18頁Ⅲ6、Ⅳ2及び23頁注記3、4、5)

(6) 仮受賦課金でなく、年度末に組合員に賦課金の一部を返却し剰余金を出さないようにすることができるか(質問)

→ 徴収した賦課金を組合員に払い戻した場合に、組合員へ配当を払ったと認定された事例がある。

賦課金を減額するには、賦課金の徴収期日の前に臨時総会を開催して賦課金額の変更を決議する。

建設業の組合で、受注がないときを想定して賦課金の額を定め当初収支予算を作成したが、受注ができると手数料が入るので賦課金徴収は必要なくなる。その場合、理事会の決定で今後の賦課金の徴収をス

トップすることを当初の議案で定めておく組合がある。
(7) 役員退職給与積立金取崩しの表示について（質問2件）
→ 中協法施行規則第97条第5項に、一般管理費に属する費用は、人件費、業務費、諸税負担金その他の項目の区分に従い細分しなければならないとして人件費の表示が規定されたことを受け、会計基準では職員退職給与引当金繰入れ・戻入れ、役員退職給与積立金取崩しの科目を人件費の区分に表示することに決めた。
(8) 役員退職給与引当金として固定負債計上はできないか（質問）
→ 役員給与規定により明確に定められた基準による引当金は、費用として処理し固定負債に計上する。ただし、税法では損金不算入になる。
(9) 教育情報事業費は、賦課金で賄ってはいけないのか（質問）
→ 会報又は機関紙の購読料、講習会の受講料、情報の提供料のように対価性のある賦課金は、消費税では課税売上になる。教育情報事業費を対価性のある・ないで区分することが困難であることから、教育情報事業賦課金は課税売上に区分することにした。
したがって、対価性のない教育情報費があれば、一般管理費として処理し賦課金で賄うことも考えられる。なお、この場合は「経費の賦課及び徴収方法」に課税対象外の賦課金であることを記載する。
(10) 一般管理費が賦課金で賄えず、事業収益に割り込んでもよいか（質問）
→ 『中協法逐条解説』113頁に、「組合が行う共同事業のうち、いわゆる経済事業については、使用料又は手数料を徴収し得るが、非経済事業、例えば、教育情報提供事業、団体契約の締結等についてはこれを徴収する方法がない。しかも、経済事業における使用料、手数料の額は、直接奉仕の原則からそれぞれの事業を遂行する上に必要な程度にとどめられるべきであって、その額をいたずらに増徴したのでは、共同事業の有利性が損なわれることになる。したがって、非経済事業又は一般管理に必要な費用は、これを経費として組合員に賦課し、組

合全体としての運営を行わなければならないわけである。」とあるが、これは経済事業を利用しない組合員も、組合の経費を負担するという考えかたを示したわけで、組合によっては賦課金を取らず事業収益だけで運営している組合もある。

(11) 特別賦課金収入にはどのようなものがあるか（質問）

→ 臨時的に発生したもので、20周年記念などがある。負担金として徴収してもよい。

事例5　剰余金処分案について

(1) 剰余金処分の方法は、利益準備金（定款規定の限度まで）と特別積立金は、当期純利益金額の10分の1以上、教育情報費用繰越金は20分の1以上の積立が必要なのに積み立てていない。

→ 定款参考例第56条（利益準備金）

「本組合は、出資総額の2分の1に相当する金額に（筆者注　出資総額に）達するまでは、当期純利益金額（前期繰越損失金がある場合には、これをてん補した後の金額。以下、第58条及び第59条において同じ）の10分の1以上を利益準備金として積み立てるものとする。」

(2) 別途積立金はあるが、特別積立金はない。

→ 多くの組合は定款で特別積立金の積立てを規定している。したがって別途積立金があって特別積立金がないという組合は間違えていることがある。

(3) 教育情報事業を行っていないことを理由に、教育情報費用繰越金を繰り越していない。

→ 中協法第9条の2第1項第4号（教育・情報提供事業）を行う組合は、中協法第58条第4項により、毎事業年度の剰余金の20分の1以上を翌事業年度に繰り越さなければならないと定められている。

→ 繰り越された教育情報費用繰越金を翌期以降に使用しない場合は、純資産の部の教育情報費用繰越金として繰り越す必要がある。

(4) 納税引当金を処分している。

Ⅶ 質疑応答

　　→　昭和46年に改正するまでは、剰余金処分案で納税引当金を処分していたが、当期純利益を税引後利益に改正したとき損益計算書へ改正した。

(5) 剰余金処分案が総会提出議案に入っていない。

　　→　会社法では総会提出議案にないが、中協法第40条第2項により作成し、同条第8項により通常総会の承認を受けなければいけない。

(6) 特別積立金を取り崩して出資配当を行う。

　　→　特別積立金の定款規定には、出資総額に相当する金額を超える部分については、総会の議決により損失のてん補以外の支出に充てることができると規定しているので、出資配当に充てることは可能と解釈される。

　　次に、配当可能利益を規定している定款規定には「特別積立金の取崩額」が入っていないので、配当可能利益の中に特別積立金取崩額を入れた定款に変更することが必要になるが、剰余金処分案の新様式に「組合積立金取崩額」を記載するようになったので、定款規定になくても剰余金処分案の様式どおり記載することにより、配当可能利益が算出できることになった。

(7) 消費税税抜経理方式の場合、利用分量配当の仕訳は（質問）

　　→第1法　（借）未処分剰余金　395,000　　（貸）未払配当金　426,600
　　　　　　　　　仮受消費税等　 31,600

　　第2法は複雑なので、第1法をお勧めする。

　　第2法は、「Ⅵ　消費税等の経理　3．税抜経理方式の決算　3－5　利用分量配当の消費税の計算モデル（3）　447～449頁の計算を再計算する」（452頁参照）に説明してある。

(8) 剰余金処分案の組合積立金取崩しは何を書くのか（質問）

　　→　中協法施行規則第107条第1項2号括弧書「一定の目的のために設定した組合積立金について当該目的に従って取り崩した額を除く。」目的積立金の取崩しは損益計算書に記載することになったので、ここに記載するのは特別積立金のうち出資金額を超える部分になる。

(9) 出資配当の10％は何に対してか（質問）
　　→　出資金額に対してである。

事例6　脱退者持分払戻計算書について
(1) 加入金を徴収している組合に脱退者がいた場合、持分払戻計算書が付いてなかった。
　　→　払戻持分額の内容を明らかにするために作成する。
　　→　加入金は出資1口当たりの金額を定めるので、次期の加入金額を定めるためにも必要である。
(2) 加入金を加入者1人について定める。
　　→　加入金は持分調整金であるから出資1口についての額を定める。加入者1人についての額を定めた場合は、加入手数料又は加入権利金になる。
　　　加入金を徴収した組合は、資本準備金として処理し、貸借対照表純資産の部に表示する。税務上課税されない。組合員は出資金の取得価額になる。
　　　加入手数料又は加入権利金を徴収した組合は収益として処理し、損益計算書収益勘定に表示する。税務上課税される。組合員は繰延資産になり5年で償却する。
(3) 自由脱退の場合、90日の予告期間は組合の裁量でよいか（質問）
　　→　『中協法逐条解説』120頁より、「自由脱退は、組合員の意思表示のみによって脱退することができ、組合の承認を必要としない。脱退の時期は、事業年度の終わりである。―中略―
　　　組合員が脱退しようとするときは、その旨を組合に予告しなければならない。その予告すべき期限は事業年度末日の90日前までである。したがって、この期限後に予告した組合員は、次の事業年度末日でなければ脱退することはできない。
　　　ただし、90日を下回った場合でも、他の組合員や第三者保護の面等で組合が問題ないと判断した場合は、この限りでない。」

Ⅶ　質疑応答

事例7　損失処理案について
(1)　次期繰越損失が多額に残っている。
　→　損失金てん補の順序は定款により、組合積立金（特別積立金・○○積立金等）、法定利益準備金、その他資本準備金（出資金減少差益等）、資本準備金（加入金）順序が示され、会計基準作成上の留意事項に当期未処理損失額が少なく、次期以降の利益で、てん補できる見込みのときは次期以降へ繰越損失金として繰り越しても差し支えないとしてある。
(2)　損失金が多額のとき。
　→　出資金以外に何もないときで、今後も剰余金の生じる見通しのないときには、中協法第56条により、出資1口の金額を減少し、出資金減少差益により損失てん補を行うようになる。

事例8　議事録の記載について
(1)　賦課金長期滞納者の除名決定の件　議案を朗読説明しこれを諮ったところ、満場異議なく承認可決した。
　→　除名は中協法第19条第2項により総会の会日の10日前までの通知、総会における弁明の機会の付与が必要であるので、欠席により弁明権の放棄をしたなど、除名審議の経過を議事録に記載する。
(2)　出席監事はいないと記載しながら、監事が監査報告書を報告している。
　→　監事の代わりに誰が代読したかを記載する。

事例9　監査報告書について
(1)　監査権限限定組合なのに、事業報告書についての意見が記載してある。
　→　事業報告書を会計監査の参考にすることはよいが、意見は表明しないでよい。
(2)　決算関係書類の監査は既に終了し監査報告書提出後に、決算関係書

類の訂正があり追加監査を行ったが、監査意見には変更はなかった。監査報告の日は追加監査の意見通知の日になる。
→　中協法施行規則第117条第1項第1号に決算関係書類及び事業報告書の全部を受領した日から4週間を経過した日までに監査意見の通知をすることが規定されているので、4週間以内ならよい。

事例10　収支予算・資金計画表

(1)　収入の部へ特別積立金取崩しが計上されている。
→　特別積立金取崩しがないと損失予算になる。当組合は特別積立金が、出資金額の3倍あるので、定款規定から特別積立金の取崩可能である。

(2)　収入の部へ預金取崩収入が計上されている。
→　中協法では収支予算となっているが、会計基準では「見積損益計算書」の副題を昭和39年3月から使っているように、収入の部となっているが「収益」を記載することにしている。
したがって、預金を払い出した金額は収入としては記載しないことになるので、(1)の表示が可能かを検討する。

(3)　収入の部計と支出の部計が合っていない予算がある。
→　設備資金の借入金の返済資源としての「必要な剰余」として収入の部が多いときは、それを予備費として計上する。
→　損失予算のため支出の部が多いときで支出を削減してもまだ支出が多いが、組合には過去の剰余金が○○積立金として保有してある、この積立金を取り崩して使えないかとの質問がある。特別積立金は定款に取崩しができる場合を規定しているのでその規定に該当する部分について、他の○○積立金については積立目的に適合する部分について収入の部へ「○○積立金取崩」「特別積立金取崩」として計上する。ただし、緊急時の取扱いとして総会の承認を受けることと、連続することは避けなければならない。

(4)　資金計画表は必ず必要か（質問）

Ⅶ　質疑応答

　→　設備資金を借入金として調達したとき、その借入金の返済をどのように行うか等、収支予算に表示できないので資金計画表が必要になる。

(5) 増資予定の場合の資金計画表の記載はどうするか（質問）

　→　次のように資金調達欄に増資として記入する。

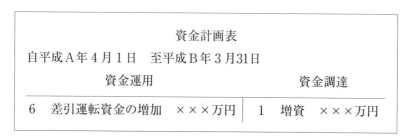

(6) 借入金元金120万円償還の資金計画表と、収支予算案の記載はどうするか（質問）

事例11　商工中金出資について

(1) 商工中金株式として、証券会社扱いで売買ができるようになった

が、金融事業に商工中金を利用している場合は時価評価をしないでよいか（質問）
→ 関係会社への出資として簿価でよい。
(2) 金融事業は止めているが、商工中金株式は配当目的で保有している（質問）
→ 証券会社の参考価格で時価評価をしてもよい、評価益について税効果会計を行い、純資産直入の仕訳を行う。税務上は簿価で取り扱われ評価益に課税されない。毎期洗替えを行う。

事例12　非出資商工組合について
(1) 賦課金に対して、どの程度の剰余金の額は適正であるか（質問）
→ 法人税基本通達9－7－15の3には「不相当に多額な剰余金」と表現されているので、2〜3か月分の組合運営費は不相当に多額な剰余金に該当しないと考えられる。
(2) テーマによっては参加者が多く、参加料から必要経費を差し引いて剰余金が生じることがある、この場合の扱いはどうすればよいか（質問）
→ テーマが法人税法の収益事業に該当する場合で、継続して実施されるとき、例えば、組合機関紙を有料で発行している場合は、収益事業開始の届けを税務所に提出し、収益事業の決算と申告をするようになる。

事例13　注記について
(1) 注記はどこに記載するか（質問）
→ 各決算関係書類ごとに記載してよい。

Ⅷ

税務申告書への
利用分量配当の記載方法

Ⅷ 税務申告書への利用分量配当の記載方法

会社法施行に伴う法人税申告書別表の変更と事業協同組合の対応について

平成19年4月
全国中小企業団体中央会政策推進部

　一部組合より照会のありました標記の点につきまして、中小企業庁を通じて財務省にも基本的な考え方を確認の上、下記のとおり代表的な対応方法等を整理しましたので、通知いたします。

記

Ⅰ．会社法施行に伴う別表五㈠「利益積立金額及び資本等の額の計算に関する明細書」、別表四「所得の金額の計算に関する明細書」への対応方法について

1．平成18年5月の会社法施行に伴い、株式会社においては株主総会における利益処分案の承認が不要（期中で取締役会の承認により配当が可能）となったことから、18年5月1日以後終了の事業年度分の法人税の申告に関する別表五㈠「利益積立金額及び資本等の額の計算に関する明細書」が改訂され、別表五㈠に設けられていた「当期利益金処分等による増減」が削除された。

　　一方で、会社においては、会社法施行後に終了する事業年度の申告書の同表の作成に関しては、新たに会社法で作成が義務づけられる「株主資本等変動計算書」から期中の「当期の増減」欄に移記することとされた（「平成18年版法人税申告書の記載の手引」中の「会社法適用初年度の別表五㈠の記載例」（手引26～29ページ）参照）。

2．このような中、中小企業等協同組合法に根拠をおく事業協同組合等においては、株式会社と異なり、法第40条において、依然、事業年度終了後に開催される通常総会での剰余金処分案（損失処理案）の承認が義務づけられており、利益の積立て、取崩しはこの処分を通じて行われることとされている（株式会社における「株主資本等変動計算書」の作成は義務づけられていない）ところ、その申告処理としては、例えば19年5月の18年度分の申告に際しては、剰余金処分が19年度に開催される通常総会において承認されることから、18年度分の申告時の同表中の「当期の増減」欄には記入せず、翌年の20年5月に行う19年度分の申告時の同表に反映させることが代表的な方法として考えられる。

3．また、剰余金処分に基づき配当を行った場合、これまでは当該年度分の申告時に別表四「所得の金額の計算に関する明細書」の「社外流出」欄に記載していたが、今後は、会社法施行に伴う取扱いに倣い、

Ⅷ　税務申告書への利用分量配当の記載方法

例えば19年度（19年5月開催）の通常総会において確定した剰余金処分に基づく配当は、18年度分の申告時ではなく19年度分の申告の際の別表四の「社外流出」欄へ記載することが代表的な処理方法となる。

Ⅱ．利用分量配当を行う事業協同組合等の会社法施行に伴う別表四「所得の金額の計算に関する明細書」及び別表五㈠「利益積立金額及び資本等の額の計算に関する明細書」への対応について

1．事業協同組合等では、法第59条の規定により組合員の事業利用に応じた配当（利用分量配当）が認められており、これも剰余金処分に計上することにより通常総会の承認を求めている。

2．この利用分量配当は、法人税法第60条の2の規定により、確定申告書に損金算入に関する明細の記載がある場合に限り、当期の所得計算上、損金の額に算入することが認められており、具体的には、利用分量配当を決議した日の属する年度分の申告ではなく、前年度（決議の対象となる事業年度）分の申告時（例えば19年5月開催の通常総会で利用分量配当を決議した場合にあっては、20年5月に行う19年度分の申告時ではなく、19年5月に行う18年度分の申告時）において別表四「所得の金額の計算に関する明細書」の減算項目に記載することにより損金算入することができると解される。

3．以上の点を踏まえると、利用分量配当を行う場合の別表四「所得の金額の計算に関する明細書」、別表五㈠「利益積立金額及び資本等の額の計算に関する明細書」への記載については、従前とは異なった対応が必要であり、代表的な記載方法としては、以下のものが考えられる（別紙参照）。

　①　事業利用分量配当金の発生する当年度の別表四「所得の金額の計算に関する明細書」の減算区分の留保欄に「事業利用分量配当金」を記載するとともに、別表五㈠「利益積立金額及び資本等の額の計算に関する明細書」の当期減少欄に「未払事業利用分量配当金」を記載する。

　②　翌期の別表四「所得の金額の計算に関する明細書」の加算区分の「留保欄」に「前期剰余金処分利用分量配当金」を記載すると同時に、減算区分にも「前期事業利用分量配当金」を「社外流出欄」の「その他」に記載する。併せて、「利益積立金額及び資本等の額の計算に関する明細書」の期首現在利益積立金額に「未払事業利用分量配当金」をマイナス表示するとともに、当期の増加に記載する。

Ⅷ 税務申告書への利用分量配当の記載方法

全国中小企業協同組合新別表記載例に関する「設例その１」

損益計算書
自　平成18年４月１日
至　平成19年３月31日

税引前当期純利益金額	920,000
法人税等	400,000
当期純利益金額	520,000

剰余金処分案
自　平成18年４月１日
至　平成19年３月31日

Ⅰ	当期未処分剰余金			
	1	当期純利益金額	520,000	
	2	前期繰越剰余金	120,000	640,000
Ⅱ	組合積立金取崩額			0
Ⅲ	剰余金処分額			
	1	利益準備金	52,000	
	2	教育情報費用繰越金	26,000	
	3	組合積立金		
		①　特別積立金	52,000	
	4	出資配当金	70,000	
○	5	利用分量配当金	130,000	330,000
		共同購買事業		
Ⅳ	次期繰越剰余金			310,000

495

Ⅷ　税務申告書への利用分量配当の記載方法

所得の金額の計算に関する明細書

| 事業年度 | 平成18・4・1
平成19・3・31 | 法人名 | 全国中小企業協同組合
新別表記載例 |

別表四　平十八・四・一以後終了事業年度分

区　分		総　額 ①	処　分	
			留　保 ②	社外流出 ③
当期利益又は当期欠損の額	1	円 520,000	円 520,000	配当　　　円
				その他
加算	損金の額に算入した法人税（附帯税を除く。）	2			
	損金の額に算入した道府県民税（利子割額を除く。）及び市町村民税	3			
	損金の額に算入した道府県民税利子割額	4			
	損金の額に算入した納税充当金	5	400,000	400,000	
	損金の額に算入した附帯税（利子税を除く。）、加算金、延滞金（延納分を除く。）及び過怠税	6			その他
	減価償却の償却超過額	7			
	役員給与の損金不算入額	8			その他
	交際費等の損金不算入額	9			その他
		10			
	小　計	11	400,000	400,000	
減算	減価償却超過額の当期認容額	12			
	納税充当金から支出した事業税等の金額	13	20,000	20,000	
	受取配当等の益金不算入額（別表八「12」又は「24」）	14			※
	法人税等の中間納付額及び過誤納に係る還付金額	15			
	所得税額等及び欠損金の繰戻しによる還付金額等	16			※
	未払事業利用分量配当金	17	130,000	130,000	
		18			
		19			
		20			
	小　計	21	150,000	150,000	外※
仮　計 (1)+(11)-(21)		22	770,000	770,000	外※
寄附金の損金不算入額（別表十四(二)「21」又は「37」）		23			その他
沖縄の認定法人の所得の特別控除額（別表十(一)「9」又は「12」）		24	△		※　　　△
法人税額から控除される所得税額（別表六(一)「6の③」）		25			その他
税額控除の対象となる外国法人税の額等（別表六(二の二)「10」・別表十七(二の二)「39の計」）		26			その他
組合損失額の損金不算入額又は組合損失超過合計額の損金算入額（別表九四「10」）		27			
合　計（22から27までの計）		28	770,000	770,000	外※
新鉱床探鉱費又は海外新鉱床探鉱費の特別控除額（別表十(三)「42」）		29	△		※　　　△
総　計（28+29）		30	770,000	770,000	外※
契約者配当の益金算入額（別表九(一)「13」）		31			※
漁業協同組合等の留保所得の特別控除額（別表十(三)「46」）		32	△		※　　　△
漁業協同組合等の社外流出による益金算入額（別表十四「37」）		33			※
特定目的会社又は投資法人の支払配当の損金算入額（別表十(七)「12」又は「37」）		34	△		※　　　△
非適格合併又は非適格分割型分割による移転資産等の譲渡利益額又は譲渡損失額		35			※
差引計（30から35までの計）		36	770,000	770,000	外※
欠損金又は災害損失金等の当期控除額（別表七(一)「2の計」+別表七(二)「11」、「22」又は「31」）		37	△		※　　　△
所得金額又は欠損金額		38	770,000	770,000	外※

法　0301－0401

Ⅷ 税務申告書への利用分量配当の記載方法

別表五(一) 平成十八・四・一以後終了事業年度分

利益積立金額及び資本金等の額の計算に関する明細書

事業年度：平成18・4・1 〜 平成19・3・31
法人名：全国中小企業協同組合 新別表記載例

Ⅰ 利益積立金額の計算に関する明細書

区分		期首現在利益積立金額 ①	当期の増減 減 ②	当期の増減 増 ③	差引翌期首現在利益積立金額 ①-②+③ ④
利益準備金	1	100,000 円	円	円	100,000 円
特別積立金	2	100,000			100,000
教育情報費用繰越金	3	20,000			20,000
未払事業利用分量配当金	4		130,000		△130,000
	5〜25				
繰越損益金(損は赤)	26	120,000	120,000	640,000	640,000
納税充当金	27	200,000	180,000	400,000	420,000
未納法人税(附帯税を除く。)	28	△70,000	△70,000	中間 △ / 確定 △169,400	△169,400
未納道府県民税(均等割額及び利子割額を含む。)	29	△90,000	△90,000	中間 △ / 確定 △209,200	△209,200
未納市町村民税(均等割額を含む。)	30	△	△	中間 △ / 確定 △	△
差引合計額	31	380,000	270,000	661,400	771,400

※ 未納法人税等(退職年金等積立金に対するものを除く。)

Ⅱ 資本金等の額の計算に関する明細書

区分		期首現在資本金等の額 ①	当期の増減 減 ②	当期の増減 増 ③	差引翌期首現在資本金等の額 ①-②+③ ④
資本金又は出資金	32	10,000,000 円	円	円	10,000,000 円
資本準備金	33	500,000			500,000
	34				
	35				
差引合計額	36	10,500,000			10,500,000

法 0301—0501

Ⅷ 税務申告書への利用分量配当の記載方法

<u>全国中小企業協同組合新別表記載例に関する「設例その2」</u>

損益計算書
自 平成19年4月1日
至 平成20年3月31日

税引前当期純利益金額	1,240,000
法人税等	560,000
当期純利益金額	680,000

剰余金処分案
自 平成19年4月1日
至 平成20年3月31日

Ⅰ	当期未処分剰余金			
	1	当期純利益金額	680,000	
	2	前期繰越剰余金	310,000	990,000
Ⅱ	組合積立金取崩額			0
Ⅲ	剰余金処分額			
	1	利益準備金	68,000	
	2	教育情報費用繰越金	34,000	
	3	組合積立金		
		① 特別積立金	68,000	
	4	出資配当金	90,000	
○	5	利用分量配当金	170,000	430,000
		共同購買事業		
Ⅳ	次期繰越剰余金			560,000

Ⅷ 税務申告書への利用分量配当の記載方法

別表四 平十八・四・一以後終了事業年度分

所得の金額の計算に関する明細書

| 事業年度 | 平成19・4・1 平成20・3・31 | 法人名 | 全国中小企業協同組合 新別表記載例 |

区　分		総　額	処　分	
			留保	社外流出
		①	②	③
当期利益又は当期欠損の額	1	680,000 円	480,000 円	配当 70,000 円
				その他 130,000
加算	損金の額に算入した法人税（附帯税を除く。）	2			
	損金の額に算入した道府県民税（利子割額を除く。）及び市町村民税	3			
	損金の額に算入した道府県民税利子割額	4			
	損金の額に算入した納税充当金	5	560,000	560,000	
	損金の額に算入した附帯税（利子税を除く。）、加算金、延滞金（延納分を除く。）及び過怠税	6			その他
	減価償却の償却超過額	7			
	役員給与の損金不算入額	8			その他
	交際費等の損金不算入額	9			その他
	前期事業利用分量配当金	10	130,000	130,000	
	小　計	11	690,000	690,000	
減算	減価償却超過額の当期認容額	12			
	納税充当金から支出した事業税等の金額	13	38,500	38,500	
	受取配当等の益金不算入額（別表八「12」又は「24」）	14			※
	法人税等の中間納付額及び過誤納に係る還付金額	15			
	所得税額等及び欠損金の繰戻しによる還付金額等	16			※
	前期事業利用分量配当金	17	130,000		130,000
		18			
	未払事業利用分量配当金	19	170,000	170,000	
		20			
	小　計	21	338,500	208,500	外※ 130,000
仮　計 (1)+(11)-(21)		22	1,031,500	961,500	外※ 70,000
寄附金の損金不算入額（別表十四(二)「21」又は「37」）		23			その他
沖縄の認定法人の所得の特別控除額（別表十(一)「9」又は「12」）		24	△		※ △
法人税額から控除される所得税額（別表六(一)「6の③」）		25			その他
税額控除の対象となる外国法人税の額等（別表六(二の二)「10」-別表十七(二の二)「39の計」）		26			その他
組合損失額の損金不算入額又は組合損失超過合計額の損金算入額（別表九「10」）		27			
合　計 (22から27までの計)		28	1,031,500	961,500	外※ 70,000
新鉱床探鉱費又は海外新鉱床探鉱費の特別控除額（別表十(三)「42」）		29	△		※ △
総　計 (28)+(29)		30	1,031,500	961,500	外※ 70,000
契約者配当の益金算入額（別表九(一)「13」）		31			※
漁業協同組合等の留保所得の特別控除額（別表十二「46」）		32	△	△	
漁業協同組合等の社外流出による益金算入額（別表十四「37」）		33			※
特定目的会社又は投資法人の支払配当の損金算入額（別表十(七)「12」又は「37」）		34	△		※ △
非適格合併又は非適格分割型分割による移転資産等の譲渡利益額又は譲渡損失額		35			※
差引計 (30から35までの計)		36	1,031,500	961,500	外※ 70,000
欠損金又は災害損失金等の当期控除額（別表七(一)「2の計」+別表七(三)「11」、「22」又は「31」）		37	△	△	※ △
所得金額又は欠損金額		38	1,031,500	961,500	外※ 70,000

法 0301-0401

Ⅷ 税務申告書への利用分量配当の記載方法

別表五(一) 平十八・四・一以後終了事業年度分

利益積立金額及び資本金等の額の計算に関する明細書

| 事業年度 | 平成19・4・1
平成20・3・31 | 法人名 | 全国中小企業協同組合
新別表記載例 |

Ⅰ 利益積立金額の計算に関する明細書

区　分		期首現在 利益積立金額 ①	当期の増減		差引翌期首現在 利益積立金額 ①－②＋③ ④
			減 ②	増 ③	
利　益　準　備　金	1	円 100,000	円	円 52,000	円 152,000
特　別　積　立　金	2	100,000		52,000	152,000
教育情報費用繰越金	3	20,000		26,000	46,000
未払事業利用分量配当金	4	△130,000	170,000	130,000	△170,000
	5				
	6				
	7				
	8				
	9				
	10				
	11				
	12				
	13				
	14				
	15				
	16				
	17				
	18				
	19				
	20				
	21				
	22				
	23				
	24				
	25				
繰越損益金（損は赤）	26	640,000	640,000	990,000	990,000
納　税　充　当　金	27	420,000	417,100	560,000	562,900
未納法人税等（退職年金等積立金に対するものを除く。） 未納法人税（附帯税を除く。）	28	△169,400	△169,400	中間 △ 確定 △226,800	△226,800
未納道府県民税（均等割額及び利子割額を含む。）	29	△209,200	△209,200	中間 △ 確定 △219,000	△219,000
未納市町村民税（均等割額を含む。）	30	△	△	中間 △ 確定 △	△
差　引　合　計　額	31	771,400	848,500	1,364,200	1,287,100

Ⅱ 資本金等の額の計算に関する明細書

区　分		期首現在 資本金等の額 ①	当期の増減		差引翌期首現在 資本金等の額 ①－②＋③ ④
			減 ②	増 ③	
資本金又は出資金	32	円 10,000,000	円	円	円 10,000,000
資　本　準　備　金	33	500,000			500,000
	34				
	35				
差　引　合　計　額	36	10,500,000			10,500,000

法 0301―0501

Ⅸ 復興特別所得税の源泉徴収のあらまし
（平成25年1月以降の源泉徴収）

復興特別所得税の源泉徴収のあらまし
（平成25年１月以降の源泉徴収）

　平成23年12月２日に東日本大震災からの復興のための施策を実施するために必要な財源の確保に関する特別措置法（平成23年法律第117号）が公布されました。
　これにより、所得税の源泉徴収義務者は、平成25年１月１日から平成49年12月31日までの間に生ずる所得について源泉所得税を徴収する際、復興特別所得税を併せて徴収し、源泉所得税の法定納期限までに、その復興特別所得税を源泉所得税と併せて国に納付しなければならないこととされました。
　（注）　租税条約の規定により、所得税法及び租税特別措置法に規定する税率以下の限度税率が適用される場合には、復興特別所得税は課されません。

１　源泉徴収すべき所得税及び復興特別所得税の額

　源泉徴収すべき復興特別所得税の額は、源泉徴収すべき所得税の額の2.1％相当額とされており、復興特別所得税は、所得税の源泉徴収の際に併せて源泉徴収することとされています。
実際には、次のとおり、源泉徴収の対象となる支払金額等に対して、所得税と復興特別所得税の合計税率を乗じて計算した金額を徴収し、１枚の所得税徴収高計算書（納付書）で納付します。
　（注）　給与等に係る所得税及び復興特別所得税の源泉徴収については次の２により行います。

【源泉徴収すべき所得税及び復興特別所得税の額】

支払金額等×合計税率（％）[※]
　＝源泉徴収すべき所得税及び復興特別所得税の額[注]

Ⅸ 復興特別所得税の源泉徴収のあらまし

(注) 算出した所得税及び復興特別所得税の額に1円未満の端数があるときは、その端数を切り捨てます。

※1 合計税率の計算式

合計税率(%) = 所得税率(%) ×102.1%

※2 所得税率に応じた合計税率の例

所得税率(%)	5	7	10	15	16	18	20
合計税率(%) (所得税率(%)×102.1%)	5.105	7.147	10.21	15.315	16.336	18.378	20.42

※3 具体的事例:報酬・料金として888,888円を支払った場合(所得税率10%の場合)

888,888円 × 10.21% = 90,755.4648円(1円未満切捨て)⇒90,755円
(支払金額)(合計税率) (算出税額)　　　　　　　　(源泉徴収税額)

2 給与等に係る所得税及び復興特別所得税の源泉徴収

給与等については、平成25年分以後の源泉徴収税額表に基づき、所得税と復興特別所得税の合計額を徴収し、1枚の所得税徴収高計算書(納付書)で納付します。

(注) 平成25年分以後の源泉徴収税額表は、国税庁ホームページに掲載しています(税務署からも年末調整を行う時期に配布する予定です。)。

3 年末調整

給与等から源泉徴収する税額は、所得税と復興特別所得税の合計額となっておりますので、年末調整も所得税と復興特別所得税の合計額で行います。

(国税庁ホームページより)

サービス・インフォメーション
―― 通話無料 ――
①商品に関するご照会・お申込みのご依頼
　　　　　TEL 0120（203）694／FAX 0120（302）640
②ご住所・ご名義等各種変更のご連絡
　　　　　TEL 0120（203）696／FAX 0120（202）974
③請求・お支払いに関するご照会・ご要望
　　　　　TEL 0120（203）695／FAX 0120（202）973

●フリーダイヤル（TEL）の受付時間は、土・日・祝日を除く9：00～17：30です。
●FAXは24時間受け付けておりますので、あわせてご利用ください。

改訂版　解説　中小企業等協同組合会計基準

2016年9月15日　初版発行
2024年7月5日　初版第4刷発行

編　者　全国中小企業団体中央会
発行者　田　中　英　弥
発行所　第一法規株式会社
　　　　〒107-8560　東京都港区南青山2-11-17
　　　　ホームページ　https://www.daiichihoki.co.jp/

解説中小会計改　ISBN 978-4-474-05281-9　C2034（1）

Ⓒ 2016，全国中小企業団体中央会．Printed in Japan